法科生教培之探

FAKESHENG JIAOPEI ZHITAN

马荣春 著

中国政法大学出版社

2023·北京

图书在版编目（ＣＩＰ）数据

法科生教培之探/马荣春著. —北京：中国政法大学出版社，2023.10
ISBN 978-7-5764-1152-2

Ⅰ.①法… Ⅱ.①马… Ⅲ.①法学教育－教学研究－高等学校 Ⅳ.①D90-42

中国国家版本馆 CIP 数据核字(2023)第 213467 号

出 版 者	中国政法大学出版社
地　　址	北京市海淀区西土城路 25 号
邮寄地址	北京 100088 信箱 8034 分箱　邮编 100088
网　　址	http://www.cuplpress.com (网络实名：中国政法大学出版社)
电　　话	010-58908586(编辑部) 58908334(邮购部)
编辑邮箱	zhengfadch@126.com
承　　印	固安华明印业有限公司
开　　本	720mm×960mm　　1/16
印　　张	21.25
字　　数	360 千字
版　　次	2023 年 10 月第 1 版
印　　次	2023 年 10 月第 1 次印刷
定　　价	88.00 元

教育的根须是苦的，而教育的果实是甜的。

—— ［古希腊］亚里士多德

序　言

　　首先，本著之所以采用"法科生"而非"法学生"的说法，是因为本著既直接针对本科生，也直接针对研究生，而按照当下的研究生培养制度，研究生包括学术型和专业型。由此，法科生包括本科生与研究生的教育培养，构成了法科人才教育培养的基本内容，从而是法治建设的"题中之义"或"广含之义"。

　　以"法科人才培养"为基调，从法科本科生教学和法科研究生科研到法科研究生导师的责任，再到法科人才特别是法科研究生的成长进步所需要的学术伦理和学术平台，《法科生教培之探》集中展示了作者法科从教以来的亲身尝试和点滴思考，亦是一部专门讨论"法科教改"问题的多年积累之作与个人经验之谈。《法科生教培之探》主要以刑法学科中的具体问题为例证，以"夹叙夹议"为行文手法，由"上篇：法科本科生教学""中篇：法科研究生科研""下篇：法科导师责任"和"延伸篇：法科的学术尊重与法科刊物的宽容性"四篇构成。

　　"上篇：法科本科生教学"是由"法科本科生教学的技术思维""法科本科生教学的内容思维""法科本科生教学的目标思维""法科本科教材编写的完善""法科研究型本科教学"和"法科交叉型本科教学"六章构成。在"上篇"中，作者作出了如下基本论证：法科本科生教学的哲学思维、逻辑思维、形象思维、趣味性思维、情感性思维、智慧性思维、求真思维、务善思维和致美思维，具有必要性与可行性，特别是"真善美思维"能够赋予法科本科生教学以"教育养成"功能；由于存在着从形式到内容的多方面问题，而本科教材本是专业基础知识的基本载体，即本科教材是本科生获取专业基础知识的主要途径，故法科本科教材需要从多方面来完善编写；法科研究型本科教学仍然应予提倡和尝试，但不能在玩"教学花样"中丢掉传授专业基础知识这一"根本"，且应将本科生同学对专业问题的"理解性"作为学习成绩的考核重点；"学科交叉"不仅是学术研究的方法，而且或首先是包括法学在内的本科教学方法。法学本科教学的"学科交叉"的必要性，是由传统"照本宣科式"或"涂鸦式"灌输型教学的弊端所对照出来的，是得到了法学教育发展和法治人才培养要求说明的。法学本科教学的"学科交叉"的可行性，不仅体现在法学二级学科和其他非法学学科的发展所提供的知识供给上，而且体现在法科任教者可将学术研究的"学科交叉"思维转用到法学教学之中，甚至可以结合随堂听课制而得到进一步说明。法学本科教学的"学科交叉"与"交叉学科"的新文科发展提倡不仅不矛盾，而且"学科交叉"与"交叉学科"可以相互促进。从远近不同的示例中，法学本科教学的"学科交叉"最终是将其他学科中的理由、道理或规律借用到法学教学中来，以使得同学们对法学知识获得更深、更透的理解与领会。法学本科教育的"学科交叉"应将跨学科的制度化培训和跨学科的精心备课作为保障与落实。

"中篇：法科研究生科研"是由"法科研究生的科研要诀""法科研究生的科研目标进阶""法科研究生的平时论文写作""法科研究生的论文架构""法科研究生的深谙与直觉""法科研究生的命题妥当性意识""法科研究生的学术标杆意识"七章构成。在"中篇"中，作者作出了如下基本论证：当牢记且落实"关注现实，学科交叉（融合）""善于联想，视野开阔""紧抓'三理'，严守逻辑"这三个科研要诀，如此法科研究生便有望实现从"尊重权威，怀疑权威"到"关注热点，不忘根本"再到"循序渐进，攀升境界"的科研目标进阶。法科研究生应将平时的论文写作视为一种事关自身夯实基础和提升科研能力的"硬道理"，且此"硬道理"包含"勤写勤改"是"硬道理"、选好题目是"硬道理""写作即科研"是"硬道理"和"形成写作获得感（成就感）"是"硬道理"。在题目、摘要、关键词、引言（绪论）和结语特别是主体上，法科研究生论文都应有从形式到内容的严格讲究，以体现学术训练和提升学术能力。"逻辑顺畅性"与"实践可行性"分别是"法科命题妥当性"形式层面和实质层面的判断标准。在领会"学术标杆"有着"特色学说"和"普遍学理"乃至"学术操守"意义之后，"法科学术标杆"应以"体系化的独创性"作为识别标准，而中国法科的"学术标杆"须将中国当下的生活实际作为自己的"立杆根基"，且应将古今中外的法科理论和法治智识作为学术营养。于是，在养成"法科命题妥当性意识"的基础上，法科研究生还应养成"法科学术标杆意识"，从而养成"法科命题妥当性意识"和"法科学术标杆意识"，最终便是法科研究生在法科学术或法治实践层面的"真才实学意识"。法科研究生应深谙"形塑信仰""宽严相济""探求道理""设计方法"等法科品性，且应在勤奋付出中形成"结论在先，理由待详"的专业直觉，而专业直觉是一种专业敏感能力，是法科研究生专业素养和科研能力的一种自然反映。

　　"下篇：法科导师责任"是由"法科研究生培养中导师的情感责任"和"法科导师对研究生的'三教'与信心增强"共两章构成。在"下篇"中，作者作出了如下基本论证：在法科研究生的教育培养中，导师的情感责任就是导师在"健康有界"中对研究生同学"做人"与"做学问"的"爱心责任"，故除了在日常教育培养中的"教其巧读""教其敢思"和"教其勤写"，导师还应从夯实专业基础和成果展示上增强法科研究生的专业信心与科研信心。"法科导师责任"可被纳入法科研究生导师的"师德师风考评"，甚至可以成为法科研究生教学评估的一项内容。

　　"延伸篇：法科的学术尊重与法科刊物的宽容性"是由"法科的学术尊重"与"法科刊物的宽容性"共两章构成。在"延伸篇"中，作者作出了如下基本论证：由于直接事关中国法科学术的发展与繁荣，故以尊重事实、尊重专业知识、尊重他人学术劳动和学术成果、尊重学术异议者为内涵的学术尊重，是中国法科至为重要的学术伦理。学术尊重的法科伦理构成了法科研究生成长进步的"外部环境"，因为其所营造的是一种宽松、自由、和谐与公平的学术氛围。法科刊物应该具备对"作者身份"、学术的"片面深刻"和文风的"民主自由"等多方面的学术宽容性，摈弃"身份歧视"能够使法科刊物成为有助于法科研究生成长进步的学术平台，因为作为法科学术队伍的生力军，他们的学术声音需要被关注甚或倾听，而他们的思考与成果需要展示平台。"法科的学术尊重与法科刊物的宽容性"是法科研究生教育培养的延伸话题或"广含之义"。

　　《法科生教培之探》是作者从教近二十年来的切身经验与感受的"结晶"，是一个"法科从学者"一路同时蜕变成长为"法科研究者与教育者"的"纪实"。《法科生教培之探》是对"卓越法律人才"计划的一个响应与尝试，作为一部专门讨论"法科教改"的专著，《法科生教培之探》是法科生教育培养的个人心得之作，既可作为法科生的一本读物，也可作为法科任教者包括研究生导师的一本读物。

前　言

　　"法治中国建设"是党和国家在新时代特别重视的一项伟大事业，习近平总书记在党的二十大报告中也着重强调了坚持全面依法治国与推进法治中国建设的重要性。诚然，中国特色社会主义法治事业是马克思主义中国化的当代实践，更是"中国式现代化"在法治领域对世界的原创性贡献。在前述时代背景下，法科生的教育培养问题，需要不断地探索，因为这是一项直接事关中国特色法科话语体系与知识体系，最终事关法治中国建设的重要工作。易言之，法治建设的原动力来自广大优秀法科人才的支撑，而优秀法科人才又有赖于法科教育培养体系的基础构建与最优配置。而在中国特色社会主义法治体系逐步确立的当下，如何从源头上为其进一步的完善提供取之不尽、用之不竭的人才资源对新时代我国法科生的教育与培养提出了更高的要求。虽然自 1977 年恢复高考以来，我国的法科教育培养已经积累了相当丰硕的经验，且取得了值得历史肯定的成就，但仍然存在着各种各样的问题。于是，如何具体推进法科人才的教育培养，自然也就成了今后相当长一段时期内需要广大法科从教者去思考与实践的课题。如今，《关于加强新时代法学教育和法学理论研究的意见》（2023 年 2 月 26 日，中共中央办公厅、国务院办公厅联合印发）更是向我们提出了法科生的教育培养问题。

　　我国当下的法科生教育培养至少还普遍存在着如下问题：其一，法科本科生教育培养仍然存在着"教学思维"，即法科教师仍然过度依赖或"沉湎"

于教学手段的"现代化花样"，以向本科同学密集灌输或"涂鸦式"填充教材内容，从而忽视了提高同学们的理解力与思辨力。其二，法科研究生教育培养在研究生群体的"法科学术能力"上乏善可陈：大多数高校法科从教者对于研究生的科研指导基本上均局限于学位论文的狭隘范围，且"取得学位、找工作"的功利主义目标导向明显，从而严重缺乏从"授人以鱼不如授人以渔"的立场上培养研究生同学对法科共同体的认同感与格物致知的社会科学研究精神。其三，法科研究生的师生关系出现了"信任危机"，且伴有类似于"老板与雇工"的"市场功利化"和"情感疏离化"倾向，从而严重缺乏情感暖化中的专业热情（立于研究生同学）与责任担当（立于研究生导师）。其四，法科研究的学术环境亟待改善，特别是法科期刊在用稿层面过于强调作者的身份与资历，甚至于乐见或一手促成人情稿、关系稿乃至名家约稿而致轻视文章本身的学术水准，从而较为严重地抑制了包含法科研究生在内的学术新人的学术积极性。这种大环境也在客观上催生了诸如文章代写、剽窃他人科研成果以及忽视基础理论而蹭热点等学术乱象。

基于以上问题意识，本书尝试作出如下思索：其一，在法科本科生教育培养层面，应当积极运用"法科本科生教学的技术思维""法科本科生教学的内容思维""法科本科生教学的目标思维"去提高教学水平和教学质量，并完善法科本科的教材编写，且进一步完善法科研究型本科教学。其二，在法科研究生教育培养层面，应当全面围绕"科研"这个关键词，以"法科研究生的科研要诀""法科研究生的科研目标进阶""法科研究生的平时论文写作""法科研究生的论文架构""法科研究生的深谙与直觉""法科研究生的命题妥当性意识"和"法科研究生的学术标杆意识"为路径或着力点，全面提升同学们的学术能力与水平。其三，在法科研究生导师的责任层面，应当注重落实"法科研究生培养中导师的情感责任"和"法科导师对研究生的'三教'与信心增强"担当，以进一步助力学生成人成才。最后，在法科学术环境营造层面，要全面营造学术尊重的学术伦理氛围，而研究生导师应作出学术尊重的伦理垂范。同时，法科期刊应形成宽容、公平的办刊风格，从而为学术新人包括法科研究生提供有助于他们成长进步的学术平台。

2023 年 2 月 26 日，中共中央办公厅、国务院办公厅《关于加强新时代法学教育和法学理论研究的意见》指出："法学教育和法学理论研究承担着为法治中国建设培养高素质法治人才、提供科学理论支撑的光荣使命，在推进全面依法治国中具有重要地位和作用。"为此,意见要求"夯实法学本科教育,提升法学研究生教育"。更是进一步提出了课堂教学与教材建设问题,提出了法学与经济学等学科交叉融合发展以培养高质量复合型法治人才的问题,还提出了教师考核制度问题等。由此,《法科生教培之探》是对上述意见的一个积极响应。

目 录

中篇　法科研究生科研

下篇　法科导师责任

延伸篇　法科的学术尊重与法科刊物的宽容性

上　篇

法科本科生教学

第一章

法科本科生教学的技术思维

法科本科生教学的技术思维，是关于法科本科生教学方法或手段的一种思维，具体包括哲学思维、逻辑思维和形象思维。

一、法科本科生教学的哲学思维

哲学是世界观与方法论，而法律问题本身极富思辨性，因此将哲学思维运用到法科本科生教学中不仅是必需的，而且是可能的。于是，对于法科本科生教学而言，哲学性的教学思维便是一个大胆而务实的提倡，因为虽然一般意义上的法哲学与特别意义上的部门法哲学对法科本科生来说显得"高山仰止"或"曲高和寡"，但这并不意味着法科本科生的教学就可没有哲学思维的启发和引导。国内教育学领域曾热烈讨论且不同范围与深度地尝试过本科生的研究型教学，现今看来，至少就法科本科生的研究型教学而言，赋予教学活动以哲学思维不仅是必要的，而且是可行的，而任课者对哲学思维的运用广度与深度则当然要顾及作为授课对象的本科生同学的哲学素养。当然，对法科研究生，强调教学活动的哲学思维则更加具有必要性与可行性。不客气地说，不具备起码的哲学素养或哲学水准的任课者很难教出具有哲学思考精神的法科学生。

何谓法科本科生教学的哲学思维？法科本科生教学的哲学思维，是指法科的任课教师在对本科生的教学过程中，应注重运用基本的哲学原理或哲学常识，引导同学们对法律问题进行思考和领悟，从而使得同学们的专业学习收到更深、更透的效果。这里仅就刑法学科而言，既然哲学是关于世界观与方法论的学问，则刑法教学便不能无视哲学所提供的世界观与方法论，更不能借口学科的特殊性而背离或丢弃最基本的哲学原理。运用哲学思维来展开刑法教学的例子，可举很多，包括刑法基本原则问题、刑法中的因果关系问题和共犯本质问题等。以作为刑法基本原则之一的罪责刑相适应原则为例，任课教师可以运用哲学思维做出如下讲解：同学们，罪责刑相适应原则是刑法基本原则之一，是由传统的罪刑均衡原则即罪刑相当原则发展而来的，其本意是行为人犯了多大的罪行，就要承担多大的刑事责任，从而承受多重的刑罚，即罪行的轻重决定刑事责任的轻重，从而决定刑罚即量刑的轻重，亦即罪行与刑事责任和刑罚之间呈现"水涨船高"的对应关系状态。在罪责刑相适应原则中，"罪"即犯罪是对法益或法秩序的否定，"责"即刑事责任是对"罪"即犯罪的否定，即"责"构成了否定之否定。而当"责"构成了否定之否定即走向了对法益或法秩序的"肯定"，且此肯定又通过"刑"即量刑和行刑予以有形落实，则惩罚犯罪的报应正义和预防犯罪的功利正义便可实现"双赢"。在前述讲解中，"否定之否定"和"报应正义""功利正义"便可使得同学们从哲学角度提升对罪责刑相适应原则的领悟与理解。

另以刑法中的因果关系问题为例，任课教师可以运用哲学思维做出如下讲解：同学们，对刑法中的因果关系问题，以往的理论曾形成所谓刑法必然因果关系与刑法偶然因果的概念对应和所谓刑法直接因果关系与刑法间接因果关系的概念对应。如何看待或审视由刑法中的因果关系问题形成的前述概念对应呢？前述刑法中的因果关系问题形成的概念对应，也是曾经引起讨论或争论的，但正如其他刑法基本理论问题一样，应该讨论或争论却没有得到坚持和深入。正如我们所知，刑法中的因果关系本指危害行为与危害结果之间的"引起"与"被引起"或"造成"与"被造成"的关系。在哲学中，因果关系是指一种现象与另一种现象之间"引起"与"被引起"的关系。其中，引起的现象叫原因，而被引起的现象叫结果。既然是"现象"，则因果关系即因果性便具有一种"现实性"，而"现实性"意味着原因与结果之间的直接对应性，故因果关系即因果性便不存在"直接性"与"间接性""必然性"与"偶然性"的说法。专门就"必然性"与"偶然性"而言，这是一对描述事物发展趋势的哲学范畴，"必然性"是指事物发展的"必然如此"的那种确定不移的趋势，而"偶然性"则是指事物发展的"可以这样，也可以那样"的飘忽不定的趋势。总之，"必然性"与"偶然性"都是指事物发展的"趋势"，即"未来"，但因果关系即因果性是指事物发展的"现状"，即"当下"。因此，所谓刑法必然因果关系与刑法偶然因果关系，是将哲学上内涵和功能不同的范畴予以拼凑，故其是一对"伪概念"。说严重点，所谓刑法必然因果关系与刑法偶然因果关系，是刑法学科对哲学一知半解的一种"概念僭越"。正如有人认为，哲学上所指的一般因果关系同刑法上所指的因果关系存在着一个"显著区别"，而这个区别就是哲学上的因果关系只有一种"必然因果关系"，而刑法上的因果关系却有"必然因果关系"和"偶然因果关系"。[1]前述认识便形成了刑法学科理论中因果关系的"二分法"，且"二分法"强调哲学上的因果关系是"一回事"，刑法上的因果关系是"另一回事"。[2]何以会有所谓刑法直接因果关系与刑法间接因果关系、刑法必然因果关系与刑法偶然因果关系的概念对应呢？除了对哲学上相关范畴的"一知半解"，还源于持论者忽视或丢掉了哲学上一个最基本的常识，即因果关系都是"一定条件下的"因果关系。易言之，"二分法"是将作为因果关系形成的"一定条件"又视为另一个原因，从而在原因与条件不分的"多因一果"之中"虚构"出所谓刑法必然因果关系与刑法偶然因果关系、刑法直接因果关系与刑法间接因果关系的概念对应。但是，"一定条件"本是因果关系，即因果性的形成背景。正如有学者指出，偶然因果关系就是条件与结果之间的关系，而所谓偶然因果关系实际上就是条件关系。[3]这里，哲学因果关系与刑法学科因果关系确有不同或区别，但其不同或区别只能是"抽象"与"具体"或"一般"与"个别"的区别，而绝不应是后者对前者在哲学原理上的"突破"乃至"僭越"，只要还承认哲学是关于"世界观"和"方法论"的一般科学。[4]否则将导致刑法学科因果关系问题难以得到真正的解答，即"因为偶然与必然因果关系在区分上的或然性，导致对刑法因果关系的界定的莫衷一是"。[5]

进一步讲，刑法因果关系的形成所凭借的条件，当其是自然因素时，便自然不能作刑事责任评价；而当其是人的行为时，则其不能与作为原因的行为论以共同犯罪。如甲、乙二人在野外玩耍。当甲出于"玩笑"而向乙踹了一脚，乙抱着被踹的腿在地上打滚并"哎哟不止"（乙被踹成骨折）。甲见状，以为乙是"吓唬"他，便不予理会且丢下乙回家。孰料当晚天降暴雪，次日乙被发现冻死在野外。早先有学者提出，乙最终是被冻死在野外，而踹

---

〔1〕 高铭暄、赵秉志主编：《新中国刑法学五十年》，中国方正出版社2000年版，第501页。
〔2〕 高铭暄、赵秉志主编：《新中国刑法学五十年》，中国方正出版社2000年版，第531页。
〔3〕 张明楷：《刑法学》（第3版），法律出版社2007年版，第167~168页。
〔4〕 马荣春："再论刑法因果关系"，载《当代法学》2010年第3期，第44页。
〔5〕 刘艳红：《实质犯罪论》，中国人民大学出版社2014年版，第147页。

一脚不必然踹死人，故行为人的脚踹与被害人的死亡之间是刑法偶然因果关系。[1]其实，天降暴雪及其所导致的气温骤降只是行为人的脚踹与被害人死亡之间形成因果关系的"外在条件"，而在此"外在条件"之下，行为人的脚踹与被害人死亡之间的因果关系即因果性是无需（也不应）通过所谓"偶然"或"间接"来予以弱化的。因此，在前例中，行为人的行为构成过失致人死亡罪当无任何疑问。在前例中，如果甲是出于伤害的目的故意将乙踹成骨折，且导致乙在暴雪中被冻死，则甲的行为构成故意伤害罪且应按"致人死亡"予以量刑，当无任何疑问。在前例中，自然不存在"介入因素"与被介入的行为成立共同犯罪的问题。又如行为人抢劫被害人之后，引起被害人追赶。为了摆脱被害人，行为人故意将被害人引往一条公路，试图利用车辆阻挡被害人。由于被害人索回被劫财物心切，故其在穿越马路时被车辆撞死。

在该例中，我们要来讨论被害人的死亡与行为人的行为之间是否存在因果关系，因为这牵扯到对行为人是按照抢劫罪的基本犯还是加重犯究责的问题。实际上，当我们把目光停留在被害人是被车辆"撞死"上时，我们将看不到行为人的行为与被害人死亡之间的因果关系。而当我们将车辆来往视为因果关系形成的一个"外在条件"时，则行为人的行为与被害人死亡之间的因果关系，即因果性便是清楚的和明确的。因此，在该例中，行为人应承担抢劫罪的结果加重犯的刑责。而驾驶车辆的行为只能另作他论，如果司机系因醉后驾驶而构成交通肇事罪，则抢劫犯对被害人的"引导"行为又构成了司机行为成立交通肇事罪的一个"外在条件"，从而同一个客观因素在不同的场景或论题下实现了"原因"与"条件"的位置互换。

再以共犯本质问题为例，任课教师可以运用哲学思维作出如下讲解：同学们，在共同犯罪的刑法理论中，共犯本质决定着共犯的成立范围，故其是共犯理论中最基本的问题而需予以妥当解答。对于共犯本质问题，"犯罪共同"是共犯本质，这是早先的中国刑法理论的当然共识。但晚近以来，受以德、日为代表的大陆法系刑法理论"引进"或"移植"的影响，中国刑法学界便冒出了"行为共同"是共犯本质的声音。于是，共犯本质到底是"犯罪共同"还是"行为共同"，便构成了当下中国刑法学共同犯罪论的一个带有基本立场性的学术争点。对此争点，哲学常识可为我们考察和解答问题提供一

---

[1] 李光灿、张文、龚明礼：《刑法因果关系论》，北京大学出版社1986年版，第123~124页。

个角度，在哲学中，本质是指事物独有的内在规定性。显然，由于民法上的共同侵权也是"行为共同"，故当共犯本质是"行为共同"时，刑法中的共同犯罪与民法中的共同侵权还有区别吗？可见，哲学关于事物本质的界定提醒我们：共犯本质问题应有别于民法中的共同侵权而得到解答，且结论只能是"犯罪共同"而非所谓"行为共同"。

　　学者指出，当下我国的刑法学者往往刻意与哲学保持距离，至少并未尝试拉近刑法学与哲学的距离，而这势必会影响到刑法学的研究范式。[1]看来，只有克服"学科自封"意识，才能真正运用"交叉法"来研究刑法学问题，且"交叉法"首要的便是哲学的方法。但是，哲学思维不仅是我国法科学者们的研究思维，也应是教者们的教法思维。运用哲学思维的教法不仅能够使得我们的法科同学们对法律问题或法科命题"站得高看得远"，而且能够使得我们的教者在"教学相长"中使自己的研究也"站得高看得远"，正如"当你教别人的时候，你自己也在学习。"[2]

　　有人指出，教育哲学，即哲学地思考教育问题至少有三种存在形态：一是基于哲学话语的教育哲学；二是基于哲学框架的教育哲学；三是基于哲学思维的教育哲学。其中，基于哲学思维的教育哲学既是一种"溯本式沉思""逻辑先在式批判"与"本质直观式反思"的教育哲学，也是一种"命题式创新"的个体教育哲学。判断一种教育话语是不是教育哲学，可以从"问题、论证和结论"三个维度来鉴别。[3]如果把法科本科生教学视为法科教育的基本内容，则前述见解对法科教学的哲学思维便有着直接的启发意义。具言之，无论是"溯本式沉思"，还是"逻辑先在式批判"抑或"本质直观式反思"，运用哲学思维的法科教学可引导本科生同学们对书本知识及其所包含的传统定论形成创新式认知与领悟，从而扭转"人云亦云"或"书云亦云"的记忆式乃至背诵式"知识灌输"或"文字涂鸦"局面。

　　习近平总书记指出："我国哲学社会科学还处于有数量缺质量、有专家缺

---

〔1〕　刘艳红：《实质犯罪论》，中国人民大学出版社 2014 年版，第 373 页。

〔2〕　[美] 伯顿·史蒂文森主编：《世界名言博引词典》，周文标等编译，辽宁人民出版社 1990 年版，第 837 页。

〔3〕　李润洲："教育哲学：哲学地思考教育问题"，载《教育研究》2014 年第 4 期，第 30 页。

大师的状况，作用没有充分发挥出来。"〔1〕而在中央政法工作会议及党的十八届四中全会上，习近平总书记多次强调开展法科教育改革，推进法科理论体系和人才培养体系创新。法科本科生教学当然是法科人才培养的最基础工作，而哲学对法科当然有世界观与方法论的指导作用，故法科本科生教学的哲学思维是法科人才培养的当然要求，也是繁荣我国哲学社会科学在法科教学领域的一个具体延伸。习近平总书记指出："坚持以马克思主义为指导，是当代中国哲学社会科学区别于其他哲学社会科学的根本标志，必须旗帜鲜明加以坚持。"〔2〕习近平总书记要求广大哲学社会科学工作者自觉坚持以马克思主义为指导，自觉把中国特色社会主义理论体系贯彻至研究和教学全过程，转化为清醒的理论自觉、坚定的政治信念、科学的思维方法。〔3〕由此，法科本科生教学的哲学思维是法科人才培养的"马克思主义指导"的政治正确要求和科学方法要求。

总之，哲学思维应在法科本科生教学中被大胆尝试与切实推行，因为哲学毕竟是世界观与方法论。

二、法科本科生教学的逻辑思维

法科本身就是一门极其讲究逻辑性的学问，即法科本身极富逻辑性，故逻辑性的法科本科生教学或法科本科生教学的逻辑思维本是必要的和当然的。但这一当然的教学思维却被现实的教学过程所忽略或轻视，从而造成同学们对相关法科概念或法科命题困惑不解或糊里糊涂。于是，在法科本科生的教学过程中，逻辑性的教学思维能够使得同学们"清晰而条理"地学习和掌握专业知识，而在本科生的研究型教学中，逻辑引导显得更加必要。当然，对法科研究生，强调教学活动的逻辑思维更加具有必要性与可行性，因为逻辑思维是检验旧概念或旧命题和发现新问题以形成新概念或新命题的重要思维。不客气地说，不具备必要的逻辑水准的任课者很难教出具备逻辑思考精神的学生。

---

〔1〕 习近平："在哲学社会科学工作座谈会上的讲话"，载 https://news.12371.cn/2016/05/19/ARTI1463594345596569.shtml，最后访问日期：2023 年 4 月 28 日。

〔2〕 习近平："在哲学社会科学工作座谈会上的讲话"，载 https://news.12371.cn/2016/05/19/ARTI1463594345596569.shtml，最后访问日期：2023 年 4 月 28 日。

〔3〕 张文显主编：《中国法学教育年刊》（2016 年第 4 卷），法律出版社 2017 年版，第 12~13 页。

　　这里仅就刑法学科而言，运用逻辑思维来展开刑法教学的例子，可举很多，包括共同犯罪问题、犯罪对象问题等。如对于共同犯罪是否应该包括共同过失犯罪问题，任课教师可运用逻辑思维予以如下讲解：同学们，关于共同犯罪是什么或曰共同犯罪是否包含共同过失犯罪，我们的立法和传统理论一直强调共同犯罪即共同故意犯罪，亦即共同犯罪不包括"共同过失犯罪"。正如我国现行《刑法》第25条规定"共同犯罪是指二人以上共同故意犯罪"（第1款）。"二人以上共同过失犯罪，不以共同犯罪论处；应当负刑事责任的，按照他们所犯的罪分别处罚"（第2款）。显然，由于"共同故意犯罪"是在"共同犯罪"的概念中嵌入"故意"一词所形成，故"共同犯罪"与"共同故意犯罪"之间在形式逻辑上明显是属种关系，即"共同犯罪"是属概念，而"共同故意犯罪"是种概念。于是，如果把"共同犯罪"说成是或仅限定为"共同故意犯罪"，则意味着属概念等于种概念或种概念等于属概念，而这显然违背了属概念大于种概念或种概念小于属概念，即"属概念与种概念不能相等"的形式逻辑。由此，概念的属种关系即形式逻辑关系，便提示或暗示我们去进一步探究"共同犯罪"能否或应否包含"共同过失犯罪"。易言之，如果"故意"与"过失"是两种并列的罪过形式，则"过失"这种罪过形式为何没有资格在"共同犯罪"中占有一席之地以形成"共同过失犯罪"，从而构成"共同犯罪"的另一个种概念？实际上，共同犯罪的主观方面应是"共同罪过"，而不应被局限或缩小在"共同故意"，而过失与过失之间也是可以在相互默认、相互助长或相互强化的心理联系之中形成"共同过失"，从而构成"共同罪过"的另一种形态或类型。如某单位局长与司机同乘一辆车赶往某地参会。行进途中，当局长要求司机加速时，司机说"再加速就属于违章，容易出事"，而局长则说"哪里那么容易出事，再快一点没事"。于是，司机在"但愿没事"之中再予加速。孰料，真的发生了重大交通事故，且构成交通肇事罪。在前例中，局长和司机各自都形成了过于自信的过失这种罪过心理，并且二人的过失罪过之间相互默认、相互强化或相互助长抑或相互"纵容"。可见，共同过失这种罪过形式在现实生活中是客观存在的。而概念的属种关系，即形式逻辑关系恰好提醒我们：不能无视共同过失犯罪的客观存在，且应通过肯定共同过失犯罪来完善和充实共同犯罪的刑法规定与刑法理论。

　　再如对于"有的犯罪没有犯罪对象"这一问题，任课教师也可运用逻辑思维予以如下讲解：同学们，犯罪对象是犯罪行为所作用的人或物，但"有的犯罪没有犯罪对象"一直是我国传统刑法学理论的一个被普遍接受的说法或论断。按照我国传统的刑法学理论，犯罪对象是犯罪客体的物质载体，犯罪客体是犯罪对象的内在实质，但凡是犯罪都有犯罪客体，而有的犯罪则没有犯罪对象。所谓"有的犯罪没有犯罪对象"的传统说法或定论，是形成于脱逃罪、偷越国边境罪等场合，即在脱逃罪、偷越国边境罪等场合不存在或"找不到"犯罪对象。于是，所谓"有的犯罪没有犯罪对象"便形成了如下矛盾或悖论，既然犯罪对象是犯罪客体的物质载体，则"有的犯罪没有犯罪对象"便意味着"有的犯罪没有犯罪客体"，如果失去了物质载体，犯罪客体便会失去依托。这显然又是与"凡是犯罪都有犯罪客体"自相矛盾的，即其违反了形式逻辑中的矛盾律。由此，形式逻辑中的矛盾律便促使我们反思"有的犯罪没有犯罪对象"，且通过反思得到的新认识是：在行为人实施脱逃罪、偷越国边境罪等场合，正如战时自伤罪，犯罪对象正是行为人自己，即行为人将"自己"置身于"合法管束"之外而令监管秩序或国边境管理秩序遭到破坏。于是，形式逻辑中的矛盾律便提醒我们，在诸如脱逃罪、偷越国边境罪的场合，并非没有犯罪对象，而是犯罪对象与犯罪主体"合二为一"，即"二合一"，此可戏称为犯罪人"自己搞自己"。由犯罪对象与犯罪主体"合二为一"即"二合一"，我们还可考量非法侵入住宅罪的犯罪对象问题：被害人家的那道门是犯罪对象吗？答案可能是"不是"。因为那道门只是一条物理界限或空间界限。隔出被害人居住安宁空间的那扇门本身是犯罪对象吗？也可能不合适，因为那扇门本身也可能是故意毁坏财物罪的犯罪对象。实际上，在非法侵入住宅罪的场合，犯罪对象也是犯罪主体自身，即行为人通过将自身非法运动或"位移"至其不该出现的他人权益空间而侵犯了他人的居住安宁法益。当然，当行为人通过"单纯不退出"而实施非法侵入住宅罪时，其行为表现也是非法"置身"于他人的法益空间，即将自身作为犯罪对象，亦即犯罪主体与犯罪对象的"二合一"。总之，"有的犯罪没有犯罪对象"的传统定论是经不住推敲的。

　　法科本科生教学的逻辑性还体现在概念的划分上，而概念划分不合形式逻辑的现象还间或出现在当下的法科教材中，从而也出现在法科教学中。所谓概念划分不合形式逻辑，是在进行概念划分时随意使用划分标准而使划分的结果显得"乱七八糟"。概念划分不合形式逻辑的例子如，有的刑法学教材指出，根据具体犯罪行为危害具体社会关系数量的多少，犯罪客体可以被划分为简单客体和复杂客体。简单客体，又称单一客体，是指某一种犯罪只直接侵害一种具体社会关系；复杂客体，是指一种犯罪行为同时侵害的客体包括两种以上的具体社会关系，例如抢劫罪。复杂客体有主有次，即有主次之分，不能等量齐观。根据直接客体在犯罪中受危害的程度、机遇以及受刑法保护的状况，可对复杂客体进行再分类，包括主要客体、次要客体和随机客体三种。主要客体是指某一具体犯罪所侵害的复杂客体中程度较严重的、刑法予以重点保护的社会关系。主要客体决定该具体犯罪的性质，从而也决定该犯罪在刑法分则中的归属，如把抢劫罪列入侵犯财产罪。次要客体，是指某一具体犯罪所侵害的复杂客体中程度较轻的、刑法予以一般保护的社会关系，也称辅助客体。例如，抢劫罪与抢夺罪的区别在于：抢劫罪既侵害他人财产权利，又侵害他人人身权利；抢夺罪只侵害他人财产权利而不侵害他人人身权利。随机客体，是指在某一具体犯罪侵害的复杂客体中可能由于某种机遇而出现的客体，也称随意客体、选择客体。在一般情况下，随机客体往往是加重刑事处罚的原因和依据。例如非法拘禁罪侵害的主要客体是他人的人身自由权利，如果非法致人重伤、死亡，就会危害到他人的健康权利、生命权利。随机客体也属于复杂客体的一种，但与主要客体、次要客体不同的是，主要客体、次要客体是某些犯罪的必备要件，而随机客体仅仅是选择要件，可能出现也可能不出现。一旦出现，只影响量刑，不影响定罪。

实际上，若以重要程度为标准，则我们只能将事物划分出"主要"和"次要"两个等次，即在"主要"和"次要"两个等次之间或之外不应再有其他等次。反过来说，当我们把事物划分出"主要"和"次要"两个等次时，我们采用的标准便是事物的重要程度。而按照这个标准所进行的划分应符合形式逻辑的排中律，即划分出来的子项之和只能等于而不能小于或大于被划分项的外延。而所谓"根据直接客体在犯罪中受危害的程度、机遇以及受刑法保护的状况"将复杂客体又细分为所谓主要客体、次要客体和随机客体的做法显然是违背事物划分的逻辑规律的。因为按照形式逻辑，尽管我们可以采用混合标准对事物进行划分，但混合标准里面的细标准必须可以相容而使混合标准本身具有确定性。如将年龄标准和性别标准混合起来，我们可将学生划分出高龄男生、低龄男生、高龄女生和低龄女生四个子项。但是，"根据直接客体在犯罪中受危害的程度、机遇以及受刑法保护的状况"，这一标准是内部不相容而不具有确定性的"标准"，因为当我们使用"主要客体"和"次要客体"这两个概念时，我们面对的犯罪客体是已经受到侵害的客体概念，并且我们是采用重要程度这一标准对已经受到侵害的客体概念进行犯罪客体划分的。但所谓随机客体呢？按照教材所言，随机客体是"可能"受到侵害或"尚未"受到侵害的客体。可见，随机客体是把客体作为划分对象而以"是否受到侵害"为标准进行划分所得到的一个子项，但当"没有受到侵害"时，犯罪客体本身是不存在或尚未形成的。上述教材在复杂客体划分上所存在的逻辑问题得到了其文字表述的印证：其在给复杂客体下定义时使用了"同时"一词，而在讲述主要客体和次要客体时都举了抢劫罪的例子。但是，其在讲述随机客体时便不再举抢劫罪的例子了。这就说明主要客体、次要客体和随机客体是不可能"同时"存在的。而其以非法拘禁罪为例来讲述随机客体又明显陷入了如下"窘境"：无需次要客体，随机客体居然能和主要客体"搭配"出复杂客体。实际上，在其所举非法拘禁罪的场合，在被害人的健康和生命权利尚未受到实际侵害时，复杂客体是不存在的，复杂客体由此便成了主要客体与随机客体的"拉郎配"，且此"拉郎配"有时会使复杂客体变得不再"复杂"以致成为"光杆司令"。更有甚者，在讨论所举的非法拘禁罪的场合，如果被害人遭受重伤或死亡从而使得健康权客体或生命权客体业已形成，那么便会导致健康权客体或生命权客体居然还没有人身自由权客体重要，甚至连"次要客体"都不是而只能"屈居"于所谓"随机客体"（"随意客体"）或"选择客体"。前述悖论显然是由违背概念的形式逻辑造成的。

在当下的刑法学教材及其"照本宣科"的教学中，违反形式逻辑的还有其他示例。可见，避免形式逻辑错误也是法科专业任课教师在备课和讲课过程中应注意的一个重要问题，因为逻辑性是法科的基本属性。

由以上具体问题的教学讲解示例可见，形式逻辑能够促使法科专业的任课教师带动本科生同学们大胆怀疑刑法学科的传统定论，从而形成新的见解或立论。可以想见的是，哲学思维与逻辑思维并用的教学方法能够使我们的法科同学们逐渐养成思辨、质疑的学术精神，如此其研究性的思考能力和学习能力才能得到初步培养。进一步地，哲学思维与逻辑思维将使得法科教学变成师生之间的"对话与合作"。

三、法科本科生教学的形象思维

如果说哲学思维和逻辑思维是法科本科生教学的抽象思维，则法科本科生教学还需要与之相对应的另一种思维，即具象思维，此具象思维即形象思维。法科本科生教学何以形成具象思维，即形象思维？在笔者看来，法科本科生教学的具象思维即形象思维可体现为对"类比法"的采用，即法科本科生教学的形象思维最终是类比思维。

通过"类比法"来体现法科教学的形象思维在刑法教学中大有可为。如对于罪责刑相适应原则问题，任课教师可运用类比思维（即"类比法"）予以如下讲解，以使同学们获得对罪责刑相适应原则的形象理解与领会：同学们，作为刑法基本原则之一，罪责刑相适应原则是指行为人，即犯罪人犯了多大的罪行，就要承担多大的刑事责任，且相应地承受多重的刑罚，即罪行的轻重决定刑事责任的轻重，且相应地决定刑罚即量刑的轻重，罪行与刑事责任和刑罚之间呈现"水涨船高"的对应关系状态。在罪责刑相适应原则中，当把"罪"即犯罪对法益或法秩序的否定视为一种"作用"，而把"责"，即刑事责任对"罪"即犯罪的否定视为一种"反作用"，且如果"刑"是此"反作用"的一种切实体现，则罪责刑相适应原则中所寄寓的"否定之否定"便同时又是"作用与反作用"。于是，当把犯罪直接视为犯罪人对社会的一种作用，则根据"作用与反作用"方向相反且力量平衡原理，便当然有可通过"重罪重刑，轻罪轻刑"来通俗表达罪责刑相适应原则。显然，前述讲解所采用的是关于物体作用，即"做功"的物理学思维，正如世界刑法学之父贝卡里亚将刑罚喻为犯罪的"政治阻力"，[1]此类比思维能够形象地说明罪责刑相适应原则何以要被倡导。当罪责刑相适应原则描述的犯罪与刑事责任和刑罚之间的对应关系状态，即犯罪与刑事责任和刑罚这三者之间的"质量匹配"状态时，"罪刑阶梯"这一概念有助于我们形象地感受和领悟罪责刑相适应原则。"罪刑阶梯"是贝卡里亚在论述罪刑相称原则时所采用的一个极其形象的说法。[2]罪行越重，意味着付出的刑事代价越大，即刑事责任越大、刑罚便越重，而这正如阶梯层层叠叠，越往上越意味着高度，但同时也越使人感到

---

〔1〕　[意] 切萨雷·贝卡里亚：《论犯罪与刑罚》，黄风译，北京大学出版社 2008 年版，第 17 页。
〔2〕　[意] 切萨雷·贝卡里亚：《论犯罪与刑罚》，黄风译，北京大学出版社 2008 年版，第 18 页。

费力，故爬阶梯的道理便极其形象地说明了犯罪的代价，而"罪刑阶梯"则是将犯罪与爬阶梯这两个具有相通道理的现象以具有语言美感的词汇糅合在一起。贝卡里亚通过"罪刑阶梯"把罪刑关系的应然状态，即罪刑均衡形象地勾画了出来，从而使罪刑关系这样一个复杂的刑法实体关系变得那么具体、可感、浅显与清晰。前述讲解所采用的形象思维即类比思维同时又是几何学中的平行思维，想必具有起码的物理学中力的作用知识和几何平行知识的同学，跟随着教师的类比性和形象性讲解，都能够获得对罪责刑相适应原则的更有深度的领会与理解。

对于刑法理论中的法规竞合问题，任课教师也可运用类比思维做出如下讲解，以使同学们获得对法规竞合问题的形象理解与领会：同学们，刑法理论中的法规竞合是指关于某种犯罪构成的此规范与彼规范在内容上相互包含的立法现象。法规竞合是刑法立法顺应社会生活发展变化的需要而走向精细化的体现。在现行刑法中，法规竞合的例子如盗窃罪与盗窃枪支、弹药罪或盗窃文物罪的立法规定所形成的法规竞合，即在犯罪对象上，盗窃罪与盗窃枪支、弹药罪或盗窃文物罪的立法形成了内容上的相互包含，即竞合；又如诈骗罪和招摇撞骗罪的立法也形成了法规竞合，诈骗罪的犯罪手段即"虚构事实，隐瞒真相"本来是包含着招摇撞骗罪的犯罪手段的（即"假冒国家机关工作人员"），而招摇撞骗罪的犯罪目的（"骗财""骗色"或"骗取社会荣誉"等）却又反过来包含诈骗罪的犯罪目的（"骗财"）。可见，诈骗罪和招摇撞骗罪的立法在犯罪手段和犯罪目的上形成了两个层面内容的相互包含，且形成了"我包含你，你也包含我"的法规竞合局面。刑法理论中所讨论的法规竞合不仅存在着"竞合点"，即在犯罪构成的哪个要件发生竞合的问题，而且存在着"竞合层数"问题。如诈骗罪与合同诈骗罪的立法所形成的是一层竞合。由于贷款诈骗罪或保险诈骗罪等又是更加具体的合同诈骗罪，故合同诈骗罪与贷款诈骗罪或保险诈骗罪等之间所形成的也是一层竞合，从而诈骗罪与贷款诈骗罪或保险诈骗罪等之间形成了二层竞合。这里，法规竞合的层数直接反映了社会经济生活的分工深度，而"经济基础决定上层建筑"由此可见一斑。由于立法中的具体个罪，即现实生活中虽有现象差异性但具价值同质性的个案行为的抽象性概括或类型化集中，立法中的类罪也是或更是如此这般的抽象性概括或类型化集中，故刑法理论所讨论的法规竞合可用集合概念来作类比，从而是形象性的感受和理解，即具有包含性的罪刑规定相当于"全集"，而具有被包含性的罪刑规定则相当于"子集"。于是，法规竞合可用"全集"与"子集"的关系予以类比性，从而是形象性的考察和把握。而诸如从诈骗罪到合同诈骗罪再到贷款诈骗罪或保险诈骗罪等，则相当于"全集"中有"子集"，而"子集"中还有"子子集"。可见，前述讲解所采用的形象思维即类比思维，便是数学思维即集合思维，而想必具有起码的数学集合知识的同学，跟随着教师的类比性和形象性讲解，便能够获得对法规竞合问题的更有深度的领会与理解。

再如对于刑法理论中的结合犯问题，任课教师同样可运用类比思维予以如下讲解，以使同学们获得对结合犯问题的形象理解与领会：同学们，结合犯也是一种立法现象，是指立法将两种已有独立罪名的行为又规定为另一或第三个独立罪名。如日本刑法不仅规定了强盗罪和强奸罪，还规定了强盗强奸罪，且强盗强奸罪的罪名是专门针对行为人在强盗犯罪的现场又顺带实施强奸行为或行为人在强奸犯罪的现场又顺带实施强盗行为的犯罪情形。当我们将结合犯的立法套以"A 罪+B 罪＝AB 罪"的公式化理解，且"AB 罪"具有既不同于"A 罪"，也不同于"B 罪"的罪质，则结合犯的立法现象好像是发生了一种"化学反应"。易言之，结合犯的立法是"化合物"而非"混合物"。可见，前述讲解所采用的形象思维即类比思维便是化学思维，而想必具有起码的化学知识的同学，跟随着教师的类比性和形象性讲解，便能够获得对结合犯问题的更有深度的领会与理解。

在法科本科生教学过程中，任课教师甚至可以运用外语知识而将法科知识形象地传授于同学们。如对于宪法与民法等部门法的关系，任课教师可作如下尝试：同学们，宪法在英语中可表述为"mother law"即"母法"，部门法可表述为"son law"即"子法"。孩子应该听妈妈的话吧?！因此，部门法的制定与修改必须以宪法为根本指针或接受其指导而不得与之相违背，从而宪法是效力层级最高的法。当然，对于宪法何以成为效力层级最高的法，另一个英文词汇，即"fundamental law"可予以有力说明，因为"fundamental law"意为规定社会基本内容，包括国家权力、经济制度和公民权利义务等。同学们，规定社会基本内容的法律难道不应具有最高法律效力吗？相应地，刑法总则的罪刑法定原则与刑法分则的具体罪刑规定也有类似于"mother law"与"son law"的"指导"与"被指导"的关系。

在法科本科生教学中通过"类比法"体现出来的形象思维，可发挥想象力来进一步说明其作为一种教学思维的科学性与必要性。学者指出:"一旦多学科的知识积累到一定的程度,理论上的感悟和想象力自然就能够水到渠成。所以青年学生不要着急,要通过阅读来逐渐接近研究的更高境界。"[1]而"科学研究是完全允许研究者通过预感、顿悟、想象等方式来提出具有创建的假设的。那种以为所有结论只有在研究过程结束之后才可以产生的观点,多多少少有点形而上学或者教条化了。事实上,对于很多天才学者而言,假设和结论的产生往往是一闪念之间的事情,而要论证这一假设和结论却要花费很多功夫,运用各种各样的方法。"[2]但是,"我们学习和研究法律的人,总是面对实践中的案例,疲于应付,时间长了很容易乏味,有的时候,一个人的想象力在这种日复一日的、机械的生活面前就会被扼杀。所以,想象力应该尽力在专业之外的领域来寻找和培养。"[3]

在前述论断中,学者虽然充分肯定的是想象力对于法科研究的积极作用,但想象力在法科教学中同样具有不可忽视的积极作用,即富有想象力的法科教学法能够提升同学们对法律问题或法科命题的感知与领会或理解。在此可以说,富有想象力的法科教学法便是富有创见性的法科教学法。著名诗人雪莱曾说:"想象是有益于心灵的伟大乐器。"[4]由此,富有想象力的法科教学法便是有益于法科同学们心灵的"乐器",也是有益于任课教师心灵的"乐器"。于是,由前文论述中作为法科教学形象思维展开的物理学思维、几何学思维、数学思维、化学思维乃至语言学思维,我们可对学者所谓"想象力应该尽力在专业之外的领域来寻找"作这样的理解:法科同学们在开始研习法科之前所具有的其他学科知识包括数理化知识,恰恰是他们对法律问题作出想象,从而获得形象性领会与理解的一种可能意想不到,但却效果神奇的"激发点"。

如果这样看问题,则法科研究生招生提倡或鼓励跨专业报考,便巧合了"想象性教学法"对关联学科基础知识的要求。于是,这里要进一步指出的是,已有的"文学与法学之间""数学与法学之间",甚至可能有的"音乐与

---

[1] 陈瑞华:《论法学研究方法——法学研究的第三条道路》,北京大学出版社2009年版,第81页。

[2] 陈瑞华:《论法学研究方法——法学研究的第三条道路》,北京大学出版社2009年版,第144页。

[3] 陈瑞华:《论法学研究方法——法学研究的第三条道路》,北京大学出版社2009年版,第83~84页。

[4] [美]伯顿·史蒂文森主编:《世界名言博引词典》,周文标等编译,辽宁人民出版社1990年版,第837页。

法学之间"意在强调法科研究应注重采用"学科交叉法",但法科教学法也能够甚或也应该采用"学科交叉法",而具有学科交叉性的法科教学法便在相当程度上就是"想象教学法"。仅就"文学与法学之间"而言,有人指出,读小说有什么用?这是阅读爱好者最常面对的"灵魂拷问",而小说里虚构的冲突和细节却能把人们扎醒。[1]可见,法科任课教师应注重激发同学们运用曾经掌握的各种知识或生活体验包括进入本科学习前的数理化知识甚至是得自课外阅读包括文学阅读所能获得的启发而对法律问题作大胆的"想象性"感悟和领会。这里要特别强调法科教学中的生活体验,而此处的生活体验当然是同学们曾经有过的生活体验。可以肯定的是,对生活的切身体验是同学们理解法科书本知识的最有效的"消化剂",正如"最优秀的教育者是观察而不是书本,是经验而不是人"。[2]而"谁能在质朴的日常生活中给我们以指导和帮助,谁就是老师"。[3]实际上,"想象性法科教学法"即"形象性法科教学法",同时也是"趣味性法科教学法"。

如果"想象性法科教学法",即"形象性法科教学法"运用得好,可使本科的同学们在学习热情和求知欲的驱动之下而对相关法律问题或法科命题获得一种"越想越像"或"越想象越是那么回事"的认知和理解。如对法的动态公平问题,任课教师可作如下带有想象性的讲解:同学们,"法"字的左边是三点水旁,右边是一个"去"字。于是,当水静的时候,我们的脑海里会出现"平之如水"的景象,故三点水旁首先使得"法"字给我们"公平正义"的意象。而当此时,"平之如水"又幻现出"平之如镜",因为"镜"有"照亮"公平正义的意味。"法"字右边的"去"字又映现出水的流动状态,而水的流动又使得"法"字给我们以"动态中的公平正义"的意象,且这里的"动态中"即社会发展变化中。[4]易言之,法律是在顺应社会生活的发展规律中运行的,即法律的背后是"自然法"。于是,"水往低处流"是水的"低调",但她却是去清洗肮脏、以柔克刚和滋润心田,从而让我们对"上善

---

[1] 姚坤:"赡养人类",载《读者》2020年第24期,第33页。

[2] [美]伯顿·史蒂文森主编:《世界名言博引词典》,周文标等编译,辽宁人民出版社1990年版,第327~328页。

[3] [美]伯顿·史蒂文森主编:《世界名言博引词典》,周文标等编译,辽宁人民出版社1990年版,第331页。

[4] 马荣春:"想象法、生活化思维与法学教学",载《教育探索》2011年第3期,第47页。

若水"似有领悟。可见，"法是动态公平正义的象征"这一命题，便通过形象性讲解和形象性理解而一下子使其植入我们的法治观念中。又如对于刑法的严厉性问题，任课教师可作如下尝试："同学们，严厉性构成了刑法与其他部门法的一个极其重要的区别。刑法的严厉性特征自始具之，正如一个'刑'字，其左边是'开'，而右边是一把刀，故其给人的恐怖想象是，当一个人犯了罪，就用刀来切割其身体，这不就是残酷的肉刑乃至被俗称为'千刀万剐'的'凌迟'吗？可见，刑法的严厉性便直观地体现在其文字结构上。"再如对刑法理论中男性能否成为女性实施强奸罪的间接正犯问题，我曾经大胆作过如下想象性讲解："同学们，间接正犯是指假手他人来达到犯罪目的而被假手者不构成假手者所构成的犯罪的情形。由此，我们要讨论的问题是男性能否成为女性实施强奸罪的正犯，即实行犯。本来，由于生理构造的限制，一名女子不可能构成对另一名女子的强奸罪的正犯，即实行犯，但这是一个事实性判断。于是，能否从价值判断上肯定女子可以构成强奸罪的正犯即实行犯呢？如女子甲为报复女子乙而唆使精神病人男子丙强奸女子乙，按照传统观念或事实判断，女子甲不能构成强奸罪的正犯，即实行犯。但是，在前例中，若不将女子甲视为强奸罪的正犯，即实行犯，则将难以追究其刑事责任，因为精神病人男子丙因不具有刑事责任能力，即不成为犯罪人而难以将女子甲作为共犯对待。于是，唯一的问责路径就是间接正犯的理论路径，但此路径仍然面临着事实上不是女子甲强奸了女子乙这一观念障碍。由此，想象性思维便可发挥奇特的理解作用，我们可大胆地把女子甲想象成男的，而把被她唆使的精神病人男子丙想象成男性凭借强奸的人体器官。当我们完成前述想象，则我们对女子可以构成强奸罪正犯这一立论在价值观念上便可很快予以接受，并可进一步深化对间接正犯的概念理解。"在课堂上，同学们边笑边点头的反应说明了想象教学法有时能收到使人"顿悟"的教学效果。[1]由此，想象教学法便是一种"场景置换教学法"，正如有人指出："你可以在不同的场景下，用不同的方式学习同一个内容。"[2]于是，法科任课教师可以置换场景来带领同学们领会和理解某一概念或某一命题，且其可凭借的便是不同场景中的某种同一道理。

---

[1] 马荣春："想象法、生活化思维与法学教学"，载《教育探索》2011年第3期，第47页。

[2] 万维钢："正确的学习方法"，载《读者》2020年第4期，第33页。

　　学者指出："具有主体性思考能力和学术想象力的刑法学者，肯定是一流学者。"[1]这是针对刑法学术研究能力的一个论断，而如果将法科学术研究转换为法科教学，则富有想象力的"教者"便是"一流的教者"。爱因斯坦曾经说过："用富有独创性的传授方法和知识给人以快乐，这是教师最高超的艺术。"[2]阿米尔在其《日记》中又曾说过："懂得如何启发，是教人的一大艺术。"[3]可以肯定的是，"想象性法科教学法"，即"形象性法科教学法"，必定是一种"喜闻乐见性法科教学法"。不过，"想象性法科教学法"并不局限于由书本知识所激发出来的教学想象，也可以是由日常生活或自然观察所激发出来的教学想象，如由"种瓜得瓜，种豆得豆"来想象领会罪责刑相适应原则，或由"无可奈何花落去"来想象领会过于自信过失这种罪过形式，或可由"日食"现象来想象领会刑法学理论中的法规竞合问题（"日全食"相当于刑法学科中法规竞合的"包含竞合"，而"日偏食"相当于刑法学理论中法规竞合的"交叉竞合"），或可由河流交汇和河流分叉来分别想象领会刑法学理论中的共犯承继和共犯脱离问题。由此，想象性教学法不仅能够使得法科课堂变得生动活泼，更重要的是其能够将抽象的法科概念或命题有形化，甚至能够突破对法科命题的观念限制，最终能够增强学生的专业自信。[4]

　　学者指出，"我们的学者因为缺乏想象力，从而缺乏创新能力，而一个学科的研究者如果具有充分的想象力，就绝对不会缺乏足够的学科自信。"[5]同样道理，想象力对于本科生同学的专业乃至学科自信也显得尤其重要，但法科本科生同学的想象力需要任课教师大胆运用想象性教学法去"激发"。被誉为刑法学鼻祖的意大利刑法学家贝卡里亚早说过："把自己局限在自己学科范围内，忽视相似或相邻学科的人，在自己的学科中决不会是伟大的和杰出的。一个广阔的大网联结着所有真理，这些真理越是狭隘，越受局限，就越是易

　　[1]　周光权："中国法学知识的形态与反思（二）中国刑法学的想象力与前景"，载《政法论坛》2006年第6期，第9页。
　　[2]　[美]伯顿·史蒂文森主编：《世界名言博引词典》，周文标等编译，辽宁人民出版社1990年版，第837页。
　　[3]　[美]伯顿·史蒂文森主编：《世界名言博引词典》，周文标等编译，辽宁人民出版社1990年版，第659页。
　　[4]　马荣春："想象法、生活化思维与法学教学"，载《教育探索》2011年第3期，第47~48页。
　　[5]　周光权："中国法学知识的形态与反思（二）中国刑法学的想象力与前景"，载《政法论坛》2006年第6期，第6页。

于变化，越不确定，越是混乱；而当它扩展到一个较为广阔的领域并上升到较高的着眼点时，真理就越简明、越伟大、越确定。"[1]而爱因斯坦又曾说："想象力比知识更重要，因为知识是有限的，而想象力概括着世界的一切，推动着进步，且是知识进化的源泉。"前述论断对法科本科生教学也极有启发，即富有想象性的教学思维要求法科教师应跨学科地扩大知识眼界并运用跨学科知识以引导同学们理解和领会道理相同或相通的本学科或本专业问题。而这当然也就意味着任课教师应及时给自己进行跨学科知识充电，从而实现跨学科的"教学相长"，而"教学相长"即"教中有学"，[2]亦即"当你教别人的时候，你自己也在学习。"[3]总之，"想象性法科教学法"即"形象性法科教学法"或"场景置换教学法"值得大力提倡。

有人指出，形象逻辑思维是以形象或表象为思维的重要材料，借助于鲜明、生动的语言作物质外壳，在认识中带有强烈的情绪色彩的一种特殊的思维活动，它的主要心理成分有联想、表象、想象和情感。形象逻辑思维具有两方面的特征：一方面是具体的、活生生的、有血有肉的、个性鲜明的形象；另一方面又有着高度的概括性，能够使人通过个别认识一般，通过事物外在特征的生动具体、富有感性的表现认识事物的内在本质和规律。[4]当"活生生"和"有血有肉"意味着趣味性，"想象和情感"分别意味着想象性和情感性，而"通过事物外在特征的生动具体、富有感性的表现认识事物的内在本质和规律"意味着认知事物的智慧性，则形象思维便是融趣味性、想象性、情感性和智慧性于一体的思维形式。而这对于法科本科生教学思维极具启发性，即法科本科生教学的形象性思维或形象化的法科本科生教学能够最大限度地克除法科教学的枯燥性和直接的抽象性，以使得同学们在"有趣""有情"和"有智"中去领会抽象的专业知识，并使得自身人格也同时受到趣情智的浸润。

---

[1] [意] 切萨雷·贝卡里亚：《论犯罪与刑罚》，黄风译，北京大学出版社 2008 年版，第 179 页。

[2] [美] 伯顿·史蒂文森主编：《世界名言博引词典》，周文标等编译，辽宁人民出版社 1990 年版，第 331 页。

[3] [美] 伯顿·史蒂文森主编：《世界名言博引词典》，周文标等编译，辽宁人民出版社 1990 年版，第 331 页。

[4] 林崇德、罗良："情境教学的心理学诠释——评李吉林教育思想"，载《教育研究》2007 年第 2 期，第 72 页。

本章小结

由于法律问题本身的思辨性，法科本科生本科教学的哲学思维是必要的和可行的。运用哲学思维的法科本科生教学可引导本科生同学们对书本知识及其所包含的传统定论形成创新性认知与领悟，从而扭转记忆式乃至背诵式的"知识灌输"或"文字涂鸦"局面。

由于法律问题本身的逻辑性，法科本科生教学的逻辑思维也是必要的和可行的。法科本科生教学的逻辑思维意味着法科本科生教学应遵守排中律、矛盾律以及概念划分等形式逻辑规则。哲学性和逻辑性的法科本科生教学能够帮助同学们去辨析传统的法科概念或法科命题，甚至形成大胆的概念创见或命题创见。学者指出，迄今为止的我国法科教育对本科生与法律专业硕士生的培养在授业上主要采取"满堂灌"的讲义形式，偏重背诵条文、标准答案以应试，缺乏专业素养和技能的训练。[1]哲学性、逻辑性和形象性的法科本科生教学思维将在克服"满堂灌"中收获法科本科生教学的深刻效果。

对应着哲学性和逻辑性赋予法科本科生教学以抽象性，而形象性则赋予法科本科生教学以具象性。法科本科生教学的形象性思维往往是采用"类比法"的想象性和趣味性，从而极具成效性的一种教学思维。法科本科生教学的形象性思维与哲学性和逻辑性思维最终形成了抽象与具象的思维互补，能够整体上提升法科本科生教育的深刻效果。

有学者强调，法科教学应当遵循三项核心原则：其一，法科教学机构和法科教师应当明晰学生应当学习什么；其二，法科教师应当尽可能选择既有效率又有成效的教学方法以实现教育目标；其三，法科教育机构和法科教师应当评估自身教学成功的程度。[2]哲学性、逻辑性和形象性相结合的法科本科生教学至少是符合学者所谓第二、三两项核心原则。具言之，哲学性、逻辑性和形象性相结合的法科本科生教学是一种富有效率性和成效性的法科本科生教学，同时也可对法科本科生教学成功度构成一种科学合理的评估。

哲学性、逻辑性和形象性的法科本科生教学思维的最终目标，在于使得

---

〔1〕　季卫东："中国法学教育改革与行业需求"，载《学习与探索》2014 年第 9 期，第 84 页。

〔2〕　[美] 罗伊·斯塔基等：《完善法学教育——发展方向与实现途径》，许身健等译，知识产权出版社 2010 年版，中文版序第 1 页。

同学们逐渐提高一种联系性、系统性、辩证性以及平衡性思考和解决法律问题的能力。[1]因此，法科本科生教学的哲学性、逻辑性和形象性要求每一节课堂前的备课都是任课教师对相关知识的充分准备，否则便愧对"教授"或"传授"这样的字眼。而当每一节课堂前的充分准备意味着任课教师必须再给自己予以必要的学科知识充电，则"教学相长"便有了更加深长的意味。

---

〔1〕 马荣春："论研究型刑法教学"，载王瀚主编：《法学教育研究》（第 7 卷），法律出版社 2012 年版，第 149 页。

第二章

法科本科生教学的内容思维

法科本科生教学的内容思维，是关于法科本科生教学内容属性或色彩的一种思维，其具体包括趣味性、情感性和智慧性。

一、法科本科生教学的趣味性思维

或许在其他文科教学中存在相同或类似的现象，PPT 的技术运用使得法科教学越发呈现程式化，几乎使得每一节课变成了一部纪录短片的放映过程，而花样化则成了评价授课质量甚至教学竞赛的重要门面，但在内容实质上似乎只剩下了知识性本身而几乎没有趣味性、情感性和智慧性。

所谓"兴趣乃知识之母"，趣味性越发成为当下法科教学丢弃殆尽的首要因素，当然也是重要因素。而在丢弃了趣味性、情感性和智慧性之后，我们的法科生便越发成为"书呆子"。于是，若要使我们的法科生远离"书呆子"的称呼，法科本科生教学内容的趣味性便是首要的必要因素，因为趣味性才能赋予真正的理解性，从而创见性才有可能。为何有的法科课堂变成"济济一堂"，甚至窗户外都有跨专业乃至跨学科的学生伸长脖子来蹭课，而有的法科课堂冷冷清清，几可谓"门前冷落鞍马稀"，而即便有少许"难得"到课者，也多是缩在课室最后几排或低头看手机或打瞌睡。教学内容的趣味性可能是前述巨大反差的重要或根本原因。中国政法大学罗翔老师的课堂之所以受到了跨学科的欢迎，甚至受到了"跨界好评"，首先得益于趣味性教学思维的采用。当然，仅有趣味性教学思维是不够的。

法科本科生教学内容的趣味性，可先在法理学中找到示例。如对法律本身的品性问题，任课教师可尝试如下讲解：同学们，"法"字左边是个"水"，而"水"带给我们的是"静"的感觉。"静"意味着什么？"静"意味着一种无言的期待。期待什么？期待规范被遵守，被信奉或信仰乃至被忠诚。这就要求每个人在处理与他人或团体关系时，不要过度，不要越界，要静守在自己的"份内"。易言之，每个人的规范静守是法的期待，是法之"静"的"彩虹"。这种意境表面是人与法的和谐，而实质是人与人的和谐。由此，"慢慢地期待"是法的首要品性。但是，"法"字左边的"水"既有滚烫之水，也有寒彻之水，而滚烫之水与寒彻之水的调和便成温和之水。于是，"法"字右边的"去"又意味着"动"或"变"。最终，"法"是充满期待的刚柔并济之体，其秩序力量与人性力量正蕴含于此，正所谓"唯有刚毅的人才会真正做到温和，那些貌似温柔的人，往往除了软弱以外别无他物，而且容易变得苛刻"。[1]由此，法治是人性之治和智慧之治。前述讲解尝试或能增强本科同学们的学法兴趣，哪怕只是一点点。

当然，在刑事法教学过程中，激发同学们的学科兴趣当然是要与专业问题的具体讲解紧密结合起来。而这里所说的专业问题既包括宏观的原则或理念问题，也包括微观的具体问题。特别是微观的具体问题，由于其具有"具象性"和"场景性"的特点，其具体讲解更能够"点击"同学们的专业知识兴趣乃至学科兴趣。对宏观的原则或理念问题可予趣味性讲解的例子，如作为现行刑法三大原则之一的"适用刑法人人平等原则"，任课教师可作如下尝试：同学们，"男娶女嫁"中的"娶"字让我们想象到，在夫妻关系的缔结中，男人是将女人作为物品一样直接拿过来。而与前述可以想象的场景相对应，"男娶女嫁"中的"嫁"字让我们想象到，在夫妻关系的缔结中，女人带着多寡不同的嫁妆甚至只是稍显时兴地换身衣裳甚或女方母亲含泪从自己手腕上摘下的手镯而去寻找依靠和归宿，即依附于男方。于是，在"男娶"的主动和"女嫁"的被动的鲜明对比中，我们便能形象地感受到男人的"主体性"与女人的"客体性"所对比出来的男女不平等事实。进一步地，当我们由"男女平等"走向"人人平等"，即将"男女平等"扩大为"人人平等"，则我们便是在一个更为广泛的语境中采用主客体的哲学思维来审视公民的平等权问题。由此，我们便可进一步且反面地领悟作为刑法基本原则之一的"适用刑法人人平等原则"的时代价值性：不平等的刑法适用意味着是将遭受不平等境遇的一方置于客体地位，从而有悖于司法民主，最终违背康德的"人是目的而非手段"理念。

---

〔1〕〔美〕伯顿·史蒂文森主编：《世界名言博引词典》，周文标等编译，辽宁人民出版社1990年版，第812页。

又如"诉讼"这一概念，若从"诉讼"一词的文字结构来直观地看问题，"诉"字左边的"言"字旁呈现着双方的话语对答，而右边的"斥"字又意味着双方各执一词或互不相让。又当一个"诉"字已经表明双方不可能做到"有话好好说"，则"讼"字右边的"公"字向我们呈现的场景是：各执一词或互不相让的双方到"公家"，即官府去讨说法或讨公道，即俗称"打官司"。而若套用当今话语，即让司法机关，即人民法院作出判决，且同时寄寓着"法律面前人人平等"的法治期望。最终，"诉讼"二字便将纠纷或冲突的形成与发展过程以及双方对司法机关的心理预期动态、完整、形象地"播映"在我们的脑海中。前述带有生活场景性和想象性的讲解或许能够使得同学们对"法律面前人人平等"以及作为其具象的刑法基本原则之一，即"适用刑法人人平等原则"获得一种直观明了的理解或感悟。

对具体问题可予趣味性讲解的例子，如对作为一种常见犯罪的抢劫罪，任课教师可在把"抢劫"一词写在黑板上或在PPT中显现出来后进行如下讲解：同学们，先别看教材中条条框框的内容，让我们先看"抢劫"中的"抢"字，其右边的"仓"是财物的借代，故一个"抢"字让我们想象到一只黑手伸向财物。而"劫"字左边的"去"本可作使动词理解，即"使……离去"，且"劫"字右边的"力"呈现着"暴力""胁迫"或其他能够产生强制性影响的犯罪手段或方法。于是，"抢劫"二字便使得抢劫犯罪的发生过程同样动态、完整、形象地"播映"在我们的脑海中。正所谓"君子爱财取之有道"，故"抢劫"二字将抢劫犯罪"播映"于我们脑海的过程，不仅是展现抢劫罪不法侵犯他人财物这一犯罪客观方面要件的过程，而且是展现不法占有他人财物这一犯罪主观要件和他人的财产权这一犯罪客体要件的过程。前述带有想象性的讲解能够使得同学们对抢劫犯罪实现"从感性到理性"的理解，而前述理解过程，或许就是对同学们刑法学习兴趣的"点击"过程。对法律包括刑法的抽象性原则或理念问题与具体问题的生活场景性或想象性讲解，能够自然而然地滋生法科知识的趣味性，而此趣味性便又能自然而然地强化本科生同学们对相关问题的感受效果与领悟效果，从而强化他们对法科专业知识的"喜闻乐见"。

但是，法科本科生教学内容的趣味性并非仅仅法言法语文字本身的趣味性，而更加深刻的是法言法语所对应的社会生活现象的趣味性，即法科本科生教学方法的趣味性绝非仅仅是"文字游戏"。如在刑法教学中，任课教师可对属于刑法中因果关系错误的"结果的提前发生"作出一番具有生活趣味性的讲解：同学们，"结果的提前发生"是刑法中因果关系错误的一种类型，是指行为人所期待的结果早于计划中的时间节点而发生或形成的情形。例如，为了杀害丈夫，妻子准备了有毒咖啡，打算等丈夫回家后给丈夫喝。在丈夫回家前，妻子去超市。但在妻子回家之前，丈夫提前回家并喝了有毒咖啡而身亡。在前例中，妻子所期待的丈夫身亡结果早于妻子计划中"端给丈夫喝"这一时间节点而发生或形成。前例就是一个"结果的提前发生"的例子。对于前例，是认定妻子的行为构成故意杀人既遂，还是按照有学者的说法即将妻子的行为认定为故意杀人预备与过失致人死亡的想象竞合犯而"择重处罚"呢？显然，当丈夫的身亡是妻子所期待的结果，则过失致人死亡的认定便是一种违背事实真相的不经之见。同时，以投毒方式所实施的杀人犯罪也未必是行为人一定要"亲手"将毒药让被害人服下，故故意杀人预备的认定也是一种违背事实真相的不经之见。对于前例，关键问题仍在于妻子准备且放置毒药的行为与丈夫的身亡之间究竟有无形成了故意杀人既遂所要求的因果关系。当我们肯定妻子准备且放置毒药的行为实质上就是一种"投毒"行为，而丈夫在并无"被害人过错"，即不存在介入"被害人过错"行为中被毒死，则对于妻子的谋划及其所造成的局面而言，我们可用"踏破铁鞋无觅处，得来全不费工夫"来认识与肯定本案中因果关系的"成就"。于是，一句"踏破铁鞋无觅处，得来全不费工夫"或可让同学们在一种诗句化的形象类比所带来的趣味性中一下子拨开事件的现象性迷雾而抓住前例中因果关系问题的要领，从而坚定涉案行为人即妻子的行为应构成故意杀人既遂的见解。

对于同样属于刑法中因果关系错误的"事前的故意"，任课教师同样可作出一番具有生活趣味性的讲解：同学们，"事前的故意"是刑法中因果关系错误的另一种类型，正好与"结果的提前发生"相对应，是指行为人所期待的结果晚于计划中的时间节点而发生或形成的情形。例如，甲以杀人故意对乙实施暴力（第一个行为），造成乙休克，而在甲误以为乙已经死亡之下，为了隐匿罪迹，甲将乙扔至水中（第二个行为），实际上乙是溺死于水中的。在前例中，甲所期待的乙身亡结果晚于甲计划中实施暴力（第一个行为）这一时间节点而发生或形成。前例就是一个"事前的故意"的例子。对于前例，按照对前述"毒咖啡案"认定为故意杀人预备与过失致人死亡想象竞合的见解，有人很可能抛出故意杀人未遂与过失致人死亡的想象竞合。对前例，到底是认定甲的行为构成故意杀人既遂，还是认定甲的行为构成故意杀人未遂与过失致人死亡的想象竞合？对于前例，正如前述"毒咖啡案"中妻子对丈夫的身亡是心存期待且其期待已成现实，甲对乙的身亡也是心存期待且其期待也已成现实；又正如妻子准备且放置"毒咖啡"的行为实质上就是剥夺他人生命的实行行为而非仅仅是预备行为，甲的暴力实施更加明显的是剥夺他人生命的实行行为。如此，我们怎么能够接受甲的行为是过失致人死亡的行为，且同时又是杀人未遂的行为呢？在前例中，当甲的后续行为，即将被害人扔至水中是对先前行为的延伸和罪行"巩固"，而正是此延伸或"巩固"发生或形成了仍为行为人所"窃喜"的期待结果，则前例中行为人的犯罪谋划及其所造成的局面真可谓"山重水复疑无路，柳暗花明又一村"。这里，一句"山重水复疑无路，柳暗花明又一村"或可让同学们在一种诗句化的形象类比所带来的趣味性中一下子拨开事件的现象性迷雾而抓住前例中因果关系问题的要领，从而坚定涉案行为人即甲的行为应构成故意杀人既遂的见解。于是，"踏破铁鞋无觅处，得来全不费工夫"或"山重水复疑无路，柳暗花明又一村"能够使得同学们在一种文学化的意境中来感知和领会法律问题，从而使得法律问题在"文学与法学之间"变得饶有趣味。

仅仅在刑法教学中，可让任课教师作出趣味性讲解的具体问题还有很多。另如，就迷信犯问题，任课教师可联系"针扎纸人"作出一番趣味性讲解：同学们，未当着"被害人"的面而通过"针扎纸人"意欲弄死"被害人"的行为，便是迷信犯。在迷信犯的场合，因行为人的行为不符合客观规律或生活法则，故其行为在根本上难以产生或产生不了对法益的危险性，更遑论紧迫危险性，或曰其在根本上难以产生或产生不了社会危害性或现实的社会危害性。可见，所谓迷信犯是指其行为因不符合客观规律或生活法则而根本就不可能实现犯罪目的或达致犯罪既遂的行为。迷信犯之所以根本不可能实现犯罪目的或达致犯罪既遂，原因在于行为人的行为不符合客观规律或生活法则。而这正构成了迷信犯与不能犯未遂的根本区别所在。在此，我们可作出这样的表述，迷信犯是根本产生不了法益侵害性或社会危险性的行为。正因如此，迷信犯的行为难以形成构成要件行为的定型性，从而难具实行性。这就从根本上解释了为何迷信犯不负刑事责任。可见，个案行为是否具有犯罪构成符合性的判断，首先是行为定型符合性的判断，而此判断又是运用经验法则或客观规律所作出的判断。进一步地，迷信犯的刑事责任问题，还可从哲学层面予以把握。按照马克思主义的理论，只有认识、掌握乃至利用客观规律的时候，人类才有"真正的自由"可言。而若远离客观规律，人类的行为便是盲目的，从而时时或处处碰壁。这就好像一个人追求另一个人，只有摸透了对方喜怒哀乐的心理规律，才有可能让对方接受自己，甚至才有可能让对方顺从己意或实现对对方的"摆布"，即在对方面前才有"自由"可言。由于不符合客观规律和生活法则，故迷信犯的行为人在事件中实际上是"不自由的人"，因为只有认识和利用客观规律或生活法则的人，才能在事件中拥有真正的"自由"。而这正印证了迷信犯至少没有现实的法益危险性或现实的社会危害性。既然在迷信犯的场合，行为人是"不自由的人"，则刑法无需对之过问，或曰刑法对之过问纯属"杞人忧天"，因为既然在迷信犯的场合，行为人因对法益或社会秩序根本"奈何不得"，则其在刑法面前便根本"不足为虑"。对迷信犯，刑法所要体现的与其说是谦抑性，不如说是必要性。进一步地，无论是对迷信犯不予过问，还是对单纯劝说他人去野外散步而致他人巧遇雷电身亡或单纯劝说他人乘坐飞机而致他人巧遇坠机身亡都不予刑事过问，都反面地体现了刑法的"科学性"。当然，前述对迷信犯予以哲学层面与刑法学层面的把握，最终还要回过头来说明其"实行性"问题。由于没有"实行性"，故迷信犯虽具备了"有意性"和"有体性"，但因最终缺失"有害性"而难以生成"有罪性"。但要强调的是，以"针扎纸人"来"杀人"为例讨论迷信犯是有特定场合的，即"杀人者"未当着"被害人"的面。但若当着被害人的面"针扎纸人"，则可构成侮辱罪；或明知被害人身患心脏病不能遭受刺激而当面"针扎纸人"，则可能构成过失致人死亡罪或间接故意型的故意杀人罪；而若有意利用被害人身患心脏病不能遭受刺激而当面"针扎纸人"，则可能构成直接故意型的故意杀人罪。显然，在前述"针扎纸人"的行为构成侮辱罪或过失致人死亡罪或故意杀人罪的场合，"针扎纸人"不仅具备了"有意性""有体性"和"有害性"，而且也具备了"实行性"，即"刑法定型性"。

前述以迷信犯为示例的刑法学讲解能够进一步说明：法科教学可从多个层面赋予其内容的趣味性，这里所说的多个层面不仅包括文学，而且包括哲学等。既然"星星之火，可以燎原"，则任课教师就一门法科课程包括刑法学科中的具体问题而对同学们的"兴趣点击"，将逐渐增强和提高同学们对该学科通体的兴趣，而这一兴趣的更佳境界便是爱不释手的"学科情节"。这里要强调的是，法科教学的趣味性应尽量对接授课对象，即同学们的生活阅历和经验观察，即应尽量从同学们已有生活感受中"就地取材"出"喜闻乐见"的现象或事件去"启发"甚或"激发"其专业思考的兴趣，从而让同学们感受到法律制度或法科命题是回应社会生活的，即法律是实用的，进而或可让同学们更加深刻地喜欢上法律，直至想成为一个真正的"法律人"或"法科人"。有人指出，教学内容是整个教学体系的核心要素，教学的内容设计既要包含学生需要掌握的知识点，还要基于真实的问题情境，吸引学生注意，激发学生的学习动机，给学生带来学习的趣味性。为此，教师可以把知识内容转化为真实生活中一个个有趣的问题，把学科知识和实际生活联系起来，组织学生思考和实践[1]。因此，学习任务的设计要以激发学生学习的兴趣为出发点，以满足学生的探究欲望为主观愿望，以完成教学任务为最终目标[2]。前述见解对于以本科生以上为授课对象的法科教学不无启发，即联系真实生活的"情景教学法"会让同学们在"感同身受"或"身临其境"中增强专业学习兴趣乃至学习欲望。

　　被誉为刑法学科鼻祖的意大利刑法学家贝卡里亚早说过："把自己局限在自己学科范围内，忽视相似或相邻学科的人，在自己的学科中决不会是伟大的和杰出的。一个广阔的大网联结着所有真理，这些真理越是狭隘，越受局限，就越是易于变化，越不确定，越是混乱；而当它扩展到一个较为广阔的领域并上升到较高的着眼点时，真理就越简明、越伟大、越确定。"[3]前述论断对法科教学也极有启发，即富有趣味性的教学思维要求法科教师应跨学科地扩大知识眼界并运用跨学科知识来引导同学们理解和领会道理相同或相通的本学科或本专业问题，从而增强其本学科或本专业的学习兴趣。而这当然也就意味着任课教师应及时给自己进行跨学科知识充电，从而实现跨学科的"教学相长"。学者指出，将学科作为教学科研基层功能单位的唯一根据，现在看是存在很大问题的，而其在教学上则表现为教学内容的条状分布，缺乏与其他学科的照应。不同学科之间，则存在各说各话，彼此缺乏照应，甚至专业术语也不一致的问题。因此，在不否定学科划分积极意义的同时，应将

---

〔1〕　秦瑾若、傅钢善："STEM 教育：基于真实问题情景的跨学科式教育"，载《中国电化教育》2017 年第 4 期，第 67 页。

〔2〕　郑开涛："任务驱动教学模式的探索"，载《当代教育论坛：学科教育研究》2008 年第 8 期，第 115 页。

〔3〕　[意] 切萨雷·贝卡里亚：《论犯罪与刑罚》，黄风译，北京大学出版社 2008 年版，第 179 页。

"领域"作为教学科研基层功能单位设置的一个主要根据，由此带动不同学科之间的交流、碰撞，进而彼此借鉴、共同提升。可以设想，一个教师虽"出身"于某个学科，然而他可以同时以其知识背景参与到不同领域当中。市场对专业人才的需求和选择，不是以其学科背景为招募为根据的，而是基于行业的客观需要。以学科为单位"打造"专业人才，实际上并不符合市场需要，因为这样的"人才"往往是某一学科知识和能力较强而对其他学科知之甚少，甚至将学科所具有的"偏见（即片面知识）"带入实践当中。因此，若以不同行业的实际需要，即实践需要出发来培养人才，则受教育者的专业知识应当是集成式的，即具有多学科的知识背景[1]。但这首先要求教育者，即任教者具有集成式或具有多学科的知识背景。前述道理同样适用于法科本科生教学及其人才培养，即多学科知识无疑将赋予法科本科生教学的趣味性，从而加深同学们对专业知识的理解性和接受性。

斯宾塞曾说："硬塞知识的办法经常引起人对书籍的厌恶。"这对我们领会法科教学的趣味性思维不无启发：趣味性是法科本科生教学中赋予专业知识可接受性的一种兴奋剂。

二、法科本科生教学的情感性思维

法科本科生教学绝非仅仅传授法律知识本身，而同时是一个培养本科生同学法情感的过程。这里所说的情感首先是所谓"法情感"，再就是对社会的"众生情感"。其中，所谓"法情感"，即人们对法律所形成的领会、接受乃至信仰或"忠诚"，从而愿意信守或尊崇的价值情绪。而所谓对社会的"众生情感"，即对芸芸众生的同情、关怀和仁爱情绪。可以肯定的是，在法科人才的培养过程中，教学内容的情感化是心智健全法科人才培养要求的极其重要的内容。

我们常听说"无情未必真豪杰"，而我在这里要说的是"无情未必真学问"。其实，任何社会科学最终都是关于人的科学，而关于人的科学皆可渗入情感因素。法科亦如此，或者说法科更如此。于是，在法科本科生的教学中，老师应注意将情感因素适当地掺入其"授道解惑"之中，从而使得同学们对专业问题能够获得情感性的领悟与把握。须知，情感性的领域和把握往往是最为深刻的领悟和把握。如"亲亲相隐"这一问题，在中国古代，窝藏、包

---

〔1〕 时延安："学科、领域与专业人才培养"，载《法制日报》2014 年 1 月 15 日。

庇犯了罪的亲属不算犯罪，即"亲亲相隐不为罪"。而在当今，按照现行刑法规定，"亲亲相隐"依然构成窝藏罪或包庇罪，并且没有从宽处罚的规定。但随着和谐观念等逐步深入人心，对于"亲亲相隐"这种社会现象，越来越多的人主张刑法应作出特别规定，即使不作"亲亲相隐不为罪"的过激处置，也应给予从宽处罚（包括从轻、减轻、免除处罚）的特别"惠顾"。但在当下的本科生教学中，老师如何带着学生来一道研习"亲亲相隐"这一虽古老但仍饶有趣味的专业话题呢？期待可能性理论便是任何一个称职的任课教师所能运用的分析工具，即在"亲亲相隐"的场合，亲属关系使得"隐者"不可能不去隐匿"被隐者"，即窝藏、包庇罪的刑法规范不要去期待"隐者"不去隐匿"被隐者"，亦即"隐者"不去隐匿"被隐者"不具有期待可能性。如果老师只讲解到这一步便"见好就收"，则仍留有缺憾。实际上，期待可能性这一理论工具的运用还可向前延伸。具言之，"亲亲"即"亲情"，而"隐者"之所以不可能不去隐匿"被隐者"，乃一个"情"字使然。而如果立法能对此"情"字有所观照，即使不作无罪规定，但作出从宽处罚的"惠顾"性规定，则民众会觉得酷厉的刑法也是"有情之法"和"人性之法"。再如刑法司法实践中的"被害人过错"问题（如被害人羞辱被告人等）。

到目前为止，无论是刑法理论，还是相关刑法司法解释，都肯定了"被害人过错"可以减轻或降低被告人的刑事责任。老师如何带着同学们来考察刑法理论和刑法解释所达成的前述共识呢？老师可以如下思路引导同学们去领悟和把握："被害人过错"意味着被告人的所作所为"情有可原"，而在此"情有可原"之中，被告人行为的社会危害性以及所表征出来的所谓人身危险性便有了相应的降低或减弱，故"被害人过错"可以减轻或降低被告人的刑事责任。这里，又运用到了一个"情"字。当然，在这样的讲解之中，同学们或许形成"无情未必真良法"的法感情和法意识，进而对刑法的专业情结或许会变得更加浓厚。我们常说"以情动人，以理服人"。老师的"以情动人"对于同学们真正爱好法科专业，进而增强其学习效果，是有着相当积极的心理学作用的，尽管这一作用常常是隐蔽而微妙的，正如有人说："感情就像奔流的河水，浅处哗哗直响，深处无声无息。"[1]我们虽然常说"先做人，

---

〔1〕　［美］伯顿·史蒂文森主编：《世界名言博引词典》，周文标等编译，辽宁人民出版社1990年版，第202页。

后做学问"，但带着"情"字做学问或做情感化的学问同时也是在"做人"，而学问中的"做人"会促进日常生活中的"做人"，即两者可以相辅相成和相得益彰。

其实，法科本科生教学内容的情感化，其例子在民法和刑法的教学中不胜枚举。如在民法教学中，为何租赁法规定"在同等条件下，原承租人享有优先续租权"呢？以往的教材并无提及。于是，在课堂上，任课教师可以提出这一问题并在同学们稍加思考乃至作答后作出这样的引导性讲解：同学们，既然在租赁期满后，原承租人还想续租，则说明租赁场所已经便利甚至惠及了原承租人的上班、迎考等实际需要，或曰标的房屋已经构成了适合于原承租人的生活环境，而法律本来就是"呵护"生活的。可见，"在同等条件下，原承租人享有优先续租权"是顺应生活需求而具有"人情味"，即符合情理的法律规定。扩言之，法律制度应符合生活情理。另如在民法教学中，为何婚姻法规定"除了另有约定，夫妻财产实行共同共有"？我们知道，"共同共有"是与"按份共有"相对应的。通俗地讲，"按份共有"是分出哪些是我的而哪些是你的，或者属于我的占多少而属于你的占多少的财产共有。而"共同共有"是在你我之间不明确划分部分或多少的财产共有，即"我的也是你的，你的也是我的"。

在课堂上，任课教师可以提出这一问题并在学生稍加思考乃至作答后作出这样的引导性讲解："同学们，夫妻之间的财产关系，为何除了'另有约定'就是'共同共有'呢？对应着古人云'夫妻者，一体也'，夫妻关系既是物质生活关系，也是精神生活关系，而精神生活关系又包含着肉体关系与情感关系。当夫妻之间的精神生活关系本是或应是'一体关系'，即'密不可分'的关系抑或'不分你我'的关系，则作为物质基础的物质生活关系岂不也是'一体'，即'密不可分'抑或'不分你我'的关系，从而在财产关系上应该'分出你我'吗？本来，夫妻关系是一种紧密的生活关系，此生活关系包括物质生活关系和精神生活关系，且物质生活关系是精神生活关系的基础。因此，物质生活关系的紧密与否直接影响着精神生活关系的紧密与否，即只有物质生活关系紧密了，精神生活关系才有可能紧密。这就相应地要求夫妻在财产上最好不分你我。两只碗一定要分出你的和我的，这和吃大食堂的同事关系又有何区别？可见，夫妻财产共有的法律制度是夫妻的共同生活规律所决定或要求的，即此项法律制度是来自夫妻的共同生活，而生活是法律的原始基础。进一步地，当夫妻之间的精神生活关系是上层建筑在婚姻家庭中的微观体现，则按照'经济基础决定上层建筑而上层建筑反作用于经济基础'，则除了'另有约定'的夫妻财产'共同共有'难道不是马克思主义政治经济学的经典原理在婚姻家庭中的具体指导吗？至于'另有约定除外'，是因为婚姻原本也是一种契约关系，故'另有约定除外'体现的是'契约自由'。"在领会前述讲解中，同学们在心理上或可受到夫妻财产"共同共有"这一法律规定的"情感浸润"。

由于"法"字象征着公平正义，且公平正义绝非抽象、虚幻的，而是具有历史现实性和生活真切性的，从而与事物规律性具有直接关联性，故"法感情"和"众生情感"绝非仅仅是对实定法的形式情绪，还指向对"自然法"，即社会生活发展规律的实质情绪。如果这样来理解"法感情"和"众生情感"，则法科课堂便会自觉地克服"照本宣科"的障碍。仅仅在刑法教学中，能够直接赋予情感性的实际问题是很多的，如暴力干涉婚姻自由罪、虐待罪、遗弃罪和拐卖（骗）罪等具体的犯罪问题以及未成年人和老年人犯罪从宽处罚问题等。

实际上，在刑法教学过程中，任课教师应明了一点，即以犯罪和刑罚为基本内容的刑法制度或刑法命题几乎都是人类情感的切实体现。如犯罪的立法化，即入罪化问题，在学者们看来，每一个人都知道存在一种社会结合，其使命就是使所有个别的良知整合为一种共同类型，即社会精神体，而这种集体情感的本性就能说明惩罚[1]，即如果社会谴责某些行为方式，那是因为这些行为方式伤害了社会的某些基本感情，而这些感情与社会的结构有关[2]。前述论断意味着集体情感与犯罪的关联性，此如学者指出，一种行为触犯某种强烈的、十分鲜明的集体感情就构成了犯罪。为了在一定的社会里使被视为犯罪的行为不再发生，就得让被损害的感情毫无例外地在所有人的意识中得到恢复，并有必要的力量来遏制相反的感情。实际上，受到一个国家的刑法保护的集体感情，要在这个国家的一定历史时期深入那些一直对它们封闭着的个人意识中去，或者在它们的权威性尚不强的地方建立更大的权威就必须具有比以往更大的强度。而许多侵害这种感情的行为起初没有在刑法中规

〔1〕　[美] 韦恩·莫里森：《理论犯罪学——从现代到后现代》，刘仁文等译，法律出版社 2004年版，第 163 页。

〔2〕　[法] E. 迪尔凯姆：《社会学方法的准则》，狄玉明译，商务印书馆 1995 年版，第 13 页。

定，而现在却列入了刑法典。[1]

实际上，犯罪是公众意识对待分歧的结果，即在任何一个社会里，个体与集体类型之间总是或多或少有些分歧，这些分歧中难免带有犯罪的性质，而使分歧带上这种性质的，不是分歧本身具有的重要性，而是公众意识给予分歧的重要性。因此，如果这种公众意识很强，具有足够的绝对能使这些分歧缩小的权威性，那它就会成为一种敏锐的、十分苛刻的力量，以在他处只是用来对抗重大分裂的强度来反对任何一点小的分歧，并把这种分歧看得与重大分裂同样严重，即视分歧具有犯罪性质。[2]否则，当犯罪行为触犯了集体感情而受不到惩罚时，则集体感情很快就会减弱。[3]社会情感与犯罪的关联性，正如学者指出："犯罪行为能够激起公众反对侵犯社会规范的情感，从而引出社会禁令。"[4]由此，犯罪的立法化，即入罪化可视为社会集体对犯罪的"爱恨交加"，正如对刑法的谦抑性或宽容性问题乃至对未成年人和老人犯罪从宽处罚的问题，"得饶人处且饶人"不正是一种宽容大度的人类情感吗?!不仅在犯罪问题上，甚至在刑罚的严厉程度上，情感因素的关联性正如有条件保留死刑的贝卡里亚曾说："刑场与其说是为罪犯开设的，不如说是为观众开设的，当怜悯感开始在观众心中超越了其他情感时，立法者似乎就应当对刑罚的强度作出限制。"[5]在保留死刑的前提下，如果我们将贝卡里亚所说的"怜悯感"也看成是一种社会感情，则在此社会感情影响下的对刑罚强度的限制就体现为死刑执行方式的人道化，如注射死刑的逐渐推广。可见，社会感情甚至影响到了行刑方式[6]。俗语有云"无情未必真豪杰"，而论及法律，则"无情未必真法律"，甚至可以说"无情未必真刑法"。在某种意义上，刑法学教学内容更应加强情感化，因为在传统观念中，刑法一向被视为"酷厉之法"。而当人们对刑法有了"温和之法"的认识，则人性化的法治观念便更加深入人心，这种观念首先应形成于我们的法科本科同学们心目中。

美国大法官兼法学家卡多佐指出："正义的法律规范与正义的道德规范一

[1] [法] E. 迪尔凯姆：《社会学方法的准则》，狄玉明译，商务印书馆 1995 年版，第 85~87 页。
[2] [法] E. 迪尔凯姆：《社会学方法的准则》，狄玉明译，商务印书馆 1995 年版，第 87 页。
[3] [法] E. 迪尔凯姆：《社会学方法的准则》，狄玉明译，商务印书馆 1995 年版，第 112 页。
[4] 陈兴良：《刑法的人性基础》，中国方正出版社 1999 年版，第 310 页。
[5] [意] 切萨雷·贝卡里亚：《论犯罪与刑罚》，黄风译，北京大学出版社 2008 年版，第 67 页。
[6] 马荣春：《刑法公众认同研究》，中国政法大学出版社 2015 年版，第 122 页。

样，其至比后者更多地渗透了与正义有时形成鲜明对比的品质，诸如慈善和同情。"[1]法律，特别是正义的法律之所以要富有感情因素，是因为"法者，非从天下，非从地出，发乎人间，合乎人心而已"。（《慎子·佚文》）于是，"法通乎人情，关乎治理"。（《韩非子·八经》）不仅如此，法律还会起着增进社会感情的作用，正如贝卡里亚曾说："如果法律不注重增进共和国情感，这种情感将随之减退。"[2]实际上，情感因素的缺失不仅是事关法律的社会治理功能问题，而且首先是法律自身存在的问题，正如贝卡里亚又曾指出："理性宣布：一切违背人的自然感情的法律都是无益的，最终也是有害的。"而"一切违背人的自然感情的法律的命运，就同一座直接横断河流的堤坝一样，或者被立即冲垮和淹没，或者被自己造成的旋涡所侵蚀，并逐渐地毁灭。"[3]因此，我们应克服法与情对立，即对"法不容情"的误解，正如学者指出："法律与情感是相对的，但这并不意味着法律与情感是相悖的。"[4]而"片面将法与情绝缘，那不是对法的无知，就是对法的误解。其实法是最有情的，法条与法理是建立在对情——一种对社会关系的最为和谐与圆满状态的描述与概括之上的，是情的载体与结晶。"[5]由此，法科任课教师，不仅自身要信奉"情理法相容"，而且也要用"情理法相容"的思维来为同学们讲解相应的法科课程。采用情感思维的法科教学，特别是采用情感思维展开刑法教学，才可使得法科同学们避免法律特别是刑法冷漠乃至酷厉的错觉，而是充满人性温暖和人道关怀。

　　法科本科生教学内容的情感化，是法科人才培养"情理化目标"的当然要求。当我们越来越强调和接受"天理国法人情"这样的法治目标，则情理化的法科本科生教学包括刑法学教学，便构成了法科人才培养的重要使命。由此，将常识常情常理融进课堂教学便是改进法科本科生教学的当然之举。法科本科生教学的常识常理常情化，意味着专业任课教师要注重乃至善于引导学生运用或结合常识常理常情来审视或理解某项法律规定或某个法律理念

---

〔1〕　〔美〕本杰明·N.卡多佐：《法律的成长　法律科学的悖论》，董炯、彭冰译，中国法制出版社 2002 年版，第 113 页。

〔2〕　〔意〕切萨雷·贝卡里亚：《论犯罪与刑罚》，黄风译，北京大学出版社 2008 年版，第 60 页。

〔3〕　〔意〕切萨雷·贝卡里亚：《论犯罪与刑罚》，黄风译，北京大学出版社 2008 年版，第 46 页。

〔4〕　韩瑞丽："法中寻美：刑法学研究的一种感性进路"，载陈兴良主编：《刑事法评论》（第 22 卷），北京大学出版社 2008 年版，第 97 页。

〔5〕　陈兴良：《法外说法》，法律出版社 2004 年版，第 33 页。

是否科学合理，从而是否公平正义。当只有符合常识常情常理才能赋予法律制度或法治理念以可信可爱甚至可亲可敬，则可信可爱甚至可亲可敬便使得"法感情"和"众生感情"变成一种有形有力的心理力量，而这种心理力量会使得同学们将法律甚或法治接受为一种可信可爱甚至可亲可敬的事物，从而强化其对法律的求知欲。在人类社会中，情感的力量以及作为其极致的信仰的力量乃是人类行为的最大或最为有力的力量。于是，带着情感的求知欲将使得法科本科生同学们更加执着于法律知识的学习和法律智慧的浸染。

赋予法科本科生教学的情感性，实即通过法律中的具体问题而将公平正义理念与人文情怀植入同学们的世界观之中。而当任课教师引导同学们切入社会生活发展规律而将法的公平正义与人性联系起来时，则同学们将逐渐滋生和加深对法的崇尚情感，而此情感实即对人间社会或芸芸众生的关爱情感或"众生情怀"。最终，情感性法科本科生教学所熏陶出来的便可能是有社会情怀和时代担当的法律人。而反过来，此种情感性便会转化为同学们对法科专业知识的进一步的"喜闻乐见性"。学者指出："研究型教学主要培养有探索能力和全局性（战略性）能力的人，因此人文素质和能力重于知识，其中最重要的是善良和爱心。"[1]所谓"善良和爱心"即情感，而情感更能激发对知识的获取和积极运用，且正直的情感能够保证知识得到正当的运用。前述道理直接说明法科本科生教学情感性思维的重要性。

学者指出："能够具有想象力的学者往往要同时具备天分、感情和经验等三个要素。"[2]学者肯定了想象力及其所包含的情感性对于学术研究的重要性，但想象力及其所包含的情感性对于法科本科生教学同样重要或更加重要。正如"情书是世界上最伟大的文学作品"，即饱满的情感能够使得写情书者向对方作出一种诸如"如果你是溪流，我愿是你涧底的山石，静默地守候山的寂静，送你一路欢歌奔腾"那般充满诗情画意的想象性情感表达，故可以这样认为：情感性或情感力直接影响法科本科生教学的想象性或想象力，进而影响法科本科生教学的形象性和创建性。

有人指出，教学内容是教学活动的基本要素之一，而对教学内容作情感

---

〔1〕 李乐山："高等学校进行研究型教学的方法与意义"，载《西安交通大学学报（社会科学版）》2008年第1期，第92页。

〔2〕 陈瑞华：《论法学研究方法——法学研究的第三条道路》，北京大学出版社2009年版，第143页。

性处理的策略分为两类：第一类是巧妙组织教学内容来调节学生的学习心向，包括心理匹配策略、超出预期策略；第二类是有效地利用教学内容中的情感资源来陶冶学生的情操，包括展示情感策略、发掘情感策略、诱发情感策略、赋予情感策略。[1]前述见解对于以本科生以上为授课对象的法科教学不无启发，即任课教师可将具体法律问题或法科命题中所蕴含的人类情感或人文情怀展示或发掘出来以让同学们情感地体会具体的法律问题或法科命题，同时也让同学们自身得到深深的情操陶冶。当然，任课教师自己也可得到一番情操陶冶，即与同学们进行着一番具有特殊意义的"共情"。法科本科生教学的情感性，还可得到情境教学论的进一步佐证。情境教学认为，要在情境中让学生的视觉、听觉、感受和思维同时进行，让学生的记忆里不仅留有抽象的表象、概念，而且要有情感和内心感悟，让学生在最佳的心理状态中进行形象思维活动，在此基础上，通过教师的诱导，逐渐学会分析、综合、比较、抽象、概括，从而发展他们的抽象逻辑思维。情境教学论的这些观点都是颇有创新的见地，也与思维心理学的研究结论相一致。[2]所谓"情感和内心感悟"不仅是体悟专业知识本身所蕴含的人类情感，而且有助于同学们自身人格的情感化或人文情怀化。可以想见的是，情操陶冶和情感强化将使得法科本科同学们更想学，法科的任课教师便更想教，而这又是师生"共情"的一种特殊表现。

　　列宁曾言："没有情感，就不可能有人对真理的追求。"[3]而俗语有云："我们认识真理，并不单单靠理性，而且还靠情感。"[4]可见，在法科本科生教学过程中，情感性思维能够将趣味性强化成"求真性"。有人在一篇文章中提到，周止庵说："稼轩固是才大，然情至处，后人万不能及。"这句对辛弃疾的评价说得极是，同时透露一个重要的信息：如果不是"情至"，仅仅"才大"，也是无法写出不朽杰作的。真实感情的水源和流量，远远比水渠重要。没有水源，就不必挖渠，先去找水。感情不足，等于枯水期，就读书，就静默，让文字和纸也歇歇吧。[5]由于法律最终是关乎人以及人与人关系的"人

---

〔1〕　卢家楣："教学内容的情感性处理策略"，载《教育研究》2002年第12期，第70页。

〔2〕　林崇德、罗良："情境教学的心理学诠释——评李吉林教育思想"，载《教育研究》2007年第2期，第72页。

〔3〕　《列宁全集》（第20卷），人民出版社1958年版，第255页。

〔4〕　［美］伯顿·史蒂文森主编：《世界名言博引词典》，周文标等编译，辽宁人民出版社1990年版，第997页。

〔5〕　潘向黎："好一个多情底和尚"，载《读者》2020年第24期，第9页。

类作品",故情感是流淌或浸润在法科知识中的人文因素,从而不仅法科研究应将情感和专业知识糅合起来,而且或首先是法科本科生教学应当如此而行,即将情感和专业知识糅合起来。

三、法科本科生教学的智慧性思维

聪明人未必是有智慧的人,即"智者",因为"聪明"时常反被"聪明"误。有知识者也未必是有智慧的人,即"智者",因为有智慧的人即"智者"还必须是善于运用知识者。虽然并非人人最终都是有智慧的人,即所谓"智者",也并非"智者"生来就是"智者",但以培养法科人才为最终目标的法科本科生教学应将智慧性作为一种考量,即应将智慧性的引导纳入法科知识的讲解或传授中,以最终培养和强化同学们对待法律问题的智慧意识和智慧能力,从而将智慧型法科人才作为最终的培养目标。易言之,我们的法科本科生教学是出于培养具有定分止争能力的专业性人才,而定分止争的能力必定是一种智慧性能力。因此,智慧性因素与法科本科生教学的知识性传授不仅是分不开的,而且智慧性是法科本科生教学能力与教学水平的应有境界。但从我们当下本科教学生产线上输出的法科毕业生,绝大多数似乎还是照本宣科式的"传声筒"或"法律书呆子",其离真正的"法律人"还相距甚远,更遑论"智慧的法律人"。这里,我们当然不能苛求每一位法科毕业生都是"智慧的法律人",我们也不能苛求能够成为"智慧的法律人"的一位毕业生在毕业出校门时就已经是一个"成熟的智慧法律人",但我们的法科本科生教学要奉行"智慧法律人"的培养理念。

智慧性的法科本科生教学,意味着任课教师对法律知识或法科命题的传授过程应注意结合法律制度或法律命题的智慧考量,并以此来激发同学们日后将自己作为制度设计或运用者或命题创立者的智慧意识。法科本科生教学内容的智慧化,其例子在刑法的教学中也是俯首可拾。如在刑法教学中,为何现行《刑法》第67条规定对于自首的犯罪分子"可以"而非"应该"或"必须"从宽处罚?于是,在课堂上,任课教师可以提出这一问题并在学生稍加思考乃至作答后作出带有肯定立法智慧的讲解:"同学们,法律中的'可以规定'是柔性规定或弹性规定,而'可以规定',即柔性规定或弹性规定意味着司法实践'可以这样',也'可以不这样',即也'可以那样'去处理个案。但与'可以规定'相对应的'应该规定'或'必须规定'则是硬性规定或刚性规定，而此类规定意味着司法实践'只能这样'而'不能不这样'，即'不能那样'去处理个案。可见，'可以规定'既可以保障绝大多数的犯罪人能够得到从宽处罚以体现自首立法的感召精神和宽容情怀，同时也能够使得犯了极其严重罪行且具有极其严重人身危险性的犯罪分子假借从宽处罚的僵硬规定而逃避正义惩罚的侥幸想法，难以得逞。最终，'可以'从宽处罚的自首规定体现的是'刚柔并济'的立法智慧。"又如现行《刑法》第24条第2款规定："对于中止犯，没有造成损害的，应当免除处罚；造成损害的，应当减轻处罚。"为何刑法对犯罪中止规定的是"应该"而非"可以"从宽处罚，且对从宽处罚作出先"免除"后"减轻"的梯度安排？于是，在课堂上，任课教师可以提出这一问题并在学生稍加思考乃至作答后作出带有肯定立法智慧的讲解："同学们，'应该'从宽较之'可以'从宽，对于鼓励犯罪人停止犯罪或有效地防止危害结果发生无疑具有更加有力的心理作用；而在从宽处罚的梯度中将'免除处罚'排在前面，则对犯罪中止的精神感召和宽容情怀便具有更加明显的立法宣示效果。以先'免除处罚'而后'减轻处罚'为处罚梯度的犯罪中止制度，能够切实有力地鼓励犯罪分子自动停止犯罪或自动有效地防止危害结果的发生，以实现对犯罪的惩防结合和'宽严相济'，故犯罪中止的现行立法规定所体现的是务实的'黄金桥智慧'。"

聪明不等于智慧，因为至少有时候"聪明反被聪明误"，而知识也不等于智慧，因为知识只是智慧的一个能力要素，亦即智慧相对于知识本身具有"生产力性"，则一个有智慧的人肯定是一个聪明的人，同时也是一个有知识的人，这里的知识包括书本知识和生活知识。因此，智慧是一个聪明的人运用知识的能力，或知识的聪明运用能力，抑或一个聪明的人将知识性转化为"生产力性"的能力。于是，对法律制度及法律命题的智慧性体验与领会以及自然萌生的"智慧从业"或"智慧致学"的自我意识觉醒与强化，或将回过头来强化同学们对专业知识的理解与体悟，从而在更加坚信"知识就是力量"中"渴求"法科专业知识其或"酷爱"自己的专业选择。而这最终回过头来要求我们的法科本科生教学应是一种智慧性的法科教学。

有人指出，学生为了自己的现在和将来，必须养成学习、工作与生活的智慧。只有智慧的教育才能培养出智慧的人；只有智慧的教学才会营造智慧的课堂；只有智慧的课堂才能陶冶出有智慧的学生。智慧的教育期待智慧的教师；智慧的教学呼唤智慧的教师；智慧的学生渴盼智慧的教师[1]。前述见解对法科本科生教学极有启发，智慧性的法科本科生教学不仅能够使得同学们领悟法律制度或法律命题中的人类智慧，而且更能够唤醒和强化同学们将来成为"法律人"的智慧意识，从而回过头来增强其专业喜好乃至形成专业情结，甚或强化其法律信仰。当然，任课教师自己也会获得智慧意识的强化和智慧能力的提升。可见，正如趣味性和情感性，智慧性也将使得同学们和任课教师在法科本科生教学中达到双方共赢的智慧效果。

四、法科本科生教学"四性交融"的重要意义

在高校教学包括法科本科生教学领域，当然中小学教学领域也存在类似的现象或问题，正如社会诸多人士有着这样的感慨：层出不穷和花样繁多的教改为何没有产生相应的效果，甚至越来越糟？于是，即便是在高校的法科本科生教学中，应该警醒和追问的是：在对"教书育人"这份职业所对应的教学活动过程中，我们是否丢掉了某种或某些内在、无形但却属于"精神性"甚或"灵魂性"的东西？而这将从根本上牵扯我们的文科包括法科本科生教学的教改实质和教学评价观念的彻底性扭转。

首先，"四性交融"即趣味性、情感性、智慧性与知识性的交融，能够赋予且增强法科本科生教学中同学们的主体性地位，从而法科本科生教学变成师生之间的"对话与合作"。正如在其他学科的高校本科教学中，法科任课教师一直被想当然地作为教学主体对待，法科同学们一直被想当然地作为教学客体对待，而任课教师所要传授的法科知识便想当然的是教学内容。这里，由教学规律所决定，法科任课教师的教学主体地位仍然应得到肯定，但同样由教学规律所决定，法科同学们也应被赋予教学主体地位。对法科任课教师和法科同学们都赋予主体性，是由"教学"一词的"教"与"学"所分别对应或蕴含的。而对教者，即任课教师和被教者，即同学们都赋予主体性，则法科专业知识便成为地道的法科教学的客体。显然，趣味性、情感性和智慧性最终都会滋生和强化自觉性、主动性，从而是主体性，而知识性对应着教学活动的客体性，则"四性交融"便最终是将主体性融入客体性，即"四性交融"最终是"主客体交互性"。可以想见的是，主体地位性将使得同学们在

［1］ 王萍："教学智慧生成研究"，山东师范大学2015年博士学位论文，第1页。

法科教学中达到更佳的学习效果。与此同时，任课教师与同学们便成为法科教学的"连带互动主体"。这里，"连带互动主体"首先强调了法科同学们在学习过程中的主体性地位。中南大学法学院院长许中缘教授围绕着"法学院校要重视人才的个性化培养"指出："大学生的个性化培养是将学生作为大学的主体，一方面，让学生成为参与学习者；另一方面，在制度上或行为上引导学生真正成为自主学习的主体，而不是单纯的受众，更不是观众。"[1]由此，将趣味性、情感性和智慧性融入知识性的法科本科生教学法，即法科本科生教学的"四性交融"，便是强化法科学生主体性地位的一种综合性教学思维，而趣味性、情感性和智慧性将赋予法科知识学习和掌握的积极性、主动性乃至"获得感"或"成就感"。又正如许中缘教授指出的："大学教育并不能等同于知识教育。教师应是学生自主学习的引导者。教师要充分发掘学生身上具有的潜力，要充分激励学生自由探索的欲望、为学生自由探索创造条件。"[2]由此，将趣味性、情感性和智慧性融入知识性的法科本科生教学法，即法科本科生教学的"四性交融"，便能够"充分发掘学生身上具有的潜力"，从而"充分激励学生自由探索的欲望"。而当潜力被充分发掘出来，从而自由探索的欲望被激励出来时，同学们便自然成为法科本科生教学的主体。实际上，通常所谓"自学成才者"在求知上有着较强乃至极强的主体性，且其主体性又是其本人自动养成的，但这样的人终属少数乃至极少数。因此，在法科教学领域，特别是在法科本科生教学中，同学们的求知主体性需要被赋予且被加强，从而趣味性、情感性和智慧性对知识性的充分渗透，即"四性交融"便成了一种可行的路径或"方案"。

在法科本科生教学中，将趣味性、情感性和智慧性融入知识性，即"四性交融"，意味着教学评价观念的重要转变。具言之，在法科本科生教学中，包括各个层级的"教学名师"在内的教学评价，应该由偏重形式而走向至少兼顾形式与实质平衡的真正的综合性抑或结构性评价。而我们当下的"教学名师"评价，即便是在应将"天理国法人情"作为综合素质培养目标的高校法科本科生教学领域，也是被现代科技所主宰的花样化教学牵着鼻子走。一个越来越普遍和越来越明显的现象是，当陷入了"技术理性"抑或"技术工

---

[1]　许中缘："法科学生如何发展自己的个性"，载《潇湘晨报》2022 年 4 月 22 日。
[2]　许中缘："法科学生如何发展自己的个性"，载《潇湘晨报》2022 年 4 月 22 日。

具性"，则文科教学包括法科教学便与其原初目标"渐行渐远"甚或逐渐丢却了"初心"。这为我们的毕业生在毕业出校门后工作能力的社会反映特别是用人单位反映所证实。根本的原因何在？在肯定前述现象的原因具有复杂性的前提下，在我们的同学毕业出校门前的法科教学本身"难辞其咎"——甚至是在任课教师出于"偷懒"或"图省事"的心理下，让每节时间虽短但却宝贵的课堂充斥着"过场性"和"花样性"，而真正的趣味性、情感性、智慧性与知识性几乎完全脱节。于是，在前述过程与场景中，任课教师对"教书育人"的神圣职业渐渐陷入了"职业麻木"的状态，从而失却了"神圣的职业情感"，而其所教出来的学生虽然将"公平正义"挂在嘴上，却在人格上麻木甚或冷酷，从而更不知晓如何实现"公平正义"，遑论"情理法相融"。这里，且不说我们一直提倡的"先做人后做学问"对德性和知识的顺序强调，所谓"教书育人"，"教书"意味着传授知识，"育人"意味着培养有趣味性、有情感和有智慧的人。如今，当趣味性直接关联着知识性，则将趣味性、情感性和智慧性充分融入知识性中的法科教学，即"四性交融教学法"的法科教学，可谓到了"刻不容缓"的地步。最终，趣味性、情感性、智慧性和知识性熔为一炉的法科本科生教学，即"四性交融"的法科本科生教学，便是对法科专业任课教师的教学责任心、教学能力和教学水平的科学合理要求，也是公平有效的一种"考核检验法"。有学者强调，法科教学应当遵循三项核心原则：其一，法科教学机构和法科教师应当明晰学生应当学习什么；其二，法科教师应当尽可能选择既有效率又有成效的教学方法以实现教育目标；其三，法科教育机构和法科教师应当评估自身教学成功的程度[1]。"四性交融"的法科本科生教学，便是一种富有效率性和成效性的法科教学，同时也可对法科本科生教学成功度，构成一种科学合理的评估。

进一步地，当我们能够认清或肯定这样一个事实，即只有有趣味、有情感和有智慧的老师才可能教出有趣味、有情感和有智慧的学生，则"四性交融教学法"不仅是法科专业的任课教师在"育人"，也是其在"育己"。不仅如此，"四性交融教学法"还能够使得任课教师留给同学们个性化与鲜活性的可爱形象，即便是在毕业走出校门之后，那种"照本宣科"或"照 PPT 宣

---

〔1〕 ［美］罗伊·斯塔基等：《完善法学教育——发展方向与实现途径》，许身健等译，知识产权出版社 2010 年版，中文版序第 1 页。

科"的教学做派只能使得任课者本人给同学们留下呆板且无敬业精神的印象，而很难让同学们去回想课堂，更遑论让同学们在毕业出校门后对之念念不忘。在相当程度上，丢弃了趣味性、情感性和智慧性已经让当下的法科教学变成了"PPT性"，从而使得极其宝贵的课堂，无论对同学们而言，还是对任课者而言，都越发具有"应付性"的"过场性"或"过堂性"，亦即教学越发变成一种"技术重复性"，最终"育人"没有育好，而任教者自身也没有得到应有的提升。正如学者指出，迄今为止的我国法科教育对本科生与法律专业硕士生的培养在授业上主要采取"满堂灌"的讲义形式，偏重背诵条文、标准答案以应试，缺乏专业素养和技能的训练。[1]由此，正如"当你教别人的时候，你自己也在学习"，[2]专业任课教师的"育人"与"育己"的双丰收，可视为"教学相长"的另一番意味吧！有趣味和有情感会成就一个"可爱的人"，有智慧会成就一个"可敬的人"，故"四性交融教学法"在法科教学领域也是一种堪当"教书育人"使命的教学法。

"四性交融"可使得法科本科生教学活动一改"书本性"而具有"实践理性"色彩。有人针对思政教育指出，知识性与价值性之间可通约的关系，为其共存于思想政治教育之中提供了基本的学理基础。道德和信仰兼具知识和价值的双重属性，是知识性和价值性共存于思想政治教育之中的内在根据。思想政治教育过程中知识性与价值性的有机融合，有赖于正确的实践理性。[3]前述见解对于我们理解法科本科生教学的"四性交融"颇有启发，因为趣味性导引着情感性与智慧性，而情感性与智慧性又蕴含着价值性，故所谓"通约"便意味着相互交融。由此，"四性交融"可赋予法科本科生教学活动以"实践理性"，而此"实践理性"将在个人与国家两个层面上都有着"影响命运"的意义，正如苏力教授指出，一旦教育普及了以后，我们就发现真正能够改变命运的其实不是知识。知识普及了以后，在知识量储备上大家都差不多，真正能改变命运的可能是天分，是你是否具有创造力和想象力[4]。所谓

---

〔1〕　季卫东："中国法学教育改革与行业需求"，载《学习与探索》2014年第9期，第84页。

〔2〕　[美]伯顿·史蒂文森主编：《世界名言博引词典》，周文标等编译，辽宁人民出版社1990年版，第837页。

〔3〕　董雅华："论思想政治教育中的知识性与价值性"，载《贵州社会科学》2017年第2期，第12页。

〔4〕　苏力："阅读的衰落"，载《法制日报》2015年1月21日。

"可能"意味着知识对于命运改变并非无用甚或毫无用处,因为创造力和想象力不可能脱离知识而存在且发挥作用,而在某种意义上,我们可把命运改变视为创造性和想象性地运用知识的结果。又当创造性和想象性与趣味性、情感性和智慧性紧密相连,则"四性交融"法科本科生教学便可在一个法科学生的专业初始阶段来影响其未来的"法律人"或"法科人"的人格与命运。当然,个体的法治职业命运可汇聚成一个国家的法治事业命运。

本章小结

虽然我们身处一个"知识爆炸"和知识快速更迭时代,但对应着法律,包括或特别是刑法的相对稳定性,法科知识则在内容和结构上也具有相对稳定性。然而,如果我们的司法者真的不想成为法律条文的"传声筒",即"法律的奴仆",而我们的法科同学真的不想成为法科的"书呆子",则法科知识便需要被赋予趣味性、情感性和智慧性。由此,无论是就法科教学而言,还是就法科研究而言,趣味性可以"激活"知识性,情感性可以"浸润"知识性,而智慧性则可以"升华"知识性。最终,"四性交融"的法科教学对于法科专业的硕士研究生甚至博士研究生也当然具有一定的适用性。毋庸置疑的是,法科本科生教学的"四性交融"要求每一节法科课堂前的备课都是"知情意"的充分投入,否则便愧对"教授"或"传授"这样的字眼。而当每一节课堂前的充分投入意味着任课教师必须再给自己予以必要的学科知识,从而"教学相长"便有了更加深长的意味。

法科人才的培养目标要求法科本科生教学将趣味性、情感性、智慧性和知识性融为一体,即法科本科生教学应是"四性交融"的法科教学。在法科本科生教学的"四性交融"中,趣味性、情感性和智慧性对于专业知识的传授分别起着兴奋剂、开胃剂和助化剂的作用。而"喜闻乐见"乃至"志业化情节"能够从专业心理层面说明法科本科生教学"四性交融"的特殊效果。最终,"四性交融"的法科本科生教学将带来法科本科生教学评价观念的深刻转变,同时又将在法科教学领域赋予"教学相长"以更加深远的"师生共赢"意义。

第三章

法科本科生教学的目标思维

中国法律实务界经常爆料出中低层司法官员违法乱纪案件，甚至间或爆料出高层司法官员违法乱纪案件。前述涉案人员几乎全有法科背景，而使得他们走上且深陷违法乱纪之歧途的，除了他们毕业后的诸多原因，恐与他们在读期间缺失求真、务善、致美法律人格的养成或固化也有一定的关联。而这又恐与曾经的法科本科生教学缺失真善美思维的熏陶和浸润有着一定关联。于是，从感受和领会法律制度或法律命题本身的真善美到培养同学们的真实人格、德性人格和美性人格，即健全而坚实的法律人格，法科本科生教学真善美思维的"教书育人"功能不言自明，且其"所育之人"即求真务实致美的法律人，从而真善美思维便能够将师生双方都浸润成"真善美者"。最终，"求真""务善"与"致美"应成为法科本科生的教学目标。易言之，法科本科生教学的目标思维就是法科本科生的教学应培养什么样的人的思维。

一、法科本科生教学的求真思维

对应着"真善美"的内在顺序，法科教学的真善美思维首先是求真思维。何谓法科本科生教学的求真思维？简言之，法科本科生教学的求真思维，是培养法科本科生同学们讲真话和求真理的思维。

我们常说的"以事实为根据，以法律为准绳"是一项具有普遍适用性的司法原则，故"以事实为根据"也是针对司法活动而言的。当然，立法包括刑法立法，也要"以事实为根据"。于是，当与立法包括刑法立法相联系，则"以事实为根据"便对应或体现着立法科学性；而当与司法包括刑事司法相联系，则"以事实为根据"便对应或体现着公正性。当法律包括刑法立法本身是立法者尊重事实或"讲事实"，即"说真话"的制度体现，而司法包括刑事司法则是司法者尊重事实或"讲事实"，即"说真话"的个案实践，则不仅我们的法科研究，而且首先是我们的法科本科生教学应向同学们传输一种信念——法律制度及其个案实践必须"求真务实",故法科也是一门讲究科学性和真实性的学科。法律制度及其个案实践必须"求真务实",意味着法律包括刑法制度及其个案实践必须关注社会生活、反映社会生活和尊重社会生活。歌德在其《浮士德》中曾说:"尊贵的朋友,一切原理学说都是灰色的,唯独生活的金树是碧绿的。"[1]当关注社会生活、反映社会生活和尊重社会生活,法科的原理学说也可以是"碧绿"的。于是,法科本科生教学应通过关注社会生活、反映社会生活和尊重社会生活而让同学们感悟法科书本上的概念、命题甚或原理学说也是"碧绿"的。

仅仅在刑法学科中,可作为求真思维教学实验的问题或事例便不胜枚举。如对于"婚内强奸"的司法定罪问题,任课教师可作出如下尝试:"同学们,'婚内强奸'是夫妻性生活关系严重不和谐的一种家庭现象,是指在合法夫妻关系存续期间一方(通常是男方)对另一方(通常是女方)实施严重超出对方情愿的性行为。首先,'婚内强奸'应遭到反对,因为即便存在合法夫妻关系,也属于'强扭的瓜不甜'。但是,合法夫妻关系中的性行为有其特殊性,即强行一方的性满足本身也是婚姻生活的一项内容,而夫妻关系又往往构成此种不妥当行为的'心安理得',故强行的一方对'两相情愿'至少是有时缺乏'期待可能性',即有时不能期待强行的一方能够做到'两相情愿'。若此,则'婚内强奸'不宜认定为强奸罪,而只能有条件地构成虐待罪(如多次'婚内强奸')或故意伤害罪(如手段行为造成被害人轻伤以上的结果)或过失致人重伤罪(当过失造成被害人重伤)或过失致人死亡罪(当过失造成被害人死亡)或侮辱罪(如当着别人的面强行实施性行为)。当强奸罪的司法定性违背或脱离了夫妻生活真相,则对'婚内强奸'的非强奸罪的司法定性才是一种'唯实'的个案实践,从而体现刑事司法的尊重生活事实。"

又如对于窝藏罪与包庇罪甚或伪证罪乃至拒不提供间谍犯罪证据罪的立法完善问题,任课教师可作出如下尝试:"同学们,当我们来考量窝藏罪与包庇罪甚或伪证罪乃至拒不提供间谍犯罪证据罪的立法完善问题,则我们有必要先考察一下中国古代的一种传统刑事文化,即'容隐制度'。作为中国古代一种传统刑事文化的'容隐制度',即'亲亲相隐制度',是指对犯了罪或涉

---

[1] [美]伯顿·史蒂文森主编:《世界名言博引词典》,周文标等编译,辽宁人民出版社1990年版,第659页。

身刑案的亲属实施藏匿或包庇等行为，司法机关不追究藏匿或包庇者等刑事责任的制度。首先，中国古代的'容隐制度'，即'亲亲相隐制度'是以稳固'家国一体'的政治伦理结构，从而维护统治秩序为价值支撑。但即便是在整体法治意识大大提高的今天，请问：你的亲人因涉身犯罪而面临被侦查（调查）或被起诉或被审判，你有条件将其窝藏或为其包庇或为之作假证明或拒不提供证据，却将之推向监狱吗？一般人做不到，因为保护自己的亲人是一般人所具有的几乎连过程都没有的本能反应。为何有此本能反应？答案在于唇亡齿寒的共同生活关系，即共同生活的事实已经将唇亡齿寒的意识植入人性之中。由此，审视现行的窝藏罪或包庇罪或伪证罪乃至拒不提供间谍犯罪证据罪，前述在处罚上'一视同仁'的立法，是脱离亲情伦理的，也是脱离人性的。虽然窝藏罪等在处罚上'一视同仁'的立法迎合了节约司法成本的实践要求，但对亲情伦理的强制性破坏所对应的事关社会整体和谐和最终稳定的'负价值'要大于司法成本节约。可见，对窝藏罪等作出处罚按照是否存在亲属关系区别对待的立法完善，便是共同生活的事实所提出的亲情伦理要求，同时也是人性要求，而符合人性的要求便是'求真'思维的一种体现。"

需要明确或进一步指出的是，求真思维所强调的法科本科生教学应紧密联系的社会生活包含社会政治、社会公共秩序、社会经济和社会文化等诸多方面的内容，故可作为法科本科生教学求真思维示例的还可有危害国家安全罪、危害公共安全罪、破坏市场经济秩序罪、侵犯公民人身权利、民主权利罪、侵犯财产罪、妨害社会管理秩序罪和渎职罪等大类犯罪中的诸多具体问题。

由此，法科本科生教学求真思维的"真"最终即社会生活的"真"，其有着社会政治、经济和文化等多方面内容的社会生活的规律性，故在某种意义上，法科本科生教学的求真思维即法科本科生教学的社会规律性思维甚或法科本科生教学的"自然法思维"，而这里所说的社会规律性思维或"自然法思维"即社会生活的常识常情常理思维。爱默生曾说："人类有法律，事物有规律。"[1]当人类的法律要符合事物的规律时，法科教学和法科研究应彻底摒

---

[1] [美]伯顿·史蒂文森主编：《世界名言博引词典》，周文标等编译，辽宁人民出版社1990年版，第170页。

弃"阁中游戏"与"自言自语"而展开一种"法社会学"乃至"法生活学"。爱·科克曾说:"法律如果不讲道理,即使延续时间再长,也还是没有制约力的。"[1]托·富勒曾说:"人类受制于法律,法律受制于情理。"[2]而乔·拜伦曾说:"谁把法律当儿戏,谁就必然亡于法律。"[3]当社会生活自有其道理和情理,则反映和服务社会生活的法律便要讲道理和情理,甚至法律本身就是社会生活道理和情理的化身。

君可见,"法"字右边即一个"去"字带给我们水之流动的想象:时急时缓,时直时曲。当事态有急缓而道理有曲折,而"无法无天"中的"法"和"天"皆为事物的道理和情理,甚或"天"是事物道理和情理的最高代表或象征,则法律便是道理和情理之制,而法科便是探求道理和情理之科,从而是"求真之科",且这里的"求真之科"既有教学层面的意义,也有科研层面的意义,但首先是教学层面的意义。张爱玲曾说:"遇见你,我变得很低很低,一直低到尘埃里去,但我的心还是欢喜的,并且在那里开出一朵小花来。"在社会生活的道理和情理面前,法律应该"变得很低很低",并且应在"低到生活里"开出社会生活道理和情理的"朵朵小花"。对社会生活道理和情理的规范确认与维护,这便是法律之真。于是,法科教学和法科研究都应采用求真思维,即我们应展开求真的,即"讲真话"的法科教学和法科研究,而求真的"法律小花"应绚丽在法科课堂任课教师的字里行间。"真"才可爱,"爱"即情感,"爱"才生美,故法科本科生教学的真善美思维才"以真为先"。

法科本科生教学的求真思维,意味着任课教师先要悟透法律之真,然后引导同学们去参悟法律之真,即用真的理念来理解和领会法律制度或法律命题。何谓法之真即法律之真?学者指出,"真"的核心义项大致上是三个方面:一是本原、本性;二是真实、客观;三是正确、真理[4]。而与善和美并提的真则需要从两个方面来理解:从客体的实存上,真指事物自身的规律性。

〔1〕 [美]伯顿·史蒂文森主编:《世界名言博引词典》,周文标等编译,辽宁人民出版社1990年版,第173页。

〔2〕 [美]伯顿·史蒂文森主编:《世界名言博引词典》,周文标等编译,辽宁人民出版社1990年版,第173页。

〔3〕 [美]伯顿·史蒂文森主编:《世界名言博引词典》,周文标等编译,辽宁人民出版社1990年版,第172~173页。

〔4〕 吕世伦主编:《法的真善美——法美学初探》,法律出版社2004年版,第23页。

从这个方面理解的真是"第一性的真";从主体的认识上,真指真理,即主体对客体自身规律的正确认识与把握。真理是客观见之于主观的东西,故真即客观规律,是真理的极限,亦即真理意义的真是由"第一性的真"所决定的"第二性的真"。而作为我们探求对象的法之真,则始终是"第一性的"法之真。[1]

对于法之真,学者又将其分为三个层次:"其一,法作为法精神关系的现象,必须符合它处于其中的客观世界的实际情况和物质规律。这就是要同自然规律和社会规律相结合。其二,法作为文化形态和社会调整手段也有其自身的规律,具备专有的性质、结构和运行机制,而这一切都是通过它们的各种外部形式特征才能表现出来的。不能认识和把握这些外部形式特征,便不能真正揭示法的自身规律。其三,最为具体的层次,即在法的运作中主体所要认定的那些事实的客观性。"其中,"第一个层次的法之真的范围极其宽泛,涉及大量一般自然科学和社会科学问题,远远超出法科的领域。而第三个层次的法之真又过于具体,多属于部门法科展开研究的东西,距离理论法科较远。尽管这样,这两个层次的法之真仍然十分重要,也是必须进行探讨的。但是,相比之下,理论法科的侧重点则应当放在对第二个层次的法之真的研究,即法自身规律及其外部形式特征的研究"。[2]

法之真,即法律之真是一种制度真和反映真,而制度真和反映真表明法之真即法律之真即事实符合性或规律符合性。正面的正如孟德斯鸠曾指出:"从最广泛的意义来说,法是由事物的性质产生出来的必然关系。在这个意义上,一切存在物都有他们的法。上帝有他的法;物质世界有它的法;高于人类的'智灵们'有他们的法;兽类有它们的法;人类有他们的法。"[3]而反面的又正如马克思、恩格斯在《共产党宣言》中针对资产阶级的法律指出:"你们的观念本身是资产阶级的生产关系和资产阶级的所有制关系的产物,正像你们的法不过是奉为法律的你们阶级的意志,而这种意志的内容是由你们这个阶级的物质生活条件决定的。"[4]于是,当制度真和反映真意味着法之真即法律之真是主客体关系之真,则学者所谓法之真的第一层次可被称为"法之元真",所谓法之真的第二层次可被称为"法之自真",所谓法之真的第三

---

〔1〕　吕世伦主编:《法的真善美——法美学初探》,法律出版社 2004 年版,第 1~2 页。

〔2〕　吕世伦主编:《法的真善美——法美学初探》,法律出版社 2004 年版,第 4 页。

〔3〕　[法]孟德斯鸠:《论法的精神》,张雁深译,商务印书馆 1961 年版,第 1 页。

〔4〕　《马克思恩格斯全集》(第 4 卷),人民出版社 1958 年版,第 485 页。

层次可被称为"法之用真"。"法之元真"强调的是符合自然规律和社会规律的立法之真;"法之自真"强调的是法自身内外协调及其自身运行的规律性;"法之用真"强调的则是司法之真,不仅包括认定事实之真,而且包括适用法律之真即适用法律准确。如此,则我们可得:法之真,是指法先在符合事物的状况和规律中得以制定出台,后在自身的内外协调运行中反映个案客观真相,且使自身得到准确适用。[1]任课教师必须对法之真,即法律之真做好充分的"备课",才有能力引导同学们怀揣真的理念,即采用真的思维来审视法律制度或法律命题,并拒斥"伪法"而奉行"真法",并同时获得"做人为真"的人格熏陶。

德国法学家耶林曾指出:"人们可以问道,有哪一门科学,竟需仰赖立法者之心情,使今日有效之事物,于明日遭废弃,使于某处为假之事,于他处为真?有哪一门科学,竟需受国家边境界桩所限?"[2]这里,"今日有效"而"明日废弃"或可是立法者不断求真的体现,而所谓"受国家边境界桩所限"或许正是"国情之真"的说明,故当我们能够肯定法科是一门社会科学,则其真实性问题就是一个"真问题"。正如马克思曾指出:"立法者应该把自己看作一个自然科学家。"[3]于是,立法者应牢固树立坚持真理、实事求是的观念,不唯书、不唯上,讲真话、道实情。[4]当教法者和学法者也应坚持真理、实事求是的观念,不唯书、不唯上,讲真话、道实情,则法科本科生教学的求真思维便意味着立于社会生活的真实性来展开法科教学,其不仅意在使得同学们去感受和领会法律制度或法科命题所指涉事物的真实性,以预期法律制度或法科命题本身的"真理性",而且或更加意在使得同学们养成一种"求真务实"的真实人格。同时,采用求真思维的任课老师在同学们的感受与印象中,便是"真实的老师",从而求真思维便能够使得法科本科生教学将师生双方都浸润成"真人"。

二、法科本科生教学的务善思维

对应着"真善美"的内在顺序,法科本科生教学的真善美思维其次是务

---

〔1〕 马荣春:《刑法公众认同研究》,中国政法大学出版社 2015 年版,第 18~19 页。

〔2〕 [德]鲁道夫·冯·耶林:《法学是一门科学吗?》,李君韬译,法律出版社 2010 年版,第27 页。

〔3〕 《马克思恩格斯全集》(第 1 卷),人民出版社 1956 年版,第 138 页。

〔4〕 张文显:《中国法学教育年刊》(2016 年第 4 卷),法律出版社 2017 年版,第 73 页。

善思维。何谓法科本科生教学的务善思维？简言之，法科本科生教学的务善思维，是培养法科本科生同学们追求公平正义和关怀众生的思维。

学者指出："法学理论如果只告诉人们法律是什么而不说明应当是什么，这样的法学便是病态法学。这种法学的价值以其研究对象的价值而定。如果法是善的，法学便是善的，如果法是恶的，法学便助纣为虐。"[1]对应着"善法"，便有"善的法学"；对应着"恶法"，便有"恶的法学"甚或"助纣为虐的法学"。对于一个高校法科教师而言，其应该"研究"出"善的法学"，但职业使命首先要求其"讲授"，即"教"出"善的法学"，即其法科本科生教学应采用务善思维，亦即运用公平正义和关怀众生的价值观念来讲解法律问题或法科命题。

同样在刑法学科中，可作为务善思维教学实验的问题或事例也不胜枚举，且这里所说的问题或事例包括正面的问题或事例与反面的问题或事例。如就正面的问题或事例，任课教师可作如下尝试："同学们，刑法不仅针对犯罪过程的发展规定了犯罪中止制度，而且针对犯罪后的表现规定了自首制度、坦白制度乃至立功制度。前述制度规定都是从不同的角度或在不同的深度上鼓励犯罪人'由恶向善'或'弃恶从善'，正所谓'浪子回头金不换'，故其生动地和大度地体现着刑罚裁量制度对'善'的谋求，正如犯罪中止制度被比作为犯罪人后退所架设的'一座黄金桥'。而当下正在刑事领域推行和完善的认罪认罚制度，更可视为出于'惩恶扬善'而对已有的自首、坦白制度的补充。至于'为了使国家、公共利益或者他人的人身、财产和其他权利免受正在进行的不法侵害'的正当防卫和'为了使国家、公共利益或者他人的人身、财产和其他权利免受正在发生的危险'的紧急避险，则是更加鲜明地和直接地体现了犯罪概念制度或非罪化事由制度对'善'的谋求。"

如再就反面的问题或事例，任课教师可作如下尝试："同学们，所谓'善有善报，恶有恶报'，对'累犯'从重处罚的规定或对'首要分子'处罚或从重处罚的规定乃至对各种'加重犯'（结果加重犯、数额加重犯、情节加重犯）加重处罚的规定，前述规定则是刑罚裁量制度反面地和坚定地宣扬刑法'谋善'的价值追求。"进一步地，任课教师还应尝试将前述正反两面的讲解予以必要的引申："同学们，刑法为何既要作出诸如'自首'等正面规定，同

---

〔1〕　文海林：《刑法科学主义初论》，法律出版社 2006 年版，第 9 页。

时也要作出诸如'累犯'等反面规定？既然人类社会的发展已经说明法律包括刑法是为消除社会纷争和稳定社会秩序而产生和存在，则法律包括刑法的制度价值最终都可概括为'秩序之善'，正如恩格斯曾指出：'蔑视社会秩序最明显、最极端的表现就是犯罪。'这里，'秩序之善'意味着法律包括刑法要求社会个体或组织应遵规守法以服从或尊重社会秩序，因为社会秩序维系着稳定和安宁，从而维系着存续和发展。最终，边沁的'最大多数人的最大幸福'可以作为法律包括或特别是刑法的'秩序之善'的最高表达。由此，'秩序之善'意味着法律包括刑法要求我们要做个'善人'。这里，就刑法而言，我国刑法分则所规定的'危害国家安全罪''危害国防利益罪''贪污贿赂罪''渎职罪'和'军人违反职责罪'，同时还有'侵犯财产罪'，大致对应着刑法要求我们要'与国家为善'；'危害公共安全罪''破坏社会主义市场经济秩序罪'和'妨害社会管理秩序罪'，大致对应着刑法要求我们要'与社会为善'；而'侵犯公民人身权利、民主权利罪'，同时还有'侵犯财产罪'，则大致对应着刑法要求我们要'与他人为善'。"

由此，法科本科生教学的务善思维意味着立于事物的善性来展开法科教学，其不仅意在使得同学们去感受和领会法律制度或法科命题本身对有益于他人或有益于社会抑或有益于国家的功利谋求，而且或更加意在使得同学们养成一种"与人为善"或"与社会为善"抑或"与国为善"的德性人格。同时，采用务善思维的任课老师在同学们的感受与印象中，便是"善的老师"，从而务善思维便能够将师生双方都浸润成"善人"。

法科本科生教学的务善思维，意味着任课教师先要悟透法律之善，然后引导同学们去参悟法律之善，即用善的理念来理解和领会法律制度或法科命题。何谓法之善即法律之善？亚里士多德曾指出："一切技术，一切研究以及一切实践和选择，都以某种善为目的。所以人们说得好，万物都是向善的。"[1] 对于善，斯宾诺莎曾指出："凡是符合我们的本性之物必然是善的。一物愈符合我们的本性则那物对我们愈为有益，换言之，对我们愈是善的，反之，一物对我们愈有益，则那物与我们的本性便愈相符合。"[2] 于是，善就是行为在人和

---

〔1〕［古希腊］亚里士多德：《尼各马科伦理学》，苗力田译，中国社会科学出版社 1990 年版，第 1 页。

〔2〕［荷兰］斯宾诺莎：《伦理学》，贺麟译，商务印书馆 1983 年版，第 170 页。

人的关系中表现出来的对他人、对社会的有价值。[1]但是，"有用性"或"有价值性"未必就是法之善，因为是否善还要接受"正义"检验。正如亚里士多德曾指出："凡订有良法而有志于实行善政的城邦就得操心全邦人民生活中的一切善德和恶行。所以，要不是徒有虚名，而真正无愧为一城邦者，必须以促进善德为目的……而法律的实际意义应该是促成全邦人民都能进入善德和正义的（永久）制度。"[2]而"世上一切学问（知识）和技术，其终极（目的）正是为大家所最重视的善德，也就是人间的至善。政治学上的善就是正义，正义以公共利益为依归。正义是某些事物的平等（均等）观念"[3]。亚里士多德直接肯定了正义就是法律的价值即法之善所在[4]。以研究正义出名的罗尔斯指出："允许我们默认一种有错误的理论的唯一前提是尚无一种较好的理论，同样，使我们忍受一种不正义只能是需要用它来避免另一种更大的不正义的情况下才有可能。作为人类活动的首要价值，真理和正义是决不妥协的。"[5]由此，被法所"决不妥协"追求的正义价值便构成了法之善。[6]

德国著名法学家拉德布鲁赫在其早年对法律的安定性价值给予高估，即法的安定性是法的最高价值，但他在经历纳粹统治而在晚年自我修正地指出，凡正义不被追求的地方，法律不仅仅是"非正确"，甚至根本上就是缺乏法的性质，因为法律注定要为正义服务的。[7]拉德布鲁赫对法律价值的前后看法对于我们把握法之善应有所启发：正义始终是法律的追求而构成法律的至善。[8]法之善即法律之善的"正义"品质，正如学者指出："在法科领域中，正义是最具有概括力的描述善的词汇之一，在这个意义上，正义的含义也最为普遍，最为一般。"[9]但是，具有"正义"品质的法之善即法律之善，最终还是要

---

〔1〕　罗国杰主编：《伦理学》，人民出版社1989年版，第406页。

〔2〕　[古希腊] 亚里士多德：《尼各马科伦理学》，苗力田译，中国社会科学出版社1990年版，第138页。

〔3〕　[古希腊] 亚里士多德：《尼各马科伦理学》，苗力田译，中国社会科学出版社1990年版，第148页。

〔4〕　马荣春：《刑法公众认同研究》，中国政法大学出版社2015年版，第28页。

〔5〕　转引自吕世伦主编：《法的真善美——法美学初探》，法律出版社2004年版，第313页。

〔6〕　马荣春：《刑法公众认同研究》，中国政法大学出版社2015年版，第28页。

〔7〕　[德] 阿图尔·考夫曼：《古斯塔夫·拉德布鲁赫传——法律思想家、哲学家和社会民主主义者》，舒国滢译，法律出版社2004年版，第156~157页。

〔8〕　马荣春：《刑法公众认同研究》，中国政法大学出版社2015年版，第28页。

〔9〕　吕世伦主编：《法的真善美——法美学初探》，法律出版社2004年版，第313页。

将社会秩序和大众福祉作为现实落脚。正如休谟曾指出的："正义这一德性的用途和趋向是通过维护社会的秩序而达致幸福和安全。"[1]又如柏拉图指出："法律正义是一种秩序，就是有自己的东西，干自己的事情。"同时，"个人的三品质（欲望、激情和理智）在个体协调运行秩序井然时，个人就成了正义之人。"[2]可见，法之善即法律之善最终应被赋予生活意义，正如学者指出："法律不仅是世俗政策的工具，而且还是生活终极目的和意义的一部分。"[3]

最终，笼统而抽象地说，法之善即法之正义，[4]而具体实在一点说，法之善，即法律之善是指法对公众即社会对自由和秩序需要之满足。[5]任课教师必须对法之善，即法律之善做好充分的"备课"，其才有能力引导同学们怀揣善的理念，即采用善的思维来审视法律制度或法科命题，拒斥"恶法亦法"，即奉行"恶法非法"，并同时获得"做人为善"的人格熏陶。法科本科生教学的务善思维对法科本科生同学的人格影响，正如"诚实与善良均来自良好的教育"所说的那样。[6]

苏霍姆林斯基曾说："真正的教育者不仅传授真理，而且向自己的学生传授对待真理的态度，激发他们对于善良事物受到鼓舞和钦佩的情感，对于邪恶事物的不可容忍的态度。"这对我们领会法科本科生教学的求真思维和务善思维不无启发。

三、法科本科生教学的致美思维

对应着"真善美"的内在顺序，法科本科生教学的真善美思维最后是致美思维。何谓法科本科生教学的致美思维？简言之，法科本科生教学的致美思维，是培养法科本科同学们对法律问题的审美思维。

除了是让同学们体会与领悟"真"与"善"的过程，法科本科生教学同时还应让同学们体会与领悟"美"的过程。除了法科其他分支学科，仅仅是刑法教学就能举出诸多"美学教学法"，即采用美学教学思维的例子。如对罪

---

〔1〕 ［英］休谟：《道德原则研究》，曾晓平译，商务印书馆 2001 年版，第 37 页。

〔2〕 吕世伦主编：《法的真善美——法美学初探》，法律出版社 2004 年版，第 401 页。

〔3〕 ［美］伯尔曼：《法律与宗教》，梁治平译，生活·读书·新知三联书店 1991 年版，第 43 页。

〔4〕 马荣春：《刑法公众认同研究》，中国政法大学出版社 2015 年版，第 27 页。

〔5〕 马荣春：《刑法公众认同研究》，中国政法大学出版社 2015 年版，第 34 页。

〔6〕 ［美］伯顿·史蒂文森主编：《世界名言博引词典》，周文标等编译，辽宁人民出版社 1990 年版，第 329 页。

刑法定原则，任课教师可作如下尝试："同学们，罪刑法定原则是刑法基本原则之首，被喻称为刑法的'帝王原则'（King Principle）即'第一原则'（the First Principle）。罪刑法定原则是指导刑法立法和刑法司法的基本准则，其基本含义，是指什么行为是犯罪，而犯罪又如何处罚，皆由法律作出明文规定，简称为'法无明文规定不为罪，法无明文规定不处罚'。正如'明文'所示，明确性是罪刑法定原则最为重要的内涵。于是，相对于'模糊'或'晦暗'，'明确'便显现出罪刑法定原则的一种美，此可谓'明确之美'。进一步地，罪刑法定原则的'明确之美'是一种'表达之美'和'展示之美'。这便使得我们不禁联想起中国古代的'铸刑鼎'，即将刑法条文铸造在金属器皿上，任由风吹日晒，其所昭示的规范禁忌一直'沧桑不变'，甚有一种'狞丽之美'或'严酷之美'。"

又如对罪责刑相适应原则，任课教师可作如下尝试："同学们，罪责刑相适应原则也是一个重要的刑法基本原则，同时也是指导刑法立法和刑法司法的基本准则，其基本含义，是指罪行的轻重与刑事责任的轻重以及刑罚的轻重要保持相对称，即罪行与刑事责任以及刑罚要保持质量上的相对等或相匹配，亦俗称'重罪重刑，轻罪轻刑'。于是，相对于'不相适应'即'失衡'，'相适应'便显现出罪责刑相适应原则的一种美，此可谓'平衡之美'或'对称之美'。进一步地，罪责刑相适应原则的平衡之美'或'对称之美'便是一种'构造之美'，同时也是一种'展示之美'"。

再如对适用刑法人人平等原则，任课教师可作如下尝试："同学们，适用刑法人人平等原则同样是一个重要的刑法基本原则，是'法律面前人人平等原则'在刑事司法领域具象化的一个原则，其基本含义，是指'对任何人犯罪，在适用法律上一律平等。不允许任何人有超越法律的特权。'适用刑法人人平等原则是对封建法治中'刑不上大夫'的历史否定。于是，相对于'刑事特权'，'人人平等'便显现出适用刑法人人平等原则的一种美，此可谓'均布之美'。适用刑法人人平等原则的'均布之美'也是一种'平衡之美'，但其与罪责刑相适应原则的'平衡之美'的区别在于：适用刑法人人平等原则的'均布之美'是案与案之间的'平衡之美'，是一种'时空比较之美'，而罪责刑相适应原则的'平衡之美'是个案中的'平衡之美'，是一种事物内部的'要素匹配之美'。"可见，现行刑法所确立的三大基本原则，能够让同学们集中品评和体会刑法之美，但这需要任课教师作出采用致美思维的生动讲解。

当然，除了刑法基本原则，还有诸多其他刑法问题可让任课教师作出生动的审美性讲解。如对刑法结构问题，任课教师可作如下尝试："同学们，作为一个极其重要的部门法，刑法也有其构造。刑法的构造在一部刑法典中呈现得清晰而完整。从宏观到微观，一部刑法典呈现出从'篇'到'章'到'节'再到'条'的层层分解或展开；而从微观，一部刑法典又呈现出从'条'到'节'到'章'再到'篇'的层层聚合或收拢。再就'条'而言，其下又可逐次分解出'款''项''目'。可见，宛如一幢设计优美的建筑，一部刑法典所呈现给我们的便是一种'建构之美'或'架构之美'，同时也是一种'展示之美'。"

除了前述，从中国传统的刑法文化中，我们也从可出对同学们予以审美性讲解的例子。如对中国古代的"秋冬行刑"制度，任课教师可作如下尝试："同学们，'秋冬行刑'是中国古代的一种死刑执行制度，是指对判了死刑的人安排在秋冬季节执行死刑，即对被判了'斩监候'的人犯等候到秋冬季节将之处死。中国古代为何会有'秋冬行刑'制度？正如大自然给予我们的感受，春夏两季分别呈现生命萌发与旺盛景象，故在此两个季节执行死刑便造成'杀生'与'生长'的自然失调。但到了秋冬季节，草木便逐渐枯凋，命定该死之人绝命于草黄叶落的景象之中或是'天人合一'的消极安排，故'肃杀'的自然氛围似乎增强了就死者对死亡的些许淡定。可见，中国古代的'秋冬行刑'所渲染的便是一种生命终结的'凄美'。而今天越来越文明人道的死刑执行方式，或许是此'凄美'的一种历史'回响'。"

如果说以往的法科本科生教学对法科同学较为缺失求真、务善思维的训练与浸润，对其致美思维的训练与浸润便显得更加缺失了。除了前文所设想且也是我以往尝试的那些示例，法科任课教师在讲解相关课程时还可紧密联系司法实践而对同学们作出致美思维，即审美思维的专业性引导，以强化对法科同学们致美思维的训练与浸润。如在司法仪式和剧场化话题中，任课教师可作出如下尝试，因为法律是一种仪式，其具有仪式美。法律的仪式美既有静态的，也有动态的，即法律的仪式美可分为静态的仪式美和动态的仪式美。当面对着法律的犹如建筑物般的结构性展示时，我们能够体会到的便是法律的结构之美即静态之美；而在司法过程，即法律被运用于实践过程中，我们能够体会到的便是法律的剧场之美即动态之美，正如司法之所以要被仪式化，乃是因为正义必须被以"看得见"的方式予以实现，即正义必须呈现出生动形象的外表，否则人们就看不见她。[1]而整个程序从开启到结束，如能行进自如、轻松流畅或跌宕起伏、委婉曲折，也会让人体会到美的滋味。[2]

至于司法裁判文书，则可让我们体会到法律"情理之美"与"文辞之美"的"结合之美"。[3]其中，司法裁判文书的"文辞之美"体现为裁判文书的语言中正典雅，准确而精炼，坚定而流畅。[4]而其"情理之美"最终即"人格之美"或"人性之美"，[5]正如"法律的力量通过司法者得以体现。道成肉身，法律的理念凝结、积淀在具体的有血有肉的个人身上，凸显人格的智慧、明察、老成、超脱、果决"。而这正是"司法者人格之美"。[6]进一步地，"情理之美"与"文辞之美"的"结合之美"又是形式之美与实质之美的"结合之美"。同时，法律之美还是一种"技艺之美"，正如技术美在当代美学中日益受到重视。法律运作的各个节点都要有一定的技术，而技术的熟练即成为艺术。[7]但是，法律的仪式美是内在精神美的外化，正如仪式不仅能使正义在"看得见"中被实现，而且通过仪式，规范与价值都充满了情感，即当置身于庄严气氛时，法官也不可能无动于衷而会受到这种气氛的影响。庄重的仪式可以从心灵深处增添法律对人们的震撼力与感召力[8]。于是，法律包括或特别是刑法，在"呆板"乃至"严酷"之外，也能给予同学们以美的欣赏和享受，正如学者指出："美的事物一般要求符合自然规律的形式，不违背人们的官能快感。"[9]

但要强调的是，对法律包括刑法的美感或"美趣"也可反过来增强我们对刑法包括刑法学科的兴味，正如"仪式不仅仅确定角色，而且也会激起情感

---

〔1〕 ［美］哈罗德·J. 伯尔曼：《法律与革命——西方法律传统的形成》，贺卫方等译，中国大百科全书出版社 1993 年版，第 69 页。

〔2〕 吕世伦主编：《法的真善美——法美学初探》，法律出版社 2004 年版，第 423 页。

〔3〕 马荣春：《刑法公众认同研究》，中国政法大学出版社 2015 年版，第 242 页。

〔4〕 马荣春：《刑法公众认同研究》，中国政法大学出版社 2015 年版，第 242 页。

〔5〕 吕世伦主编：《法的真善美——法美学初探》，法律出版社 2004 年版，第 424 页。

〔6〕 吕世伦主编：《法的真善美——法美学初探》，法律出版社 2004 年版，第 424 页。

〔7〕 吕世伦主编：《法的真善美——法美学初探》，法律出版社 2004 年版，第 494~495 页。

〔8〕 谢祥为："诉讼仪式：司法公正的潜在力量"，载《江西社会科学》2001 年第 1 期，第 65 页。

〔9〕 王朝闻主编：《美学概论》，人民出版社 1981 年版，第 29 页。

反应"。[1]而"通过仪式，规范与价值都充满了情感"。[2]由此，能够激起情感的仪式应是美的仪式即"雅仪"，而"雅仪"及其激发的"美趣"又能反过来强化"雅兴"。[3]正如学者指出："对于作为社会美的一部分的法律美的欣赏而言，当包含着更多的理解或理性的因素。"[4]其中，"理解"蕴含着"雅兴"。

常言道："世界上不是没有美，而是缺少发现美的眼睛。"在法科本科生教学过程中，也需要我们的专业任课教师有"发现美的眼睛"，即采用美的视角和美的话语来带领同学们对法律制度或法科命题产生愉悦的感受与领悟。由此，如果套用罗丹的经典话语——"成为艺术大师的最好诀窍，就是在人们司空见惯的地方发现出美来"，则可有"成为教学名师（大师）的最好诀窍，就是在同学们司空见惯的地方发现出美来"。学者指出："对于法科研究活动而言，所谓学术大师也就是通过研究法律制度中存在的种种问题，并在人们司空见惯的问题上能够提出创造性的思想和理论的人。"[5]如果将前述针对法科研究活动的论断套用到法科教学活动，则可有："对于法科本科生教学活动而言，所谓教学大师（名师）也就是通过备课法律制度或法科命题中存在的种种问题，并在同学们司空见惯的问题上能够带动启发性理解的人。"

柏拉图曾指出："先从人世间个别的美的事物开始，逐渐提升到最高境界的美，好像升梯逐步上进，从一个美的形体到两个美的形体，从两个美的形体到全体的美的形体；再从美的形体到理想国的行为制度，从美的行为制度到美的学问知识，最后再从各种美的学问知识一直到只以美本身为对象的那种学问，彻悟美的本体。"[6]法科本科生教学的致美思维意味着立于事物的美德来展开法科教学，其不仅意在使得同学们去感受和领会法律制度或法科命题本身对人性之美或制度之美即秩序之美的谋求，而且或更加意在使得同学们养成一种"成人之美"或"成社会之美"抑或"成国之美"的美性人格。同时，采用致美思维的任课老师在同学们的感受与印象中，便是"美的老

---

〔1〕 吕世伦主编：《法的真善美——法美学初探》，法律出版社 2004 年版，第 517 页。

〔2〕 吕世伦主编：《法的真善美——法美学初探》，法律出版社 2004 年版，第 522 页。

〔3〕 马荣春：《刑法公众认同研究》，中国政法大学出版社 2015 年版，第 240 页。

〔4〕 吕世伦主编：《法的真善美——法美学初探》，法律出版社 2004 年版，第 415 页。

〔5〕 陈瑞华：《论法学研究方法——法学研究的第三条道路》，北京大学出版社 2009 年版，第 83~84 页。

〔6〕 ［古希腊］柏拉图著，［德］爱克曼辑录：《柏拉图文艺对话集 歌德谈话录》，朱光潜译，人民文学出版社 2015 年版，第 251~252 页。

师"，从而致美思维便能够将师生双方都浸润成"美人"。

四、法科本科生教学目标思维的最后强调

首先是法科本科生教学真善美思维的内在关系。无论是从被教者，即同学们的教化，还是从教者，即任课教师的自我教化，法科本科生教学的真善美思维并非求真思维、务善思维和致美思维的各自独行或时序上的先后并列，而是此三种教学思维，即求真思维、务善思维和致美思维的交互为用或相互交织。具言之，作为一种人类社会制度，法律包括刑法，其真、其善与其美是层层相因的，即有其真才有其善，而后有其善才有其美，因为"真"是事实基础，"善"是"真"的价值催生，而"美"则是"善"的精神效应。学者指出："对于作为社会美的一部分的法律美的欣赏而言，当包含着更多的理解或理性的因素。"[1]而柏拉图又曾指出："美具有引人向善的作用和力量。"[2]所谓"理解"有"求真"之意，所谓"理性"有"务善"之意，而所谓"引人向善"便是直接的"务善"。由此，求真思维、务善思维和致美思维的交互为用或相互交织，意味着法科本科生教学的真善美思维是具有内在联结或融为一体的教学思维，正如有人指出，教学智慧也具有情境性、缄默性、动态性、审美性与向善性等特点。[3]易言之，当某一法律制度或法科命题能够用真善美中的一种思维予以认知和把握，便意味着同时可用其他思维予以认知和把握，即求真思维、务善思维和致美思维并非相互脱节，更非相互排斥。而这一点不同于罂粟花给我们的感受：罂粟花虽然极其艳丽，但其果实多半又是极其有害的。

求真思维、务善思维和致美思维的融为一体和交互为用，可从任课教师对现行刑法所规定的三大基本原则，即罪刑法定原则、罪责刑相适应原则和适用刑法人人平等原则的尝试讲解中得到切实说明。易言之，任课教师可在对同学们分别讲解罪刑法定原则、罪责刑相适应原则和适用刑法人人平等原则的过程中交互采用求真思维、务善思维和致美思维。例如，对于罪刑法定原则问题，任课教师可作如下尝试："同学们，罪刑法定原则是最为重要的刑

---

〔1〕　吕世伦主编：《法的真善美——法美学初探》，法律出版社 2004 年版，第 415 页。

〔2〕　[美]伯顿·史蒂文森主编：《世界名言博引词典》，周文标等编译，辽宁人民出版社 1990 年版，第 451 页。

〔3〕　王萍："教学智慧生成研究"，山东师范大学 2015 年博士学位论文，第 1 页。

法基本原则。现在一般认为，罪刑法定原则的思想基础是民主主义和人权主义即民主与自由。[1]仅就人权即自由这一基础层面而言，罪刑法定原则的合理性与必要性是通过"预测可能性"原理得到说明的，即只有将何为犯罪和犯罪的后果予以明文，才能为公民划定自由，因为罪与刑的明文能够让公民知晓且决定能做什么和不能做什么。但决定公民决定能做什么和不能做什么所对应的刑法规范态度的，则是费尔巴哈围绕着罪刑法定原则所提出的更为朴实有力的人的'趋利避害'本能。由于'趋利避害'是一种'人性真实'，故罪刑法定原则首先将得到'人性真实'的深刻说明。当'趋利避害'的'人性真实'支撑着人们对刑法规范的'预测可能性'，从而在保住自由中约束自己的言行而尽量遵从秩序时，罪刑法定的'自由之善'与'秩序之善'便相伴而生。又当罪刑法定原则对规范禁忌的表达要求着明确性和坚定性，则'明确之美'和'狞丽之美'便又幻化出来。由此，罪刑法定原则可以集中说明：刑法之真是刑法之善的'质地'，而刑法之美又是刑法之善的'修饰'或'光环'。"但是，任课教师自己要进一步明了且让同学们也要进一步明了的是，正如我们以往说某个人既有"外表美"又有"心灵美"，构成法科本科生教学真善美思维的"美"本身，不仅是一项法律制度或法科命题所指涉事物的一种"外在美"或"形式美"抑或"表现美"，同时是一种"内在美"或"精神美"抑或"生成美"，而后一层面即内在层面的美即"内在美"或"精神美"抑或"生成美"，则是"升华"于"秩序之善"。

学者指出，在实践美学看来，美的规律正是人的本质力量对象化的规律。[2]在我看来，当法之真即法律之真的哲学本质是"主体客体化"，而法之善即法律之善的哲学本质是"客体主体化"时，法之美即法律之美的哲学本质便应是"主客双向化"。[3]将法之美即法律之美的哲学本质界定为"主客双向化"，是符合真、善、美三者之间关系的，因为美是真与善的统一，也就是合规律性和合目的性的统一，[4]而真与善、合规律性与合目的性的这种统一，就是美的本质和根源。[5]由此，法科任课教师最终应采用真善美相结

---

〔1〕 张明楷：《刑法学》（第6版），法律出版社2021年版，第46页。

〔2〕 蒋孔阳：《美的规律——蒋孔阳自选集》，山东教育出版社1998年版，第8页。

〔3〕 马荣春：《刑法公众认同研究》，中国政法大学出版社2015年版，第43页。

〔4〕 李泽厚：《美学三书》，安徽文艺出版社1999年版，第48页。

〔5〕 李泽厚：《美学三书》，安徽文艺出版社1999年版，第485页。

合或相统一思维来引导同学们领会和理解法律制度或法科命题。而真善美相结合或相统一思维将使得法科本科生教学的师生双方都获得更加完整的人格熏陶，正如俗语有云："自知者真，自制者善，自胜者美。"[1]

其次是法科本科生教学真善美思维的责任担当。申卫星教授指出，我们国家启动了"双一流"建设，中国法律确实面临创新和改革的大好契机。将来判断一个大学、一个法学院进入了"双一流"，有了外在形式的标准，比如国内的评估采用 A 还是 A+和国外的 QS 排名，但更主要的还是内在标准，即法学院和法科教育是否发生内涵式的实质性突破。内涵式的实质性突破应当取决于两点：一是法科教育和法科研究应该有很强的社会发展回应能力；二是法科教育和法科研究应该产生原创产生思想。特别是，我们应该多出思想，即除了在法律制度建设上花工夫，还应该有超越制度的思想性建设；而对于法律制度的建设，除了形式方面，还应该挖掘法律的理念、精神、价值，只有这样的法科教育和法科研究才是成功的。[2]所谓"法律的理念、精神、价值"，申卫星教授所强调的前述两点内涵式实质性突破，最终蕴含着法律的真善美谋求。而在谋求法律真善美的过程和目标中，法科教学的担当先于法科研究。于是，法科教育甚或法科本科生教学自然应采用真善美思维。由此，法科本科生教学真善美思维的现实必要性，便得到了"双一流"建设背景中中国法律制度改革创新的高度说明，而此说明最终是"法律人"，即法科人才的社会责任和时代担当的高度说明。

就刑法学科而言，学者指出："刑法发展到今天，变得越来越精巧的同时，也变得越来越偏离它本来的意义，使我们越来越感受到并且越来越无法忍受它的封闭与自我循环、妄自尊大。"[3]而"随着刑法有关的国家力量和专家力量的日益膨胀，刑法的实务与理论都日益脱离公众，似乎成为普通公众看不懂的东西"。[4]前述论断虽然是针对刑法学科理论研究的，但其对刑法学科乃至整个法科本科生教学思维也具有相当的反面启发，即我们的法科本

---

〔1〕〔美〕伯顿·史蒂文森主编：《世界名言博引词典》，周文标等编译，辽宁人民出版社 1990年版，第 995 页。

〔2〕申卫星："法学教育应增强社会回应和思想创造能力"，载《北京航空航天大学学报（社会科学版）》2018 年第 2 期，第 19~20 页。

〔3〕文海林：《刑法科学主义初论》，法律出版社 2006 年版，第 76 页。

〔4〕周光权："论刑法的公众认同"，载《中国法学》2003 年第 1 期，第 116 页。

科生教学包括刑法教学应避免知识体系本身的"自我循环、妄自尊大",甚至"脱离公众",即脱离现实的社会生活,而是探求并努力实现法律制度或法科命题的真善美,同时增强法科师生人格的真善美。学者指出,任何脱离社会的刑法,都必将是"无水之鱼、无木之禽",而社会是刑法"走不出的背景"。[1]前述论断虽然意在强调刑法学科研究有着复杂艰深的"社会纵深",且这里的"社会纵深"涉及社会心理学、社会经济学、社会文化学等诸多社会领域,但其对刑法教学乃至整个法科本科生教学都有相当启发,即整个法科本科生教学包括刑法教学在教学思维上也应有着一定的"社会纵深",而"社会纵深"将使得法科同学们深刻感受学习和获取专业知识的社会责任情怀和时代担当情怀。而前述心理效果便自然蕴含在讲求真善美的法科本科生教学思维的目标设定中。

　　法科本科生教学真善美思维的社会责任和时代担当意,自然会引申到法律信仰上去。当把法科本科生教学也最终视为"育人"的事业时,法科本科生教学的真善美思维便将法科教学的"育人"意义具象为我们通常所说的法律信仰。穆罕默德曾说:"当今世界,人类心灵所得的疾病就是缺乏信仰。"而"有两件事我最憎恶:没有信仰的博才多学和充满信仰的愚昧无知"。[2]当法律信仰是当今世界人类心灵所缺乏的信仰之一时,法律信仰缺失可视为人类心灵缺乏法律真善美的浸润所致。于是,当培养法律信仰是法科教学本应担负的使命时,法科本科生教学必采真善美思维。当然,法科本科生教学真善美思维在法律信仰层面上的"育人"意义即体现在被教者,即学生群体上,也体现在任课者自己身上,即对任课者自己也产生一种法律信仰的"自育"效果。可以想见的是,当信仰是一种最高级形态的情感,则催生法律信仰的法科本科生教学的真善美思维,其对学生群体或可收获"衣带渐宽终不悔,为伊消得人憔悴"的专业情结或职业坚守。

　　进一步地,法科本科生教学真善美思维的法律信仰意义又真切地体现在"饭碗法学"的话题上。于是,法科本科生教学真善美思维提倡,便意味着"倒逼"将"饭碗法学"彻底丢弃,因为正如王利明教授尖锐地指出,"饭碗

---

[1] 利子平、石聚航:"刑法社会化初论",载《南昌大学学报(人文社会科学版)》2010年第5期,第56页。

[2] [美]伯顿·史蒂文森主编:《世界名言博引词典》,周文标等编译,辽宁人民出版社1990年版,第863页。

法学"将严肃的学术研究贬低到一种为了自身的生存而研究的地步，将我们的法科变成了一种自私的法科、利己的法科。而当把这种"饭碗法学"的方法运用到教学上，将更为麻烦：个别学者存在这样一种偏见，认为一个学民法的只能谈民法，不能去涉猎其他问题，否则学生的学习也是不务正业。这种看法更是害人不浅。实际上，任何一个案例很难仅仅涉及实体法的一个问题，甚至很难说仅仅涉及一个部门法的问题。一个案件可能既有实体问题，又有程序问题，既有私法问题，还可能涉及公法问题。仅仅懂得一个学科的人，很难对案件进行全面的分析，其观点有时难免偏颇。我们需要尊重具有专门知识的人，但我们也同样应当鼓励学生系统掌握法科的全部知识体系，而不必固守门户，仅仅了解一个部门法的知识。[1]法科学生本是法治建设的后备力量，而"饭碗法学"或将教出"法科庸才"，遑论在法治建设中的社会责任和时代担当，故"法科饭碗"的丢弃将"倒逼"法科任课教师在教学上也要拓宽学科思维且进行必要的学科知识充电。唯有如此，其授课才更有可能求真、务善和致美。

法科本科生教学的真善美思维最终还遥相呼应着"卓越法律人才培养计划"，正如"教育造就了人"。[2]学者指出，迄今为止的我国法科教育对本科生与法律专业硕士生的培养在授业上主要采取"满堂灌"的讲义形式，偏重背诵条文、标准答案以应试，缺乏专业素养和技能的训练。[3]由此，法科本科生教学的真善美思维即真善美化的法科教学是教育部"卓越法律人才培养"计划的题中之义或实质内涵，而具有真善美人格的"法律人"将是"卓越法律人才"的终极体现，从而实现"现代中国文明的法律智慧，一种以汉语为表意系统，关于生活和人间秩序的法律之道，中华民族的生存之道，必盛于吾侪一辈手中"的理想。[4]当求真、务善和致美充溢着自觉性、主动性，从而是主体性，则法科本科生教学的真善美思维便是赋予和强化法科同学们教学活动主体性地位的教学思维，从而在根本上扭转同学们是教学客体的想当

[1] 王利明："'饭碗法学'当休矣"，载《法制资讯》2011年第6期，第9页。
[2] [美]伯顿·史蒂文森主编：《世界名言博引词典》，周文标等编译，辽宁人民出版社1990年版，第329页。
[3] 季卫东："中国法学教育改革与行业需求"，载《学习与探索》2014年第9期，第84页。
[4] 许章润：《法学家的智慧：关于法律的知识品格与人文类型》，清华大学出版社2004年版，第41页。

然思维。而当此时，法科专业知识才真正成为同学们学习掌握的对象，即真正成为法科教学活动的客体，从而使得法科专业知识真正成为服务于社会的东西而非法科教学活动，即不是最终为了专业知识本身而展开法科教学活动。真善美思维在让同学们成为法科教学活动的主体的同时，当然也强化着任课教师的主体地位，即真善美思维最终使得师生双方成为法科教学的"连带互动主体"，因为求真、务善和致美应该且能够成为师生双方共同的目标和努力。这里，"连带互动主体"意味着法科教学的师生之间不是"主客体"关系，而是"主体间性"关系，从而法科教学变成了师生之间的"对话与合作"。由此，同学们在法科本科生教学中的主体性是"卓越法律人才"的关键培养机制所在。而法科本科生教学中的主体性又是培养具有责任担当的法科人才的极其重要的主观条件或主体性保障。

这里，"连带互动主体"首先强调了法科同学们在学习过程中的主体性地位。中南大学法学院院长许中缘教授围绕着"法学院校要重视人才的个性化培养"指出："大学生的个性化培养是将学生作为大学的主体，一方面，让学生成为参与学习者；另一方面，在制度上或行为上引导学生真正成为自主学习的主体，而不是单纯的受众，更不是观众。"[1]由此，真善美思维将提高本科生同学们对法科知识学习和掌握的积极性、主动性乃至"获得感"或"成就感"。又正如许中缘教授指出的："大学教育并不能等同于知识教育。教师应是学生自主学习的引导者。教师要充分发掘学生身上具有的潜力，要充分激励学生自由探索的欲望、为学生自由探索创造条件。"[2]由此，真善美思维便能够"充分发掘学生身上具有的潜力"，从而"充分激励学生自由探索的欲望"。而当其潜力被真善美思维被充分发掘出来，从而其自由探索的欲望被真善美思维激励出来，同学们便自然成为法科本科生教学的主体，而只有成为法科教学的主体，我们的本科生才有可能被培养成所谓"卓越法律人才"，从而才有可能在法治领域有所担当。

我们再联系"饭碗法学"这一话题，真善美思维不是法科本科生教学的最终目的，法科本科生教学真善美思维的最终目的在于使得我们的法科同学最起码丢掉"饭碗法学"而带着一种专注、沉静和热情来对待"法事"，即

---

〔1〕 许中缘："法科学生如何发展自己的个性"，载《潇湘晨报》2022年4月22日。

〔2〕 许中缘："法科学生如何发展自己的个性"，载《潇湘晨报》2022年4月22日。

法科知识学习与实践运用。王利明教授指出，"饭碗法学"首先是自我封闭的法科，即将法科的学科严格划分为若干门类，而各个学科之间壁垒森严，甚至学科内部也沟壑纵横。只要我从事这个学科，这里就是我的一亩三分地，这是我的饭碗，他人不能染指。"饭碗法学"再就是封闭他人的法科，即"饭碗法学"对其他领域的学者往往表现出高度的警惕，一旦有越雷池者，便表现出强烈不满，认为这种学者不务正业或"手伸得太长"，甚至认为这些跨学科研究的学者违反了学术界的所谓"游戏规则"。"饭碗法学"使得学者视野变得非常狭窄，严重阻碍法科内部各个学科之间的正常交流，也使得各门法科内部自身的发展受到严重阻碍。由于将严肃的学术研究贬低到一种为了自身的生存而研究的地步，即"饭碗法学"已经将我们的法科变成了一种自私的法学、利己的法学，是对学术的最大亵渎，故"饭碗法学"应当休矣！[1]

"自私的法学、利己的法学"意味着"饭碗法学"是一种出于"生计"的"功利法学"。由此，"饭碗法学"通过出于"生计"的"功利性"而同样可能使得我们的法科同学难以沉静下来带着一种真正的热情去学习和运用法科知识，正如有人指出，直到过了好几年，我才慢慢发现症结所在：我混淆了对"成功"的感觉和对事物本身的感觉。跳舞的时候，专注于肌肉和身体的感觉；写作的时候，专注于记忆所引发的细微情绪；研究数学的时候，专注于方程式两边的意义。我羡慕他们那种发自内心的专注，他们能够每天沉浸其中，而不让随时随地的进度审查干扰心绪。不能沉下心来感受事物，在任何领域都是阻碍人精进的最大障碍，而真正的人生成就，属于极致的深沉者。在更广阔的世界中，在更长久的人生里，是对一件事极致的敏感和热情，让一个人摸索出攀登的道路。就好像全世界只有他和他正在做的事情，那种专注，让内心澎湃如大海。[2]真善美思维能够使得我们的本科生同学专注、沉浸于法科知识的学习与实践运用，这些同学从而有可能成为所谓的"卓越法律人才"。

最后是法科本科生教学真善美思维的教育目标。有人指出，人文、艺术与科学教育的融合是人自身发展的内在要求，是符合人文、社会和自然和谐统一的客观规律的，也是当代高等教育发展的世界潮流。中国高等教育应吸

---

〔1〕　王利明："'饭碗法学'当休矣"，载《法制资讯》2011年第6期，第9页。
〔2〕　郝景芳："再聪明，也比不过真正热爱"，载《读者》2019年第24期，第33页。

收国际高等教育发展的经验，同时突出民族文化传统，融人文、艺术与科学教育为一体，培养集真善美于一身的高素质人才[1]。法律是一种人性关怀制度，且法律也要"艺术"地应对社会问题，而法科本身也是一门社会科学，则人文、艺术与科学教育的融合，即真善美的融合，便成了中国高等教育对法科本科生教学所提出的一项具有长远意义的要求或终极目标，正如有人指出，之所以确认培养真善美统一的完美人格作为教育目标具有终极性，首先在于它符合我们对教育的终极目标的三个基本规定：其一，人类教育在各个领域、各个方面的活动目标，是从培养真善美统一的完美人格这一目标派生出来的或者本身就是培养真善美统一的完美人格，因而它是存在于人类一切教育活动领域的目标；其二，培养真善美统一的完美人格，是人类教育即能够实现又不能完全实现，只能相对实现而不能完全实现的目标，故其不会随着自己的某种程度的实现而消失，即其是人类教育活动永远追求的目标；其三，无论是人类的哪一类、哪一种教育活动，无一不是在或近或远的距离上直接或间接地培养真善美统一的完美人格。就与其他教育目标的关系而言，其位置不是相对的，而是绝对的。[2]"永远追求"和"位置绝对"，意味着真善美的目标也应是法科本科生教学的长远目标或终极目标；"派生出来"和"在或近或远的距离上直接或间接"，又意味着法科本科生教学的真善美思维，即真善美化的法科教学所能收到的效果是：近在或直接的是同学们对专业知识本身所蕴含的真善美的感受，远在或间接的则是同学们自身人格的真善美浸润与强化。当然，任课教师在采用真善美思维的法科教学过程中也受到真善美的人格浸润与强化。而当长远地看，无论是对法科学生而言，还是对法科教师而言，真善美的人格浸润与强化又意味着教育价值目标的应然序位，即责任与关爱重于知识本身，亦即那句"先做人，后做学问"。

对于法律职业资格考试与法科教育的关系问题，学者指出，所谓"大学"，与职业技校（如法律学校）的区别就在于前者不仅仅提供专业知识的传授服务，还提供学生全面素质提升、健全人格养成的平台。而如果高校法科学生花费太多心血和精力在应付司法考试上，实际上也就是在过一个职校学

---

〔1〕 顾秉林："促进人文、艺术、科学教育的融合 追求真、善、美的统一"，载《清华大学教育研究》2002年第4期，第1页。

〔2〕 庞学光："培养真善美统一的完满人格——教育的终极目标论纲"，载《教育理论与实践》1998年第4期，第9~10页。

生的学习生活，因而实际上也就等于辜负了"大学""大学生"这一称号。[1]当"健全人格"最终即真善美人格，则法科教学的真善美思维便应放在整个高等教育中被予以正视和重视。在发表执教 60 周年感言时，国内著名刑法学家高铭暄教授指出，优秀的授课艺术要坚持四个"言之有"，即言之有物、言之有理、言之有据、言之有情。这对我们提倡和践行法科本科生教学的真善美思维应有触动和启发。可以想见的是，真善美化的法科教学将使得法科本科生教学成为一种"心学"，正所谓"真正的教育，是一棵树撼动另一棵树，一朵云推动另一朵云，一个灵魂唤醒另一个灵魂"。于是，真善美思维的法科本科生教学在根本上将得到教育功能的说明，正如一位高校法科学者指出，教育有两种基本的功能，一种是显性教育功能，一种是隐性教育功能。显性教育功能就是教知识，让一些看得见的知识得到传播。隐性教育功能泛指让人在学习过程中形成自己的个人品格和心智模式。我们接受教育，表面上是为了获取知识，但实际上在充满挑战和困难的学习中，塑造个人迎难而上的品格和拥抱困难不逃避的心智模式，才是完整的教育。[2]可以想见的是，法科本科生教学真善美的思维浸润将强化同学们对挑战和困难的乐观自信心理，即为了真善美而不惧挑战和勇对困难，且此乐观心理便是一种"主体性心理"。而实际上，只有具备求真、务善和致美能力者，才真正有"主体性"可言。有学者强调，法科教学应当遵循三项核心原则：其一，法科教学机构和法科教师应当明晰学生应当学习什么；其二，法科教师应当尽可能选择既有效率又有成效的教学方法以实现教育目标；其三，法科教育机构和法科教师应当评估自身教学成功的程度。[3]真善美相结合的法科本科生教学是一种富有效率性和成效性的法科教学，同时也可对法科本科生教学成功度构成一种科学合理的评估。

学者指出，法律人才培养体制（培养模式）包含宏观、中观和微观三个层次。具言之，宏观是指法律人才培养活动各项制度构成的系统结构；中观是法学院校内组织开展的法科教学活动；微观是具体的课程教学活动。一般而言，法科教育有三个层面的境界：第一个层面是认知法律是什么，对应大

---

[1]　周赟："司法考试与法学教育"，载《法制日报》2014 年 1 月 8 日。

[2]　吉大秋果："'困在厕所里'的教授"，载《读书》2020 年第 23 期，第 25 页。

[3]　[美] 罗伊·斯塔基等：《完善法学教育——发展方向与实现途径》，许身健等译，知识产权出版社 2010 年版，中文版序第 1 页。

专教育；第二个层面是法律为什么是这样，法律背后由什么因素决定，对应本科教育；第三个层面是法律应该是什么，对应研究生教育。[1]至少在法律本科这一层面上，"是什么""为什么"和"应如何"就是法科本科生教学应兼顾做到的，而我们只能说"是什么""为什么"和"应如何"在法科本科生教学和法科研究生教学之间侧重不同而已。法科教学兼顾"是什么""为什么"和"应如何"，意味着法科本科生教学应采用真善美思维。而采用真善美思维的法科本科生教学更加奠定了微观层面的法科教学活动在法科人才培养中的基础性地位。最终，法科本科生教学真善美思维的教学目标可用古人所说的"富才厚德，人文化成"予以概括和提升。孙晓楼先生曾指出，理想的法科教育培养出的法律人才"一定要有法律学问，才可以认识且改善地运用法律；一定要有社会的常识，才可以合于时宜地运用法律；一定要有法律的道德，才有资格来执行法律。"[2]特别是，"只拥有了法律知识，断不能算作法律人才；一定要于法律学问之外，再备有高尚的法律道德"。[3]当把这一论断与法科人才培养相联系，则将牵扯出"养成教育"的话题，正如有人指出，法科教育无论如何改、形式如何变，但"养成教育"这一根本立足点不能变。[4]由此，法科本科生教学的真善美思维就是一种"养成思维"。

最后要强调的是，法科本科生教学的目标思维与技术思维和内容思维似有"一脉相承"的关系，即技术思维服务于内容思维，而技术思维和内容思维又共同走向目标思维，亦即三者之间先后构成了"术"与"道"或"用"与"体"的关系。

本章小结

法科本科生教学的真善美思维蕴含着法科教学的趣味性理念、情感性理念和智慧性理念，因为趣味性激发着"求真"，情感性推动着"务善"，而智慧性则强化着"致美"，从而能够彻底改变以往那种"照本宣科式"的法科

---

〔1〕 张文显主编：《中国法学教育年刊》（2016年第4卷），法律出版社2017年版，第29页。
〔2〕 孙晓楼：《法律教育》，中国政法大学出版社1997年版，第12~13页。
〔3〕 孙晓楼：《法律教育》，中国政法大学出版社1997年版，第15页。
〔4〕 张文显主编：《中国法学教育年刊》（2016年第4卷），法律出版社2017年版，第69页。

教学，以强化法科教学的思考性乃至探究性，努力实现"为什么"和"应该是什么"的主要教学目标，最终提高学生的提出问题、分析问题和解决问题的实际能力。[1]前述能力实即一种思维，正如哈佛大学唯一的女校长德鲁·福斯特指出，教育的目的不是学会一堆知识，而是学会一种思维。

　　培养法科本科生教学的真善美思维，最终目的似乎也不是掌握法律知识本身，而是通过法律知识的传授来培养现在的同学们和未来的法律职业人思考、处理法律问题的真善美思维。这里，真善美思维不仅意味着法科本科生教学的最终目标不在法科知识本身，而且意味着法科教学不能陷入"越是迷恋于现代科技的花样式手段，越是迷失方向"的困境。易言之，真善美思维能够避免或抵御法科本科生教学在教学手段上的"技术理性"横行。虽然思维的养成不是一蹴而就的，但法科教学哪怕只是让同学们的真善美思维有所萌芽，那也是功德无量了。于是，法科本科生教学的真善美思维便可通向"养成教育"这一话题。

　　法科本科生教学的真善美思维是法科本科生教学的目标思维和价值思维。法科本科生教学的求真思维，是培养法科同学们讲真话和求真理的思维；法科本科生教学的务善思维，是培养法科同学们追求公平正义和关怀众生的思维；法科本科生教学的致美思维，是培养法科同学们对法律问题的审美思维。法科本科生教学的真善美思维是相互联结和层层相因的。法科本科生教学的真善美思维是健全法律人格包括法律信仰的必采思维，其不仅是法治建设在培养具有责任担当的法科人才上所提出的法科教学要求，而且最终符合培养真善美人格的高等教育目标。但是，真善美的教学思维不仅有助于法科本科生同学养成真善美的人格，同时也有助于强化法科教师的真善美人格，正如"如果你热爱教育，那你一定会受到良好的教育"。[2]而所谓"教育造就了人"，[3]不仅意味着"造就"了被教育者，而且意味着"造就"了教育者本人。毋庸置疑的是，法科本科生教学的真善美思维要求任课教师每一节法科

---

〔1〕　马荣春："论研究型刑法学教学"，载王瀚主编：《法学教育研究》（第 7 卷），法律出版社 2012 年版，第 148 页。

〔2〕　[美] 伯顿·史蒂文森主编：《世界名言博引词典》，周文标等编译，辽宁人民出版社 1990 年版，第 328 页。

〔3〕　[美] 伯顿·史蒂文森主编：《世界名言博引词典》，周文标等编译，辽宁人民出版社 1990 年版，第 328 页。

课堂前的备课都是"知情意"的充分投入，否则便愧对"教授"或"传授"这样的字眼。而当每一节课堂前的充分投入意味着任课教师必须再给自己予以必要的学科知识，则"教学相长"便有了更加深长的意味，而此意味便是任课教师与同学们一起进步的意味。

第四章

法科本科教材编写的完善

毋庸置疑，法科本科教育质量堪忧。业内人士感慨法科本科生不好教，而法科本科生们则感慨法科不好学。造成这种局面的原因是多方面的，法科本科教材编写便是一个方面。易言之，法科本科教材编写的不如人意，即存在这样那样的不足，是法科本科教育质量不如人意的原因之一。因此，关注并完善法科本科教材的编写，对于提升法科本科生教学质量有着重要的现实意义，毕竟教材是法科本科生获取法科知识的最基本途径。这里，仅以刑法本科教材为切入，来讨论法科本科教材的完善问题。

一、避免自相矛盾

自相矛盾是法科思维的最大忌讳。如果一本法科本科教材屡屡自相矛盾，其将给作为初学者的本科生对法科逻辑的笃信以怎样的影响？法科本科教材自相矛盾的表露有时是"直白"的，即从其表述上便可以一眼看出，而有时是隐含的，即需要从其表述里"揪"出来。自相矛盾的例子如有的教材在讲述刑事责任能力时说："例如，在我国刑法看来，凡年满 18 周岁、精神和生理功能健全而智力与知识发展正常的人，都是完全刑事责任能力人。"而该教材却在另一处说："按照我国《刑法》第 17 条第 1 款的规定，已满 16 周岁的人进入完全负刑事责任年龄阶段。"教材中前面把完全刑事责任年龄说成是"年满 18 周岁"，后面又将其说成是"已满 16 周岁"，这便是自相矛盾"直白"的例子。又如有的教材在讲述犯罪对象与犯罪客体的联系和区别时说："犯罪分子的行为作用于犯罪对象，就是通过犯罪对象即具体物或具体人来侵害一定的社会关系。"但是，"犯罪客体是任何犯罪的必要构成要件，而犯罪对象则仅仅是某些犯罪的必要构成要件"。其言犯罪行为是通过犯罪对象来侵害一定的社会关系，等于是说犯罪对象是犯罪作用于犯罪客体的中介。而既然犯罪对象是犯罪行为作用于犯罪客体的中介，则有犯罪对象必有犯罪客体，有犯罪客体必有犯罪对象。否则，没有犯罪对象作为中介，犯罪客体怎么能受到侵害而自成为犯罪客体本身呢？但是，该教材所言"犯罪客体是任何犯罪的必要构成要件，而犯罪对象则仅仅是某些犯罪的必要构成要件"，又意在强调犯罪客体可以脱离犯罪对象而存在。这便是需要从其表述里"揪"出自相矛盾的例子。

谨慎自相矛盾的错误，即避免自相矛盾，不仅有助于法科本科生这样的法律初学者掌握专业知识本身，而且对他们将来进行包括本科毕业论文在内的专业写作在逻辑能力上也会起到潜移默化的作用。

二、避免举例论证的"适得其反"

所谓"适得其反"是指在讲述某个问题时所举的例子是恰当的，但其最终结论却走向或似乎走向其反面。有教材在讲述继续犯时说："继续犯持续作用的对象只能是同一对象。例如非法拘禁罪，行为人非法拘禁某甲一月有余，在持续非法拘禁一个多月的时间里，非法拘禁的对象始终只是某甲。这是继续犯。如果前天非法拘禁张三，昨天非法拘禁李四，今天非法拘禁王五，非法拘禁的对象不同，如果不是出于一个非法拘禁的概括故意，则构成数个非法拘禁罪，而不可能是一个继续犯。"研习刑法的人大抵知道非法拘禁罪是继续犯的适例，而当有教材把前天非法拘禁张三，昨天非法拘禁李四，今天非法拘禁王五定性为"不可能是一个继续犯"时，等于说这种案件包含着三个继续犯。三个继续犯难道还不是继续犯吗？反过来，当继续犯"继续"了，则还有两个或多个之说法吗？实际上，该教材所举的前天非法拘禁张三，昨天非法拘禁李四，今天非法拘禁王五这个例子，恰恰就是继续犯的一个例子，只不过其形态更加"丰满"罢了，即我们完全可以将其看成是或定性为继续犯的连续犯。但是，有教材的现有表述却又似乎在否定继续犯的定性。实际上，当有教材将行为人在不同的时间段非法拘禁不同的被害人说成"不可能是一个继续犯"，便等于是说前述个案构成"数个继续犯"。但在"数个继续犯"之间的间隔中，因无人被非法拘禁，即无被害人而自然不发生刑事否定评价，故"侵犯间隔"应被截去，从而前后非法拘禁的不法阶段便可连成一个完整的非法拘禁事件。最终，在规范评价上，前述个案仍应被作出统一且完整的非法拘禁罪定性，而此定性便是在肯定继续犯的性征确定性，不仅因为行为主体在前述个案中具有确定性，而且法益侵害性并不因为被害人的变换而丧失确定性。

避免举例论证的"适得其反",是法科本科教材编写应力求做到的,因为"适得其反"会使得本科生同学们对相关问题更加困惑不解。

三、避免举例莫衷一是

有教材在一处讲述牵连犯时说:"目的行为或原因行为都是指实施本罪的行为。方法行为,指为了便于本罪的实行而实施的行为。例如为了骗取财物而伪造公文,骗取财物是目的行为,伪造公文就是方法行为。"该教材在另一处讲述吸收犯时说:"为了使用伪造的信用卡诈骗财物,自己先伪造信用卡,伪造之后使用伪造的信用卡诈骗大量财物。伪造信用卡是信用卡诈骗罪的预备行为,触犯了伪造金融票证罪,其后的使用伪造的信用卡诈骗财物的行为是实行行为,触犯了信用卡诈骗罪,实行行为吸收预备行为,仅依信用卡诈骗罪定罪处刑。"研习刑法的人应该知道牵连犯和吸收犯是刑法理论中两个不同的犯罪形态,但是同一本教材为讨论牵连犯和吸收犯分别所举的例子却形异而实同,即属同一类型的案例。本来,包括本科生在内的学习者在教材没有举例的情况下尚能依据概念推演而将牵连犯和吸收犯区别开来,但在该教材所举例子面前反而对牵连犯和吸收犯感觉一团糟了。

该教材在讲述吸收犯的吸收关系时将其分为三种类型,即"重行为吸收轻行为""实行行为吸收预备行为"和"主行为吸收从行为"。而对于"实行行为吸收预备行为",该教材说:"预备行为是实行行为的先行阶段,尽管并非每种具体犯罪都有预备行为,但是许多犯罪往往是经过预备然后转入实行行为的。在这种情况下,预备行为为实行行为所吸收,仅依实行行为所构成的犯罪定罪。"正如其所举的例子,当预备行为本身可以构成他罪时,到底是牵连犯还是吸收犯?这难道不是一团糟吗?不客气地说,举例莫衷一是似乎说明教材编写者对其所欲例证的概念或命题本身还不明就里或不甚了了。

避免举例莫衷一是,是法科本科教材编写应力求做到的,因为举例是通过例证而让同学们理解、领会概念或命题的基本手法。

四、避免概念划分不合形式逻辑

除了前文所讨论的犯罪客体分类问题,以往的刑法学本科教材在其他刑法理论问题上还存在着概念划分不合形式逻辑的现象。如在共同犯罪的形式,即其分类上，以往的教材有将作为"必要的共同犯罪"之一的对象犯分为三种类型：一是双方的行为均构成犯罪且罪名与法定刑均相同的对象犯，如重婚罪；二是双方的行为均构成犯罪，但罪名与法定刑各不相同的对象犯，如受贿罪与行贿罪；三是只有一方行为构成犯罪，而另一方的行为不构成犯罪的对象犯，被称为"片面的对象犯"，如贩卖淫秽物品牟利罪。就对象犯的所谓第三种类型而言，既然只有一方的行为构成犯罪而另一方的行为并不构成犯罪，则本无共同犯罪可言，即不成立共同犯罪。显然，不成立共同犯罪，则更无共同犯罪的分类可言，更遑论作为共同犯罪形式，即类型之一的对象犯，正如有人指出，对象犯的所谓第三种类型实际上已不属于共同犯罪的范畴，故将其称之为"对向犯"并不合适。[1]

又如在危害行为的表现形式上，先前的刑法学教材只作出"作为"与"不作为"的概念对应，即基本分类。后来，随着刑法理论对持有型犯罪的关注，便有刑法学教材也呼应着刑法理论的"新发现"而在"作为"与"不作为"之外又列出危害行为的所谓第三种表现形式，即"持有"，且"持有"被说成是所谓"作为与不作为的竞合"。再后来，危害行为的所谓第三种表现形式，即所谓"作为与不作为的竞合"便得到了反对"非此即彼"的论调，即"类型化论调"的肯定。但我们稍加细究便可知，当作为行为规范时，刑法规范只可分为正当防卫等所对应的授权性规范、诸如强奸罪等所对应的禁止性规范和遗弃罪等所对应的命令性规范。当禁止性规范为作为犯所对应，而命令性规范为不作为犯所对应，则所谓作为犯与不作为犯的竞合又对应着哪一种行为规范呢？如果说所谓作为犯与不作为犯的竞合既对应禁止性规范同时又对应命令性规范，则刑法受众将陷入进退两难或手足无措，亦即刑法规范将丧失对受众而言的"可预期性"，即其不具有作为行为规范的"（被）预测可能性"。因为禁止性规范是在禁止刑法受众做什么，而命令性规范同时又是在命令刑法受众做什么，故刑法受众已经没有行动自由可言，因为禁止性规范与命令性规范是功能相反的两种行为规范。显然，危害行为的所谓第三种表现形式，即第三种类型，不符合刑法规范作为行为规范的分类逻辑，且将遭到刑法规范权利保障功能的拒斥。[2]实际上，被冠以所谓危害行为第

---

〔1〕 刘艳红主编：《刑法学》，北京大学出版社 2016 年版，第 270 页。

〔2〕 马荣春："刑法学中作为与不作为竞合之辨——兼与张明楷教授商榷"，载《东方法学》2014年第 2 期，第 21~28 页。

三种表现形式或类型的"持有"应属于"作为"这种行为形式或类型。[1]顺带要强调的是，反对"非此即彼"的"类型化论调"是无法支撑所谓危害行为的第三种表现形式，即类型的，因为这种论调即"亦此亦彼论"，而按照"亦此亦彼论"，则作为行为规范的刑法规范，除了授权性规范，便只剩下禁止性与命令性竞合的规范，而无单纯的禁止性规范，也无单纯的命令性规范了，从而"作为"与"不作为"的对应也就失去了分类意义或没有存在必要。但这怎么可能？

概念划分符合形式逻辑，应是法科本科教材编写的最基本要求之一。

五、避免概念特征表述冗长拖沓

基于教学的需要，法科本科教材的每个章节几乎都是从概念的定义和特征讲述。仅以刑法学本科教材为例，在讲述概念的特征时，绝大多数教材对概念特征的表述都不简洁精练而陷入冗长拖沓的泥潭。如有的教材在讲述危害行为的特征时将其特征概括为："1.危害行为在客观上是人的身体动静……2.危害行为在主观上是基于行为人的意志或者意识支配下的身体动静……3.危害行为在法律上是对社会有危害的身体动静……"上述所谓危害行为的特征是从危害行为的定义中层层套取出来的，正如该教材所言："我们认为，我国刑法中的危害行为，是指在人的意志或者意识支配下实施的危害社会的身体动静。这一定义说明，作为犯罪客观要件的危害行为，具有以下三个基本特征……"其实，所谓危害行为的三个特征完全可以精炼为："1.身体动静性……2.意识支配性……3.社会有危害性……"至于"在客观上""在主观上"和"在法律上"完全可以强调到对各相关特征的具体展开中。再如有的教材在讲述刑罚的特征时将其特征表述为："1.刑罚是国家最高权力机关在刑法中制定的强制方法……2.刑罚是刑法中赋予'刑罚'名称的强制方法……3.刑罚是用以惩罚犯罪行为人的强制方法……4.刑罚是人民法院依照刑法和刑事诉讼法裁判科处的强制方法……5.刑罚是分别由特定机关执行的强制方法……6.刑法从整体而言是最严厉的强制方法……"上述关于刑罚特征的表述也是从刑罚的定义中套取出来的，正如该教材对刑罚的定义如下："刑罚是国家最

---

〔1〕马荣春："也论'持有犯罪'的行为方式——兼与储怀植教授、杜宇博士商榷"，载《法学论坛》2008年第5期，第117~120页。

高权力机关在刑法中制定的赋予'刑罚'名称的，用以惩罚犯罪人的，由人民法院依法判处并由特定机关执行的最严厉的强制方法。"其实，除了所谓第二个特征（在我看来，所谓第二个特征是不成立的，因为这一表述只是同义反复），其他五个特征完全可以精简为："1. 法定性……2. 惩罚犯罪人性……3. 依法适用性……4. 执行主体特定性……5. 最严厉性……"至于"国家最高权力机关""刑法和刑事诉讼法""从整体而言"等强调本应是对各相关特征作具体展开时所作出的。

由于对概念特征的表述不够简洁精练，故像本科生这样的法律初学者对相关知识的掌握包括理解和记忆都将感到吃力。在我看来，法科本科教材注意对概念特征的简洁精练实际上是对概念的提升。这一提升便使得概念与概念特征的具体展开有了抽象与具体的层次感，从而有利于像本科生这样的法律初学者对相关知识点的理解和记忆。而从概念定义中直接套取概念特征而不提炼的做法，无异于儿童拆积木，不利于像本科生这样的法律初学者对相关知识点的层次性把握，包括理解和记忆。

法科本科教材注意对概念特征表述的精练和准确，不仅有助于像法科本科生这样的法律初学者掌握专业知识本身，而且对他们将来进行包括本科毕业论文在内的专业写作在论述相关概念的能力上也会起到潜移默化的作用。

六、避免缺少概括

加强对讲述内容的概括是帮助像法科本科生这样的初学者尽快把握书本知识框架脉络的重要手段，而缺少概括往往使得他们对教材所讲述内容感到一团糟。可见，加强概括在教材编写过程中应得到足够的重视。以刑法学本科教材为例，缺少概括的例子如有的教材在讲述刑法上"事实认识错误"中的"对象的错误"时说："1. 具体的犯罪对象不存在，行为人误以为存在而实施犯罪行为，因而致使犯罪未得逞的，应定为犯罪未遂。如行为人误以野兽、牲畜、物品、尸体为人而开枪射杀的，应令其负故意杀人罪未遂的刑事责任。2. 行为人误以人为兽而实施杀伤行为，误把非不法侵害人认为是不法侵害人而进行防卫，这类情况下显然不是故意犯罪，根据实际情况或是过失犯罪，或是意外事件。3. 具体目标的错误。如把甲当作乙而加以杀害或伤害。这种对具体目标的错误认识，对行为人的刑事责任不发生任何影响，行为人仍应负故意杀人罪或故意伤害罪的刑事责任，因为甲、乙的生命、健康在法律上的价值一样，同样受到法律保护。"其实，这三点完全可以概括为："1.犯罪对象不存在而误认为存在……2.犯罪对象存在而误认为不存在……3.误把此犯罪对象当作彼犯罪对象……"如果作这样的概括，则"对象的错误"的所有情形便可得到清晰的掌握，包括理解和记忆。缺少概括的例子如有的教材在讲述"犯罪中止形态的类型"这一问题时用"预备中止""实行未终了的中止"和"实行终了的中止"将之作时空范围的展开。我们当然可将"预备中止""实行未终了的中止"和"实行终了的中止"看成是对"犯罪中止形态的类型"的概括，但该教材的现有概括还可以再概括，即将"预备中止"概括为"着手前中止"，而将"实行未终了的中止"和"实行终了的中止"概括为"着手后中止"。这样，"着手前中止"和"着手后中止"便形成了对"犯罪中止形态的类型"的一级概括，而"实行未终了的中止"和"实行终了的中止"便是此一级概括之下的二级概括。作这样的概括并非无聊的文字游戏，因为当概括的层级越高，专业知识本身便越浅显而易于同学们掌握，正所谓"提纲挈领"。

法科本科教材注意概括不仅有助于像法科本科生这样的法律初学者掌握专业知识本身，而且对他们将来进行包括本科毕业论文在内的专业写作在概括能力上也会起到潜移默化的作用。

七、避免问题展开层次散乱或游离主题

以刑法学本科教材为例，问题展开层次散乱的例子，如有的教材在讲述刑罚对犯罪人的功能时把刑罚对犯罪人的功能分为三个方面，即"剥夺功能""惩罚功能"和"教育改造功能"。何谓"剥夺功能"，用该教材的话说："所谓刑罚的剥夺功能，亦称限制再犯功能，指通过适用刑罚来限制或剥夺犯罪分子的某种权益，使其丧失再次犯罪的能力和条件的积极作用……可见，剥夺功能是对犯罪分子适用刑罚的首要功能，这种功能是实现刑罚特殊预防目的的必要前提。"何谓"惩罚功能"，用该教材的话说："刑罚是惩罚犯罪人的手段，它以剥夺犯罪分子的某种权益为内容，同时也体现着国家对犯罪行为的否定评价和严厉谴责。因此，刑罚的惩罚功能，是指刑罚的适用不仅使犯罪分子因丧失某种权益而感受生理上的痛苦，而且使其因受到政治上、道义上的否定评价和严厉谴责而在心理上感受到莫大的耻辱。"何谓"教育改造功能"，用该教材的话说："所谓刑罚的教育改造功能，是指在刑罚的执行过

程中，注重对服刑人进行感化教育，使其洗心革面，痛改前非，决心成为遵纪守法、自食其力的公民。"其实，在刑罚对犯罪人的功能中，与"惩罚功能"相对应或相并列的只有"预防功能"，而"剥夺"和"教育改造"则是在"预防功能"下分别发挥着消极预防和积极预防两个侧面功能。因此，教材对刑罚之于犯罪人的功能应按如上层次展开才显得有层次性，而并非所谓三个功能铺陈于一个平面。

又如有的教材在讲述正当防卫的起因条件时说："正当防卫的起因条件是不法侵害的发生和存在。只能针对不法侵害者实施，这是正当防卫的本质所在。如果不存在不法侵害，正当防卫就无从谈起。认定正当防卫的起因条件应注意三个方面：1. 必须有不法侵害存在……2. 不法侵害必须是违法行为……3. 不法侵害的存在具有现实性……"其中，第一个方面"必须有不法侵害存在"和第三个方面"不法侵害的存在具有现实性"存在相当程度的重叠或包含。因为按照该教材，第一个方面"即排除了对任何合法行为进行正当防卫的可能性"，而第三个方面"即不法侵害须客观真实地存在，而不是行为人所臆想或推测的。"可见，第三个方面不仅肯定了"必须有不法侵害存在"，从而"排除了对任何合法行为进行正当防卫的可能性"，而且强调了作为正当防卫起因条件的不法侵害的时空性（正当防卫的时间条件），即不法侵害就在眼前并在进行。可见，有了第三个方面，就无需再列第一个方面，而第一个方面下展开的相关内容可以整合到第三个方面所展开的内容中去。这样，正当防卫的起因条件便可精简为两个方面，即"不法侵害必须是违法行为"和"不法侵害的存在具有现实性"。于是，另一个问题相继产生，即此两个方面孰先孰后，答案很明了："不法侵害必须是违法行为"在先而"不法侵害的存在具有现实性"在后，因为这一顺序是将正当防卫的起因条件层层紧缩的结果。

问题展开游离主题的例子，如有的教材在讲述犯罪主体的特殊身份时把犯罪主体的特殊身份的类型展开为"自然身份与法定身份"和"定罪身份与量刑身份"，而该教材在对其中的"定罪身份"再予展开时则说："定罪身份，即决定刑事责任存在的身份，又称为犯罪构成要件的身份。具体又分为两种情形：一是犯罪主体身份……二是犯罪对象身份……"很明显，"犯罪对象身份"的牵扯游离了本欲展开的犯罪主体的特殊身份这一主题，因为犯罪主体与犯罪对象之间本是侵害和被侵害的对立关系。问题展开游离主体的例子，又如有的教材在讲述必要共同犯罪时说："必要的共同犯罪，指刑法分则规定的犯罪构成以二人以上的行为为要件的犯罪。根据我国刑法的规定，这种共同犯罪有以下三种：1. 对向型共同犯罪，指基于二人以上的互相对向行为构成的犯罪。在这种犯罪中，缺少另一方的行为，该种犯罪就不能成立。这种共同犯罪的特点是：……（4）一方构成犯罪，一方可能不构成犯罪。如甲、乙、丙每人向丁行贿 3000 元，丁共受贿 9000 元。甲、乙、丙均不构成行贿罪，但丁构成受贿罪。"由于必要共同犯罪终究是共同犯罪，故"一方构成犯罪，一方可能不构成犯罪"的情形分析便离开了主题，因为这种情形已不再是共同犯罪了。问题展开游离主体的例子，再如有的教材围绕着"犯罪中止形态的特征"在讲述了"自动停止犯罪的犯罪中止的特征"和"自动有效地防止犯罪结果发生的犯罪中止的特征"之后，又牵扯出"自动放弃重复侵害行为的定性"问题。其实，"自动放弃重复侵害行为的定性"问题不应放在"犯罪中止形态的特征"这一主题下来解答，而该教材对"自动放弃重复侵害行为的定性"问题也没有交代什么"特征"。实际上，"自动放弃重复侵害行为"本是"自动放弃型"犯罪中止的一种特殊表现。

法科本科教材强化问题展开的层次性和紧扣主题，不仅有助于像法科本科生这样的法律初学者掌握专业知识本身，而且对他们将来进行包括本科毕业论文在内的专业写作在结构安排和有的放矢的能力上也会起到潜移默化的作用。

八、避免措辞不慎或语句臃肿或句子成分不当省略

完全可以这样说，一本合格乃至优秀的法科本科教材包括刑法学本科教材，首先应在措辞，包括专业用语上做到精练而准确，因为法律初学者表达能力的培养是从教材开始。可见，法科本科教材，包括刑法学本科教材措辞精练和准确，具有相当的重要性。刑法学本科教材措辞不慎的例子，如有的教材在讲述作为一般自首成立条件之一的自动投案时说："投案行为必须发生在犯罪人尚未归案之前。"乍一看去，这一说法并无不妥，但稍加注意便可发现问题："尚未归案之前"准确否？显然，"尚未归案之前"表达的是一个时间概念。在此时间概念中，"归案"表达的是一个时点，而"归案之前"表达的是一个时段，且该时段可以向后延伸至犯罪预备，因为犯罪预备之前根本不发生归案的问题。可见，"尚未归案之前"是不可能具备投案的时空条件

的。于是，"投案行为必须发生在犯罪人尚未归案之前"应准确地表述为"投案行为必须发生在犯罪人归案之前"，即去掉"尚未"二字。又如有的教材在讲述刑罚的特征时说："……3. 刑罚是用以惩罚犯罪行为人的强制方法……"其中，"犯罪行为人"就是一个应慎而未慎的措辞，因为犯罪本来就是"行为"，故"犯罪行为人"应用"犯罪人"或"罪犯"替代。再如有的教材在讲述管制这种刑罚的特点时说："1. 对犯罪分子不予关押……2. 限制犯罪分子一定的自由……3. 对犯罪分子自由的限制具有一定的期限……4. 由公安机关执行和群众监督改造……"有本科生曾在课堂上提问："难道'对犯罪分子自由的限制具有一定的期限'不是'限制犯罪分子一定的自由'吗？"其实，该教材所说"限制犯罪分子一定的自由"是指限制犯罪分子自由的一定或一些内容。但由于表述含糊，"一定"就变成"二定"乃至"三定"了。可见，第二个特点明确表述为"限制犯罪分子部分自由"即可。措辞不慎的例子不仅见于具体的讲述内容中，还偶见于有关章节的大小标题的表述中，如有的教材在"刑罚的体系"这一节下排列着"一、刑罚体系的概念""二、刑罚体系的功能"和"三、刑罚体系的特点"三个大标题，但又在"一、刑罚体系的概念"这个大标题下排列了"（一）刑罚体系的概念"和"（二）刑罚体系的特点"两个小标题。显然，第一个大标题之下的第二个小标题与第三个大标题完全一样，从而形成了教材在行文结构上的抵牾。本来，第三个大标题展开的是"我国"刑罚体系的特点，故第三个大标题也可以说是措辞不慎了。

语句臃肿的例子，如有的教材在讲述非刑罚处理方法的适用条件时说："即有的犯罪分子应该被判处刑罚而人民法院却对其适用非刑罚处理方法，以非刑罚处理方法代替刑罚。"其实，这句话完全可以"减肥"为："即有的犯罪分子应该被判处刑罚而人民法院却对其适用非刑罚处理方法以代替刑罚。"语句臃肿的例子，又如有的教材在讲述刑事责任能力的程度时说："完全责任能力人实施了犯罪行为的，应当依法负全部的刑事责任，不能因其责任能力因素而不负刑事责任或者减轻刑事责任。"其实，由于完全责任能力人已不存在影响其责任能力的因素，故这句话便不宜再拖个"不能因其责任能力因素而不负刑事责任或者减轻刑事责任"的尾巴了。语句臃肿的例子，再如有的教材在讲述"特别累犯的构成条件"时说："其条件为：1. 前罪和后罪必须都是危害国家安全罪……2. 前罪被判处的刑罚和后罪应判处的刑罚的种类及其轻重不受限制……3. 前罪的刑罚执行完毕或者赦免以后，任何时候再犯危害国家安全罪，即构成危害国家安全罪的特别累犯，不受前后两罪相隔时间长短的限制。"其实，第三个构成条件完全可以精炼为"3. 后罪的发生（犯后罪）没有时间限制"。

　　句子成分不当省略的例子，如有的教材在"（三）相对无刑事责任能力"这个小标题之下说："也可称相对有刑事责任能力。是指行为人仅限于对刑法所明确限定的某些严重犯罪具有刑事责任能力，而对未明确限定的其他危害行为无刑事责任能力的情况。"而该教材在"（四）减轻刑事责任能力"这个小标题之下则说："又称限定刑事责任能力、限制刑事责任能力、部分刑事责任能力。是完全刑事责任能力和完全无刑事责任能力的中间状态……"从句子成分的完整性，"也"和"又"字之前应分别表述出"相对无刑事责任能力"和"减轻刑事责任能力"这两个主语，在"是"字之前也应当分别表述出这两个主语。至于承接标题而省略句子成分的理由，在我看来，是不能说服人的。

　　措辞不慎或语句臃肿通常是教材口语化的体现，不仅影响准确表意，更会影响学生的专业表达素养。而法科本科教材措辞谨慎、语句精炼和句子成分齐全，不仅有助于像法科本科生这样的法律初学者掌握专业知识本身，而且对他们将来进行包括本科毕业论文在内的专业写作在语言精当能力上也会起到潜移默化的作用。

九、避免标点符号缺漏、多余或不当

　　法科本科教材包括刑法学本科教材的标点符号问题，是紧接其措辞问题之后的又一问题。标点符号说是小事，也是大事，一是因为标点符号的齐备与恰当是法科思维严谨的一个小中见大的体现。当一个对法科充满憧憬和对"法律人"怀着崇拜的本科生打开一本崭新的教材而多处可见标点符号缺漏、多余或不当，则法科的严谨性在这个既关系语言形式又关系语言内容的标点符号上便会产生怀疑，其自身也可能逐渐形成凡事（包括治学法律）不必认真的心态。特别是在网络的影响下，现在的本科生的语言表达能力有普遍下降的趋势。二是因为标点符号事关内容表达的信息效果，从而影响到像法科本科生这样的法律初学者对法科知识的掌握，包括理解和记忆。

　　标点符号缺漏的例子，如有教材在讲述犯罪客体时说："例如，抢劫罪与抢夺罪的区别在于：抢劫罪既侵害他人财产权利，又侵害他人人身权利；而抢夺罪只侵害他人财产权利不侵害他人人身权利。"在"利"与"不"两字之间应用逗号隔开，如若不用逗号隔开，则此两字之间应用"而"字连接。又如有的教材在给"刑罚"这个概念下定义时说："刑罚是国家最高权力机关在刑法中制定的赋予'刑罚'名称的，用以惩罚犯罪人的，由人民法院依法判处并由特定机关执行的最严厉的强制方法。"显然，在该定义的"赋予"之前应该有个逗号，因为按照该教材，正如前面的"国家最高权力机关在刑法中制定"和后面的"用以惩罚犯罪人"，"赋予'刑罚'名称"也是刑罚概念定义的一个内涵，而漏掉了一个逗号将使得刑罚概念的定义内涵不甚清晰。

标点符号多余的例子，如有的教材在讲述我国刑罚体系的特点时说："主刑根据各自的严厉程度从轻到重依次排列，即：管制、拘役、有期徒刑、无期徒刑和死刑。"显然，"即"字之后的冒号是多余的。又如有的教材在讲述没收财产刑时说："供犯罪使用的财物，具有诉讼证明的作用，没收这些财物是刑事诉讼的需要。"显然，"具有"一词之前的逗号是不应有的，因为多了一个逗号，句子的主谓结构便被离散。再如有的教材在讲述非刑罚处理方法的适用条件时说："这样做，就会放纵犯罪分子，对预防犯罪产生不利影响。"显然，"做"字之后的逗号也是不应有的，道理如同上例。

标点符号不当的例子，如有的教材在讲述牵连犯时说："如果行为人出于实施数个犯罪的目的，在此目的支配下实施了数个犯罪。这个犯罪不构成牵连犯。"显然，这句话应按"如果……，那么（则）……"的句式来表达。可见，这句话中"犯罪"与"这个"之间的句号应换成逗号，并最好在"这个"之前饰以"那么"一词或一个"则"字。于是，这句话可重新表述如下："若行为人出于数个犯罪故意而实施了数个犯罪行为，则不构成牵连犯。"又如该教材在讲述牵连犯时又说："例如入户抢劫的，抢劫是目的行为，入户是方法行为，但刑法把入户抢劫规定为加重抢劫罪构成的条件之一，在这里方法行为也是触犯的抢劫罪，因而只能按加重抢劫罪论处，不构成牵连犯。"这段话中，在"条件之一"后边的应是句号而不应是逗号，因为在这段话中，从"例如"到"之一"已经将评说对象交代完了。

法科本科教材的编者注意标点符号不仅有助于像法科本科生这样的法律初学者掌握专业知识本身，而且对他们将来进行包括本科毕业论文在内的专业写作在语言清晰能力上也会起到潜移默化的作用。

十、避免学科之间的逻辑脱节

忽视学科之间的逻辑衔接，会使得有的法科本科教材在论述一些问题时毫无"自觉"地说外行话。而这里所说的"学科之间"首先是指法学二级学科，即法科各专业之间，再就指法律学科该一级学科与其他一级学科之间。易言之，所谓避免学科之间的逻辑脱节，首先是指法科教材应避免法学二级学科，即法科各专业之间的逻辑脱节，再就指应避免法律学科该一级学科与其他一级学科之间的逻辑脱节。

法学二级学科，即法科各专业之间的逻辑脱节，如有的刑事诉讼法教材在讲述"国家不承担赔偿责任的情形"这一问题时说："这些人本身有犯罪行为，不追究刑事责任，是由于他们或者没有达到刑事责任年龄，或者由于精神缺陷不具备刑事责任能力。"这一说法就没有注意刑事诉讼法与刑法之间的逻辑衔接。在刑法中，没有达到刑事责任年龄或者由于精神缺陷不具备刑事责任能力的人是没有犯罪可言的，而当一个人犯了罪时，此人就不可能再是没有达到刑事责任年龄或者由于精神缺陷而不具备刑事责任能力的人。因此，在前述说法中，"这些人本身由犯罪行为"应变换为"这些人本身有违法行为"。

从长远来看，在法科本科教材的编写完善中避免法学二级学科，即法科各专业之间的逻辑脱节，是符合培养高素质法治人才的时代需要。中共中央办公厅和国务院办公厅于 2023 年 2 月 26 日联合印发的《关于加强新时代法学教育和法学理论研究的意见》明确提出了"完善法学教材体系"的要求。由此，在法科本科教材的编写完善中避免法科部门之间的逻辑脱节，可视为"完善法学教材体系"的题中之义。易言之，"完善法学教材体系"不仅在形式上意味着法科教材在课程门类上的完备，而且在实质上意味着法科知识体系本身要保持逻辑一致性，而非相互冲突或抵牾。具言之，各部门法教材首先要与宪法教材保持最基本的逻辑一致性，同时也要与法理学教材保持最基本的逻辑一致性。当然，宪法教材和法理学教材在取用部门法教材时也应避免违反部门法常识。然后，各部门法教材之间也要保持必要的逻辑一致性，除了刑法教材与刑事诉讼法教材或民法教材与民事诉讼法教材或行政法教材与行政诉讼法教材应保持知识逻辑上的一致性，在实体部门法教材相互之间，如刑法教材在"财产犯罪"这一块要与民法教材关于财产权的常识性说辞保持逻辑一致性，或在"金融犯罪"这一块与金融法教材在专业常识上保持逻辑一致性。由此，各门法科教材的编写都应有法科其他专业教研人员积极参与。而到目前为止，各门法科教材的编写都是各该专业的教研人员"分章式参与"，尽管也有主编或同时有副主编，但各章之间也可看到"前后矛盾"或"前后脱节"的现象。前述现象是"完善法学教材体系"所要排斥的。

再就是，在法科本科教材的编写完善中还应避免法律学科该一级学科与其他一级学科之间的逻辑脱节。本来，各学科特别是各一级学科的人对其他学科知之甚少是常见现象，但在培养复合型法治人才的过程中，就法科本科教材编写这项工作而言，应有其他一级学科专业人员的积极参与。如将《互联网法学》作为一门法科本科教材，那就得由工科领域，即深谙互联网领域的专家积极参与编写；如将《航空法学》作为一门法科本科教材，则应由工科领域，即深谙航空专业的专家积极参与编写。正如我们已经知道，《关于加强新时代法学教育和法学理论研究的意见》就"加快完善法学教学体系"提出了"军事法学""教育法学""气候法学""海洋法学"等学科的推进、加强或加快发展。显然，前述交叉学科所对应本科教材的编写，应有其他相应一级学科的专业人员积极参与，以最终避免法科本科教材在一级学科之间"说外行话"。由此，在法科本科教材的编写完善中避免一级学科之间的逻辑脱节，更可视为"完善法学教材体系"的题中之义且更符合培养复合型法治人才的时代需要，因为法科二级学科，即法科各专业之间的"外行话"容易被发现和纠正。这就难怪有一种现象让法学界人士有点尴尬，即计算机领域间或有人笑话法学界人士对计算机技术或互联网知识只知皮毛，从而形成的法律命题或实践方案显得不伦不类或无病呻吟。

本章小结

一直以来，法科本科生所用的刑法学科教材可谓参差不齐，来路较多，或曰"面向 21 世纪课程教材"，或曰"普通高等教育国家级规划教材系列"等，不一而足。所谓"林子越大，则什么鸟都有"，甚至"一个筐里总有烂桃子"，故这些教材中有优有劣。前文所讲的法科教材的诸多问题，仍然存在于当下被规划到"马工程教材"的刑法学本科教材中。其实，我早有要试着编著一部避免前述诸多问题的刑法学科本科教材的想法，但因精力受牵扯而一直未能如愿或落实到行动上。于是，在每一期本科生刑法学课程的教学中，我都要反复地指出所使用教材所存在的前述诸多问题。而这样做，则使得我的刑法学本科生授课多少有点"纠正性"，从而是"斟酌性"甚或"研究性"。编著一部将抽象概念与立法规定和司法个案紧密结合、论述逻辑严谨自然、表述方式符合母语规范、前后章节贯通顺畅，且避免学术观点纷争错叠的法科本科生教材包括刑法学科教材，在今后的法科本科教育中仍然是一项重要而艰巨的任务。而合乎法科本科教育需要的大致是这样的教材（包括刑法学科教材）：措辞精练准确，标点齐备得当，论述简洁清晰，结构衔接有致，例证深入浅出，前后"自圆其说"，结论"发人深省"，且与相关学科之间保持逻辑照应。

第五章

法科研究型本科教学

　　提高本科生的教学质量当然包含着提高法科本科生的教学质量，而在提高法科本科生的教学质量工程中，每门法科课程的教学都可被提升到研究型教学的重要位置。

一、法科研究型本科教学的概念及其意义

（一）法科研究型本科教学的概念

　　法科研究型本科教学对应以往所谓研究型法学教学。何谓法科研究型本科教学？有人指出："研究型教学是教师带领学生探索未来或未知问题为主，主要培养训练未来人文社会观念和全面能力（简称"PHA 教育模式"），传授知识是第二位的。研究型教学应该以研究项目驱动教学，以实际探索的课题或项目为提纲，教学方法主要采用讨论式、探索式、开放式和调查分析等方法为主要形式。"[1]其言当然没有直接给出研究型教学的概念，但在本科生教学质量工程中，研究型教学，即研究型本科教学这一概念在业内可谓家喻户晓。对何谓研究型本科教学，当然会有许多不同的定义或界定。但在我看来，研究型本科教学与以往那种"照本宣科式"的教学是直接相对的，其强调教学的思考性乃至探究性，以解答"为什么"和"应该是什么"为主要教学目标，以提高学生，即本科生同学的提出问题、分析问题和解决问题的能力为主旨的教学。由此，所谓研究型法科本科生教学，即法科研究型本科教学，便与以往那种"照本宣科式"的法科本科生教学是直接相对的，其强调法科本科生教学的思考性乃至探究性，以解答"法律为什么"和"法律应该是什么"为主要教学目标，以提高学生，即本科生同学的提出、分析和解答

---

　　[1]　李乐山："高等学校进行研究型教学的方法与意义"，载《西安交通大学学报（社会科学版）》2008 年第 1 期，第 92 页。

法律问题的能力为主旨的教学。

（二）研究型法科教学的意义

在我看来，法科研究型本科教学的意义可从三个层面予以展开：就法律知识传授而言，法科研究型本科教学的意义在于使得同学们对法科知识本身掌握得更多更透。法科研究型本科教学不是使得法科知识在同学们面前变得越来越艰深复杂乃至"扑朔迷离"，而是相反。有学者说："刑法发展到今天，变得越来越精巧的同时，也变得越来越偏离它本来的意义，使我们越来越感受到并且越来越无法忍受它的封闭与自我循环、妄自尊大。"[1]而"随着刑法有关的国家力量和专家力量的日益膨胀，刑法的实务与理论都日益脱离公众，似乎成为普通公众看不懂的东西"。[2]本来，"立法者在立法时要摈弃晦涩难懂、佶屈聱牙，故作深奥的语言和文风，重直接陈述，弃蜿蜒曲折"。[3]而孟德斯鸠则早就指出："法律不要精微玄奥，它是为具有一般理解力的人们制定的。它并不是一种逻辑学的艺术，而是像一个家庭父亲的简单平易的推理。"[4]因为"法律的体裁要质朴平易，直接的话总要比深沉迂远的词句容易懂些。东罗马帝国的法律完全没有威严可言，君主们被弄得像修辞学家们在讲话"。[5]既然如此，则法律知识的"大众化"问题就变得越发重要。而其中，针对本科生的研究型法科教学无疑有着不可推卸的担当，而在此担当中，法科研究型本科教学便是把法律知识铺展开来，明了起来，从而使法律"易懂易知"起来。正如科学必须通过技术才能成为现实的生产力，而法律知识只有被掌握才最终成为法律知识；就学生实际能力提高而言，法科研究型本科教学的意义在于使得同学们逐渐提高一种联系性、系统性、辩证性以及平衡性思考和解决分类问题的能力。法科研究型本科教学中的所谓"研究"意味着排斥问题目光的孤立、静止、偏狭，意味着排斥"一刀切"，意味着排斥"人云亦云"，也意味着排斥"话语霸权"或"学术专横"。而在前述排斥中，同学们思考和解答法律的能力将在联系性、系统性、辩证性以及平衡性之中逐步提高；就同学们的价值观而言，法科研究型本科教学

〔1〕　文海林：《刑法科学主义初论》，法律出版社 2006 年版，第 76 页。

〔2〕　周光权："论刑法的公众认同"，载《中国法学》2003 年第 1 期，第 116 页。

〔3〕　周旺生：《立法学》，法律出版社 2004 年版，第 357 页。

〔4〕　［法］孟德斯鸠：《论法的精神》，张雁深译，商务印书馆 1961 年版，第 296 页。

〔5〕　［法］孟德斯鸠：《论法的精神》，张雁深译，商务印书馆 1961 年版，第 298 页。

意味着使得同学们养成一种有着特殊内容的法律价值观。让同学们养成正义或公平等价值观可以视为所有法科研究型本科教学的价值观意义所在，而由于刑法是法制体系中的"保障之法"与"后盾之法"，其特殊地位决定刑法研究型本科教学也有了对同学们而言的特殊的法律价值观意义。保障人权为先（或为主）而保护社会为后（或为辅），且在正义终极下的"各自最大双赢"是刑法研究型本科教学应有意向学生们培植的法律价值观结构。法科研究型本科教学的前述三点意义是层层相因和步步递进的。有人指出："研究型教学主要培养有探索能力和全局性（战略性）能力的人，因此人文素质和能力重于知识，其中最重要的是善良和爱心。"[1]就法科研究型本科教学而言，所谓"能力"，就是同学们联系性、系统性、辩证性以及平衡性思考和解答法律问题的能力；所谓"善良和爱心"，就是应让同学们养成人性关怀。如果没有研究性的法科本科生教学，有愧于"教授"和"讲授"这两个字眼。

二、刑法研究型本科教学何以可能

由于刑法是法制体系中的"保障之法"与"后盾之法"，其特殊地位决定回答"刑法研究型本科教学何以可能"这一问题，有其特殊的必要性。

（一）刑法本科教学能够成其为研究型教学的社会基础

刑法学科是研究刑法的一门社会科学。正如我们所知，作为刑法学科研究对象的刑法是规制犯罪问题的，而犯罪问题是社会问题。作为社会问题的犯罪问题较之同样作为社会问题的一般的道德问题和一般的违法行为问题，则有着更加复杂艰深的原因，包括个体原因、群体原因和社会原因。这就为刑法学科提供了较民法科等更加广阔的社会背景视野和更加复杂艰深的各种论题。正如有人说："任何脱离社会的刑法，必将是'无水之鱼''无木之禽'。"而"社会是刑法'走不出的背景'"。[2]当作为刑法学科研究对象的犯罪问题的社会性更加复杂艰深，无论是刑法研究，还是刑法教学，都会有更加复杂艰深的"社会纵深"，且这里的"社会纵深"涉及社会心理学、社

---

〔1〕 李乐山："高等学校进行研究型教学的方法与意义"，载《西安交通大学学报（社会科学版）》2008年第1期，第92页。

〔2〕 利子平、石聚航："刑法社会化初论"，载《南昌大学学报（人文社会科学版）》2010年第5期，第56页。

会经济学、社会文化学等诸多社会领域，从而无论是刑法研究，还是刑法教学，都仿佛是一棵树，其根须横向密而纵向深。于是，当一名刑法学科教师站在讲台上，其立于广阔的社会学领域对刑法学科问题的讲解，就仿佛是在指挥一场战争而非战役，更非战斗。

（二）刑法本科教学能够成其为研究型教学的法制基础

虽然在各国的法制体系中，相对于宪法，刑法是一个部门法，故刑法学科被视为一个法科部门，但刑法学科这个法科部门的地位不同于民法学、行政法学等其他法科部门。由于刑法以刑事责任的追究来对宪法和民法、行政法等其他部门法所保护的利益（即法益）给予较为有效的"二次保护"，即刑法是凭借刑事责任的追究而受命于宪法和民法、行政法等其他部门法于"危难之时"，故其赢得了法制体系中"后盾之法"和"保障之法"的特殊地位。刑法在法制体系中"后盾之法"和"保障之法"的特殊地位，意味着刑法所规制的行为与以之作为"后盾"和"保障"的宪法和民法、行政法等其他部门法所规制的行为必须保持着一种"延伸性"，即前者所规制的行为是后者所规制的行为的"严重化"或"质变形态"，故作为"保障之法"与"后盾之法"的刑法与以之为"保障"与"后盾"的宪法和民法、行政法等其他部门法必须保持法科知识的"承接性""包含性"和以之为基础的"深入性"。于是，无论是刑法研究，还是刑法教学，也体现出学科知识的"承接性""包含性"和以之为基础的"深入性"。于是，当一名刑法学教师站在讲台上，相对于在广阔的社会学领域，其立于法科领域而对刑法学科问题的讲解，就仿佛是在指挥一场战役而非战斗或"小仗"。

总之，刑法本科教学之所以能成其为研究型教学，广而言之，是以刑法学科研究对象，即犯罪问题的广阔的社会背景为社会基础；窄而言之，是以刑法在整个法制体系中的"保障之法"与"后盾之法"的特殊地位为法制基础。而前述两个基础又是层层相因地联结成一种更为牢固的基础。社会基础和法制基础，不仅使得刑法研究，而且使得刑法教学包括刑法本科教学也应该而且能够具有一种研究性的属性，即成为一种研究型的刑法本科教学，因为被誉为刑法学科鼻祖的贝卡里亚早在二百多年前就曾说："把自己局限在自己学科范围内，忽视相似或相邻学科的人，在自己的学科中绝不会是伟大的和杰出的。"〔1〕而"一个广阔的大网联结着所有真理，这些真理越是狭隘，越受局限，就越是易于变化，越不确定，越是混乱；而当它扩展到一个较为广阔的领域并上升到较高的着眼点时，真理就越简明、越伟大、越确定。"〔2〕当然，这里另外要求着刑法学科的任课老师要先有能够使得其刑法教学成其为研究型教学的"社会基础知识"与"法制基础知识"，而这一点则又要求任课老师要有着厚实的知识积淀和课前的精心准备。可见，刑法研究型本科教学本身的高难度对任课老师提出了高要求。也可见，只有在刑法研究型本科教学中，作为刑法学科任课老师的任课者本人才可进入真正的"教学相长"状态。

"不识庐山真面目，只缘身在此山中。"那么，不善于运用"社会基础知识"与"法制基础知识"的刑法本科教学只能使得本科生同学们"不识刑法真面目，只缘身在刑法中"。

三、法科本科生教学如何成其为研究型教学

对法科本科生教学如何成其为研究型教学的解答，是法科研究型本科教学问题本身解答的关键。

（一）强化问题意识是法科研究型本科教学之本

所谓"研究"，最终无非是提出问题、分析问题和解决问题，故法科研究型本科教学应以强化问题意识作为自身之本。法科研究型本科教学的问题意识所指，是法科本科教材所涉问题。

由于最好的法科本科教材也总有其局限或不足，故法科研究型本科教学首先意味着教师应对教材中所存在的明显值得质疑或商榷的地方作出冷静而中肯的剖析与评价，从而增强同学们的辨别与分析能力。如有教材在讲解非法侵入住宅罪时强调："房东为了将不交付房租的房客赶走而侵入房客居住的房间时，也属于侵入他人住宅。"〔3〕在授课过程中，不少同学对这一说法理解不透或直接表示不能接受，而我们从常识、常理、常情的角度也觉得这一说法不妥甚或明显不妥。而在我看来，至少在不作"一棍子打死"的口气下，任课老师应作这样的讲解：由于房客居住的房间毕竟不是房客享有产权的房

---

〔1〕 ［意］贝卡里亚：《论犯罪与刑罚》，黄风译，中国大百科全书出版社1993年版，第133页。
〔2〕 ［意］贝卡里亚：《论犯罪与刑罚》，黄风译，中国大百科全书出版社1993年版，第133页。
〔3〕 张明楷：《刑法学》（第3版），法律出版社2007年版，第679页。

屋的房间，故房客对其所租住的房间所享有的所谓居住安宁法益是"购买"来的，即对其所租住的房间所享有的所谓居住安宁法益是"有条件"的。于是，当房客不交房租，则意味着其没有继续"购买"居住安宁法益，即其再享有居住安宁法益就变成了"无条件"或失去了条件。如此，则房主将房客赶走而侵入房客居住房间的行为，便不宜再视为具有非法侵入他人住宅性质的行为，从而不宜定性为非法侵入住宅罪。看来，法科研究型本科教学意味着质疑型教学或批判型教学而非"照本宣科型"教学。

由于最好的法科本科教材也总有其局限或不足，故法科研究型本科教学还意味着教师应在教材本应延展或充实的地方给予适当的延展或充实，以加深同学们对问题理解和把握知识的广度与深度，从而同样增强其辨别与分析能力。如现有的刑法学本科教材都是按照刑法分则的顺序来讲解刑讯逼供罪与暴力取证罪。但在进入对虐待被监管人员罪讲解之前，都未对刑讯逼供罪与暴力取证罪的犯罪形态关系作进一步的交代，以加深同学们对问题的进一步理解和把握。[1]而在我看来，作为一名刑法学科任课教师应注意到这个问题，并作补充性的讲解。具言之，按照刑事诉讼法的规定，犯罪嫌疑人或被告人的供述属于证据形式之一。暴力取证罪中的"证"仅限于证人证言，而证人证言也是证据形式之一。若将暴力取证罪中的"证"作一般意义理解，则刑讯逼供犯罪本是暴力取证犯罪的一种特殊表现，故刑讯逼供罪与暴力取证罪之间本来可以理解为刑法理论中的法规竞合犯。又如有教材在讲解遗弃罪的时候强调："经被害人有效承诺的行为，一般阻却违法性。例如，老年人让其子女将其送往外地乞讨的，子女的行为不构成遗弃罪。"[2]该教材未交代在老年人让其子女将其送往外地乞讨的场合，为何被害人承诺就阻却违法性，从而不构成遗弃罪。

如果任课教师不作补充性的讲解，则同学们可能对此问题半生不熟或不求甚解。在我看来，任课教师似应作补充性讲解。具言之，子女对老年人本负有民法上的赡养义务，而老年人本享有要求子女履行赡养义务的权利。于是，当老年人让其子女将其送到外地乞讨，便意味着老年人放弃了权利，而老年人放弃了权利又直接意味着免除了子女的义务，故子女的行为才阻却违

〔1〕　高铭暄、马克昌主编：《刑法学》，北京大学出版社、高等教育出版社2010年版，第538～540页。
〔2〕　张明楷：《刑法学》（第3版），法律出版社2007年版，第651页。

法性，即不具有违法性，从而最终不构成遗弃罪。

再如对事后抢劫犯罪的"当场"，有的教材强调："'当场'是指实施盗窃、诈骗、抢夺罪的现场，或者刚一逃离现场即被人发现和追捕的过程中。"[1]而有的教材则强调："'当场'是指行为人实施盗窃、诈骗、抢夺行为的现场以及被人追捕的整个过程与现场。"[2]前述教材对抢劫罪的"当场"都没有直接交代。于是，任课老师应参考教材对事后抢劫犯罪的"当场"的交代而对抢劫犯罪的"当场"试着作出交代。具言之，抢劫罪的"当场"是指抢劫犯罪的现场以及被人追捕的整个过程。不仅如此，任课老师还应对抢劫犯罪的"当场"作出一番"运动论"的讲解。具言之，抢劫罪的"当场"，是需要予以运动性把握的，而所谓运动性把握即犯罪行为本身的场所变化性把握。例如：犯罪嫌疑人张某和王某在一较为僻静之处遇到被害人李某，便以刀威胁李某当场交出身上钱物。李某"当场"没有顺从，并说自己身上没有什么钱物。于是，张某和王某便将李某挟持到另一僻静之处，即一间租住屋内对李某拳打脚踢。最后，李某提出只有让自己回到自己的住处才有钱物可给。于是，张某和王某又挟持李某到李某的住处，由张某在外把门，王某持刀尾随李某进入屋内而最终劫得了李某的钱财若干。从两位犯罪嫌疑人与被害人初遇地点到两位犯罪嫌疑人的租住屋再到被害人的住处，犯罪行为，即抢劫的实施通过时空的变换和延续而处于一种运动状态。只因如此，"抢劫"是该起运动性，即场所变化性的犯罪作案的"性质主线"即我们以往所说的"主题线索"。也只因如此，对该起案件只宜定性为抢劫罪而不能以抢劫罪、非法拘禁罪和非法侵入住宅罪予以数罪并罚，而非法拘禁罪和非法侵入住宅罪只宜与抢劫罪构成牵连犯。可见，"研究性"可增强法科本科生教学的趣味性，因为"研究性"可通过新的发现与领会而改变"照本宣科"的枯燥无味。

无论是质疑性或商榷性的讲解，还是补充性或延伸性的讲解，法科研究型本科教学都意味着法科本科生教学应注重解答"应当是什么"的问题。有学者指出："法科理论如果只告诉人们法律是什么而不说明应当是什么，这样的法科便是病态法科。这种法科的价值以其研究对象的价值而定。如果法是善的，法科便是善的，如果法是恶的，法科便助纣为虐。"[3]由于法科本科教

[1] 高铭暄、马克昌主编：《刑法学》，北京大学出版社、高等教育出版社2010年版，第559页。
[2] 张明楷：《刑法学》（第3版），法律出版社2007年版，第712页。
[3] 文海林：《刑法科学主义初论》，法律出版社2006年版，第9页。

材包括刑法学本科教材也是法科理论的一种载体，故法科本科生教学也有"助纣为虐"的可能。于是，"应当是什么"的注重便自然赋予法科本科生教学以研究型的属性，即催生研究型法科本科生教学。当然，无论是质疑性或商榷性的讲解，还是补充性或延伸性的讲解，任课老师最好通过"师生互动"的方式进行，因为这种方式的讲解将会收到更好的效果。

（二）加大融入知识与信息量

前文已经指出，法科本科生教学之所以能够成为研究型教学，并且从某个角度上其研究性较其他文科专业更强，是因其有着更加广阔深厚的社会基础。这便同时意味着法科本科生教学可以融入更为大量的知识与信息。立于更加广阔深厚的社会基础，法科本科生教学可以融入经济学和心理学等非法科学科的边缘知识与信息而令法科本科生教学具有相当深度的研究性。如在给同学们讲授刑罚的效益问题时，任课老师一般都会想到运用一下经济学知识及其原理，哪怕是"浮光掠影"或"蜻蜓点水"。但在为本科生们讲解罪刑法定原则和罪刑均衡原则时，任课老师应该深入这两个刑法原则的预防功能。而要让同学们理解和接受这两个刑法原则的预防功能，任课老师一般能够想到的便是从人的"趋利避害"本能予以阐述，但任课老师完全可以大胆地借用"行为经济学"和"制度经济学"予以视野更加开阔地"拔高"，从而使得同学们对问题把握得更深更透。

再如在为本科生们讲解罪刑法定原则时，任课老师必然要深入作为罪刑法定原则的派生的所谓明确性原则，因为刑法学本科教材通常也是这样编写的。但任课老师对明确性原则的讲授只能是停留在同语反复式或循环论证式的说教吗？对于作为罪刑法定原则派生的明确性原则，任课老师也应从人权保障和预防犯罪，即维持秩序两个层面来讲解其必要性。但又如何使得明确性原则的必要性得到一番切实的展开呢？任课老师当然可有各自不同的切入，但认知心理学应是任课老师予以运用的边缘学科知识，因为刑法规范是否明确直接决定着刑法规范的信息传递和在民众观念世界，即其主观世界的根植效果，从而最终决定着民众的刑法规范禁忌意识，进而影响着民众的行为抉择。而刑法规范的信息传递和在观念世界，即主观世界的根植效果，是受"自上而下"和"自下而上"两种反向交错的"知觉加工"的直接影响的。于是，认知心理学的知识融入便"招之即来"。

立于独特的法制基础，刑法本科教学可以融入宪法学和民法学等法科部门的"近邻知识"与信息而令刑法本科教学具有相当深度的研究性。如任课老师在给同学们讲解侵犯财产罪时必然要涉及"非法占为己有"或"非法据为己有"问题。由于侵犯财产犯罪实质就是侵犯财产权利的犯罪，故任课老师应当想到把民法上的财产权知识运用进来，从而为同学们理解和把握侵犯财产罪铺垫好民法基础知识。再如任课老师在给同学们讲解我国刑法所规定的自首制度时完全可以提出一个刑法诚信问题，因为按照我国现行刑法规定，犯罪后自首的可以从宽，也可以不从宽，这就意味着一个犯了杀人等重罪的犯罪分子在自首后可以判处死刑立即执行，也可以判处"死缓"以下的刑罚。于是，任课老师可以将民法上的合同知识运用进来以帮助学生们来考量现行自首制度的利弊得失，特别是其诚信问题。具言之，按照我国现行《刑法》第67条第1款规定："犯罪以后自动投案，如实供述自己的罪行的，是自首。对于自首的犯罪分子，可以从轻或者减轻处罚。其中，犯罪较轻的，可以免除处罚。"

如我们所知，刑法中的"可以"规定是可以这样处置，也可以另作处置的倾向性授权规范。联系该条第1款，则有如下推论：对于自首的犯罪分子，可以从轻或者减轻处罚，也可以不从轻或者减轻处罚；而犯罪较轻的，可以免除处罚，也可以不免除处罚，即与非自首者等罚。于是，这里可以直接在诚信危机的时代背景下提出国家的诚信问题。自首制度实质上是一种立法者以"从宽处罚"向罪犯发出的"邀约"，而罪犯自首则是对此"邀约"的"承诺"。因此，如果罪犯以自首而作出了"承诺"，则立法者便不可撤回已经发出的"邀约"而令其与罪犯之间一种特殊的"合同"生效。可想而知，立法者对自首的罪犯不给予"从宽处罚"是什么性质的行为？是"撤回"或"撕毁"已经发出的"邀约"，是说话不算数，是言而无信！面对着立法者的言而无信，罪犯在自首问题上能不犹豫甚至破罐破摔而一干到底吗？有些犯了"死罪"的罪犯放弃自首难道不是这样吗？[1]顺带要指出的是，立于立法诚信来完善我国现行的自首制度，是在立法上进一步限制死刑的可行之举。由此，法律的失信是社会最大的失信和不幸，而刑法立法的失信则是社会最大失信和不幸中之最大者，这是由刑法是"保障之法"和"后盾之法"的地位所决定的。可见，现行自首制度或许是失远远大于得或弊远远大于利。当

[1] 马荣春：《刑法完善论》，群众出版社2008年版，第125~127页。

任课老师将民法中的合同知识运用进来与同学们一起讨论，则同学们将会对自首制度问题把握得更深更透。

总之，法科本科生教学必须通过"法律为什么"和"法律应该是什么"，即对其予以"所以然"或"应然"的考究，才能成为所谓研究型教学。

四、法科研究型本科教学的最后强调

（一）传授基础知识是法科研究型本科教学不能丢弃的根本

学者指出："研究型教学主要培养有探索能力和全局性（战略性）能力的人，因此人文素质和能力重于知识，其中最重要的是善良和爱心。"[1]而为什么是这样？理由包括："我们的首要任务是规划我们未来的文化""我们需要分析西方现代性中的叛逆性和内部不一致性""我们需要研究使人类与自然界和谐相处的科学技术""我们需要研究面向未来的价值体系""人文素质教育的高低可以从对事物的态度来体现"。[2]在法科研究型本科教学乃至所有研究型本科教学中，人文素质和能力固然重于知识，但传授知识本身却是起点和基础，因为知识里面蕴含着所谓的人文素质与能力，而研究型本科教学，包括研究型法科本科生教学，就是要把将被传授的知识中的人文素质与能力充分地"开发"出来。因此，研究型本科教学包括研究型法科本科生教学不可因片面强调"课题"或"项目"而在任课者的"单方热情"或为评职称等"一己之利"中"偏废"了基础知识的传授与"开发"。而反过来，如果任课老师暂无"课题"或"项目"，则其所担负的教学就不能是研究型教学？"课题"或"项目"当然有助于研究型教学，但并非只有依赖于"课题"或"项目"，研究型教学才可进行。另外，在文科与理工科的本科研究型教学中，"课题"或"项目"的重要程度也是有所区别的。须知，基础知识是创新的基础和能力提高的前提。这就是我在论述法科研究型本科教学的意义时指出其意义是层层相因和步步深入的道理所在。

法科研究型本科教学最终仍重在"教学"，而"研究型"只强调着教学的方式、方法，故传授基础知识仍然是法科研究型本科教学之本。如果丢掉

---

〔1〕　李乐山："高等学校进行研究型教学的方法与意义"，载《西安交通大学学报（社会科学版）》2008年第1期，第92页。

〔2〕　李乐山："高等学校进行研究型教学的方法与意义"，载《西安交通大学学报（社会科学版）》2008年第1期，第92~93页。

了基础知识传授本身而走向了纯粹的"研究性",则研究生教学又放置何处呢？须知，本科生终究是"本科生"：不掌握基础知识，何以能够进一步创新？正所谓"不会走，哪会跑"？

（二）法科研究型本科教学切忌玩"教学花样"

本科生的研究型教学也曾在法科领域被大力提倡甚或"红极一时"。虽然当下不再热推法科领域本科生的研究型教学，但研究型法科教学的提法本身仍值得肯定，且应予名副其实的落实。这里，之所以说"应予名副其实的落实"，是因为被提倡之初的研究型法科本科生教学基本上"有名无实"，其实际表现就是任课老师从法科教材中挑出几个或再多一点的具体问题，安排几个周次，由若干小组的同学按照课前准备予以讨论，而任课老师在一节课仅剩的一点时间内再予以所谓点评。易言之，所谓研究型法科本科生教学的"研究性"变成了小组同学在不足一节课时间的小范围讨论和任课老师在最后一点时间的"蜻蜓点水"或"隔靴搔痒"的所谓点评。而从运行或操作的实际情况来看，前述模式的研究型法科教学无法得到课时保障，即只能从某一门课程中挑出若干具体问题或知识点作为"实验"。易言之，若是对某一门课程从前至后的所有知识点或其所对应的问题都实行前述模式的研究型教学，通常的课时安排根本保障不了或远远不够，特别是对于像民法和刑法等教学内容有很多细分的课程。于是，在必须按照教材体例而在规定课时内讲完一门课程的教学任务下，任课教师又从 PPT 上增添花样。在我看来，法科研究型本科教学是针对传统的涂鸦式法科教学的弊端所提出来的。而传统的涂鸦式法科教学之所以应被摒弃，是因为其有着只讲"是什么"而忽略"为什么"的强行灌输这样的弊端或顽疾。基于法科本科生仍应是通过"为什么"而掌握基础知识的基本宗旨，我认为，法科研究型本科教学的"研究性"最终所强调的仍然是教学方法，即传授基础知识的方法应注重引导性、观照性、对比性乃至思辨性，而非让尚无基本专业知识基础的本科生们"尚未学会走就要令其跑"的所谓"研究"，因为那是一种"揠苗助长"乃至"好高骛远"的做法。因此，在法科研究型本科教学中，任课教师本人与同学们应构成具有互动性的双方主体，亦即同学们不再是传统灌输型教学模式中的纯被动性"受体"，因为同学们仍然是基础知识传授中的糊里糊涂或"只知其一，不知其二"的"受体"。于是，前文所讨论的法科本科生教学的技术思维、内容思维和目标思维便可赋予法科研究型本科教学的"研究性"以实体内容，亦即技术思维、内容思维和目标思维将把法科研究型本科教学的"研究性"落到实处。最终，法科研究型本科教学对任课教师提出了更高的要求。

（三）法科研究型本科教学应将对专业知识的理解性作为成绩考核的重点

正如我们所知，法科研究型本科教学原本就是针对传统灌输型或涂鸦型法科本科生教学模式提出和推行的。如果说传统灌输型或涂鸦型法科本科生教学模式是一种让同学们对专业知识"只知其一，不知其二"的死记硬背模式，则法科研究型本科教学就是一种让同学们对专业知识"不仅知其然，而且知其所以然"的理解模式。易言之，理解性是法科研究型本科教学的突出功能，而这一功能不仅要体现在具体授课过程中，而且要体现在对同学们专业学习的成绩考核上。在法科研究型本科教学中，突出理解性的成绩考核可以综合采用即并用多种方式：在课堂上，任课老师可鼓励或激发同学们对专业问题理解性的大胆发言；在课后，任课老师可布置哪怕是"豆腐块型"的小论文平时作业；在学期末，一张试卷要尽量避免答案仅可通过背书便可作出的名词解释或简答这样的题型，即尽量是通过比较或勾连而具有理解性的题型。除前述之外，突出理解性的成绩考核还应与本科毕业论文联系起来。易言之，研究型法科教学的理解性还应体现在本科毕业论文的写作上。本科毕业论文写作是法科本科生研习法律的一次"大练兵"，而本科毕业论文所要求或体现出来的理解性当然是在指导老师悉心指导下所形成的理解性。法科本科毕业论文当然也要求一定的创新，且此创新也包括方法创新、思路创新、观点创新或方案创新，但所谓创新最终即"新的理解"。于是，在法科本科毕业论文写作指导中，指导老师所应做的工作基本上就是帮助同学们如何来理解论题所对应的专业问题，从而定稿的毕业论文所透现出来的理解性既是作者（同学）的理解性，也是指导老师的理解性。最终，法科本科毕业论文的质量如何就是指导老师的责任心甚至其学术水平如何。每当在本科毕业论文的后记中也看到指导老师"耐心指导"甚至"呕心沥血"之类的谢词，又对照一下论文本身的质量低劣，我便心中暗笑：这样的谢词，是对指导教师无病呻吟的恭维，还是对指导教师不负责任的"暗讽"？于是，一个不用言明的普遍事实是，许多一贯惫于自身科研且平时对学生也不够尽心的老师，其所指导的本科毕业论文其实一点也不值得"恭维"，遑论其所指导的研究生学位论文了。

"理解性"为法科研究型本科教学的"研究性"所蕴含，而理解性的成绩考核模式正好应和了本著所提倡法科本科生教学的技术思维、内容思维和目标思维，从而使得我们的法科本科生们不会轻易成为"书呆子"。至于如何赋予成绩考核的理解性以及理解性的程度，那就要看任课教师的能力，且更好看其责任心了。

本章小结

　　法科研究型本科教学是针对传统的停留于死记硬背的灌输型或涂鸦式法科本科生教学的弊端而提出与推行的。法科研究型本科教学在提高法科本科生的教学质量工程中有着相当重要的地位。法科研究型本科教学对于向法科本科生传授法科知识，提高他们提出、分析和解答法科问题的能力和确立正确的法治价值观，都有着相当重要的意义。社会基础和法制基础使得刑法研究型本科教学具有了更大的可能。而强化问题意识与加大知识与信息量的融入是使得法科本科生教学成为研究型的具体举措。法科研究型本科教学不可因强调"研究型"而偏废了法科基本知识本身的传授。除了不能丢弃传授专业基础知识这一根本，还应切忌走"教学花样"，且将理解性作为法科本科生专业学习成绩考核的重点。法科研究型本科教学尚有待进一步探索与完善。

第六章

法科交叉型本科教学

西塞罗曾说："学习有门道，教书也有门道。"[1]随着高等教育的发展，本科教学门道也为各学科所关注。"照本宣科"或"涂鸦"曾经是法学本科教学的"门道"，但此"门道"正在被废弃。然而，真正符合法科本科教学目的的"门道"到底是什么？于是，在法科领域，"学科交叉"不仅应是学术研究的话题，而且应该是课程教学的话题。而法科本科教学的"学科交叉"尚未引起法科教学领域的普遍重视。

一、法科交叉型本科教学的必要性与可行性

只有具有必要性与可行性，"学科交叉"才值得在法科本科教学中予以提倡。

（一）法科交叉型本科教学的必要性

当下，在进入司法实务部门后，似乎有越来越多的法科本科毕业生得不到用人单位的认可，甚至被称为"法律的书呆子"，而在考上研究生后，又似乎有越来越多的法科本科毕业生让任课老师特别是自己的研究生导师觉得是死记硬背考上研究生的，即其严重欠缺对专业问题的理解能力，遑论创见能力。造成前述局面的原因是多方面的，但其中一个原因甚至是最为重要的原因，或许是法科本科教学环节出了问题——"照本宣科式"或"涂鸦式"的传统灌输型教学，让我们的法科本科同学们对专业知识只是"知其然"而"不知其所以然"。可想而知，有许多法科本科毕业的同学们在实务部门面对实务问题时要么是"无所适从"，要么是"简单生硬"，而在入读研究生后面对专业理论问题时，要么"哑口无言"，要么就是重复本科生教材的"老

---

[1]　[美]伯顿·史蒂文森主编：《世界名言博引词典》，周文标等编译，辽宁人民出版社1990年版，第329页。

调"。有人说："保守主义者学不会新东西，也忘不掉旧东西。"〔1〕由此，传统的"照本宣科式"或"涂鸦式"灌输型教学是一种保守主义教学，而法科本科教学的"学科交叉"就是要克除本科教学的"保守性"，以让本科生同学们掌握鲜活的法律知识。于是，法科实务人才与理论人才的培养，特别是"卓越法律人才"的培养，便急切地呼唤着法科本科生教学思维的根本性变革，而此根本性变革至少包含课堂教学方法的"弃旧换新"—— 由"照本宣科式"或"涂鸦式"的传统灌输型教学走向"跨学科式"的理解性或探究性教学。当然，本著所说的"跨学科"包含跨一级学科和跨二级学科，而所谓跨二级学科是指跨一级学科中的不同专业。

学者指出，刑法应当体现和反映民法的基本精神并保障民法的实施，而当今的刑法如果不能反映民法的基本精神和价值定位，则刑法立法与司法必然走入困惑，刑法民主化及社会法治化必然遥遥无期，因为在一定意义上，民法是一切部门法的基础，其他各种法都是从不同侧面对民事法律关系和基本原则的保护、完善和发展，或者为它们的完满实现创造必要的法制条件和环境。〔2〕于是，刑法与民法的关系便决定了刑法学科的"方法论"。当没有民法文化的支撑难有刑法人权保障思想的出现，也难有刑法的科学化与公正化要求的提出，则刑法典的理论架构离不开民法文化的支撑，故刑法问题的研究必须与其他人文科学相结合，必须以民法的理论与精神作为其理论的基础之一。这既是一种价值观问题，也是一种"方法论"问题。〔3〕而若没有方法论的转变与突破，则难有刑法理论的突破和繁荣。〔4〕所谓"与其他人文科学相结合"即"远的学科交叉"，所谓"以民法的理论与精神作为其理论的基础之一"即"近的学科交叉"。由此，我们可看到"学科交叉"法学研究意义，我们也可看到"学科交叉"的法学教学意义，而此两个层面的意义最终即"方法论"意义。

实际上，曾经热推的研究型本科教学，就有倡导本科教学的"理解性"或"探究性"意味。而当"理解性"或"探究性"意味着要跨出本专业乃至

---

〔1〕 ［美］伯顿·史蒂文森主编：《世界名言博引词典》，周文标等编译，辽宁人民出版社 1990 年版，第 40 页。

〔2〕 蔡道通：《刑事法治的基本立场》，北京大学出版社 2008 年版，第 60 页。

〔3〕 蔡道通：《刑事法治的基本立场》，北京大学出版社 2008 年版，第 59 页。

〔4〕 蔡道通：《刑事法治的基本立场》，北京大学出版社 2008 年版，第 60 页。

本学科，因为"理解"又意味着"识其真面目"，而"不识庐山真面目，只缘身在此山中"，则"学科交叉"便在本科教学中具有了相当的必要性，且这里的本科教学当然包括法科本科教学。可见，对于一门法科课程，担任具体课堂教学的一位任课教师尝试并逐渐熟练"学科交叉"的教学方法是很有必要的，且此必要性是传统"照本宣科式"或"涂鸦式"灌输型教学所"反衬"出来的本科教学的自觉性、开放性、综合性，从而是求真性。而在将来，两位不同专业甚或学科的任课教师"同堂授课"也不是不可能的。

（二）法科交叉型本科教学的可行性

当下，在法科本科教学中，"学科交叉"的采用不仅具有必要性，而且具有可行性。首先，随着我国社会主义法律体系的初步形成，且借鉴境外的法科理论，我国法科各专业即法科二级学科的理论学说不断丰富和发展，其概念或命题在较近的学术空间里为法科各专业即法科二级学科所对应的专业课程教学采用"学科交叉"提供了知识可能，此可谓法科本科教学的"近的学科交叉"即"学科近交叉"。而经济学等其他文科类学科甚至理工类学科在丰富和发展中所形成的成果，则在更为广阔的学术空间里为法科各专业即法科二级学科所对应的专业课程教学采用"学科交叉"提供了知识可能，此可谓法科本科教学的"远的学科交叉"即"学科远交叉"。一位犯罪学者曾提到，与其说犯罪学是一个学科，不如说它是一个领域。在很多高校里，犯罪学研究者分布在法学院和社会学系中，而关注犯罪问题的，还有从事政治学、公共管理学、经济学、国际关系、新闻学等学科的研究者。可见，固守在一个学科内并试图将某一重大问题视为"自留地"的看法，显然不合时宜。因此，现在是法科研究和教育者们主动拆去围墙、填平鸿沟、搭建桥梁的时候了。[1] 既然犯罪学的研究者即犯罪学者可以分布在多个学科，则说明某些法律问题可以成为多个学科的共性问题。显然，就这些共性问题所形成的成果可以为多个学科所共享，而这里所说的共享既包括学术研究的共享，也包括本科课堂教学的共享。于是，本科课堂教学的共享即意味着本科课堂教学"学科交叉"的现实可能性。其次，在当下的法科本科教学中仍有随堂听课的做法，而听课教师又常常来自不同专业乃至不同学科。于是，我们可以进一步完善法科本科教学的随堂听课制，即让不同专业乃至不同学科的听课教师就"学科交

---

〔1〕　时延安："学科、领域与专业人才培养"，载《法制日报》2014年1月15日。

叉"提出听课意见或建议，且此建议甚至可以包含相关专业乃至学科的基本理论或最新研究成果，以进一步推进法科本科的课堂教学。再次，法科各专业即法科二级学科所对应专业课程的任课教师，大多数或绝大多数同时又是专业科研人员，而他们可以把学术研究中逐渐熟练的"学科交叉"即作为学术研究方法的"学科交叉"，自觉地"套用"到法科本科教学中来。学者指出："在科学发展史上，在某一学术领域提出开创性学说的人，往往是一些对各类新生事物反应敏感、具有广泛的兴趣并勇于反向思维的初出茅庐的后生。这些人最少受传统理论模式的束缚，敢于提出怀疑和挑战，善于运用新的科学知识和研究方法提出新的综合。"[1]这里，所谓"新的学科知识"包括跨学科知识，而"新的研究方法"包括"学科交叉方法"。于是，当一个学者能够采用"学科交叉方法"去做学术研究，则其也应能够或更加能够采用"学科交叉方法"来展开本科课堂教学。实际上，就高校里的法科教研人员而言，其对学生所教和自己所研在内容或问题上往往具有重叠性或雷同性，只不过广度或深度有差别或较大差别而已。于是，"学科交叉"不仅可以被作为研究者的任课教师用来让自己将问题研究得更深更透，而且可以被作为讲授者的任课教师用来让学生即本科生同学将问题领会或理解得更深更透。易言之，"学科交叉"既是一种学术研究方法，也是一种本科课堂教学方法。而当教师把作为学术研究方法的"学科交叉"用作本科课堂教学方法，则可谓"教研相长"或"研教相长"。最后，在同一个法学院或法律系的不同专业课程的任课教师之间，也可相互切磋各自任教课程的"学科交叉"，即这些任课教师之间可以在不同专业上就近实现"知识共享"，以共同提升各自课堂教学的"学科交叉"。

法科本科教学采用"学科交叉"的必要性与可行性，是可以同时得到说明的，正如学者指出："生活是不分科的，思想也是不分科的，科学法学、艺术创作都是不分科的。"[2]又有学者指出，法律问题所涉社会关系或社会矛盾日益复杂，故其研究往往需要多学科的知识视野。[3]几乎可以说，在文科类的本科教学中，"学科交叉"在法科本科教学中的采用空间最大，即其具有最大的必要性和最大的可行性。

---

〔1〕　〔意〕切萨雷·贝卡里亚：《论犯罪与刑罚》，黄风译，北京大学出版社2008年版，第159页。
〔2〕　郭华："跨学科主题学习的意义与特征"，载《中国基础教育》2022年第12期，第17页。
〔3〕　顾培东："法学研究中问题意识的问题化思考"，载《探索与争鸣》2017年第4期，第48页。

（三）法科交叉型本科教学对"交叉学科"的必要回应

法科本科教学的"学科交叉"是出于避免教出"一知半解"的学生。俗语有云："一知半解是很危险的。"[1]艾迪生曾说："教育之于人有如雕刻之于大理石。"[2]法科本科教学的"学科交叉"就是要运用跨学科知识培养出"大理石"般的法科人才和法治人才。于是，在讨论法科本科教学"学科交叉"的必要性与可行性之余，便有必要回应一下关于法学教育新发展之路的"交叉学科"这一话题。学者指出，基于"理论法学+部门法学"学科体系所构建的传统法学教育模式过分强调专业细分，不同学科之间相互割裂，使得培养出来的法治人才的思维方式相对狭隘、知识结构相对单一、实践能力较为薄弱，难以适应社会问题跨界化、知识应用综合化的时代需要，复合型高素质法治人才培养水平滞后于社会变革和法治实践。在全面推进新文科建设背景下，深度交叉融合的新文科发展理念渗透法律学科建设之中，突破法学知识固有的局限，推动法学教育跨学科化发展，有助于培养法科学生的跨领域知识融通能力。新法科建设由浅入深、循序渐进，应以社会需求为导向，打破学科壁垒，创新交叉融合机制，从法律学科内各部门法之间的"小交叉"向法律学科与其他学科之间的"大交叉"转型升级，从研究方法创新向学科设置创新转换，重点围绕国家安全、人工智能、社会治理等新兴领域培育交叉学科。[3]首先，将"交叉学科"作为法律学科建设和法科教育发展的大方向，是没有问题的，即"应该"或"必须"的。但法科教学的"学科交叉"仍然是必要且可行的。具言之，所谓"交叉学科"，最终是将诸如国家安全、人工智能、社会治理等新兴领域培育成多学科包括法律学科共同关注的学科，以求解这些领域或"新学科"的带有"综合性论证"的新命题或新方案等。而若想各个学科能够"有力"地关注或涉足这些领域或"新学科"，则各个学科本身须先得到充分的发展，正所谓"打铁还需自身硬"。但各个学科的"自身硬"，则包含或意味着各个学科的教学包括本科教学应先采用"学科交

───────────────

〔1〕 ［美］伯顿·史蒂文森主编：《世界名言博引词典》，周文标等编译，辽宁人民出版社1990年版，第889页。

〔2〕 ［美］伯顿·史蒂文森主编：《世界名言博引词典》，周文标等编译，辽宁人民出版社1990年版，第327页。

〔3〕 刘艳红："从学科交叉到交叉学科：法学教育的新文科发展之路"，载《中国高教研究》2022年第10期，第8页。

叉",正如学者指出,法学教育跨学科化发展也是当代法学学术发展的内在逻辑要求,因为当代社会科学学术研究越来越认识到,结合不同学科的研究视角和方法来研究同一问题,对于深化对有关问题的理解,往往可以收到事半功倍之效。[1]因此,"学科交叉"与"交叉学科"之间不仅不矛盾,而且构成了"途径"与"方向"或"术"与"道"的关系。在此要特别提醒的是,如果不先通过"学科交叉"来夯实各个学科包括法律学科,则"交叉学科"可能就会陷入"后劲乏力"的"冒进"或"大跃进"。或许,"交叉学科"所对应的学科教育到底是适合于本科生还是研究生,仍然是个值得讨论的根本问题,因为当还没有经过某个学科的系统教育,则怎么可能一下子让我们的本科生跨进所谓"交叉学科"?而若将本科生直接安排到所谓"交叉学科",则其不还是要从某个具体的学科去接受专业教育即获取专业知识吗?或许,由教育部正在推行的"交叉学科"项目试点最终能够给出初步结论,但"项目"这一说法总让人觉得:若把所谓"交叉学科"作为本科生包括法学专业本科生的正规课程,似乎还缺少不少条件或时机远未成熟。但无论如何,"新文科建设"在倡导"交叉学科"的同时,仍然不排斥乃至切实需要"学科交叉"。须知,所谓"交叉学科"仍然强调的是"交叉",而"交叉"终究是"方法论"而非"本体论"。

最终,"学科交叉"与"交叉学科"在法治目标上是一致的,正如学者指出,从促进一流法治人才培养的角度,法学教育跨学科化发展有利于形塑法科学生融会贯通跨领域知识的复合思维方式,培养法科学生灵活运用跨领域知识观察社会现象、分析社会关系、解决社会问题的实践应用能力[2]。

二、法科交叉型本科教学的示例及其启示

法科本科教学采用"学科交叉",既可有法科二级学科中的具体示例,也可有法科与其他一级学科间的具体示例。而从这些示例中,我们能够获得关于法科本科教学的有益启示。

---

〔1〕 刘艳红:"从学科交叉到交叉学科:法学教育的新文科发展之路",载《中国高教研究》2022年第10期,第9页。
〔2〕 刘艳红:"从学科交叉到交叉学科:法学教育的新文科发展之路",载《中国高教研究》2022年第10期,第9页。

（一）法科近交叉本科教学的示例及其启示

法科本科教学采用"近的学科交叉"，即法科本科教学所采用的"学科交叉"是在法科二级学科即不同专业之间，此可谓"学科近交叉"，亦即学者所谓的"小交叉"。[1]正如我们所知，法科是一级学科，而宪法学、行政法学、刑法学、民商法学和诉讼法学等是法科二级学科即法科各专业。于是，在法科二级学科的本科教学中，便可有"学科交叉"即"近的学科交叉"的诸多示例。

如对于单位犯罪的双罚制根据问题，任课教师可将民法中的连带责任知识运用进来作本科教学"学科交叉"的如下尝试：同学们，关于单位犯罪的双罚制根据问题，刚开始便有"刑事连带责任"这一命题。具言之，之所以要对单位犯罪既处罚犯罪单位本身，又要处罚单位犯罪中的直接责任人员，是因为单位与单位成员的犯罪行为相互关联，而"双罚制原则"源于法人的"民事连带赔偿责任"。在民法中，如果法人成员在执行职务活动中对他人造成损害，则不仅法人应承担赔偿责任，而且引起他人损害的法人成员也应承担相应的责任。在法人犯罪时，之所以同时惩罚法人代表及其他责任人员，是因为他们对法人犯罪负有重大责任。但是，他们既不是与法人并列的"一个犯罪，两个犯罪主体"，也不是与法人共同犯罪，而是法人犯罪的责任承担者，即因法人犯罪而引起的连带刑事责任。[2]实际上，单位犯罪双罚制根据的"连带刑事责任"命题是误用了民法上的连带责任理论。连带责任是民法上的一个概念，是指共同责任人中的任何一人均有义务就共同责任向权利人全部承担，然后再向其他共同责任人追偿。民法规定的连带责任有共同侵权人的连带责任、保证人的连带责任、合伙人的连带责任和代理人与被代理人的连带责任。但是，无论从民法理论，还是从民法规定，共同责任人或连带责任人须是法律地位相互平等、各自独立而不存在整体与部分的隶属关系的两个或两个以上的当事人。显然，单位与单位成员之间不存在整体与部分的隶属关系。至于"在民法中，如果法人成员在执行职务活动中，对他人造成损害时，不仅法人应承担赔偿责任，而且引起他人损害的法人成员也应承担

---

〔1〕刘艳红："从学科交叉到交叉学科：法学教育的新文科发展之路"，载《中国高教研究》2022年第10期，第8页。

〔2〕张文、刘凤桢、秦博勇："法人犯罪若干问题再研究"，载《中国法学》1994年第1期，第56页。

相应的责任"，无疑是指法人对外承担责任后再回过头来在法人内部以扣发工资奖金等方式追究有关法人成员的责任，而法人所追究的法人成员的责任是一种对内责任，这与性质为对外责任的连带责任不能同日而语。可见，所谓法人的刑事连带责任与法人的民事连带责任并不存在相同的法理。如果用民法上的法人成员因其职务过错而受到法人的内部责任追究来比照刑法上的法人责任成员承受刑事责任，则可以说是法人即单位而不是国家来追究刑事责任。[1]实际上，既然民法上的连带责任强调责任主体的平等性和独立性，则民法上连带责任类比法无疑使得单位犯罪变成了单位本身与单位成员之间的共同犯罪，从而使得持论者走向"自相矛盾"。由于单位身处社会这个大系统，而单位成员身处单位这个小系统，且单位在社会中犯罪说明单位已经居于社会这个大系统的"矛盾的主要方面"，而单位成员在单位中犯罪说明单位成员已经居于单位这个小系统的"矛盾的主要方面"，故似应提出"系统矛盾论"命题来解说单位犯罪的双罚制根据。[2]具言之，之所以追究犯罪单位的刑事责任，是出于消解犯罪单位作为"社会"这个大系统的"矛盾的主要方面"；而之所以追究单位犯罪中直接责任人员的刑事责任，是出于消解单位成员作为"单位"这个小系统的"矛盾的主要方面"。

有人指出："你可以在不同的场景下，用不同的方式学习同一个内容。"[3]实际上，在法科本科教学中，当然也可能是在其他学科的本科教学中，"学科交叉"就是"跨学科"，而"跨学科"就是变换"问题场景"。于是，所谓"用不同的方式学习同一个内容"就是用其他学科的概念或命题来理解和领会本学科的某个具体问题，以求形成应有的结论或答案，且此结论或答案可能是肯定性的，也可能是否定性的，而否定性的结论或答案或许更能显示出"学科交叉"的方法论意义。

学者指出，法学教育跨学科化发展正是对法律学科本身局限性的突破，旨在将自然科学、社会科学、人文学科等领域相近或相关学科的研究方法、研究成果、有益经验、先进技术等引入法学教育，[4]最终实现以问题为导向

---

〔1〕 马荣春：《刑法诸问题的新界说》，中国检察出版社 2007 年版，第 46~47 页。
〔2〕 马荣春：《刑法诸问题的新界说》，中国检察出版社 2007 年版，第 48~49 页。
〔3〕 万维钢："正确的学习方法"，载《读者》2020 年第 4 期，第 33 页。
〔4〕 刘艳红："从学科交叉到交叉学科：法学教育的新文科发展之路"，载《中国高教研究》2022 年第 10 期，第 9 页。

的有效知识整合。[1]在本著看来，如果仅仅是立于法科教育的发展，"学科交叉"也罢，"交叉学科"也罢，最终目的是把某种理由、道理或规律从其他学科中"叉到"本学科中来，以让同学们对本学科的某个具体问题理解和领会得更深更透。

（二）法科远交叉本科教学的示例及其启示

法科本科教学采用"远的学科交叉"，即法科本科教学所采用的"学科交叉"是在法科与其他学科间，此可谓"学科远交叉"，亦即学者所谓"大交叉"。[2]正如我们所知，在学科分类中，除了法科这个一级学科，还有哲学、经济学、教育学、文学、历史学、理学、工学、管理学等其他一级学科。于是，在法科与其他一级学科之间，也可有"学科交叉"即"远的学科交叉"的诸多示例。

如对于刑法理论中的法规竞合问题，任课教师可将数学中的集合知识运用进来作本科教学"学科交叉"的如下尝试：同学们，刑法理论中的法规竞合是指关于某种犯罪构成的此规范与彼规范在内容上相互包含的立法现象。法规竞合是刑法立法顺应社会生活发展变化的需要而走向精细化的体现。在现行刑法中，法规竞合的例子如盗窃罪与盗窃枪支、弹药罪或盗窃文物罪的立法规定所形成的法规竞合，即在犯罪对象上，盗窃罪与盗窃枪支、弹药罪或盗窃文物罪的立法形成了内容上的相互包含即竞合；又如诈骗罪和招摇撞骗罪的立法也形成了法规竞合，即诈骗罪的犯罪手段即"虚构事实，隐瞒真相"本来是包含着招摇撞骗罪的犯罪手段即"假冒国家机关工作人员"，而招摇撞骗罪的犯罪目的（"骗财""骗色"或"骗取社会荣誉"等）却又反过来包含诈骗罪的犯罪目的（"骗财"）。可见，诈骗罪和招摇撞骗罪的立法在犯罪手段和犯罪目的上形成了两个层面内容的相互包含，且形成了"我包含你，你也包含我"的法规竞合局面。刑法理论中所讨论的法规竞合不仅存在着"竞合点"即在犯罪构成的哪个要件发生竞合的问题，而且存在着"竞合层数"问题。如诈骗罪与合同诈骗罪的立法所形成的是一层竞合。由于贷款诈骗罪或保险诈骗罪等又是更加具体的合同诈骗罪，故合同诈骗罪与贷款诈骗

---

〔1〕［美］艾伦·雷普克：《如何进行跨学科研究》，傅存良译，北京大学出版社2016年版，第28页。

〔2〕刘艳红："从学科交叉到交叉学科：法学教育的新文科发展之路"，载《中国高教研究》2022年第10期，第8页。

罪或保险诈骗罪等之间所形成的也是一层竞合，从而诈骗罪与贷款诈骗罪或保险诈骗罪等之间便形成了二层竞合。这里，法规竞合的层数直接反映社会经济生活的分工深度，而"经济基础决定上层建筑"由此可见一斑。由于立法中的具体个罪实即现实生活中虽有现象差异性但具价值同质性的个案行为的抽象性概括或类型化集中，而立法中的类罪也是或更是如此这般的抽象性概括或类型化集中，故刑法理论所讨论的法规竞合可用数学中的集合概念来作类比性，从而是形象性的感受和理解，即具有包含性的罪刑规定相当于"全集"，而具有被包含性的罪刑规定则相当于"子集"。于是，法规竞合可用"全集"与"子集"的关系予以类比性，从而是形象性的考察和把握。而诸如从诈骗罪到合同诈骗罪再到贷款诈骗罪或保险诈骗罪等，则相当于"全集"中有"子集"，而"子集"中还有"子子集"。可见，采用数学集合知识的"学科交叉"即体现数学思维的"学科交叉"，能够使得本科生同学获得对法规竞合问题的更深理解与领会。

再如对于刑法理论中的结合犯问题，任课教师可将化学反应知识运用进来作本科教学"学科交叉"的如下尝试：同学们，结合犯也是一种立法现象，是指立法将两种已有独立罪名的行为又规定为另一或第三个独立罪名。如日本刑法不仅规定了强盗罪和强奸罪，还规定了强盗强奸罪，且强盗强奸罪的罪名是专门针对行为人在强盗犯罪的现场又顺带实施强奸行为或行为人在强奸犯罪的现场又顺带实施强盗行为的犯罪情形。当我们将结合犯的立法套以"A 罪+B 罪＝AB 罪"的公式化理解，且"AB 罪"具有既不同于"A 罪"，也不同于"B 罪"的罪质，则结合犯的立法现象好像是发生了一种"化学反应"。易言之，结合犯的立法是"化合物"而非"混合物"。可见，采用化学知识的"学科交叉"即体现化学思维的"学科交叉"，能够使得本科生同学获得对结合犯问题的更深理解与领会。

有人说："懂得如何启发，是教人的一大艺术。"[1]由前述示例可见，"学科交叉"便是法科本科教学的一种效果很好的"启发艺术"。实际上，法科本科教学应采用的"学科交叉"所具有的启发性，是形成于"对照性想象"，而"对照性想象"的领悟效果甚至顿悟效果，正如"想象是精神世界中最有

---

[1]　[美]伯顿·史蒂文森主编：《世界名言博引词典》，周文标等编译，辽宁人民出版社 1990 年版，第 659 页。

力的杠杆"。[1]可见，在法科本科教学中，当然也可能是其他学科的本科教学中，"学科交叉"最终是把某种理由、道理或规律从其他学科中"叉到"本学科中来，以让同学们对本学科的某个具体问题理解和领会得更深更透。

三、法科交叉型本科教学的保障与落实

"学科交叉"在法科本科教学中的采用不可能是凭空进行的，而是需要相关保障，且应得到具体落实。

（一）跨学科的制度化培训

说白了，"学科交叉"在法科本科教学中的采用需要任课教师具备相应或充分的跨学科知识，否则"学科交叉"教学便"交叉"不起来或无从进行。正如我们所知，在法科领域，每门专业课程的任课教师都有自己特定的法科知识背景。于是，其"特定"，特别是在"术业有专攻"的思维下，就变成了"限定"，而"限定"就是"局限"。如在宪法学与部门法学之间，一名宪法学的任课教师，常常对部门法科的知识知之甚少，而部门法科的任课教师，往往只了解宪法学中的一些基本原则性乃至精神性的东西。又如在部门法科相互之间，一名民商法学的任课教师，常常对刑法学的知识知之甚少，一名刑法学的任课教师，又常常对民商法学的知识知之甚少；而在实体法学与程序法学之间，一名实体法学的任课教师，往往对程序法学的知识知之甚少，反之亦然。至于在法科与其他一级学科之间，这种"知之甚少"的状态就更为普遍和更为严重了，因为在法科这个一级学科内的不同专业即二级学科之间，不同专业课程的任课教师已有"隔行如隔山"的感觉，而在法科与其他一级学科之间，"隔行"就隔得更远了。于是，为了满足或适应法科本科"学科交叉"的教学需要，跨学科的制度化培训便显得尤为重要，正所谓"巧妇难为无米之炊"。所谓"制度化"，意味着满足或顺应法学本科"学科交叉"教学需要的跨学科培训是常态化和规范化的。当然，在法科本科教学领域，本著所提倡的跨学科的制度化培训，既包括法科这个一级学科内的跨专业培训即跨二级学科培训，也或更加包括法科与其他一级学科之间的跨学科培训。

跨学科的制度化培训，可视为"教师教育"在法科本科教学领域的一个

---

〔1〕　[美] 伯顿·史蒂文森主编：《世界名言博引词典》，周文标等编译，辽宁人民出版社 1990 年版，第 837 页。

切实体现。

(二) 跨学科的精心备课

"学科交叉"在法科本科教学中的采用，最终要落实在课堂上。而一门法科课堂是否采用"学科交叉"以及在多大广度或深度上采用"学科交叉"，则又要看相应的任课教师如何备课了。而跨学科的备课自然是精心的备课，因为在跨学科的备课中，不同学科之间需要在"内容"或"方法"等方面进行恰到好处的对接，且对相关学科知识的领会和把握自然是颇费工夫的。

在法科本科教学中的跨学科备课，当然需要按照教学计划或教学大纲而根据具体问题有针对性地进行。以刑法学的本科教学为例：体现法科二级学科即不同专业之间"学科交叉"的备课，如在任课教师课堂讲解财产犯罪前，其应围绕着财产权的民法学进行备课；或如在任课教师课堂讲解合同犯罪前，其应进行围绕着合同的民法学进行备课。体现法科与其他一级学科之间"学科交叉"的备课，如在任课教师课堂讲解金融犯罪前，其应进行包括票据知识在内的金融学备课；或如在任课教师课堂讲解刑事责任能力或犯罪主观要件之前，其应围绕着行为认知的心理学进行备课。

跨学科的精心备课，同样在法科本科教学领域，其既能够彻底改变传统的"照本宣科式"教学或"涂鸦式"教学，因为跨学科的讲解将因"视野跨越"而赋予或增强课堂教学的"理解性"甚或"研究性"，也能够从根本上抑制"PPT式"教学蜕变成"放映式"的"花样化"过程而增强课堂中"旁征博引"以"拓宽眼界"和"加深理解"的教学效果，且同时有助于展示任课教师的"个性魅力"。几乎人所共知的是，就在法科本科教学领域，"PPT教学"越来越多地出于课堂教学的"过场性"或"程式化"甚至"图省事"。而当任课教师真的想把本科生的课上好，即想把课上得有广度或深度，则其势必要进行跨学科的精心备课且在课堂上予以充分展开。于是，知识信息量偏于疏漏的"PPT"至少需要任课教师"亲口"予以补充或延展，甚至还要进行必要的板书。而当此时，任课教师在同学们的感受中便不再是"机械的放映员"，而是一个充满教学热情的可亲可敬的"讲授者"。当然，在法科本科教学领域，本著所提倡的跨学科的精心备课，既包括在法科这个一级学科内的相关专业之间即二级学科之间精心备课，也或更加包括在法科与其他一级学科之间精心备课。

可以看出，跨学科的制度化培训与跨学科的精心备课是相互关联的：如果没有跨学科的制度化培训所获得的跨学科的专业知识，则跨学科的精心备课便常常是"空穴来风"；而如果没有跨学科的精心备课，则跨学科的制度化培训将成无用之举。因此，跨学科的制度化培训与跨学科的精心备课之间，可以被视为"平时训练"与"战前准备"的关系。

本章小结

"学科交叉"不仅是学术研究的方法，而且或首先是包括法科在内的本科教学方法。法科本科教学的"学科交叉"的必要性，是由传统"照本宣科式"或"涂鸦式"灌输型教学的弊端所对照出来的，是得到法科教育发展和法治人才培养要求的说明的。法科本科教学的"学科交叉"的可行性，不仅体现在法科二级学科和其他非法科学科的发展所提供的知识供给上，而且体现在法科任教者可将学术研究的"学科交叉"思维转用到法科教学中来，甚至可以结合随堂听课制而得到进一步说明。法科本科教学的"学科交叉"与"交叉学科"的新文科发展提倡不仅不矛盾，而且"学科交叉"与"交叉学科"可以相互促进。从远近不同的示例中，法科本科教学的"学科交叉"最终是将其他学科中的理由、道理或规律借用到法科教学中来，以使得同学们对法科知识获得更深更透的理解与领会。法科本科教育的"学科交叉"应将跨学科的制度化培训和跨学科的精心备课作为保障与落实。

申卫星教授指出，我们国家启动了"双一流"建设，这是中国法律确实面临创新和改革的大好契机。将来如何判断一个大学、一个法学院进入了"双一流"，既有外在形式的标准，但更主要的还是看内在标准，即法学院和法学教育是否发生内涵式实质性突破。而内涵式实质性突破应当取决于两点：一是法学教育和法学研究应该有很强回应社会发展的能力；二是法学教育和法学研究应该产生原创性思想。由此，我们应该打破"二级学科固化"的现象。[1]所谓打破"二级学科固化"的现象，实际就是提倡"跨学科"。而在法科教育中提倡"跨学科"，便意味着提倡法科本科教学的"学科交叉"。被誉为刑法学鼻祖的意大利刑法学家贝卡里亚早说过："把自己局限在自己学科

---

[1]　申卫星："法学教育应增强社会回应和思想创造能力"，载《北京航空航天大学学报（社会科学版）》2018 年第 2 期，第 19~20 页。

范围内，忽视相似或相邻学科的人，在自己的学科中决不会是伟大的和杰出的。"[1]虽然是针对学术研究，但前述论断所讲的道理同样适用于法学教学——"局限"在本专业乃至本学科，不会是优秀的法学任教者。

几乎可以说，在文科类的本科教学中，"学科交叉"在法科本科教学中的采用空间最大，因为法律问题所涉社会关系或社会矛盾日益复杂，故其研究往往需要多学科的知识视野。[2]最后要强调的是，在法科本科教学中，当然也可能是在其他学科的本科教学中，甚至是在某些学科包括法律学科的研究生教学中，"学科交叉"显然不是在问题对象上变换学科，而是将其他学科的理由、道理或规律带到本学科中来，以最终解答本学科的某个具体问题。

法科交叉型本科教学的讨论，隐含着对法科本科教学思维的进一步回应，且构成了法科研究型本科教学的一种逻辑延伸。

---

〔1〕 ［意］切萨雷·贝卡里亚：《论犯罪与刑罚》，黄风译，北京大学出版社 2008 年版，第 179 页。
〔2〕 顾培东："法学研究中问题意识的问题化思考"，载《探索与争鸣》2017 年第 4 期，第 48 页。

中　篇

法科研究生科研

第七章

法科研究生的科研要诀

对于当下法科研究生论文普遍存在的问题，陈兴良教授指出，现在的问题是论文不像论文。其中，硕士论文像综述，而博士论文则像专著，甚至像教科书，没有达到论文的要求。[1]前述论断与其说是道出了法科研究生论文写作所存在的问题，毋宁是其科研训练与能力培养所存在的问题。其实，仅就法科研究生而言，比"论文不像论文"更糟糕的是"科研躺平"，以至于除了一篇可能是勉强过关的学位论文，法科研究生与法科本科生几乎无异。陈兴良教授又指出，学者就是作家，不写作无以称作家。文科的写作，对于学生来说也是如此。而不写东西，可以分为两种情况：一种是写不出来；另一种是不屑于写。写不出来，是写作能力问题，甚至是科研能力问题。但也有人眼高手低，主张不随便写，一辈子就写一本书或者一篇论文，以此一鸣惊人，成为经典。这种想法不太可行，因为平时从来不写东西，最后突然蹦出一篇论文、一本书来，借此名传千古，那是完全不可能的。[2]平时科研"躺平"和学位论文勉强过关，这一在法科研究生群体中相当范围存在的现象，不得不使我们思考法科研究生的科研能力培养问题，因为研究生毕竟是研究生，故在法科研究生的培养内容中，科研是一个断然不能回避的话题。"写不出来"和"不屑于写"都征表着法科研究生科研方面的糟糕状况，我们可形成"法科研究生的科研要诀"这一话题，以助益于法科研究生的科研训练与能力培养。

一、关注现实，学科交叉（融合）

虽然已经不是一个新提法，但在法科研究生科研能力培养的话题中，"关

---

〔1〕 陈兴良："论文写作：一个写作者的讲述"，载《中外法学》2015 年第 1 期，第 16 页。
〔2〕 陈兴良："论文写作：一个写作者的讲述"，载《中外法学》2015 年第 1 期，第 15 页。

注现实，学科交叉（融合）"仍有重申的切实需要，因为法科研究生对此提法并未普遍形成深刻的认识，从而并未予以普遍的重视。

（一）"关注现实"

张文显教授曾在答记者提问时指出，法科研究人员应深入实践、贴近实务，探知社会矛盾纠纷、违法犯罪的新规律新特征，提出更加清晰的研究成果。对法科研究而言，面向实践、面向实际的关键是要把握国情。而关注国情还要注意"古为今用，洋为中用"。最终，在法治文明的民族性、本土化与世界融通性、国际化问题面前，只要我们坚持中国立场、为我所用，善于在比较、对照、批判、吸收、升华的基础上发展，就能使民族性更加符合当代中国和当今世界的发展要求。[1]张文显教授所强调的国情即当下的中国现实包括政治现实、经济现实和文化现实等。于是，"关注现实"便是法科教学与科研的时代使命和社会责任的逻辑起点，因为当下的中国现实是法治理论的土壤和法治思想的摇篮。而为了建构与当下中国现实相适应或为当下中国现实所呼吁的法治理论和形成推动当下中国法治实践的法治思想，则注重现实的科研思维便是包括法科研究生的应采思维。苏力教授指出，由于对各种潜在受众的关切，一个更值得也需要法律/法学人在写作中精细把握的问题是法律实践的分寸。而法律/法学写作的最大难点其实不在于主张什么或倡导什么，主张和倡导本身不会有后果，过头了也没啥关系，但法律是实践的，一定有社会后果。例如，抽象来看很难说废除死刑的主张错了，问题是废除死刑的后果很可能更糟，故有理由保留死刑，而如何慎用死刑就是很大的问题。[2]可见，法科研究生应予强化的注重现实的科研思维，实即实践思维。但是，法科研究生的实践思维并非法科研究生一定要参与实际办案，而司法旁听、裁判文书研析与专业实习等也都是切实可行的实践体验。

法科研究生的关注现实思维及其所蕴含的实践思维，又隐含或蕴含着"问题思维"。黄宗智教授在谈到青年学者如何阅读学术著作和做读书笔记时指出，寻找自己最想做而又是最能做的题目常常是一个曲折的过程。而他当年便因导师的影响而选择了思想史的题目，并试图为导师而挑战当时占美国首席位置的约瑟夫·列文森（Joseph R. Levenson）。后来才发现，自己无论在

---

[1] 张文显："法学研究要脚踏实地符合国情"，载《民主与法制周刊》2018年5月1日。
[2] 苏力："只是与写作相关"，载《中外法学》2015年第1期，第5页。

感情上还是能力上，都更倾向于关注普通人民，而又比较喜欢解答有关人们实际生活的问题，更合适做经济史、社会史和法律史。基于以上的经验，他自己一贯避免指定学生做某个题目，因为他认为这几乎等于是在替他们找对象。做学问是个长期磨炼，十分必要找到自己真正愿意一生与之做伴的主题，但国内由导师包办的做法仍然比较普遍，亟须改革。[1]前述体验对于法科研究生特别是学术型研究生的问题意识颇有启发，即尽量让同学们去发现和思考自己感兴趣的问题，而导师最好是尽量引导他们去发现和思考让他们感兴趣的问题。但正如"人们实际生活的问题"，法科研究生应尽力在关注现实中去发现和思考自己感兴趣的问题，即其自己的专业兴趣与现实需要应紧密结合起来。

有着浓厚兴趣的问题意识意味着"衣带渐宽终不悔，为伊消得人憔悴"，而若法科研究生果真是在有着浓厚兴趣的问题意识中养成了一种专业执着，则其必有独到见解，以至于其终将有成果乃至建树，正如对于毕业生走出校门后如何防御两方面的堕落即抛弃学生时代的求知欲和抛弃学生时代的理想人生追求，胡适先生提供三种防身的药方，即"总得时时寻一两个值得研究的问题""总得多发展一点非职业的兴趣"和"总得有一点信心"。对于第一个药方，胡适先生说，问题是知识学问的老祖宗；古今来一切知识的产生与积聚，都是因为要解答问题，要解答实用上的困难或理论上的疑难。因此，梁漱溟先生自认是"问题中人"而非"学术中人"。我们走出学校之后，离开了做学问的环境，如果没有一个两个值得解答的疑难问题在脑子里盘旋，就很难继续保持追求学问的热心。可是，如果你有了一个真有趣的问题天天逗你去想他，天天引诱你去解决他，天天对你挑衅笑你无可奈何他，这时候，你就会同恋爱一个女子发了疯一样，坐也坐不下，睡也睡不安，没工夫也得偷出工夫去陪她；没钱也得撙衣节食去巴结她；没有书，你自会变卖家私去买书；没有仪器，你自会典押衣服去置办仪器；没有师友，你自会不远千里去寻师访友。你只要能时时有疑难问题来逼你用脑子，你自然会保持发展你对学问的兴趣，即使在最贫乏的智识环境中，你也会慢慢地聚起一个小图书馆来，或者设置起一所小试验室来。因此，第一要寻问题。而脑子里没有问

〔1〕 黄宗智："青年学者如何阅读学术著作和做读书笔记"，载《文史博览（理论）》2011年第3期，第1页。

题之日，就是你的智识生活寿终正寝之时！没有问题的人们，关在图书馆里也不会用书，锁在试验室里也不会有什么发现。[1]"总得时时寻一两个值得研究的问题"意即要常常怀揣问题意识。而问题意识对于法科研究生的重要性，正如"问题是知识学问的老祖宗"所隐喻：没有问题意识，法科研究生便没有科研和学问，遑论建树。

但要指出的是，所谓"问题意识"是"关注现实"的题中之义或自然延伸。

(二)"学科交叉（融合）"

注重现实即采实践思维意味着法科研究生又需自然地采用"学科交叉"乃至"学科融合"即"群学科"的科研方法。申卫星教授指出，我们国家启动了"双一流"建设，这是中国法律确实面临创新和改革的大好契机。将来如何判断一个大学、一个法学院进入了"双一流"，既有外在形式的标准，但更主要的还是看内在标准，即法学院和法科教育是否发生内涵式实质性突破。内涵式实质性突破应当取决于两点：一是法科教育和法科研究应该有很强回应社会发展的能力；二是法科教育和法科研究应该产生原创性思想。由此，我们应该打破"二级学科固化"的现象。王利明老师曾提出"打破饭碗法学"，因为社会问题是综合性的，社会问题并不会因为学科的分类而自动分成几个类别，未来法科研究应该由学科主导转向以社会问题为主导，增强法学回应社会问题的能力。法学毕竟是社会科学，法学研究应该是真正回应和解决现实社会的法律问题，但我们不少的研究却是坐在书斋里，用逻辑推理方式，同时辅之以比较法得出结论。对文章的发表追求精美加工、有充分的引注（英文、德文）和德国与英美怎么规定，而结论在实践中是否发挥作用，即能否解决实践的问题，亦即能否对社会有所改变，则在所不问。在回应社会问题能力上，还有一点要加强，即法科研究应该发展新型的交叉学科，因为新兴的社会问题引发新型学科的发展需求，我们需要及时推进相关研究和教学，增强法学回应新型社会问题的能力。而法学、法律与新兴科技的互动将会日益发达。[2]这里，法律与新兴科技日益发达的"互动"是"交叉式"甚或"融合式"法科研究的时代背景。

---

〔1〕 胡适：《人生有何意义》，民主与建设出版社 2015 年版，第 141 页。

〔2〕 申卫星："法学教育应增强社会回应和思想创造能力"，载《北京航空航天大学学报（社会科学版）》2018 年第 2 期，第 19~20 页。

　　进一步地，"学科交叉（融合）"可分为"近的交叉（融合）"和"远的交叉（融合）"。"远的交叉（融合）"是指跨出本学科即在"群学科"内的学科交叉（融合），亦即"跨学科交叉（融合）"；而"近的交叉（融合）"是指在本学科内的不同专业即小学科之间的交叉（融合）。"学科交叉（融合）"的意义有必要仅通过"近的交叉（融合）"即小学科之间亦即本学科之内不同专业之间的交叉（融合），便可得到说明。学者指出，刑法应当体现和反映民法的基本精神并保障民法的实施。尽管我们还没有充分的理由说明民法是根本法之一，但当今的刑法如果不能反映民法的基本精神和价值定位，则刑法立法与司法必然走入困惑，刑法民主化及社会法治化必然遥遥无期。正如刑法学者黄风先生所云，从一定意义上讲，民法是一切部门法的基础，其他各种法都是从不同侧面对民事法律关系和基本原则的保护、完善和发展，或者为它们的完满实现创造必要的法制条件和环境。[1]因此，刑法典是保护民法典的实施的。[2]正如卢梭曾对刑法有个定位："刑法在根本上与其说是一种特别法，还不如说是其他一切法律的制裁力量。"[3]进一步，刑法与民法的关系决定了刑法学科的方法论，正如学者指出，民法文化是指以市民社会与政治民主为前提，以自然法思想为哲学基础，以民法特有的权利神圣、身份平等、私法自治之理念为内涵，运作于社会生活而形成的、社会普遍的心理态势和行为模式。[4]于是，没有民法文化的支撑也难有刑法人权保障思想的出现，也难有刑法的科学化与公正化要求的提出。因此，刑法典的理论架构离不开民法文化的支撑，刑法问题的研究必须越出刑法自身的范围进行，必须与其他人文科学相结合，必须以民法的理论与精神作为其理论的基础之一，这既是一种价值观问题，也是一种方法论问题。[5]易言之，现代刑法的基本价值观念必然也以民法观念为依托进行自己的规范架构。现代刑法的罪刑法定主义事实上集中地体现和反映了以保护个人权利为核心的民法精神。因此，刑法的理论与规范的架构离不开民法文化的支持，故刑法理论

〔1〕　蔡道通：《刑事法治的基本立场》，北京大学出版社 2008 年版，第 60 页。

〔2〕　［意］彼得罗·彭梵得：《罗马法教科书》，黄风译，中国政法大学出版社 1992 年版，第 513 页。

〔3〕　［法］卢梭：《社会契约论》，何兆武译，商务印书馆 1963 年版，第 63 页。

〔4〕　江平、苏号朋："民法文化初探"，载《天津社会科学》1996 年第 2 期，第 10 页。

〔5〕　蔡道通：《刑事法治的基本立场》，北京大学出版社 2008 年版，第 59 页。

的研究必须突破刑法之内研究刑法的局限，从而没有方法论的转变与突破，也难有刑法理论的突破和繁荣。[1]只有真切看到"学科交叉（融合）"的重要意义，才能真正重视"学科交叉（融合）"的研究方法。这对法科研究生特别是学术型研究生尤为重要。

对于法科研究生特别是学术型研究生而言，"学科交叉（融合）"同样不仅仅是一种科研方法，而首先是一种学术视野。学者指出，一位犯罪学者曾提到，与其说犯罪学是一个学科，不如说它是一个领域。在很多高校里，犯罪学研究者分布在法学院和社会学系中，而关注犯罪问题的，还有从事政治学、公共管理学、经济学、国际关系、新闻学等学科的研究者。可见，固守在一个学科内并试图将某一重大问题视为"自留地"的看法，显然不合时宜。因此，现在是法科研究和教育者们主动拆去围墙、填平鸿沟、搭建桥梁的时候了。[2]认识到"学科交叉（融合）"同样不仅仅是一种科研方法，而同样首先是一种学术视野，不仅能够使得法科研究生特别是学术型研究更坚决地丢弃"法科饭碗"的谋生意识，而且更能开阔其理论研究的胸襟，从而更能够有所建树。于是，开阔理论胸襟，从而有所建树，进一步意味着"学科交叉（融合）"既是一种"方法能力"，也是一种"产出能力"。这一道理对法科研究生特别是学术型研究生同样适用。

最后，在"关注现实，学科交叉（融合）"中，"关注现实"或许正是"学科交叉（融合）"的契机，正如"读万卷书，不如行万里路；行万里路，不如阅人无数。"

二、善于联想，视野开阔

雪莱曾说过："想象是有益于心灵的伟大乐器。"[3]这是对想象力在文学领域的肯定，但想象力在其他学科领域包括法科领域是否也应有一席之地呢？华兹华斯曾说过："想象——精神世界中最有力的杠杆。"[4]这"最有力的杠

---

〔1〕 蔡道通：《刑事法治的基本立场》，北京大学出版社 2008 年版，第 60 页。

〔2〕 时延安："学科、领域与专业人才培养"，载《法制日报》2014 年 1 月 15 日。

〔3〕 〔美〕伯顿·史蒂文森主编：《世界名言博引词典》，周文标等编译，辽宁人民出版社 1990 年版，第 837 页。

〔4〕 〔美〕伯顿·史蒂文森主编：《世界名言博引词典》，周文标等编译，辽宁人民出版社 1990 年版，第 837 页。

杆"能否撬动我们的法科研究生特别是学术型研究生的科研？于是，"想象"这一"伟大乐器"和"最有力的精神杠杆"能够给予我们的法科研究生以"联想思维"的启示。而一旦充分运用"联想思维"，则我们的法科研究生学术视野必然会开阔起来。

（一）"善于联想"

"联想思维"意味着法科研究生要善于联想，而善于联想即善于"由此及彼"地思考和解答问题。由此，我们可将"联想法"或"想象法"视为包括法科研究生的一种科研尝试之法。对于刑法学科研究的想象思维即"联想法"或"想象法"，周光权教授曾经有过一番急切的强调："我们的学者因为缺乏想象力，从而缺乏创新能力……"[1] 相反，"一个学科的研究者如果具有充分的想象力，就绝对不会缺乏足够的学科自信……"[2] 而"具有主体性思考能力和学术想象力的刑法学者，肯定是一流学者。"[3] 我们的法科研究生特别是博士研究生当然是"学科的研究者"，或至少属于"广义的学者"，故前述论断对于我们的法科研究生在科研思维上具有震撼性的启发。实际上，法科研究的联想或想象思维，也为其他法科子学科的学者所强调，如陈瑞华教授指出，科学研究是完全允许研究者通过预感、顿悟、想象等方式来提出具有创建的假设的。那种以为所有结论只有在研究过程结束之后才可以产生的观点，多多少少有点形而上学或者教条化了。事实上，对于很多天才学者而言，假设和结论的产生往往是一闪念之间的事情，而要论证这一假设和结论却要花费很多功夫，运用各种各样的方法。而能够具有想象力的学者往往要同时具备天分、感情和经验等三个要素。[4] 但是，我们研习法律者的想象力在日复一日、机械的生活面前会被扼杀，故想象力应该尽力在专业之外的领域来寻找和培养。而最能够让人激发想象力和激情的不是科学，而是艺术，只有艺术才能让人暂时摆脱喧嚣的城市和庸俗的生活，进入一种精神层面，一种

---

〔1〕　周光权："中国法学知识的形态与反思（二）中国刑法学的想象力与前景"，载《政法论坛》2006 年第 6 期，第 6 页。

〔2〕　周光权："中国法学知识的形态与反思（二）中国刑法学的想象力与前景"，载《政法论坛》2006 年第 6 期，第 6 页。

〔3〕　周光权："中国法学知识的形态与反思（二）中国刑法学的想象力与前景"，载《政法论坛》2006 年第 6 期，第 9 页。

〔4〕　陈瑞华：《论法学研究方法——法学研究的第三条道路》，北京大学出版社 2009 年版，第 143～144 页。

自我实现的境界。其实，艺术世界特别像彼岸，而社会生活特别像此岸，此岸世界是大量的经验事实、案例、数据和问题，艺术则代表彼岸，它来源于生活又超越了生活，罗丹有一句名言，即"如果我们像照相机一样精确地描述和复制社会生活，我们永远成不了艺术家，艺术家是需要想象力的"。罗丹还有一句话更为经典，即"成为艺术大师的最好诀窍，就是在人们司空见惯的地方发现出美来"。[1]前述论断可对法科研究生形成如下启发：走出本专业甚至本学科而走进其他学科领域甚至是艺术领域，去感悟相同的道理，然后带着相同的道理返回本学科甚至本专业，再用此相同的道理"照亮"我们对迷惑不解问题的思考进路并获得我们想要的满意答案。既然是"走出去"才有想象力，甚至"走得越远越有想象力"，则法科研究生特别是学术型研究生联想思维能力的培养在根本上有赖于广泛的阅读与厚实的积累，正如陈瑞华教授又指出，一旦多学科的知识积累到一定的程度，理论上的感悟和想象力自然就能够水到渠成，故青年学生不要着急，要通过阅读来逐渐接近研究的更高境界。[2]这就提醒我们的法科研究生：想象力不是凭空产生或形成的，而是需要扎实的根基，否则便是"空想"。这里要强调的是，"想象力应该尽力在专业之外的领域来寻找和培养"没有错，但法科研究生可先在法科一级学科的二级学科之间尝试或训练联想思维，如运用法理学中的权利义务关系来理解和领会刑事法学科中的刑事法律关系。

我在就读研究生期间对运用联想思维有过诸多感受或体验。在法理学中，宪法与部门法的关系可以通过对"母子关系"的联想来获得形象理解和领会。而仅在刑法学科中，可作为联想思维的适例便有很多。如对法规竞合问题，我们可通过对数学中"集合"知识的联想来获得形象理解和领会。具言之，描述刑法规范之间包含与被包含关系的法规竞合仿佛是数学中"全集"与"子集"的"真包含关系"，如诈骗罪与合同诈骗罪之间的规范关系仿佛是"全集"与"子集"之间的关系。由于贷款诈骗罪或保险诈骗罪等又是更加具体的合同诈骗罪，故诈骗罪与贷款诈骗罪或保险诈骗罪等之间的规范关系仿佛是"全集"与"子子集"之间的关系。又如对于刑法理论中的结合犯问题，由于结合犯是指立法将两种已有独立罪名的行为又规定为另一或第三个

---

〔1〕 陈瑞华：《论法学研究方法——法学研究的第三条道路》，北京大学出版社2009年版，第83~84页。

〔2〕 陈瑞华：《论法学研究方法——法学研究的第三条道路》，北京大学出版社2009年版，第81页。

独立罪名的立法现象，即"A 罪+B 罪＝AB 罪"，故可联想"化学反应"来理解和领会结合犯这种立法现象。再如对刑法理论中女性能否成为强奸罪的正犯问题，本来，由于生理构造的限制，一名女子不可能构成对另一名女子的强奸罪的正犯即实行犯，但这只是一个事实性判断。显然，在女子甲教唆精神病人男子丙强奸女子乙的例子中，若不将女子甲视为强奸罪的正犯即实行犯，则将难以追求其刑事责任，因为精神病人男子丙因不具有刑事责任能力即不成为犯罪人而至少难以将女子甲作为共犯对待。于是，唯一的问责路径就是间接正犯的理论路径，但此路径仍然面临着事实上不是女子甲强奸了女子乙这一观念障碍。由此，我们需要大胆联想，即我们可大胆地把女子甲想象成男的，而把被她唆使的精神病人男子丙想象成男性凭借强奸的人体器官。当我们作出前述大胆联想，则我们对女子可以构成强奸罪正犯这一立论便可在价值观念上很快予以接受，并可进一步深化对间接正犯的概念理解。在我的课堂上，同学们边笑边点头的反应说明了联想思维有时能收到使人"顿悟"的理解与领会效果。[1]

由上论述可见，按照联想的过程和结论，作为包括刑法学科研究方法的联想思维实即一种类比性思维和一致性思维。实际上，联想思维是一种"场景置换思维"，正如有人指出："你可以在不同的场景下，用不同的方式学习同一个内容。"[2]想象力中的"想象"即联想思维中的"联想"是研究者思维活动的一种形态。在此思维活动形态中，研究者能够在学术热情乃至学术激情的激发或驱动之下，运用相关知识或切身体验而将相关问题"越想越像"。最终，联想思维或学科想象力可以直接视为法科研究生特别是学术型研究生的科研能力本身。

（二）"开阔视野"

成功学者的联想思维能够使得我们的法科研究生在"想象着他的想象"中来进一步深化对相关专业问题的理解与领会，并开阔学术视野。对此，我在就读研究生期间也有切身感受，且此感受包含联想思维所带来的视野开阔。如在《论犯罪与刑罚》中，贝卡里亚把犯罪想象成一种"引力"，而把刑罚想象成一种"政治阻力"。其实，"引力"就是作用力，而"政治阻力"就是

---

〔1〕　马荣春："想象法、生活化思维与法学教学"，载《教育探索》2011 年第 3 期，第 47 页。
〔2〕　万维钢："正确的学习方法"，载《读者》2020 年第 4 期，第 33 页。

反作用力。在物理学上，作用力与反作用力方向相反而大小相等。于是，"引力"与"政治阻力"的想象便烘托出罪刑关系的应然状态即罪刑均衡。而贝卡里亚的"罪刑阶梯"的想象更是把罪刑关系的应然状态即罪刑均衡形象地勾画了出来。于是，罪刑关系这么一个复杂的刑法本体关系在贝卡里亚的想象中变得具体、可感、浅显与清晰。当然，贝卡里亚运用"引力"和"阻力"来联想罪刑关系是得益于他的物理学专业背景。贝卡里亚对罪刑关系的想象也曾经启发我对由犯罪、刑事责任和刑罚为基本范畴的刑法本体关系以及作为其应然态的罪责刑相适应原则作出浅显明了但却不乏深刻的领会与理解。但是，对刑法本体关系及其应然状态的启发性理解与领会已经直接说明联想思维的开阔视野功效。

又如对于犯罪构成的整体性问题，虽然传统刑法理论早就从"总体论"走向"有机整体论"，但迄今为止，对于四要件犯罪构成"有机整体"的说法，唯有陈忠林教授的见解最为深刻。陈忠林教授指出，在四要件犯罪论体系之下，四要件是相互渗透、相互包含且以犯罪主观方面为核心。[1]而"犯罪构成的主观要件之所以能代表犯罪的本质，具有区别罪与非罪，此罪与彼罪的作用，从犯罪构成各要件相互关系的角度分析，其根本原因在于犯罪构成的主观要件是其他要件的集中体现。"具言之，"犯罪构成主观要件是其他要件的集中体现首先表现在犯罪构成的主观要件是犯罪构成中唯一直接包含了全部其他构成要件的构成要件"。另外，"犯罪构成的主观要件之所以是犯罪构成各要件的集中体现，还因为它的存在对于行为其他方面的特征成为犯罪构成要件有着决定性的作用"。[2]上述关于犯罪主观要件在犯罪构成中居于核心地位并能代表犯罪本质的论断独到而精辟。我至今还清晰记得陈忠林教授在给我们博士生授课时曾作出的表述——"犯罪主观要件是其他构成要件的'源泉'"。现今看来，犯罪主观要件不仅是其他构成要件的"源泉"，也是刑罚特殊预防目的的根由所在，正如陈忠林教授又指出："我们惩罚犯罪，是因为支配犯罪行为的，是行为人在明知或应知自己的行为会发生危害社会的结果的情况下，不运用自己的认识能力和控制能力去防止这种结果的发生

〔1〕 陈忠林："论犯罪构成各要件的实质及辩证关系"，载陈兴良主编：《刑事法评论》（第6卷），中国政法大学出版社2000年版，第358~370页。
〔2〕 陈忠林："论犯罪构成各要件的实质及辩证关系"，载陈兴良主编：《刑事法评论》（第6卷），中国政法大学出版社2000年版，第362~363页。

这样一种心理状况，因此，不论是故意或是过失，其本质都是'蔑视社会秩序的最明显最极端的表现'，是一种表现出来的反社会意识。从根本上说，我们惩罚犯罪就是惩罚和改造犯罪分子主观中的这种反社会意识，防止它们再具体化为支配犯罪行为的主观罪过，这就是刑罚的特殊预防作用。"[1]这里，音意皆美的"源泉"体现了一种极其形象且极其深刻的想象力，即采用了一种极其形象且极其深刻的联想思维，能够产生"使人顿悟"的理解与领会效果。这里，"源泉"的生动想象所能给予我们对犯罪构成整体性的理解与领会，也生动地说明联想思维的开阔视野功效。

贝卡里亚曾指出："一个广阔的大网联结着所有真理，这些真理越受局限，就越是易于变化，越不确定，越是混乱；而当它扩展到一个较为广阔的领域并上升到较高的着眼点时，真理就越简明、越伟大、越确定。"[2]因此，"在科学发展史上，在某一学术领域提出开创性学说的人，往往是一些对各类新生事物反应敏感、具有广泛的兴趣并勇于反向思维的初出茅庐的后生。这些人最少受传统理论模式的束缚，敢于提出怀疑和挑战，善于运用新的科学知识和研究方法提出新的综合"。[3]这里，"广阔的大网"和"新的综合"都有联想思维的启示或隐含，而联想思维将直接导向法科包括刑法学科研究的"学科交叉"甚或"学科融合"，亦即将包括刑法学科在内的法科研究带进"融合范式"。而之所以包括刑法学科的研究应采"学科交叉"甚或"学科融合"，正如顾培东教授指出，乃因为社会关系或社会矛盾日益复杂，对很多问题的研究往往需要法学多个子学科的综合知识或视野。[4]当然，正如贝卡里亚所言，联想思维所将导向的"交叉范式"乃至"融合范式"在学科层面绝不局限于各个法科子学科，而是指向法科等一级学科，甚至指向"超法科"。显然，"跨专业"与"超学科"的联想思维不仅是"后研究生者"应继续采用的科研思维，而且是且首先是包括法科研究生训练和培养科研能力的必采思维。而"跨专业"甚至"超学科"即"群学科"并非仅仅是法科研究生科研的科研方法本身，而是能够进一步开阔其学术视野，即令其探索更有高度

---

〔1〕　陈忠林："论犯罪构成各要件的实质及辩证关系"，载陈兴良主编：《刑事法评论》（第6卷），中国政法大学出版社2000年版，第367~368页。

〔2〕　[意] 切萨雷·贝卡里亚：《论犯罪与刑罚》，黄风译，北京大学出版社2008年版，第179页。

〔3〕　[意] 切萨雷·贝卡里亚：《论犯罪与刑罚》，黄风译，北京大学出版社2008年版，第159页。

〔4〕　顾培东："法学研究中问题意识的问题化思考"，载《探索与争鸣》2017年第4期，第48页。

或广度的课题。

三、紧抓"三理"，严守逻辑

法科研究生的科研能力的培养既要有"过程"和"方法"，也要有"直观体现"。于是，"紧抓'三理'，严守逻辑"便是继"善于联想，开阔视野"后的又一要诀。

（一）"紧抓'三理'，严守逻辑"的基本交代

常人都认为从事法科活动包括科研活动的人最"讲理"，但事实至少有时并非如此。例如：妻子为杀害丈夫，准备了有毒咖啡，打算等丈夫回家后给丈夫喝。在丈夫回家前，妻子去超市购物。但在妻子回家之前，丈夫提前回家喝了有毒咖啡而死亡。对于前例，有学者提出，由于妻子还没有着手实行的意思，只能认定该行为同时触犯了故意杀人预备与过失致人死亡罪，从一重罪处罚。在前例中，妻子不仅仅是"准备"了毒咖啡，且已"放置"了毒咖啡。由于同居一室的紧密生活关系使得妻子的"放置"毒咖啡行为与亲手将毒咖啡递给丈夫的行为，具有同等的法益侵害紧迫性，故妻子的"放置"毒咖啡行为已经是投毒型故意杀人犯罪的实行行为，从而应认定妻子的行为已经成立故意杀人罪既遂。[1] 易言之，在前例中，将妻子的行为认定为故意杀人罪既遂，完全符合犯罪既遂的刑法法理。在前例中，妻子在紧密生活的共同空间中"放置"毒咖啡的行为已经完全形成了对丈夫生命法益的紧迫危险性，故将妻子的行为评价为故意杀人罪预备，显然不符合事件的来龙去脉，即显然不符合事理；妻子所实施的是谋杀丈夫的行为，故将妻子的行为评价为过失致人死亡罪也显然不符合事件的来龙去脉，即也显然不符合事理。既然想象竞合犯通常是"择重处罚"，则无论是按照故意杀人预备处罚还是按照过失致人死亡处罚，都显然背离罪责刑相适应这一情理和法理。在前例中，在杀人故意的支配下，妻子已经实施了杀人的实行行为，且妻子希望或追求的危害结果业已出现或形成，故将妻子的行为认定为故意杀人既遂完全符合故意杀人罪的犯罪构成，亦即将妻子的行为认定为故意杀人既遂所体现的是饱满的刑法规范评价。因此，对前例予以故意杀人罪犯罪既遂的定性是完全符合事理、情理和法理的相结合即三者的融为一体。进一步地，学者对前例

---

〔1〕 马荣春："犯罪行为认定的整体性思维"，载《法治社会》2020年第6期，第51~52页。

的认知偏差，是缘于对个案中介入因素所对应的因果关系认知偏差，而其认知偏差便潜藏着形式逻辑错误。具言之，在学者的著述中，介入因素属"介入正常"的，则不阻断因果关系。[1]但在前例中，丈夫回家本身是最正常不过的生活化行为了，而即便相对于妻子的犯罪计划，丈夫回家是"提前回家"，但"提前回家"也是毫无过错的生活化行为。在现实生活中，不是经常可以听到妻子埋怨甚至谩骂丈夫"深夜在外鬼混"甚至"夜不归宿"吗？可见，该学者在其同一著述的不同章节无意中犯了"自相矛盾"的形式逻辑错误。由此可见，"三理意识"应在法科研究生中予以应有强化。

由此，所谓"紧抓'三理'"，是指在形成命题或提出主张的过程中，应紧抓事理、情理和法理，即将事理、情理和法理紧密相结合。进一步地，所谓"事理"，是指讨论问题所指事项本身的来龙去脉及其规律性；所谓"情理"，是指人们对讨论问题所指事项的普遍价值认知；所谓"法理"，是指法律自身的内在规律性或逻辑性。苏力教授指出，所谓"古之学者为己，今之学者为人"，今天的学问从表达自我转向了社会交流，而人们也是从社会角度来评判个体的学问，[2]故法科研究断难隔绝"三理"。苏力教授还指出，写作的基本制度前提是讲理。[3]当写作是法科研究的基本形式，则当然法科研究应"讲理"，且其所讲之理包含事理、情理和法理，正如其又指出，只是法律/法学的许多文字常常要说服各种有反对意见或不同意见的人群。而说服就不能只是说法律是如何规定的，因为中国人自古以来不仅看重国法，而且看重天理和人情。写作者也不能仅仅告诉受众自己的观点和主张，或是号召或煽情——那是"公知"的事，而是要全力展示一个观点、主张或结论是如何得出来的，不仅有立法根据，而且有事实根据，常常还相当合乎情理、天理和人情。[4]可见，紧抓"三理"意味着法科研究应是法社科学与法教义学的交融，正如常识、常情、常理是法科研究的一种统领性思维，[5]从而我们的法科研究生特别是学术型研究生在他们的学术科研中便能够避免"瓦解"或

〔1〕　张明楷：《刑法学》（第5版），法律出版社2016年版，第190~191页。
〔2〕　苏力："只是与写作相关"，载《中外法学》2015年第1期，第6页。
〔3〕　苏力："只是与写作相关"，载《中外法学》2015年第1期，第7页。
〔4〕　苏力："只是与写作相关"，载《中外法学》2015年第1期，第9页。
〔5〕　马荣春："'三常思维'：法学方法论的统领性思维"，载《河南财经政法大学学报》2019年第3期，第60页。

"混淆"问题的"折中论""非此即彼"的"独断论"和学科间的"照搬论"或"自封论"甚或"扭曲论"。[1]最终,我们的法科研究生特别是学术型研究生在学术道路上可得到可持续的稳健进步与发展。

另外,常人还都认为从事法科活动包括科研活动的人最"讲逻辑",但事实至少有时并非如此。如在当下的刑法理论中仍有"共同过失犯罪不是共同犯罪"这一与现行立法相对应的共同犯罪传统定论,[2]但正如我们所知,在刑法学科理论中,过失与故意是两种具有并列地位的罪过形式。为何"故意"可以与"共同犯罪"结合为共同犯罪即"共同故意犯罪",而"过失"就不可以与"共同犯罪"结合为共同犯罪即"共同过失犯罪"?为什么理论和立法都已经采用了"共同过失犯罪"这一概念却又要回过头来否定这一概念?显然,将"共同犯罪"等同于"共同故意犯罪"是违背了"属概念大于种概念"或"种概念小于属概念"的形式逻辑,而采用"共同过失犯罪"这一概念却又要回过头来否定这一概念显然违背了"矛盾律"的形式逻辑。再如"共犯本质是行为共同"这一共犯本质论调,正如我们所知,在哲学上,本质是一个事物独有的内在规定性,而正是此规定性使得一个事物成为该事物而区别于他事物。当民法上的共同侵权也是"行为共同",则"共犯本质是行为共同"难道不是违背最起码的哲学逻辑?可见,"逻辑意识"同样应在法科研究生特别是学术型研究生中予以应有的强化。

(二)"紧抓'三理',严守逻辑"的成果体现

作为"紧抓'三理',严守逻辑"的直接成果,也是法科研究生特别是学术型研究生科研能力培养直观体现的,便是概念能力,从而是理论体系建构能力。维特根斯坦指出,如果我们并不准确知道我们所用词语的意义,我们就不能够有益地讨论任何问题。这正是我们大家浪费时间进行绝大多数无益争论的原因,即我们每个人的自己所用的词语都有自己的含糊意义,并认定反对者也是以同样的意义来使用。而如果我们一开始就从界定自己的词语入手,我们就会有更多有益的讨论。[3]这里,所谓"词语"便引出理论研究的概念问题。学者指出,每个概念的科学化都是一个不断追求的过程。人们在实践中对感性材料进行概括,先形成对事物的本质反映得不够全面、不够

〔1〕 马荣春:"论刑法学命题的妥当性",载《东方法学》2016年第1期,第2页。
〔2〕 《刑法学》编写组编:《刑法学》,高等教育出版社2019年版,第233页。
〔3〕 转引自刘树德:"罪状论",中国人民大学2000年博士学位论文,第28页。

准确的概念。随着认识的深入发展，人们又对初步的、较为粗糙的概念不断加工，从而建立确切的或精确的概念。同时，人们在刚开始时还不能全面而准确地理解概念的实质，容易产生某种似是而非的理解，进而致使与别的概念相混淆的"模糊概念"的出现在所难免。[1]由此，我们可把对概念本身由"不够全面、不够准确"即"初步的、较为粗糙"到"建立确切的或精确的概念"以"全面而准确地理解概念的实质"这一认知称为"概念意识"。于是，"概念意识"对于法科研究生特别是学术型研究生便显得尤其重要或最为重要，因为理论研究总体上或最终就是概念活动，而学术创新或理论建树最终通过概念得以体现，正如美国人类学家霍贝尔强调概念的重要性时指出："一个探索者在任何领域中的工作，总是从该领域中有用的语言和概念开始。开始工作时，人们总是企图把新思想装入原有的语言框架中。但当他扩大了知识领域或加深了某一观点时，他必然发现旧时的意义实际已经变更，或者新词已从新现象中被锤炼出来。而这些概念同旧概念所包含的意义是大不一样的。新的事实和新的思想总是在召唤着新的词汇。实际上，科学工作者也是一个教师，他们总是以熟悉的措辞，以似乎更好的方式在表达着自己的思想，假如不影响事实及意义的真实性的话。因此在任何法律的研究中，理想的情况是法理学在尽可能的限度内同时创造词汇和概念。"[2]所谓"创造词汇和概念"，不能违背"三理"，也不能丢弃思维逻辑。否则，就是盲目或胡乱地"捏造词汇和概念"。

黄宗智教授在谈到青年学者如何阅读学术著作和做读书笔记时指出，首先要养成连接概念与经验的阅读习惯。读书必定要首先掌握作者的中心论点，而为了精确地掌握一本书，也是为了锻炼自己概括能力与养成连接经验与概念的思维习惯，并特别注意读书笔记要总结作者对自己中心论点的主要经验支持证据，并同时照顾到中心论点次一级的阐发性概念及其经验根据。这样的读书习惯也是为自己做学术研究、写学术专著的一种锻炼。[3]这里，概念与经验的连接能力不仅是一种阅读能力，而且是一种研究能力。由于事理、情理和法理对应着经验感受，故"紧抓'三理'，严守逻辑"发生着"概念

---

〔1〕 刘树德："罪状论"，中国人民大学 2000 年博士学位论文，第 2 页。

〔2〕 [美] E. 霍贝尔：《原始人的法》，严存生等译，贵州人民出版社 1992 年版，第 17 页。

〔3〕 黄宗智："青年学者如何阅读学术著作和做读书笔记"，载《文史博览（理论）》2011 年第 3 期，第 1 页。

与经验的连接"。而在"紧抓'三理',严守逻辑"中形成或创造的概念及其理论体系,才是严谨和有生命力的。由此,当法科研究生特别是学术型研究生能够通过"紧抓'三理',严守逻辑"以养成一种归纳新经验和提出新概念且用新概念来连接新经验的能力(即理论体系建构能力),则其科研能力与水准便无需多言了。

"紧抓'三理',严守逻辑"意味着既要"尊重权威",又要"怀疑权威",意味着虽然要"关注热点",但"不忘根本"。最终,"紧抓'三理',严守逻辑"旨在谋求法科研究生科研过程和科研成果的妥当性,且此妥当性是生活适切性与逻辑正确性的紧密结合性。[1]

本章小结

法科研究生科研能力培养的现状要求探索法科研究生的科研规律。由于现实问题往往是多学科的问题,故"注重现实,学科交叉(融合)"是法科研究生的第一科研要诀;由于法律现象与其他社会现象乃至自然现象往往存在相似的道理或规律,而"场景置换"即"想象"往往可通过"类比"更容易带来启发,故"善于联想,开阔视野"是法科研究生的又一科研要诀;由于法科研究的最终目的是在合乎事理、情理和法理中解决现实社会问题,而法科命题或主张又须接受思维逻辑包括哲学逻辑和形式逻辑的理性检验,故"紧抓'三理',严守逻辑"是法科研究生的再一科研要诀。法科研究生的三个科研要诀存在前后衔接和相辅相成的内在关系,其可共同助推法科研究生科研能力的培养和提升。最终,法科研究生的科研要诀是提升世界观和方法论的科研要诀。

习近平总书记指出:"我们的哲学社会科学有没有中国特色,归根到底要看有没有主体性、原创性。跟在别人后面亦步亦趋,不仅难以形成中国特色哲学社会科学,而且解决不了我国的实际问题。……只有以我国实际为研究起点,提出具有主体性、原创性的理论观点,构建具有自身特质的学科体系、学术体系、话语体系,我国哲学社会科学才能形成自己的特色和优势。"[2]由

---

〔1〕 马荣春:"论刑法学命题的妥当性",载《东方法学》2016年第1期,第2页。

〔2〕 习近平:"在哲学社会科学工作座谈会上的讲话",载 https://news.12371.cn/2016/05/19/ARTI1463594345596569.shtml,最后访问日期:2023年4月28日。

此，法科研究生的科研要诀，可视为对构建中国特色法科话语体系的一个具体响应。而法科研究生的科研要诀，即"关注现实，学科交叉（融合）""善于联想，开阔视野"和"紧抓'三理'，严守逻辑"，是前后衔接和相辅相成的，能够赋予法科研究生特别是学术型研究生在中国特色法科话语体系的建构中以主体性和原创性，且实现法科学术的"循序渐进，攀升境界"。

第八章

法科研究生的科研目标进阶

法科研究生的科研目标进阶，是对法科研究生科研要诀的接续或延伸，是对法科研究生科研要诀的具体落实。

一、尊重权威，怀疑权威

每个学科领域都有学术权威，法科领域亦是如此。作为法科领域的新生力量，我们的法科研究生该如何对待自己所在学科领域的学术权威呢？那就是"尊重权威，怀疑权威"，而这里的"尊重权威，怀疑权威"甚至是"必须"的，因为"权威情绪"意味着信奉权威者往往陷入或沉湎于"人云亦云"，从而错失新的学术见解，更遑论学术建树，最终致使相关学科话语僵滞甚至"一潭死水"。

所谓"尊重权威"，是指在人格上要尊重学术权威，即对学术权威者予以人格上的最起码或应有的尊重。各个学科的学术权威通常是对该学科作出重要理论贡献的人，若没有他们的贡献性铺垫或"奠基"，便没有包括研究生群体的后来者的学术起步与发展以及所能取得的学术建树乃至学术成就。可见，之所以应尊重学术权威，乃因为包括研究生群体的后来者往往要"站在权威的肩膀上"来达至"青出于蓝而胜于蓝"的境界。所谓怀疑权威，是指对权威学术要予以大胆且合理的怀疑。这里，"大胆"即"勇气"，而"合理"又意味着怀疑学术权威要力求论证过程和论证结论的说服力。另外还要特别指出的是，之所以前文采用"相关学科"而非"本学科"的说法，乃因为"交叉学科"已经流行，故可以怀疑的学术权威可以是其他学科的学术权威，而这便意味着法科的研习者包括研究生群体可以怀疑经济学科等学科的学术权威。进一步，就法科研究生而言，所谓相关学科除了法科一级学科和二级学科，还包含"交叉学科"，而所谓"交叉学科"则有诸如法经济学、法社会学等更加具象化的学科。由此，可予以学术怀疑的学术权威的学科领域便存在着层级性和交叉性。

就法律学科的子学科即刑法学科而言，在国内，先有"北高南马"（北有仍然健在的高铭暄教授和储槐植教授，南有已经故去多年的马克昌教授）之说。如果说高铭暄教授、马克昌教授、储槐植教授等代表着新中国第一代的刑法学科学术权威，则接下来的学术权威便交替出现，即以陈兴良教授、张明楷教授和陈忠林等教授为代表的第二代刑法学科学术权威、以刘艳红教授、劳东燕教授和周光权等教授为代表的第三代刑法学科学术权威和以车浩、姜涛、杜宇等教授为代表的新生代刑法学科学术权威。当然，台湾的陈子平教授等也可视为国内前辈型的刑法学科学术权威。而在国外，则有德国刑法学家罗克辛教授、日本刑法学家西原春夫教授和美国的乔尔·范伯格教授等刑法学科学术权威。他们首先都是刑法学科研习者包括研究生的人格尊重乃至敬重对象。

在刑法学科中，对于"有的犯罪没有犯罪对象"这一权威性定论，[1]我们的刑法学科研究生可否怀疑？当然可以怀疑：在刑法学科理论中，犯罪对象是犯罪客体的物质层面和外在层面，故当"有的犯罪没有犯罪对象"便等于"有的犯罪没有犯罪客体"。当主体与客体是一对具有对应性的哲学范畴，则"有的犯罪没有犯罪对象"便进一步通向"有的犯罪没有犯罪主体"。显然，即便是所谓"有的犯罪"，当其可没有犯罪主体和犯罪客体，则所谓"有的犯罪"本身何以存在或发生？"有的犯罪没有犯罪对象"何以能够绕过哲学上主体与客体的范畴对应关系？对于"共同过失犯罪不是共同犯罪"这一与现行立法相对应的共同犯罪传统权威定论，[2]我们的刑法学科研究生可否怀疑？当然可以怀疑：在刑法学科理论中，过失与故意是两种具有并列地位的罪过形式。为何"故意"可以与"共同犯罪"结合为共同犯罪即"共同故意犯罪"，而"过失"就不可以与"共同犯罪"结合为共同犯罪即"共同过失犯罪"？为什么理论和立法都已经采用了"共同过失犯罪"这一概念却又要回过头来否定这一概念？对于"共犯本质是行为共同"这一由张明楷教授等倡导的共犯本质权威主张，我们的刑法学科研究生可否怀疑？当然可以怀疑：在哲学上，本质是一个事物独有的内在规定性，而正是此规定性使得一个事

---

〔1〕《刑法学》编写组编：《刑法学》，高等教育出版社 2019 年版，第 102 页。

〔2〕《刑法学》编写组编：《刑法学》，高等教育出版社 2019 年版，第 233 页。

物成为该事物而区别于他事物。当民法上的共同侵权也是"行为共同",则"共犯本质是行为共同"如何撇清刑法上的共同犯罪与民法上的共同侵权?[1]张明楷教授等所主张的"作为犯与不作为犯的竞合",[2]我们的刑法学科研究生可否怀疑?当然可以怀疑:在刑法理论中,"作为犯"对应着禁止公民某种行为的禁止性规范,"不作为犯"对应着赋予公民某种义务的命令性规范,而无论是禁止公民某种行为,还是赋予公民某种义务,最终都关涉公民权利。因此,"作为犯与不作为犯的竞合"便意味着对某一事项,刑法对公民在作出禁止的同时又给予强令,而这将引起刑法到底要求公民怎么做的疑问,而这一疑问最终就是权利保障的疑问。[3]

实际上,尊重权威是一种品格能力,而怀疑权威则是一种学术勇气和学术能力乃至思想能力。可见,如果缺失怀疑权威这种学术勇气和学术能力乃至思想能力,则容易陷入或沉湎于"人云亦云"而难有较大的学术建树,充其量是在相关学科的细枝末节上有所见解而已。更为甚者,就法科而言,当某种学术权威本身是一种错误的学术导向且进行"话语钳制",则盲从学术权威便是一种"助纣为虐",因为法科终究是一门以公平正义为终极价值的学问和实践。当然,随着学术权威的学科距离越远和影响越大,怀疑权威所需要的勇气和能力便越大,因为毕竟"隔行如隔山"。而这就势必要求怀疑者练就一身本事,因为学术怀疑轻易不要"得罪"。

"尊重权威,怀疑权威"意味着我们的法科研究生特别是学术型研究生应逐渐养成一种批判性思维,而批判性思维的养成又意味着应戒除满足于明白或弄懂书本知识包括由学术权威所提出的传统定论的"小聪明"意识。对此,教育学领域的有关见解颇具启发性。具言之,批判性思维虽然以人的智力为前提,但并不等同智力。一个智力有缺陷的人固然无法进行批判性思维,但一个智力高的人也未必擅长批判性思维。实际上,不仅批判性思维不能直接等同智力,就是人的所有思维也都不能直接等同于智力。英国著名心理学家德波诺指出,在教育界存在一条不言而喻的看法,那就是思维仅仅是处于活

---

〔1〕 马荣春:"行为共同说的法教义学批判",载《法律科学(西北政法大学学报)》2018年第5期,第93页。

〔2〕 张明楷:《刑法学》(第4版),法律出版社2011年版,第149~150、512~513页。

〔3〕 马荣春:"刑法学中作为与不作为竞合之辨——兼与张明楷教授商榷",载《东方法学》2014年第2期,第26页。

动状态中的智力，正如把交通状况看成是运行状态中的汽车一样，然而，相信聪明人就是卓越的思想家，这是教育中的一种最危险和最有害的谬论。事实上，智力高超的人也许反倒是相当拙劣的思想家。他们只是擅长于反应性思维（如解决谜题、整理资料等），而不能思考需要广阔见识的问题。然而，现实中的思维是开放的和思辨的。没有人会像小学数学应用题那样将事先组织好的条件和问题都呈现在眼前。思维者需要创造背景、观念和目标。这意味着，智力高的人有可能表现出聪明（clever），但不是睿智（wisdom）。[1]这里，"睿智"即智慧。当智慧排斥死板教条，则智慧便可与批判性思维有着某种"通约"。由此，我们的法科研究生特别是学术型研究生应戒除"小聪明"意识，以逐渐养成"大胆怀疑，小心求证"的学术质疑乃至批判能力。

最后要强调的是，"尊重权威，怀疑权威"意味着法科研究生也应是在"学术联系"中来历练和逐步提高自己的科研能力。虽然"怀疑权威"有时意味着要对权威学术予以批判、否定或摈弃，但这也是一种"学术联系"。著名作家毕淑敏指出，美国作家海明威说过："谁都不是一座孤岛，自成一体。任何人的死亡都使我有所缺损，因为我与人类难解难分。所以，千万不要去打听丧钟为谁而鸣，丧钟为你而鸣。"因此，人是一定要有一种连接感的，这就是我们的命运。每个人都与他人相连，断裂的时候才感到空茫无助。不过，不要失望，还会有新的接连发生，这是自然法则。[2]由此，对权威学术的怀疑可以弥补我们的"学术缺损"，从而使得我们的学术变得更加"健全"。可见，或许正是被我们怀疑的权威才成就了包括法科研究生的"学术成长"，而此"学术成长"是"学术联系"的价值表达。

"尊重权威，怀疑权威"，应被法科研究生牢记，因为在别人权威的"阴影"中不可能看到自己的学术鲜亮。

二、关注热点，不忘根本

新兴科技包括或特别是网络科技越发使得社会生活呈现多种"新气象"。在前述大背景中，由网络科技所助推的新型违法犯罪现象是当下法科包括刑法学科研究所不能回避的。这就意味着法科研究包括刑法学科研究应将新兴

---

〔1〕　刘儒德："论批判性思维的意义和内涵"，载《高等师范教育研究》2000年第1期，第56页。
〔2〕　毕淑敏："没有人是一座孤岛"，载《读者》2019年第22期，第25页。

科技所引发的违法犯罪现象作为关注热点，而关注热点即关注当下社会生活，因为所谓热点对应着某个社会生活领域，且这里所说的社会生活领域甚至包括成为当下热门话题的"元宇宙"。

仅就新型犯罪这一概念应从表象和实质两个层面予以切实考察。易言之，所谓新型犯罪是"新"在表象即生活形态的"新"，还是"新"在实质即价值形态的"新"，抑或两者兼而有之。表象即生活形态层面的新型犯罪，不过是传统犯罪的空间位移或场域转换而已。于是，这一层面的新型犯罪所引起的主要或基本上应是教义刑法学和司法刑法学的学术反应。而实质即价值形态层面的新型犯罪，或许堪称真正意义的新型犯罪，其所引起的主要或基本上应是社科刑法学和立法刑法学的学术反应。但无论是哪个层面的新型犯罪，如果我们想形成真正有深度或深刻性的见解甚或有所学术建树，我们必须将刑法学总论部分的基本命题或刑法基本理论作为出发点，以形成"老歌新唱"的局面，且此"老哥新唱"的局面有两种可能：一是刑法学科的基本命题或刑法基本理论有力地解答了新型犯罪所呈现给我们的新问题，从而使得新型犯罪的司法实践能够在统一认识之中顺利展开；二是新型犯罪所呈现的新问题"倒逼"刑法学科的基本命题或刑法基本理论作出必要的修正或完善，从而使得刑法学科的基本理论得到进一步的丰富和发展。由此，刑法学科的基本理论及其丰富与发展便是所谓"不忘根本"的"根本"的一种具象。而对热点问题包括新型犯罪问题的关注将给刑法学科带来从刑法解释论到基本刑法观的深刻影响。[1]

这里，能够作为"关注热点，不忘根本"的适例的，首先是人工智能犯罪主体化即人工智能能否成为犯罪主体的问题。对此问题，有些学者对之予以言之凿凿的肯定。[2]在刑法学科的基本理论中，犯罪主体应视为精神主体、意志主体和道德主体，而人工智能的实质是"数据+程序"，其难以具有精神主体、意志主体和道德主体的自有属性。于是，在审视人工智能犯罪主体化

---

〔1〕 马荣春："论新型犯罪对刑法理论的影响：以网络犯罪为中心"，载《学术界》2022年第4期，第126~142页。

〔2〕 刘宪权："人工智能时代的'内忧''外患'与刑事责任"，载《东方法学》2018年第1期，第134~142页；储陈城："人工智能时代刑法归责的走向——以过失的归责间隙为中心的讨论"，载《东方法学》2018年第3期，第27~48页；刘宪权："人工智能时代机器人行为道德伦理与刑法规制"，载《比较法研究》2018年第4期，第42~54页。

论调时，已故著名小说家和散文家史铁生的一段话给予我们重要启发，如其所言："比如说人与机器人的区别，依我想，就在于欲望的有无。科学已经证明，除去创造力，人所有的一切功能机器人都可以仿效，只要给它输入相应的程序即可，但要让机器人具有创造力，则从理论上也找不到一条途径。要使机器人具有创造力，得给它输入什么呢？我想，必得是：欲望。欲望产生幻想，然后才有创造。欲望这玩意儿实在神秘，它与任何照本宣科的程序都不同，他可以无中生有变化万千，这才使一个人间免于寂寞了。输入欲望，实在是上帝为了使一个原本无比寂寞的世界得以欢腾而作出的最关键的决策。"[1] 但是，上帝并未给机器人输入"欲望"。史铁生又说："在科学的迷茫之处，在命运的混沌之点，人唯有乞灵于'自己的精神'。"[2] 人工智能存在可供我们乞灵的"自己的精神"吗？犯罪主体须有认识能力和意志能力，从而是精神主体、意志主体和道德主体，这就是我们应该坚持或不能忘却的关于犯罪主体的刑法基本命题或刑法基本理论，正如马云在阿里巴巴第二届"全球新公益大会"上所说的一句话——"人类有心，机器只有芯片。"而即便人工智能具有所谓"深度学习性"，那也仍是更新升级了的"数据+程序"。[3] 最终，人工智能的犯罪主体化主张应受到"反智化质疑"。[4]

能够作为"关注热点，不忘根本"的适例的，还有此前疫情防控所引发的法科理论问题。而这些法科理论问题可以是抽象层面即法理学层面的自由与秩序的关系问题，也可以是具象层面即刑法学科层面的妨害传染病防治罪的问题。就法理学层面的自由与秩序的关系问题，"秩序中的自由"似乎是我们应坚守的一个法理学"根本"；就刑法学科层面的妨害传染病防治罪的问题，"罪刑法定"和"罪责刑相适应"似乎是我们应坚守的一个刑法学科"根本"。新兴科技包括或特别是网络科技对社会生活的切实影响带给法科理论包括刑法学科理论以诸多新问题，而这些问题的答案最终还是维系在"三理"即事理、情理和法理上，且谓法理只是事理和情理的规范性反映而已。易言之，我们应紧抓"三理"来寻求新问题的答案。

---

〔1〕　史铁生：《史铁生散文集》，中国社会出版社 2012 年版，第 40 页。

〔2〕　史铁生：《史铁生散文集》，中国社会出版社 2012 年版，第 41 页。

〔3〕　马荣春、桑恬："人工智能犯罪主体化否定论"，载《山东警察学院学报》2021 年第 1 期，第 9 页。

〔4〕　刘艳红："人工智能法学研究的反智化批判"，载《东方法学》2019 年第 5 期，第 119~125 页。

"关注热点，不忘根本"，应成为法科研究生的一个牢记，因为"热点"是"契机"，而"根本"则是"出发"和"归宿"。

三、循序渐进，攀升境界

何谓"循序渐进"？这里所说的"循序渐进"，首先是指在法科包括刑法学科研究过程中，我们的研究生要努力保持对某一课题的持续性思考，以不断加深对该课题认识的广度和宽度，最终谋求一种系列性，进而可能是"标志性"乃至"标杆性"的成果。以刑法学科为例，犯罪构成、犯罪阶段形态和共犯形态等及其可分解出来的不同层次的刑法学科基本理论问题，都还存有争议，而客观上也不可能甚或不应该形成"定论"，因为社会生活的变迁总会引起人们观念认识的相应改变，从而造成"学无止境"，而这正是我们对刑法学科问题应该且能够保持持续性思考以形成循序渐进的学术局面的根由所在。

再就是，这里所说的循序渐进，是指在法科包括刑法学科研究过程中，我们的法科研究生包括刑法学科研究生可有学术经历层面的大致规划。易言之，在读完本科之后，从硕士研究生到博士研究生或博士后甚或后博士后，我们可有不同阶段的学术能力和学术水准的自我要求或目标设定。在我看来，无论在本科阶段我们对法科学得怎么样，在硕士研究生阶段，我们首先所面临的仍然是夯实专业基础的问题，因为本科阶段的法科认知基本上停留在教条理解甚或机械记忆。因此，在硕士研究生阶段，我们仍然需要在上好每一节课或认真聆听每一次学术交流之余，保持勤读精读、勤思深思、勤写精写的治学态度且落实为具体行动。仅就刑法学科而言，我以往读研究生期间的做法如下：先把刑法基本理论所对应或可分解出来的诸多具体问题视为一个个堡垒，然后按照知识体系和所列的研究计划，通过扎实付出以逐一攻坚并力求发表来展示研究成果。最后，通过各个击破和"逐个开花"以夯实刑法基本理论的整体基础并力求形成个人独到见解。这就意味着在硕士研究生阶段，我们的刑法学科研究仍然有着"学术散打"的架势，但这是打好刑法学科基本理论的整体基础所必需的。在硕士研究生阶段，一个"写"字即专业论文写作问题应予以特别的价值重视和行动落实。正所谓"人人口中有，人人笔下无"或"不写不知道，一写吓一跳"，专业写作能够直接检验一个法科研究生包括刑法学科研究生的专业基础怎样、专业悟性和思考力怎样，当然也同时直接检验其母语即汉语的基本表达能力如何。对于大多数人乃至绝大多数法科研究生，专业写作是艰难的，甚至竟有"写作恐惧症"乃至"提笔恐惧症"，但法科研究生包括刑法学科研究生必须将"写"作为一种不可或缺和极其重要的科研方式，因为通过"写"而将模糊缥缈的专业思考呈现于黑白视屏或白纸黑字时，其才能清楚地看到已有的看法或认识存在哪些肤浅和不足以及如何深化和完善，进而又去涉猎和消化更多的资料，然后再带着新的想法或认识来续写前面的文稿。最后，成型的文稿便在前述不断往返的过程中得以形成，而反复地用心修改便是接下来的工作。于是，在"发表是硬道理"的背后，潜藏着"写作是硬道理"。法科专业写作也确实难，但只要想吃"这碗饭"或至少想顺利完成学业，那也得迎难而上。或许，久而久之，对法科专业写作的"为难"甚或"恐惧"会转化为"喜好"甚或"乐此不疲"。这里要特别强调的是，耐心修改是"写意"所在，而当最后的定稿与初稿简直"面目全非"，则我们的法科研究生将切身体会到"文章是改出来的"。全面夯实专业基础且培养科研能力可视为硕士研究生阶段的学术目标和专业水准要求。

到了博士研究生或博士后甚或后博士后阶段，出于全面夯实专业基础的"学术散打"局面应告结束，应针对某个研究主题进入系统性，同时也是系列性的持续研究状态，并力求达成个人的标志性乃至"标杆性"的学术成果，而博士学位论文的选题及其撰写完稿便是基本的学术行动。这或许就是一种越来越流行的做法，即博士生入学后导师便建议或提醒其尽快确定博士学位论文选题的道理所在。

在我看来，前述两个层面的循序渐进有着"螺旋式上升"之况味。相比较而言，一个法科硕士研究生阶段的研究及其成果基本上只能对应形而下和法教义学，而法科博士研究生阶段的研究及其成果应该且能够对应形而上和法社会学或法哲学等，或至少应该且能够有着形而上和法社会学或法哲学等境界，否则其学术研究是没有或缺少水准境界的。现在的法科研究生包括博士研究生的科研能力及其学术质量不容乐观的状况，已经在相当程度上说明了这一点。于是，循序渐进的学术心态和实际行动能够使得我们的法科研究生特别是学术型研究生避免盲目追热点或"凑热闹"，从而在法科基本理论上真正做到"不忘初心"且最终展示出一种"硬功夫"。当然，这里并非否定热点问题，因为"避免盲目"的说法有着如下意味：我们应把法科基本理论作为热点问题的根系所在，或用法科基本理论揭开"热点之谜"，或用热点问题来牵引法科基本理论。

接下来，"循序渐进，攀升境界"能够形成"标志性成果"乃至"标杆性成果"。实际上，至少每一篇法科博士学位论文应是作者的"标志性成果"乃至"标杆性成果"，而此"标志性成果"乃至"标杆性成果"是从博士学位论文选题之后"循序渐进，攀升境界"的成果，且形成此成果通常要经历二至三年甚至更长的锤炼过程。当然，在博士学位论文之后，一个学者也可另树"学术标杆"。这里要强调的是，"学术标杆"既是一种学术评价，但首先也是一种学术激励。申卫星教授指出："法科教育和法科研究的发展应该不断出新的思想。张文显老师在清华大学法学院座谈时提到，清华法学院的每个学科都有标志性人物、标志性成果，但是归根结底应该要出思想。未来，我们应该是多出思想，除了在法律制度建设上花工夫之外，还应该有超越制度的思想性建设；对于法律制度的建设，除了形式方面，还应该挖掘法律的理念、精神、价值。只有这样的法科教育和法科研究才是成功的。"[1]由此，"学术标杆"可视为"学术杠杆"，其能够撬动法科研究。张文显教授指出，构建中国特色法科话语体系，关键是在理论创新过程中善于提炼标识性、融通性概念，打造易于被国际社会所理解和接受的新概念、新范畴、新表述，引导国际学术界展开研究和讨论。[2]这里，所谓"标识性"即"标志性"隐含或引申着"标杆性"，故法科研究生特别是学术型研究生应在中国特色法科话语体系的构建中逐渐打开自己的科研局面并逐步提升自己的科研能力，最终形成和积累自己具有"标志性"乃至"标杆性"的法科创新成果。

陈兴良教授指出，论文以及不同阶段的专著，都是学者在不同阶段的学术研究成果的总结。通过学术成果可以把一个学者在科研活动中跋涉的过程，就像一步一个脚印一样，真实地呈现出来。不同时期的科研作品能够反映一个学者的学术成长：从青涩到老道。即使是思路的曲折、观点的修正，也能够以其作品清晰地在这个学者的学术履历上展示。因此，那种把科研搞到最好，最后才出精品的想法不切实际，也不可能。[3]通过"一步一个脚印"的

---

〔1〕 申卫星："法学教育应增强社会回应和思想创造能力"，载《北京航空航天大学学报（社会科学版）》2018年第2期，第19~20页。

〔2〕 张文显主编：《中国法学教育年刊》（2016年第4卷），法律出版社2017年版，第11页。

〔3〕 陈兴良："论文写作：一个写作者的讲述"，载《中外法学》2015年第1期，第20页。

"跋涉"以实现"从青涩到老道",是我们的法科研究生"循序渐进,攀升境界"的形象说明,正如有人指出:"学问之事,得失寸心知。最低层次的学问就是把资料收集到了,论述能自圆其说;第二层次,是把关键问题讲清楚了,而且能够说服别人,给大家一个基本确认的定论;再高的层次是,你这个活儿做得很漂亮,而且可以发凡起例,也就是说可以做榜样,可以成为一个模式,别人可以据此来做,那是最理想的状态。"[1]对于科研的精神感受,陈兴良教授曾有如下坦言,即当你进入某个学术问题前沿,就像登上高山顶峰,四顾无人,不寒而栗,一种灵魂孤独感油然而生。[2]循序渐进的努力曾经、正在和仍将使得我本人对刑法学科相关课题不断拓宽视野和加深认识,而那种苦中有乐的感觉也相伴始终。我相信乃至深信:循序渐进的过程是我们的法科研究生在学术上不断成长进步的过程,而苦中有乐的感觉又是我们的法科研究生在学术上"获得感"或"成就感"。

　　无论是在法科本体论的具体问题上,还是在法科认识论或方法论的抽象问题上,循序渐进的努力及其所能形成的系列性成果或能使得我们的法科研究生对法科理论获得纵深性领悟与把握,或能使得我们的法科研究生对关乎法科理论的进一步发展看清认识论或方法论层面的些许方向,尽管这些方向仍然带有研习者的个性。著名作家张炜指出:"文学对整个文化传承和文化积累具有最重要的意义,思想和文化艺术的含量也最高,故其是文化的核心部分即文化结构的核心。文学之所以具有这种崇高的地位,是因为它具备极端的发现和创造的属性,而这种创造形式逼迫创造者不断地走向深处和高处,直到最后抵达。可是,那些大作家一生诠释的却几乎是同一个主题,表现的是同一个生活领域,因为这些作家有更大的野心,有特别的自信和能力。只有一般的作家才不停地变换,从主题到人物,再到故事。他缺乏持久的探索力和创造力,没有走向纵深的坚韧的开掘力,所以只能更多地求助于外部色彩的变化。杰出的作家虽然面临着更大的风险,但是他们都挺住了,胜利了。他们作品的细节让人感觉似曾相识,人物或场景似乎在某些时候闪现过——如果耐心地读下去,又会发现探索的重心已经转移了。而不同的作品汇合起来,形成了一条浩浩荡荡的河流。他们不断地拓展这条河流的宽度和深度。

---

〔1〕　陈平原语,参见《读者》2019年第24期,第11页。
〔2〕　陈兴良:"论文写作:一个写作者的讲述",载《中外法学》2015年第1期,第18页。

他们不需要外部色彩的装饰，不需要变来变去的机灵。他们走在一条大路上。杰出的作家在这些根本的方面是日益精进的，在一些领域、一些方面持续追究、寻根问底——只有不会阅读的人才会说他们重复，不知道这种'重复'，恰恰是最困难的。"[1]"不断地走向""最后抵达""持久的探索力和创造力""走向纵深的坚韧的开掘力""不断地拓展""走在一条大路上""日益精进"和"持续追究、寻根问底"，对包括法科研究生特别是学术型研究生迈向和实现科研目标不无生动的启发：在法科领域，我们的研究生特别是学术型研究生应能够做到"循序渐进，攀升境界"。

"循序渐进，攀升境界"，应被我们的法科研究生牢记，因为其中蕴含着一个基本道理——"有付出，必有回报"。

本章小结

要想培养出合格乃至优秀的法科研究生，科研目标是其培养内容中不可回避的话题。法科研究生的科研目标起步于"尊重权威，怀疑权威"。其中，"尊重权威"是一种品格能力，而"怀疑权威"是一种学术能力乃至思想能力。法科研究生的科研目标接续以"关注热点，不忘根本"。其中，"关注热点"仍然强调贴近社会生活实际，而"不忘根本"是在事理、情理和法理的紧密结合中观照和引申法科基本概念或命题。法科研究生的科研目标归结于"循序渐进，攀升境界"。其中，"循序渐进"是指对某一法科课题应进行持续性、全面性或深化性的思考，而"攀升境界"则强调应形成"标志性成果"乃至"标杆性成果"。为实现法科研究生的科研目标，研究生导师负有责无旁贷的"过程责任"，正如一位在高校法科从教的学者指出，写作虽然是一门课或者一项训练，但从布鲁诺教育金字塔理论来看，教育的效果分为6个层次。我们平时上课属于知道层面，考试主要看看大家是不是已领会，这些都是低级认知，而论文写作涉及分析、评价，属于高级认知，故其是整个教育中最难的部分，也是最锻炼、最考验人的一部分。这也就是不论学士、硕士还是博士学位的获得都伴随论文写作和答辩的原因。因此，一个教师的基

---

〔1〕 张炜："一条路走到黑的家伙"，载《读者》2019年第20期，第29页。

本职责就是尽可能地帮助学生通过论文写作来获得高级认知。[1]所谓"帮助学生通过论文写作来获得高级认知"就是指导研究生做好科研。"学术标杆"也应在法科领域得到提倡,[2]而"学术标杆"将是法科研究生科研目标进阶的最佳说明。

---

〔1〕 吉大秋果:"'困在厕所里'的教授",载《读者》2020 年第 23 期,第 24 页。

〔2〕 马荣春、马光远:"中国法学知识生产中的学术标杆——以中国刑法学为语境",载《山东警察学院学报》2020 年第 5 期,第 5~18 页。

第九章

法科研究生的平时论文写作

陈兴良教授指出"论文不像论文"这一状况，不仅存在于法科研究生的学位论文中，而且更加存在于法科研究生的平时论文中。或许正是由于平时论文"不像论文"，才导致法科研究生的学位论文"不像论文"，因为没有平时论文的训练，不可能写好最终的学位论文。而更加糟糕的情况是，在平时论文写作上，法科研究生特别是硕士研究生"写作躺平"的现象也越来越严重或越来越普遍：当有毕业答辩发文的要求，少数硕士研究生同学会被迫在每期有数十篇甚至近百篇刊文量的"垃圾刊物"上"发表"两篇；当无毕业答辩发文要求，则有的法科博士研究生也干脆"写作躺平"了。由于平时论文写作是学位论文写作前的"练兵"，甚至可将学位论文分解成平时论文，而平时论文写作本来就是法科研究生平时专业学习的基本方式和提升科研能力的基本手段，故对法科研究生特别是学术型研究生而言，平时论文写作是"硬道理"。

一、勤写勤改是"硬道理"

平时论文写作同样是法科研究生特别是学术型研究生平时学习的基本方式和科研能力的基本训练。勤写勤改是"硬道理"包含勤写是"硬道理"和勤改是"硬道理"。

（一）勤写是"硬道理"

陈兴良教授指出，论文写作，对于学者来说是生存技能，也是看家本领。学者就是作家，不写作无以称作家。文科的写作与理科的实验可以对称，对于学生来说也是如此。[1] 前述论断足以说明论文写作特别是平时论文写作对法科研究生特别是学术型研究生的重要性，但就我观察和感受到的现象而言，

---

[1] 陈兴良："论文写作：一个写作者的讲述"，载《中外法学》2015 年第 1 期，第 13 页。

有相当一部分法科硕士研究生乃至博士研究生对平时论文写作表现出懒散，而造成懒散的原因：或者是认为是否写文章对提高专业水平无关大碍，于是满足于听听课、看看书；或者是觉得写着写着便无话可说，于是常常"偃旗息鼓"；或者是借口"等思考成熟"了再动手，于是在总是"思考不成熟"或"等待思考成熟"中而一拖再拖。对于第一种想法，我经常告诫自己所带的研究生和所任课的研究生：研究生的学习方式和学业水准评价方式显然有别于本科生，即前者基本上是"研究型"甚至是"评判型"乃至"质疑型"学习，故文章是其学业水准的主要评价方式，而后者基本上是"被传授型"即我们通常所说的"灌输型"学习，故课程分数是其学业水准的主要评价方式。因此，那些懒得写的硕士研究生甚或博士研究生，虽然"混得了毕业"，但其实际水准甚至并未超过优秀本科生或优秀硕士生。于是，在与研究生交流时，我曾说："打开书本，我们会觉得自己什么都懂了，但铺开一张空白的稿纸或打开一页空白的电子文档，我们又时常觉得自己懂得少得可怜。这说明专业写作能够检验出我们有着怎样的不足。于是，我们就会想到应通过切实的阅读、沉静的思考和字斟句酌的写作去进一步夯实基础和深化论证。正可谓'书到用时方恨少，提笔著文始知难'。"因此，第一种想法是一种自甘落后的危险想法。

对于第二种境况，我们的法科研究生们应该认识到：一句话已是开端，几句话就是一段，而几段话或可就是文章的一部分。于是，文章的成篇不过是"集腋成裘""聚沙成塔"而已。半途而废者，前功尽弃也。于是，与研究生交流时，我曾说："在读硕士研究生和博士研究生的过程中，我也间或有过写着写着因'找不到感觉'就想中途放弃这种感受。但想想自己已经付出的劳动，便又觉得如果放弃了，岂不可惜？若再想想自己曾在某个晚上为某个选题而兴奋得失眠，便又觉得如果放弃了，岂不'自嘲'或'背叛'自己？于是，我便稍作停顿。而在进一步阅读和思考之后或在散步或与朋友神聊之后，一种灵感或'顿悟'又使得我铺开稿子或打开电脑。写专业论文，毕其功于一役者少，而'连续作战'者多矣。文章是'捂'出来和'改'出来的，正可谓'山重水复疑无路，柳暗花明又一村'。"实际上，一直到现在，我在劝导研究生的同时，也在劝导我自己。可见，研究生的平时论文写作历练，也是一种耐性和意志力的历练。而任何一篇有质量的文章都是成于"从无到有，从小到大和从粗到精"。

对于第三种"借口"或想法，在与研究生交流时，我曾说过几次感同身受的话："'待思考成熟'这种想法和做法貌似'成熟'，实则不切实际，并会成为懒得写作的借口，一是因为'思考成熟'本身具有相对性；二是因为对某个问题即便我们自以为已经'深思熟虑'，但其仍属于模糊的大脑思维。而局面常常是：当我们用文字将大脑中的想法'清晰'出来，则原先自信的'深思熟虑'却令人沮丧地存在着缺失、遗漏乃至错乱。而那已经打印在纸上或显示在电脑视屏上的文字无声地嘲弄着你：不要太过自信！在入读硕士研究生阶段，我也曾有过几次先认真构思再动手的尝试，但局面常常是：一旦写起来，则先前的构思或被全盘推翻，或是来个大调整。事后想想，这种局面或情况很正常或很必然，因为只有在清晰的文字的观照之中，我们才能清晰地知道我们已经想到了什么，还有什么没想到；我们已经想对了什么，又想错了什么。接下来，我们又能清晰地知道：我们还应弥补什么或纠正什么或深化什么，即我们又应该如何继续往前走。真可谓'脑海浮现似熟虑，落成文字才觉浅'。"因此，"待思考成熟"再动手写文章的想法和做法，多少有点"浑水摸鱼"的自我迷惑乃至自我欺骗。实际上，"待思考成熟"多半是一种消极怠惰的等待心理，但"等待"往往是一种由"预测""预期"所引起的误导，因为"预测""预期"所对应的"预知"大多是依据异地、异时的相似资料所拼凑出来的主观判断，且其中掺杂着不少幻想，故"等待"往往意味着"不动"，而"不动"之后便可能是"乱动"。因此，"何必等待，着眼当下"才属务实。[1] 当任何一篇文章都是从一个"字"开始，则文章是成于"动手"而非"等待"，更非"躺平"。法科研究生们更要注意一个更加糟糕的局面："等待"不仅容易错失动手之间冒出的灵感，而且容易患上"写作慵懒症"甚至"写作恐惧症"。

（二）勤改是"硬道理"

如果说"勤写"是对法科研究生所提出的论文写作的数量要求，而"勤改"便是质量要求，因为"勤改"才能"出炉"有质量的文章即好文章或更好的文字。易言之，研究生平时撰写论文的过程，就是不断"修改"论文的过程，正所谓"文章是改出来的"。而撰写论文同时修改论文的过程又是一个"全方位"历练，从而是"全方位"提高的过程。这里所说的"全方位"包

---

〔1〕 余秋雨："何必等待"，载《读者》2020年第1期，第57页。

含作为母语的汉语的表达功底、专业术语的规范性与精准性、专业命题的深刻性与周延性等。之所以说法科研究生平时论文的撰写与修改事关汉语的表达功底，很显然的原因是，专业论文是用汉语写出来的。就我对法科研究生教学多年的观察和感受，汉语表达能力是当下很多研究生写作专业论文首先暴露出来的"门面缺陷"，表现为"那句子不成块""那搭配胡乱来""那句子读不下去"，甚至"标点符号乱点"，真可谓"不忍卒读"。在审读法科研究生论文包括平时论文的过程中，如果看到"司法机关执法"这样的表述，我就要严肃地对作者指出："'司法机关执法'属搭配不当，正确的动宾搭配应该是'司法机关司法'和'行政机关执法'。"不要小看"司法"与"执法"一字之差，因为这一字之差往往反映出表述者的专业理论素养。在审读研究生论文包括平时论文的过程中，当曾经看到"正当防卫过当"这样的表述，我就略加克制情绪地问作者："如果是'正当防卫'了，还能'过当'吗？或反过来，如果'过当'了，还能是'正当防卫'吗？因此，'正当防卫过当'属词不达意，而词意相合的表述就是'防卫过当'。"不要小看"正当防卫过当"多一个词或少一个词，因为一词之差直接反映出表述者对刑法学科中正当防卫知识是否理解得清晰、准确，同时也反映出表述者的形式逻辑（包括矛盾律）素养。在审读研究生论文包括平时论文的过程中，当看到"即是"这样的措辞，我又会对作者吹毛求疵："'即'本来就是'是'，'即是'即'是是'，故'即是'不存在用字累赘吗？一个'即'字就足够了。""亦即是"也可在法科研究生的论文中经常见到。"亦即是"的本意是"也（就）是"，故此表述也无需"是"这一赘字。不客气地说，如果连基本母语表达都成问题，则这样的人是写不出像样的文章的，从而这样的人至少不适合读人文社科类包括或特别是法科类的研究生。从汉语的表达功底到专业术语的规范性与精准性再到专业命题的深刻性与周延性，"环节性"地体现着法科研究生的相应能力与素养。而当包括法科研究生的相应能力与素养按照前述顺序得以依次具备，则其拿出的文章便依次是"像"一篇文章、"是"一篇文章和一篇"好"文章即一篇"佳作"。

　　对于法科研究生平时论文撰写中修改工作的重要性，我曾对同学们说："正如'花是秀出来的'，'文章是改出来的'。而'改'是指改所已发现的各种不足，从形式到内容，甚至包括标点符号和句子成分，只要改能使文章较不改"好一点"，甚或"好一点点"。如果针对女同学，则'当你们女孩子也把梳妆打扮的劲头用在文章上，对应着越打扮越漂亮，你们的文章就是越改越精彩'。"到目前为止，作为硕士生导师的我依然努力做到：每一个我所指导研究生的第一篇专业论文，我都要在其打印稿上改得斑斑点点，甚至面目全非。除了专业论证，就连标点符号和句子成分我都不放过。在他们目瞪口呆之中，我直抒用意：首先，文章和学问不是可以糊弄的，用心才出好文章和真学问！其次，对文章和学问的态度就是对人对事的态度，甚至是对社会的态度，而法律事业是一项严肃认真的事业，故其需要一种认真严谨的为人品格。于是，我经常提醒研究生要保留每一篇平时论文的所有稿本，并让他们把最后定稿和初稿作一比较：每一篇文章从初稿到定稿的过程，都是从汉语的表达功底到专业术语的规范性与精准性再到专业命题的深刻性与周延性的一次辛苦乃至艰难"跋涉"的过程。于是，看自己的初稿，其感觉仿佛是山脚抬步；而看自己的定稿，其感觉是"登高远眺"。如果把写作专业论文视为一种艰辛乃至痛苦的过程，则"千里之行，始于手下"便是一种形象的描述。而一篇好文章即"佳作"及其所对应的学问，或许正是产自"眼低手高"而非"眼高手低"。实际上，对于法科研究生的文章，其每修改一次，就是从汉语的表达功底到专业术语的规范性与精准性再到专业命题的深刻性与周延性，再历练一次和再提高一次。而文章写得越来越好和学问做得越来越好，就是形成于一次次历练，从而一次次地提高。

"人人口中有，人人笔下无"，同样是当下法科研究生中一种普遍而糟糕的能力现象。可以肯定的是，勤于平时论文的撰写与修改，可以使得研究生渐渐远离"夸夸其谈"，而"夸夸其谈的人未必满腹经纶"。[1]俗语有云："一知半解是很危险的。"[2]由此，勤于平时论文撰写与修改将有助于我们的法科研究生慢慢走出"一知半解"，因为文章不允许专业知识上的胡说八道或"离经叛道"。总之，勤写勤改是法科研究生特别是学术型研究生通过平时论文历练和提升自己的"务实之道"。其实，"人人口中有，人人笔下无"在已经博士研究生毕业进入高校教师行列而被称为"博士"的不少人身上仍然可见。这些年轻的博士也能将相关专业课上得很好，参加相关学术研讨会也是

---

〔1〕［美］伯顿·史蒂文森主编：《世界名言博引词典》，周文标等编译，辽宁人民出版社1990年版，第889页。

〔2〕［美］伯顿·史蒂文森主编：《世界名言博引词典》，周文标等编译，辽宁人民出版社1990年版，第889页。

"滔滔不绝"，好像满肚子学问，但在入职高校两三年或更长的时间内，仍然拿不出一篇文章来，甚至连像样一点的法科类普刊也难得见其文章。这种现象甚至令人怀疑其博士研究生的学业到底是怎么完成的。这种现象的形成恐与在读研究生期间疏于或怠于动笔不无关联。我的切身体会是，当习惯于专业写作，则一旦有段时间停笔了，便有思维迟钝甚至表达退化之感。看来，至少对于想以合格论文毕业的法科研究生来说，作为学术训练的动笔俗称"专业写作"是必不可少的，并且要明白一点：没有平时的写作练兵，最后的"答辩参战"往往是很糟糕的。

苏力教授指出，法律人不能只想着为自己提气鼓劲，想着自己多么占理；甚至不能只关心法律上的所谓的事实问题或法律问题，而是一切与之可能相关的问题，都要进入写作者的分析视野，并要以此为基础研究，做出一些审慎的判断和推断。[1]所谓"一切与之可能相关的问题，都要进入写作者的分析视野"，也是"勤写勤改"的题中之义。苏力教授又指出，要经常写，多修改；也要经常看好文章，要看得仔细，多琢磨，对别人的好文章、自己的文章都如此。[2]"多修改"和"多琢磨"意即好文章是"勤改"出来的，这一点对于法科研究生同样重要。苏力教授还指出，现在法学院所培育出来的学生大多不懂得分析、归纳和评价法律，只会陈述法条和复述别人的观点，不懂得识别及组织不同的观点来形成新观点。[3]正如"一切与之可能相关的问题，都要进入写作者的分析视野"，动笔可能促成分析、归纳和评价，从而可能形成新的观点，因为"黑白页面"往往会"倒逼"我们的法科研究生要形成新的认识，并诉诸文字表达。

一位在高校法科从教的学者指出，论文写作涉及分析、评价，属于高级认知，故其是整个教育中最难的部分，也是最锻炼、最考验人的一部分。这也就是不论学士、硕士还是博士学位的获得都伴随着论文写作和答辩的原因。因此，一个教师的基本职责就是尽可能地帮助学生通过论文写作来获得高级认知。[4]前述论断既肯定了包括法科在内的高校教师对学生特别是研究生写作的职责所在，也首先肯定了论文写作对包括法科研究生的重要性所在，因

---

〔1〕　苏力："只是与写作相关"，载《中外法学》2015年第1期，第7页。
〔2〕　苏力："只是与写作相关"，载《中外法学》2015年第1期，第11页。
〔3〕　张文显主编：《中国法学教育年刊》（2016年第4卷），法律出版社2017年版，第118页。
〔4〕　吉大秋果："'困在厕所里'的教授"，载《读者》2020年第23期，第24页。

为所谓"高级认知"实即"知识生产",而"高级认知"实即"知识生产"则有赖于"最具锻炼性"和"最具考验性"的论文写作包括或特别是平时论文写作。又当"冰冻三尺,非一日之寒"或"千里之行,始于足下",则平时论文写作哪怕是"豆腐块式"的码字,对法科研究生的科研能力和学术水准而言也将起着"量变引起质变"的作用。这里,"量变"隐含着"勤写"和"勤改",而"好文章"则是"质变"的直接对应。

进一步强调的是,"勤写勤改"也是法科研究生通过"求新而温故"以夯实专业基础的最佳手段,因为"勤写勤改"的过程就是不断回顾甚至再度审视已有的法科专业知识的过程,从而"勤写勤改"构成了对既有法科专业知识的一种"反馈",正如有人指出:"其实把一本书看好多遍,只是让我们对这个东西'熟悉',而'熟悉'并不等于理解。想要真正理解,唯一的办法就是考试和测验。这就是反馈。没有测验,你拥有的知识只是幻觉。"[1]由此,法科研究生对论文的"勤写勤改"就是对其所"熟悉"的法科书本知识的"反馈",而此"反馈"就是重新理解,从而予以更加扎实地掌握。

(三)"勤写勤改"道理的再说明

法科研究生平时论文写作的重要性,正如陈兴良教授指出的,不写东西,可以分为两种情况:一种是写不出来,另一种是不屑于写。写不出来,是写作能力问题,甚至是科研能力问题。但也有人眼高手低,主张不随便写,一辈子就写一本书或者一篇论文,以此一鸣惊人,成为经典。这种想法不太可行,因为一个学者不可能一辈子从事科研活动,平时从来不写东西,没有作品,最后突然蹦出一篇论文、一本书来,借此名传千古,那是完全不可能的。[2]这里,"写不出来"反面地说明"写"的重要性;而"不屑于写"则反面地说明"勤写"的重要性,因为"勤写"是平时的"练笔",正如没有平时的训练,哪能一下子"开赴战场"?由此,至少要求文科类博士研究生答辩前发表符合一定要求的论文具有一定合理性,但对文章数量和刊物档次要作出切实可行的要求,如对法科类硕士研究生,只要求在普刊上发表一两篇专业论文,而对法科类博士研究生,只要求在中文核心或 CSSCI 扩展版以上刊物上发表一两篇专业论文。正所谓"不写不知道,一写吓一跳"。这里,"吓一跳"有

---

〔1〕 万维钢:"一定要有反馈",载《读者》2019 年第 22 期,第 51 页。

〔2〕 陈兴良:"论文写作:一个写作者的讲述",载《中外法学》2015 年第 1 期,第 15 页。

两种现象：一是一写就卡壳让自己吓一跳，二是一写就思路泉涌或才情并茂让别人吓一跳，甚至让自己吓一跳，即"不写则已，一写惊人"甚至"不写则已，一写惊己"。前述两种现象都说明"勤写"的重要性，因为前一种现象直接说明需要写作训练，而后一种现象并不多见，正如"一口吃不成胖子"。于是，若把撰写论文比作艰难跋涉，则"千里之行，始于手下。"陈兴良教授指出，写作能力的培养是一个累积的过程，需要进行长期的训练。而学者和作家，从事写作就像农民种田、工人做工一样，都是一种熟能生巧的技能。只要坚持，其实掌握起来并不难。[1]事实上，至少是当下的法科研究生包括或特别是学术型研究生仍需在科研中练练写作的"童子功"，因为在大学本科阶段真正过了写作关已属少数甚至极少数。这里甚至可以这样说，只有硕士研究生阶段过了写作关，博士研究生阶段才能入门快。有人指出，法科研究生教育面临巨大挑战和双重压力。其中，法科硕士学位论文质量下滑，法科硕士理论水平与研究能力不高，并未实现培养法科专业理论人才的目标。[2]这与不重视写作特别是平时写作有着直接的关系，正如"冰冻三尺，非一日之寒"，或如"平时多流汗，战时少流血"。

二、选好题目是"硬道理"

正如"创作难就难在开头"，[3]法科研究生平时论文写作首先难在选题上，或曰选题难是法科研究生平时论文写作的首选之难，即"开头难"。这里，选好题目包含着"选实题"和"选适题"。

（一）"选实题"是"硬道理"

陈兴良教授指出，论文写作首先要有个好的选题，而选题对于初学者来说往往是非常困扰的一件事情。有的学生不知道选择什么样的题目，所以往往让导师指定题目，这样选题就变成了命题。论文题目最好是作者本人经过科研活动以后，对某一问题比较感兴趣，有些想法由自己来确定。如果他人指定题目，写作效果不会太好。[4]既然命题作文的效果不太好，则最好是由

---

〔1〕　陈兴良："论文写作：一个写作者的讲述"，载《中外法学》2015年第1期，第16页。

〔2〕　张文显主编：《中国法学教育年刊》（2016年第4卷），法律出版社2017年版，第68页。

〔3〕　［美］伯顿·史蒂文森主编：《世界名言博引词典》，周文标等编译，辽宁人民出版社1990年版，第846页。

〔4〕　陈兴良："论文写作：一个写作者的讲述"，载《中外法学》2015年第1期，第17页。

着研究生的兴趣来定题，但这里所说的兴趣是靠相当的积累和思考而慢慢产生出来的兴趣即"酝酿出来的兴趣"。但是，选题不仅是学位论文的问题，而且首先是平时论文的问题。既然平时论文写作同样是法科研究生专业学习和科研活动的基本方式，是其学习能力和科研能力的基本训练，则平时论文选题便是"问题意识"的切实体现，而"问题意识"既是专业基础的检验，又是见解创新的"摇篮"。

在近二十年的法科研究生教学和指导中，我经常碰到这样一种现象，即有的甚至相当多的研究生感叹甚或哀叹无题可写或题目难定。"无题可写"对应着这样的一种心理挫败：有的研究生刚想写某个题目，结果在搜集资料过程中发现欲写的题目所对应的论题早已有人写过，甚至论述得很好，故其常常或容易在一种"学问已经被人做完"或"无学问可做"之中"郁郁寡欢"，最终糊弄毕业；"题目难定"对应着这样一种心理纠结：有的研究生对某个专业问题已经初步形成了独到见解甚或"洞见"，但其却迷茫于如何撇清其拟选之题与牵扯问题的界限，或在其拟选之题的宽度和深度上"踟蹰徘徊"以至于难以表述或确定其选题，故其常常或容易经不住"煎熬"而"败下阵来"。两相比较，"无题可写"对应着没有"问题意识"，而"题目难定"则对应着"问题意识"处于混沌或懵懂状态。

我近二十年的法科研究生的教学和指导感受越发说明一点：没有"问题意识"的研究生是写不出专业论文的，或曰没有"问题意识"的研究生论文不成为专业论文。但"问题意识"不可能是无中生有的，而即便是那些问题敏感性较强的研究生，其对某个论题所对应的"问题意识"也存在着一个"孕育"的过程，而此"孕育"过程通常就是平时积累和思考的过程，故"问题意识"的"孕育"也往往催生着平时论文及其新的见解。如何形成并强化"问题意识"呢？钱玉林教授指出："发现问题有时比解决问题更难。发现兼具理论意义和实践意义的选题很难，需要大量地观察社会、阅读文献、反复思考，才能找到真正有价值的选题。"对研究生而言，所谓"大量地观察社会"，即要宽幅度地紧密联系相关问题所对应的社会实践或生活实际，正可谓"纸上得来终觉浅，绝知此事要躬行"；所谓"大量地阅读文献"，即要充分涉猎并消化相关问题所对应的文献资料。因此，所谓"大量地观察社会、阅读文献"，即应在理论与实践有足够广度和深度的联系之中来挖掘论文选题。而所谓"反复思考"，则强调为了"找到真正有价值的选题"，需要耐心和细心的精力投入。法科研究生的论文包括平时论文写作状况已经说明：靠着有限的几本教科书和"中国知网"的最近一个阶段的相关文献，是写不出有深度或有相当质量的论文的，因为从有限的几本教科书和"中国知网"的最近文献中很难提炼或挖掘出"高质量"的选题。"高质量"的选题从何处来？"高质量"的选题来自或形成于"高质量的问题意识"[1]，而"高质量的问题意识"即"大量地观察社会、阅读文献、反复思考"的意识。研究生平时论文选题的质量高低，直接反映研究生本人专业知识的基础厚薄和认知深浅及其对选题所指向问题的敏感性强弱。于是，研究生平时论文的选题质量话题自然牵扯我们几乎在所有可能的场合都要挂在嘴上的所谓"选题新颖性"。但"选题新颖性"本意是强调选题要有"新"的问题意识，即发现新问题，故其绝非选题"卖俏"或"花哨"，亦即不能"为了新颖而新颖"，更不能"哗众取宠"。"卖俏"或"花哨"的选题，不可能是"观察社会、阅读文献、反复思考"的选题。由此，法科研究生的论文包括平时论文的"选好题"实即"选实题"，即将题目"选实"了，亦即在"理论紧密联系实际"中选好题。易言之，"选实题"意味着"选好题"的"必要性"。

（二）"选适题"是"硬道理"

　　研究生平时论文的选题，还涉及选题大小的问题。对法科研究生论文选题的大小问题，陈兴良教授指出，根据选题大小以及研究程度，可以分为四种情况：一种是小题大做，第二种是大题大做，第三种是小题大作，第四种是小题小做。这里撇开大题大做和小题小做不说，仅就小题大做和小题大作这两种情形而言，当然应当肯定小题大做，即选择较小的题目然后进行较为充分的研究。在某种意义上，题目越小越好，因为题目越小越是能够反映理论研究的深入程度。当然，选题大小是和一个国家的某一学科的研究水平相关，且具有相对性，即和一个国家对某个问题的学术成熟程度密切相连。选题要小，小题大做，这是一个基本的考虑方向。选题虽小，对于科研的要求则非常之高，必须以小见大。小题只是一个切入点，以此反映出作者对某一专题甚至整个学科的理论研究水平。小题小做，可能好做；小题大做，则不好做，因为对于小题展开论述，是要以整个学科知识作为背景支撑的。例如，

---

[1]　马荣春："中国特色刑法学知识体系的建构机理"，载《山东警察学院学报》2019年第1期，第9~11页。

一位历史学的博士生要写一篇博士论文，其研究领域是古罗马的社会制度。如果以《论古罗马的社会制度》作为博士论文题目，题目太大了，根本就通不过，甚至作为专著的题目都对它无从下手。后来把题目缩小到《论古罗马的军事制度》，军事制度是社会制度的一部分，这个题目应该说稍微小一点，不像社会制度那么广泛。但这个题目还是太大，后来又把这个题目再缩小到《论古罗马的军衔制度》。军衔制度是军事制度的很小一部分。通过军衔制度的研究，实际上是对古罗马的军事制度的一种具体研究。军衔制度应该说是算较小的题目了，还是嫌大，最后把题目再进一步缩小到《论古罗马军队的徽章》。这个题目小到不能再小了，就非常理想。徽章是军衔的标记，通过徽章不仅可以研究古罗马的军事制度，还可以研究古罗马的锻造工艺、设计艺术和等级制度等，而且徽章只是一个切入点，就像打开古罗马社会制度的一个窗户。透过徽章，可以对古罗马社会制度的各方面进行研究，这就是所谓以小见大。可见，"小题大做"较易实现学术创新。具体到法科，由于法科研究越来越走向精细化，故法科研究生的论文包括或特别是平时论文写作越来越适合走"小题大作"之路。

在我看来，这里所说的选题大小，指的是选题所对应问题的口径大小，而问题口径大小又指的是问题的层面多少。因此，选题大即选题所对应的问题口径大，亦即问题的层面多。当然，选题越大，论文写作的难度越大，因为作者难免要"左顾右盼"，而若把握不好，则"左顾右盼"就变成了"左支右绌"，甚至"顾此失彼"。选题之大不仅是法科研究生毕业论文选题中的常见现象，也是其平时论文中的常见现象。法科研究生论文的选题之大常常以"……研究"来显示作者煞有其事甚或要"大干一场"。显然，研究生特别是硕士研究生论文的选题之大是"好大喜功"的心理外显。于是，法科研究生，不要说学位论文应力求"小题大作"，平时论文更要注重"小题大作"了。

"小题大作"意味着要选定"小题"。何谓"小题"？当然，"小题"是一个相对的概念。就刑法学科而言，刑法分则的具体理论问题相对于刑法总则的基本理论问题便是"小题"，如"贪污罪"在"罪刑法定原则"面前便是"小题"。但无论是刑法总则的某个基本理论问题，还是刑法分则的某个具体理论问题，其"属下"的某个具体方面又是一个相对的小题，如"罪刑法定原则的明确性"相对于"罪刑法定原则"本身就是一个"小题"，而"贪污罪的利用职务便利"相对于"贪污罪"本身就是一个"小题"。以此类推，

"罪刑法定原则明确性的语言保障"相对于"罪刑法定原则的明确性"又是个"小题",而"贪污罪利用职务便利的'利用'"相对于"贪污罪的利用职务便利"同样是个"小题"。可见,所谓"大题""小题"是对照问题位阶而形成的概念。具言之,位阶高的问题便是"大题",且位阶越高则问题"越大",而位阶低的问题便是"小题",且位阶越低则问题"越小"。前述所表明的意思可作出这样的表述:"什么的什么"相对于"什么"是一个"小题",而"什么的什么的什么"相对于"什么的什么"又是个"小题"。

为何"小题"才容易"大作"呢?这个提问对法科研究生是有实际意义的。有人在分析研究生论文写作问题时指出,不注重从"小"做起,片面追求宏大,用"战略""对策""发展"堆砌空中楼阁,表现出"倒金字塔"的倾向和"空泛化"倾向[1]。显然,"大而空"是难见创新的,因为"大而空"意味着丧失了驾驭和控制论题的能力,正如有人指出,论题的可控度是指一个人对某个论题的自我控制度。如果一个论题对于某个人来说,是可以控制的,甚至是可以解决的,那么他就很有可能选择该论题。在其他条件不变的情况下,一个人对论题的可控度越强,他选择该论题的可能性就越大。一个人如果对某个论题完全无能为力,那么该论题再重要,对他来说也是心有余而力不足。[2]在我看来,至少对只具有本科生基础的法科硕士研究生而言,"小题"更能够使其集中收集材料且进行"焦点式思考",从而更能够在某个论题面上"钻进去"或深潜下去。而一旦"钻进去"或深潜下去,则原先选定的"小题"不仅能够得到相应的新解答,而且可能引起对同一论题下的其他"小题"的重新审视,从而为解答原定"小题"而附带解答其他"小题"。于是,我们得到的可能不仅是某个"小题"的命题,而可能是两个或一系列命题,从而能够修正或重构原定"小题"或关联"小题"所对应的"大题"的原有理论体系。唯有这样,法科研究生才能对选题形成先有深度、后有广度的真正的自我控制能力。可见,"小题大作"的选题及其写作实际上是一种"深潜下去再浮上来"的论文思维,而这样的论文思维不仅容易在"点"上实现创新,而且可能实现"连点成线"的创新即"体系性创新"。

其实,就法科硕士研究生而言,无论是"法本"背景的,还是或特别是

---

［1］　张力为:"研究生论文30忌",载《北京体育大学学报》2008年第5期,第647页。

［2］　霍小梅:"研究生论文选题宽泛的主要内部因素探析",载《四川教育学院学报》2009年第11期,第38页。

"非法本"背景的,其硕士研究生入学之前的法科学习基本上是"灌输型"甚至"死记硬背型"的。于是,在硕士研究生入学之后,针对相关分支学科的知识板块并紧密结合专业课程安排,先选准"小题",然后在"深挖"中"旁及",这样便可通过一篇篇的平时论文来实现对相关专业理论基础的"温故知新",甚至可以通过平时论文的"星星之火"而燎专业理论基础之"原"。因此,平时论文的重要性集中体现在选题上。我们常说,当发现了问题,就等于解答了问题的一半。关键在于,当我们的法科研究生选准了题目,就意味着他或她已经找到了一个能够让自己得到巩固和提升的切口,而这样的切口越多越好,因为这将给他或她带来连续的,从而是全面巩固和提升。于是,他或她所不可或缺的便是勤奋与执着了。选题之难与选题之重要乃"平时论文写作是硬道理"的题中之义。

进一步地,正如陈兴良教授指出的,选题可以分为两种,一种是开拓性的题目,前人没有写过的,故较为冒险。但如果成功了,成就也较大,甚至会填补空白。开拓性选题的特点是资料较少,发挥的余地较大。即使只是做了一些基础性的工作,也会取得一定的成果,故对这种开拓性的选题来说,资料收集是十分重要的。另一种是推进性的选题,前人已经研究得较为充分,需要在此基础上进一步推进。这种题目的好处是资料较多,因为前人在研究过程中已经积累了大量资料,为写作提供了便利,具有较好的写作基础。但这种题目的困难在于创新,因为前人已经进行了大量的研究,甚至论题已经枯竭,故必须调整思路,另辟蹊径,别出心裁,如此才有可能推陈出新。总之,在确定选题的时候,首先要进行评估,不同的选题可能有不同的特点,要根据这些特点最终确定选题。[1]就法科研究生而言,总体说来,硕士研究生适合在一个推进性的题目下展开研究和写作以尽量避免力所不逮,而博士研究生则适合或力求在一个开拓性的题目下展开研究和写作以体现力所能逮。当然,通常适合于法科硕士研究生的推进性题目可以是平时论文的选题,而通常适合于法科博士研究生的开拓性题目也可以是平时论文的选题。易言之,无论是推进性选题,还是开拓性选题,应力求作为平时论文去加以训练和提升。

最终,法科研究生论文包括平时论文的"选好题"又意味着"选适题",即将题目"选适"了,亦即从"力所能逮"和"易于创新"来选好题。易言

---

〔1〕 陈兴良:"论文写作:一个写作者的讲述",载《中外法学》2015年第1期,第17页。

之，"选适题"意味着"选好题"的"可行性"。

三、"写作即科研"是"硬道理"

论文写作是法科研究生夯实专业基础和提升科研能力的基本方式和重要手段，故法科研究生特别是学术型研究生不进行论文写作简直是"咄咄怪事"。在法科研究生的平时论文写作中，之所以会出现"大面积躺平"现象，还与对论文写作和科研的关系认知有关。论文特别是平时论文写作与科研之间的关系，到底如何把握呢？陈兴良教授指出，文科的科研和写作的界限却不是那么清晰，这也是学习文科的同学会有的一个困惑，因为文科科研不像理科的实验那样具有物理性的直观内容，即对于一个理科学生来说，天天进实验室就表明他在做科研。但对一个文科学生来说，科研活动本身不具有直观形态，往往不容易把握。实际上，文科的科研是读书、思考，甚至是旅行。中国古代所谓读万卷书，行千里路，都可以看作是对文科科研活动的一种描述，故文科科研是随意的，自在的，不拘形式的。正是由于文科的科研活动具有这种散在性的特点，文科学生有时候会难以把握，以至于虚度光阴。当知识积累到一定程度，自己的想法逐渐产生，这也就是所谓水到渠成，然后再进行写作。这里，"然后再进行写作"似乎意味着科研和写作是"先后分开"的，正如陈兴良教授又指出，就科研和写作这两者的关系而言，首先必须从事科研活动，提高我们的科研素质，只有在科研的基础之上才能进行写作，而科研和写作是两个既互相联系又互相区别的环节：首先要进行科研活动，科研活动有了成果以后再用语言表达出来，这种表达的过程就是一个写作的过程。[1]但陈兴良教授又指出，在文科中，科研活动和写作活动又是可以互相促进，并且是交叉进行的。也就是说，文科并不像理科那样把实验做完，已经取得实验成果再进行写作，而是在科研过程中就开始写作活动，而且在写作过程中，又同时从事着科研活动。写作和科研这两者是一种互相促进的关系，难分彼此。当然，在写作之前肯定要有一定的科研基础，但任何一个人都不可能把科研完全做好以后再去从事写作，而是在写作的过程中，不断地进行思考，不断地完善学术观点。[2]这里，所谓在写作过程中"彼此

---

〔1〕 陈兴良："论文写作：一个写作者的讲述"，载《中外法学》2015年第1期，第13页。

〔2〕 陈兴良："论文写作：一个写作者的讲述"，载《中外法学》2015年第1期，第15页。

难分"和在写作过程中"不断地完善学术观点",又似乎意味着科研与写作是紧密结合为一体的。在我看来,由于在写作过程中同时进一步收集和消化资料且进一步深入思考,包括调整论证思路和修正已有的表述,故写作本身对文科研究生包括法科研究生特别是其学术型研究生而言就是一种科研活动。记得一位同事曾说过:"什么是引进科研人才?引进科研人才就是引进写手。"这句话是个"话糙理不糙"的大实话。正如业内人士周知,引进科研人才以加强科研力量是申报学科点或迎接学科评估的不得已之举,"引进科研人才就是引进写手"形象地道出了包括法科在内的文科科研与论文写作的密不可分关系。为何对于包括法科在内的文科而言写作就是科研呢?因为无论是通过纸质还是通过电子视频,写作意味着借助文字将已有的想法清晰地再现出来,以便于作者作出已经写得怎么样和还应如何完善或深化的判断,进而一边进一步思考一边进一步形成新的表述,如此不断反复和不断提升,直至写出令自己满意,也令别人肯定的"成品"。因此,包括法科研究生的科研和论文写作是糅合在一起的,而更进一步或更加明确地说,论文写作特别是平时论文写作是法科研究生的极为重要或最为基本的科研方式或科研手段。由此,所谓"文科的科研是读书、思考"应扩充为"文科的科研是读书、思考和写作",甚至"文科的科研是读书、思考和旅行中的写作",正如余秋雨写作《文化苦旅》。

论文是科研成果的基本载体,即科研成果是将论文作为基本的呈现方式的,而论文呈现科研成果则是一个展示和论证过程,从而本身是一个更加"有形化"和"清晰化"的研究过程。而当论文写作是一种"言",科研成果本身就是一种"意",则科研和写作之间的关系就是"言"和"意"的关系,从而是"形"和"神"的关系。但是,"意"在"言"先,即首先要有"意",然后才有"意"之所"言"。由此,科研成果本身是一种"观念形态",其需要"被有形化",正如论文写作是一种"言",而论文写作所对应的"有形化"和"清晰化"的过程至少是又一轮或后续的论证即"研究"过程。法科研究生的论文写作包括平时论文写作与科研的关系,正如学者指出,法科论文写作也是法科知识再生产的过程。[1]而法科知识再生产的过程意味着论文

---

[1] 汤维建:"法学学位论文写作漫谈",载《河南省政法管理干部学院学报》2007年第6期,第174页。

包括平时论文写作过程就是科研过程。又如有人提出"读书当有光芒"，亦即读书过程中要有思考乃至思辨，以形成观点或见解，甚至提出系统化理论。[1]如果读书没有前述所谓"光芒"，则将陷入孔子所说的"学而不思则罔，思而不学则殆"。在我看来，对法科研究生群体而言，"读而不思则罔，思而不写则殆"。而写作包括平时论文写作是法科研究生群体较单纯的"眼看"和"脑思"更加清晰和扎实的专业理解和领会的学习过程，且此过程实质也是科研过程。可见，对于法科研究生特别是学术型研究生，不仅是避免"人人口中有，人人笔下无"，而且先要避免"人人心中有，人人口中无"。最终，在法科研究生群体中，勤于和精于平时论文写作能够实现将"人人心中有"变成"人人笔下有"。

当法科研究生把论文特别是平时论文写作视为科研活动的内在的一部分，而且是极为重要或最为基本的一部分，则将引起其对论文特别是平时论文写作的应有重视，且此重视的意义或许比满足毕业答辩需要和评优等显得更大，因为满足毕业答辩需要和评优等往往具有被动性，而"科研一部分"的认知或将激发出"研究生"这一身份所对应的主动性。

四、形成"写作获得感（成就感）"是"硬道理"

这里所说的"写作获得感（成就感）"，可联系法科研究生特别是学术型研究生的学术成长和人格修养等方面予以交代。

（一）平时论文写作助推法科研究生学术成长的"获得感"乃至"成就感"

我曾经指出，法科研究生的专业写作是其阅读和思考的延伸和继续，也是其阅读和思考的"结晶"。[2]由法科研究生扩大到各科研究生，平时论文写作最直接的意义在于为学位论文写作做好"练兵"准备，因为学问论文与平时论文在从选题到主体架构乃至摘要与关键词等方面都存在着相同的道理，只不过学位论文的"体量"显得较大而已。俗话说："要想工于运笔，就得勤于练习。"[3]在此可以说，"要想工于学位论文，就得勤于平时论文"。在我所指导的硕士毕业研究生中，他们的学位论文水准绝大多数在"良好"以上

---

〔1〕　刘诚龙："读书当有光芒"，载《读者》2020年第24期，第18~19页。

〔2〕　马荣春："法学硕士研究生的'三教'"，载《研究生教育研究》2013年第2期，第75页。

〔3〕　〔美〕伯顿·史蒂文森主编：《世界名言博引词典》，周文标等编译，辽宁人民出版社1990年版，第846页。

层次，而"优"有多人，这直接得益于他们平时在我的督促和指导下勤于论文撰写与修改。在他们中，平时发表的论文数量从几篇到十几篇数量不等，其中还有北图核心或 CSSCI 层次的。这不仅为他们读博录取创造了"平时成果"条件，也为他们在读博阶段更加勤于和精于论文写作养成了良好的"习性"。可以说，通过平时论文的训练或历练而对学位论文驾轻就熟，可赋予法科研究生勤于和精于平时论文写作以第一个"获得感"乃至"成就感"，毕竟获得学位是读研的直接目的之一。

对于硕士研究生而言，当平时写作的论文被公开发表或获奖，可直接构成其参加"评优"或读博录取的有利条件，而这当然是对其专业学习和科研能力的最好肯定。对于博士研究生而言，有一定数量的平时论文发表在相应等次的刊物上，还能够使其符合答辩资格。而无论是对法科硕士研究生，还是对法科博士研究生，文章的发表反过来强化的不仅是其专业学习兴趣，还有继续写作论文的信心，正如"写书写得越多的人，就越是不甘心罢手"，即"写作的欲望总是随着不停地写作而增长的"。[1] 专业学习兴趣和继续写作信心的增强是法科研究生勤于和精于平时论文写作的又一个"获得感"乃至"成就感"。易言之，在获得学位目的实现和写作欲望增强的背后，潜藏着平时论文写作助推法科研究生学术成长的"获得感"乃至"成就感"。

勤于和精于平时论文写作能够赋予法科研究生以学术成长的"获得感"乃至"成就感"，正如陈兴良教授指出，就一个初学者而言，一开始可能要写一些篇幅较短的论文，比如说三五千字的论文。对短篇的论文能够把握以后，再逐渐地写一万字左右篇幅较长的论文。最后能够写两三万字的论文，基本上是硕士论文所要求的篇幅。因此，论文写作是一个由短到长逐渐发展的过程。专著的写作更需要学术积累，因为专著的篇幅比较大。对于一个硕士生来说主要是论文的写作，而对于一个博士生来说基本上要达到专著的写作程度。[2] 法科研究论文写作"由短到长"的道理，正如"一口吃不出个胖子"。而就在"慢慢吃"或"细嚼慢咽"的过程中，我们的法科研究生通过把某篇论文的初稿与定稿作一对比，会惊讶地发现其本人从文字表达到专业见解及其论证等各方面都有逐渐的或显著的进步，进而其写作的动力会更足，甚至

---

〔1〕 ［美］伯顿·史蒂文森主编：《世界名言博引词典》，周文标等编译，辽宁人民出版社 1990 年版，第 846 页。

〔2〕 陈兴良："论文写作：一个写作者的讲述"，载《中外法学》2015 年第 1 期，第 15 页。

是"一发不可收"。平时论文写作助推学术成长的"获得感"不仅体现在单篇文章的篇幅"由短到长"，而且体现在对同一个论题的"积小成大"，从而实现"螺旋式上升"上。例如"刑法因果关系的相对性""刑法因果关系的相当性"和"刑法因果关系的构造性"等，都可写作篇幅较短的平时论文，但这些平时论文可汇聚成一篇具有统合性和提升性的较大篇幅的论文，且可命题为"刑法因果关系的属性论"。当然，在统合和提升过程中，又发生着重新表述和论证深化，而这又对应着一次更加系统、全面的科研活动。于是，论文写作对法科研究生专业自信心和自豪感的影响便宛如"随风潜入夜，润物细无声"。

就我本人而言，将法律自考毕业论文拿来与硕士研究生阶段的论文相比，自己都有"嫌弃（瞧不起）当初的自己"那种感觉；而将博士研究生阶段的论文拿来对比硕士研究生阶段的论文，自己心中再次涌起"嫌弃（瞧不起）当初的自己"那种感觉。当然，博士研究生毕业之后，又觉得自己的写作能力和文章水平较博士研究生阶段上了一个台阶。前述对比往往是同一个治学法律者学术成长经历的阶段性对比，而前述"阶段性上升"又强化着"写作初心"和"学问初心"。

（二）平时论文写作增进法科研究生人格修养的"获得感"乃至"成就感"

平时论文写作的"获得感"乃至"成就感"还关乎法科研究生的人格修养。易言之，勤于和精于论文写作还关联法科研究生的人格修养。不客气地说，在中国学术界包括人文社科学界，有的品德包括师德出了问题的学者，细究起来，其文章和学问是存在相当程度的投机取巧的。这在一定程度上反映出文章学问与为人品德的正相关。虽然我们经常说"先做人后做学问"，但严谨地写文章和做学问也同时或熏染或浸润法科研究生的"严谨诚实"的做人品格。可以肯定的是，虽然做人是一辈子的事情，但在读研究生严肃认真地对待论文和学问，也是其一生中历练做人的一个阶段或组成部分，正可谓"文章即人生，学问即人生"。我的一个毕业研究生曾对我说："马老师，我本来是个性格有点浮躁、做事有点眼高手低的人，但硕士研究生阶段和博士研究生阶段通过认真写作和修改论文，使得我的前述缺点正在被改变，因为写文章和做其他事一样，都需要耐心和脚踏实地，而待人接物也当然如此。"其实，作为多年研究生导师的我，曾经有且现在仍然有"潜心写文章能够影响个人性格和做事风格"的感受。可以说，附带历练和提升做事踏实，待人诚实的人格修养，这是法科研究生勤于和精于平时论文写作的再一个"获得感"或"成就感"。这里，论文写作包括或特别是平时论文写作，其对人格修养的影响还意味着能够使得写作者变得更加坚韧，正如一位高校法科学者坦言："学生写论文也是这样，学术训练是很苦的。我自己写博士论文的时候曾经数月难眠，甚至痛不欲生，但经历了这一过程之后，我感谢那段艰苦的岁月，它提升了我的写作能力，让我能够游刃有余地自我表达；它磨炼了我的意志，让我在面对困难的时候永不退缩，也让我明白，其实人没有想象中那么脆弱，什么失眠、抑郁都是正常的，挺过去就会海阔天空。"〔1〕当我们的法科研究生将自己对某一问题先后形成的文章即不同的文字版本摆放在一起，则从"像"到"是"再到"佳"的自我评价乃至"自我欣赏"，必定令其对专业科研越发自信甚或品味一种"获得感"乃至"成就感"，同时也将更加坚定其人生信念和顽强其攻坚克难的意志。

（三）平时论文写作给法科研究生"获得感"或"成就感"的结合性说明

从母语即汉语表达能力的提升到专业基础的夯实和专业研究能力的提升，再到人格修养的重塑，其间伴随着相关荣誉和为读博创造条件等所对应的"实惠"，平时论文写作将由远而近地带给法科研究生以多方面的"获得感"或"成就感"，而此"获得感"或"成就感"或可强化一种"专业初心"，且可构成重新出发的动力。论文包括平时论文写作能够带给法科研究生的"获得感"或"成就感"，正如学者指出，法科论文写作是提高能力的重要方面。法科学位论文的写作，是法科研究生最主要的科研实践活动，是培养研究生独立科研能力和实际工作能力的有效手段。能力培养是法科学位论文写作的根本目的或基本目的。法科论文写作是一项具有刺激性和挑战性的事务和活动，它是对学生的综合能力的一种全方位训练，包括理论判断能力、命题确定能力、资料搜集能力、系统思维能力、发现问题能力、批判和创新能力、写作能力、组织安排能力、反思能力、对理论的鉴赏能力、整合能力、合作能力等。法科论文写作也是人生的宝贵体验。通过撰写论文，将使自己对人生的许多道理有豁然开朗之感，对世界观和方法论都会有所改进和提升。因此，法科研究生的论文写作应当引起更高度的重视，因为法科本科生主要在于汲取法科知识，解决一个会"说"的问题；而法科研究生特别是学术型研

---

〔1〕 吉大秋果："'困在厕所里'的教授"，载《读者》2020年第23期，第26页。

究生的主要的任务则在于创造法科知识，解决一个会"写"的问题。[1]所谓"综合能力"的"全方位训练""人生的宝贵体验"、对"人生的许多道理"的"豁然开朗"和"对世界观和方法论都会有所改进和提升"，最终都是描述论文包括平时论文写作所能给予法科研究生的"获得感"或"成就感"。

本章小结

　　读（泛读和精读）、听（听专业授课和学术讲座）、写（平时论文写作和学位论文写作）是研究生学习的基本手段或方式。其中，论文写作可对法科研究生学习构成最为深刻和有效的训练与检验，从而最能体现其学业水准，因为论文写作除了能够直接反应研究生的表达功底怎么样，还能够直接反映其专业阅读怎么样和专业听授怎么样，而且反映出来的"差距"又能迫使或促使其再去强化读和听，并予以进一步思考。易言之，论文写作是法科研究生的学习过程和学习效果的"集中性"体现，正可谓"功夫都在笔头（文章）上"，正如作文是语文水准的集中体现。但是，正如法科研究生特别是法科专业硕士研究生的平时学习状况所反映的那样，"懒得写"甚至"害怕写"即"写作恐惧症"甚或"动笔恐惧症"，是当下文科研究生特别是硕士研究生学习中一种糟糕而普遍的现状。论文写作的好处与"懒得写"甚至"害怕写"即"写作恐惧症"甚或"动笔恐惧症"的糟糕现状正反对照，凸显了论文写作的重要性。而平时论文写作是学位论文写作的前期"练兵"和准备，正所谓"千里之行始于足下"，更如"平时多流汗，战时少流血"，故平时论文写作就构成了法科研究生特别是学术型研究生学习的一个重要话题，而其重要性可用"平时论文写作是硬道理"来表述。

　　尽管中国的学术市场存在着诸多乱象，但文章发表终究是研究能力和学术水准的直接证明，故"发表是硬道理"。但是，对于法科研究生而言，直接的不是"发表是硬道理"，而是"平时论文写作是硬道理"——勤写勤改是"硬道理"、选好题是"硬道理"、"写作即科研"是"硬道理"和形成"写作获得感（成就感）"是"硬道理"，因为没有平时论文的训练和历练，发

---

〔1〕　汤维建："法学学位论文写作漫谈"，载《河南省政法管理干部学院学报》2007年第6期，第174页。

表便无从谈起。但要强调的是，在研究生平时论文的写作训练中，研究生导师责无旁贷而非"师傅领进门修行在个人"。易言之，平时论文写作是研究生导师指导研究生的一个"重在平时"的着力点。于是，在法科研究生的平时论文写作中，研究生导师负有不可推卸的，为其师德所当然要求的"指导责任"。普遍的事实已经证明：法科研究生的平时论文"躺平"，在相当程度上就是研究生导师的"躺平"所导致的。这便要求研究生导师本人也要坚持做科研，且处理好自己做科研与指导研究生做科研的关系，不能"自顾自"。不客气地说，尽管科研做得很好，但那些"自顾自"即"导师不导"者，是严重存在师德问题的。而那些自己"躺平"倒罢了，但让所带研究生也"躺平"且让其蒙混毕业答辩过关者，也是严重不配做研究生导师的，故似应将对研究生论文写作的指导情况纳入师德师风的考核评定中。

最后要指出的是，只有坚持平时论文写作，我们的法科研究生特别是学术型研究生才有可能树立起自己的"学术标杆"。[1]

---

〔1〕 马荣春、马光远："中国法学知识生产中的学术标杆——以中国刑法学为语境"，载《山东警察学院学报》2020年第5期，第5~18页。

第十章

法科研究生的论文架构

论文（包括平时论文和学位论文）是法科研究生科研能力培养的当然话题，而法科研究生的论文问题又集中体现在"论文架构"上。这里，之所以采用"架构"而非"结构"，乃因为"结构"只是停留于静态意义的描述，而"架构"则另有动态调整、组织和整体安排之意。

一、法科研究生论文的题目

题目是法科研究生论文包括其学位论文的首要"门面"，因为题目往往能够让人一眼看出一篇法科研究生的论文包括其学位论文的写作价值，而写作价值即其"必要性"所在。又如我们常说"当发现了问题，便等于解答了问题一半"，则题目本身也往往预示着一篇法科研究生论文包括学位论文的"可行性"所在。于是，法科研究生论文包括学位论文题目这一话题至少包括两项内容：一是通常所谓"选题"，二是题目"表述"。

（一）法科研究生论文题目的"选题"

选什么样的题目即"选题"是法科研究生论文特别是其学位论文极为重要或最为重要的话题，以至于"选题的重要性"听烦了便觉得是一句"正确的废话"。法科研究生如何为其一篇论文特别是学位论文选好题呢？这既是个抽象问题，又是个具体问题。就抽象层面而言，法科研究生论文包括或特别是学位论文的"选题"要坚守一个意识即所谓"问题意识"。

就"问题意识"而言，在法科研究生论文包括学位论文中又有很多话可以细说。首先是所谓"选题新颖"。从听觉上，"选题新颖"当然好于"选题老旧"，而"选题新颖"通常是"问题意识"的代名词。但是，"选题新颖"并非总是对应着"问题意识"，因为所谓"新颖"有时会变成花哨甚至"哗众取宠"。因此，在法科研究生的论文包括其学位论文中，我们所提倡的是真正有"问题意识"的"选题新颖"。由此，我们可把"新颖"视为"问题意识"的"门面"，但此"门面"有时会"名不副实"。因此，所谓"新颖"应是形成于某种真正的新发现，故不仅法科研究生本人对其论文包括学位论文选题要将"新颖性"和"问题性"紧密结合起来，即做到选题上的"形式与内容紧密相结合"，而且研究生导师也应在"新颖性"和"问题性"的关系上，或在"形式与内容紧密相结合"上把好研究生论文特别是其学位论文的选题关。法科研究生学位论文选题的"新颖性"和"问题性"的关系或"形式"与"内容"的关系，在开题报告环节要尤其予以充分重视。

真正的"问题意识"解答了法科研究生论文包括学位论文选题如何具有"新颖性"问题，而如何具有"新颖性"问题又包含着"新颖性"的程度问题。易言之，我们所强调或提倡的真正有"问题意识"的"选题新颖"只是相对的"选题新颖"，即其"新颖性"只是相对的"新颖性"。这就意味着一篇法科研究生论文包括其学位论文可能是选题于一个传统甚至"老旧"的话题，即以一个传统甚至"老旧"的话题为学术语境。例如，罪刑法定原则是刑法学科理论中的一个传统甚至"老旧"的话题，而作为罪刑法定原则一个重要派生内容或外在要求的明确性问题即"罪刑法定的明确性原则"，也同时是一个传统甚至"老旧"的话题，故即便是一位刑法学博士研究生将"罪刑法定的明确性原则"作为学位论文选题，该选题也已经几无"新颖性"可言了。但当刑法规范的传达是一种话语活动，而话语活动又是借助于文字，则"罪刑法定明确性原则的文字结构"便具有一定的"新颖性"了，且此"新颖性"是隐现在一种传统甚至"老旧"的底色中。显然，"罪刑法定明确性原则的文字结构"或许显得"新颖性"不足，但其仍有一定乃至相当的"问题意识"和写作价值。由此，就刑法学研究生论文包括或特别是其学位论文选题而言，大可不必刻意于"网络犯罪""人工智能型犯罪"甚至"元宇宙犯罪"之类的选题。当把"新颖性"及其程度与"问题意识"充分结合起来看问题，便是一个选题"实不实"的问题，"选实题"有三层含义：一是选题所对应的是一个"实际"的理论问题，二是选题所对应的是一个"实际"的实践问题，三是选题所对应的是一个"实际"的理论与实践交集的问题。其中，第一层含义即通常所谓"基础研究"，第二层含义即通常所谓"应用研究"，而第三层含义即通常所谓"综合研究"。而无论是前述哪一层含义，法科研究生论文包括学位论文的"选好题"首先是指"选实题"。

除了"新颖性"及其程度问题，所谓"问题意识"还包含选题大小问题。对法科研究生的论文包括学位论文的选题，"选题适中"也几乎成了一句"正确的废话"，而"小题大做"也更令人听多生烦了。不过，"选题适中"和"小题大做"确实是对法科研究生论文包括学位论文选题的一种切实提倡，只因其"切实"，我们才经常提，以至于提多了，我们又觉得烦。"选题适中"和"小题大做"便可集中为选题大小问题。正如"新颖性"是个相对的问题，即"新颖性"具有相对性，法科研究生论文包括学位论文选题的大小也是个相对的问题，即其也具有相对性。对于法科研究生论文包括其学位论文的选题大小及其相对性问题，前文已述，故在此不赘。但要指出或强调的是，之所以"小题"能够"大作"，乃因为"小题"永远"坐落"在"大题"的学术语境中，即其永远身处"大题背景"，亦即其永远拥有一个大的"理论基座"，从而其可以"上下俯仰"或"左右驰骋"。

接下来，正如"兴趣是最好的老师"，所谓"问题意识"还包含兴趣问题。陈兴良教授指出，论文写作首先要有个好的选题，而选题对于初学者来说往往是非常困扰的一件事情。有的学生不知道选择什么样的题目，所以往往让导师指定题目，这样选题就变成了命题。论文题目最好是作者本人经过科研活动以后，对某一问题比较感兴趣，有些想法由自己来确定。如果他人指定题目，写作效果不会太好。[1]由此，法科研究生在平时的学习或科研过程中，应注意在自己的专业领域内寻找且不断"培植"自己的兴趣点，以求"生发"出论文包括或特别是学位论文选题。当把对问题的兴趣与问题的大小即"尺度"或"口径"结合起来，则法律研究生论文包括学位论文的"选好题"实即"选适题"。而"选适题"意味着法科研究生在论文选题上要脚踏实地，切忌好高骛远或好大喜功，正如"大家都仰望天星，可谁也不问脚下是何物"，甚至"伸手捕捉星星，却忘记了脚边的花朵"。[2]

再就是，法科研究生论文包括学位论文的"问题意识"，还牵扯"问题集中性"问题。在以往的法科研究生学位论文开题报告乃至正式答辩中，我时常见到诸如"盗窃罪若干问题研究"之类的选题论文。而一旦打开目录，便知这样的论文就是"一堆拼凑"，其内在关联性与结构性尽在不言中。客观地说，"若干问题"的选题也是严重缺失"问题意识"的，因为一篇研究生论

---

〔1〕　陈兴良："论文写作：一个写作者的讲述"，载《中外法学》2015 年第 1 期，第 17 页。

〔2〕　〔美〕伯顿·史蒂文森主编：《世界名言博引词典》，周文标等编译，辽宁人民出版社 1990 年版，第 245 页。

文特别是其学位论文是需要对某个确定的论题予以层层展开的。"若干问题"的选题也可放在"选适题"中予以讨论。但不客气地说,"若干问题"的选题及其写作有着较为明显的"凑字数"或"凑篇幅"之嫌疑。

当在"有兴趣"的前提下而把真正对应"问题意识"的"新颖性"与"适中性"充分结合起来,则法科研究生的论文包括学位论文应该且能够获得一个好的或"切实可行"的选题,即实现"选好题",或至少是合格的选题。而以"选实题"和"选适题"来具体落实的"选好题",将能够从根本上克服研究生论文的一种普遍现象即"空泛化"倾向。[1]最终,结合或充分体现个人兴趣的"选好题"意味着一篇论文所对应的科研活动具有"可控性"与"产出可预期性",正如有人指出,在其他条件不变的情况下,一个人对论题的可控度越强,他选择该论题的可能性就越大。一个人如果对某个论题完全无能为力,则该论题再重要,他也是心有余而力不足。[2]

(二)法科研究生论文题目的"表述"

在力求"选好题"之后,法科研究生论文包括学位论文的题目如何表述,也是一个颇有讲究的问题,因为当题目是论文的门面,则"表述"又是题目的"门面",即对于整篇论文而言,题目的"表述"又是"门面的门面"。法科研究生论文包括学位论文的题目表述总体上要求做到"精炼"和"规范"。当然,题目表述的讲究也适用于副标题。

法科研究生论文包括学位论文的题目表述欠缺"精炼性"的例子,如《文件分享服务提供者刑事案件中"明知"认定的域外考察及借鉴》,选题者所想直接研究的就是文件分享服务提供行为构罪的"明知"认定,而在此认定中需要"域外考察"且予以"借鉴"。其实,在"域外考察"且予以"借鉴"的基础上或结合"域外考察"以及可从中引出的"借鉴",作者自然还应作出更进一步的完整论证。于是,前述题目似可精炼为《文件分享服务提供构罪的"明知"认定》。又如《受贿罪构成要件涵摄下的"为他人谋取利益"》,在该题目中,"为他人谋取利益"本来就是受贿罪的法定构成要件,故该题目完全可以精炼为《受贿罪的"为他人谋取利益"》。再如《论审判中心主义视阈下刑事程序分流机制建构》,在该题目中,"审判中心主义视阈

〔1〕 张力为:"研究生论文30忌",载《北京体育大学学报》2008年第5期,第647页。

〔2〕 霍小梅:"研究生论文选题宽泛的主要内部因素探析",载《四川教育学院学报》2009年第11期,第38页。

下"已有"论"的意思,故"论"字属于表述累赘,故前述题目可以精炼为《审判中心主义视阈下刑事程序分流机制建构》)。

法科研究生论文包括学位论文的题目表述欠缺"规范性"的例子,如《侵犯公民个人信息犯罪刑法规制之省思》,在该题目中,除了"之省思"存在表述是否妥当问题,"犯罪"的"刑法规制"本是顺理成章的事情。选题者的本意显然是反思即"省思",遏制侵犯公民个人信息这种违法现象对刑法手段的过度依赖,但"违法"是一个外延大于"犯罪"的概念,故题目中的"侵犯公民个人信息犯罪刑法规制"变换为"侵犯公民个人信息刑法规制",才符合"规范性要求",且同时也符合"精炼性"要求。再如《网络服务提供者的刑事责任研究》,网络服务提供者是网络服务的业务群体,这个业务群体本身是不存在刑事责任问题的,而选题者的本意是指"网络服务违法提供"这种行为的刑事责任问题。可见,"网络服务提供者的刑事责任研究"给人一种突兀之感,而符合专业规范的题目表述似应是《网络服务违法提供的刑事责任研究》。又如《中立帮助行为入罪研究》。所谓"中立帮助行为",诸如出租车司机明知乘客前往目的地实施犯罪行为,但还是出于赚取打的费而将乘客运到目的地,或如店家明知买主从其店中购买刀具是为了实施抢劫或行凶等犯罪,但还是出于获得营业额而将刀具予以出售。问题是,但所谓"中立帮助行为"终究是"中立行为",则"中立帮助行为入罪"合情合理合法吗?可见,《中立帮助行为入罪研究》是一个存在"规范性"问题的选题。实际上,选题者主张入罪的应是"业务过当行为",即《中立帮助行为入罪研究》应变换为《业务过当行为入罪研究》才符合专业规范。

实际上,题目的"精炼性"与"规范性"及其程度,也是选题者"问题意识"的一种生动体现。

(三)法科研究生论文题目的"帽子"与副标题

在论文包括或特别是学位论文的题目表述中加"帽子"和副标题,也越发成为法科研究生论文包括或特别是学位论文题目表述的一种"新潮"。易言之,在题目表述中加"帽子"和副标题似可显示出选题的丰满和作者的精心构思。所谓在题目表述中加"帽子",诸如"……视角(视野或视域)下的……"或"……:……的视角(视野或视域)"这样的选题越来越多。在论文包括或特别是学位论文题目中加"帽子"并非不可以,甚至可以凸显选题在研究进路上的非同寻常之处,正所谓"横看成岭侧成峰,远近高低各不同"，但好多同学弄巧成拙。因为既然是采用某种视角来论述问题，则通篇论述都应体现某种视角，而好多论文的目录立马告诉读者这样的论文只是在主文的某一部分体现了某种视角，从而陷入"视角不全"。如有一篇题目是《刑法视域下"套路贷"行为性质的认定》的论文，其题目表明所采用的是"刑法视域"即"刑法视角"，但其正文却出现了大段的"民法角度"的定性分析。这便使得所加"帽子"好像是头顶一片树叶或一张纸片，转瞬即可随风而去，或刚迈步便可抖落坠地。因此，如果没有"俯瞰全局"的能力，我建议法科研究生论文包括或特别是学位论文不要随意添加某种视角的"帽子"，以免弄巧成拙或"哗众取宠"。

至于在题目中加副标题，这也是专业论文包括学位论文的常见现象。按照通常的理解，副标题所对应的内容只能说与主标题有关联性，且又不在主标题的直接涵盖或统摄之下，否则便无必要加副标题。但可以肯定的是，副标题也是标题，从而其有实际问题指向。例如，我们可在"刑事责任能力的本质"这一主标题之下加一个"兼论人工智能犯罪主体化"这一副标题。在以往的法科研究生平时论文写作中，或是在法科研究生学位论文的开题报告乃至答辩中，竟有通过破折号而将"立于……视角（视野或视域）""以……为例""以……为素材"和"基于……证成"之类作为副标题。这种做法应该说是违背了副标题的"本旨"。

二、法科研究生论文的摘要等

摘要、关键词、引言（绪论）和结语是当下包括法科研究生论文包括学位论文的格式化或定制化要求。从让读者很快知晓一篇论文的主要论证看问题，则摘要、关键词和引言（绪论）的格式化或定制化要求是合理的；而从让读者能够全面回顾主要论证看问题，则结语的格式化或定制化要求也是合理的。但当下法科研究生论文包括学位论文的摘要、关键词、引言（绪论）和结语，同样普遍不合要求，甚至很糟糕。

（一）法科研究生论文的摘要

就一篇法科研究生论文包括学位论文的摘要而言，其是对本文论证的高度凝练，以通过一般在500字以内的概要而让读者对本文从逻辑展开到基本立论先形成一个概观的了解和把握。但就当下法科研究生论文包括学位论文摘要的写法而言，其存在的主要问题包括：或是在先三言两语交代完选题背景之后，接着以作者将展开某种大致的思考或论述这类"宣布要开工"的话语，便将摘要予以完结，以至于摘要几乎与引言无异，亦即使得摘要"摘"得很不到位；或是将作者要论述的要点粗略地，往往也是缺乏关联递进地"拾掇"在一起，亦即使得摘要"摘"得很零乱。另有滑稽的现象是，竟有让"供批判指正"和"求教于方家"这样的貌似谦虚实即心虚的表达也出现在摘要中。在我看来，在500字以内的摘要中，可以先有一两句选题背景的交代，接着作者应在一种"中性客观"的语气中，以高度凝练的语言，且体现主体论证的前后衔接或层层递进而将本文的主要论证交代给读者。

进一步地，摘要与引言（绪论）以及结语的关系也是一个需要予以适当把握的问题。首先，一篇论文的摘要与结语既有相通之处，又有区别。在我看来，一篇论文的结语也是对全文论述的概括或总结，但结语同时还多少带有点提升乃至"学术展望"的意味。由此，结语包含摘要的内容，但比摘要又显得较为丰富一点。于是，结语在与摘要内容相同部分应尽量避免表述上的文字重复，且在篇幅上应显得比摘要长一些，同时还要有点对引言（绪论）的回应意味。另外，在引言（绪论）之中，我们往往也能看到摘要的一点点影子。

最后要强调的是，好的摘要与好的选题往往能够一下子使得一篇法科研究生的论文包括学位论文获得读者的充分认可，而这个道理在平时论文的投稿发表中更是如此，因为好的摘要与好的选题往往一下子就能把一篇论文的"门面"显眼地撑起来了，即通常所谓"吸引眼球"。

（二）法科研究生论文的关键词

就一篇法科研究生论文包括学位论文的关键词而言，关键词的提炼状况更加糟糕，因为有相当多的法科研究生根本就没有真正领会何为关键词。在以往参加法科研究生论文的开题或答辩过程中，我发现，作者竟会将一级题干中交代作者要做什么的措辞作为关键词。如一篇犯罪学的论文，作者竟会将"特征分析""原因分析"和"措施分析"直接作为关键词。其实，就这样的论文而言，作者似乎应将直接描述某种犯罪特征的词汇如"有组织性"等列为关键词，或者应将直接描述某种犯罪原因的词汇如被害人的"占便宜心理"等列为关键词，或者应将直接描述某种预防措施的词汇如"联防机制"等列为关键词。可见，在3个至5个数量要求中，关键词至少应是直接表明作者学术主张或实践方案等实体词汇。当然，论文题目的主干词首先是关键词，如"论罪刑法定原则的明确性"这样一篇论文，"罪刑法定原则"和"明确性"应当列为关键词，而进一步展开"明确性"的"文义射程"或"预测可能性"等也似堪当该篇论文的关键词。除了题目中的主干词，对其他关键词的提炼直接反映作者思考和论证问题的广度和深度，故法科研究生在每篇论文中都需要训练关键词的提炼能力。

（三）法科研究生论文的引言（绪论）

如果说题目和摘要以及关键词常常能够收到使得读者对一篇论文"先入为主"的心理效果，则引言（绪论）则似乎又是在从头铺垫。能够强化或提升题目和摘要以及关键词已经产生的好感效果的引言（绪论），自然是成功的引言（绪论）。法科研究生如何尝试引言（绪论）的撰写呢？就我所知，至少就法科研究生的学位论文而言，引言（绪论）的内容也有多项要求，但应在前面部分力求产生"好感"的基础上再力求"引人入胜"的心理效果。而在试图"引人入胜"的那部分，在作出选题背景的大致描述后，对写作价值的特殊性、论证思路的独特性和学术创新的可预期性，作者要作出让读者基本肯定其自信的展望式交代。在某种意义上，引言（绪论）是接下来的主体论述的阀门或闸口，而此阀门或闸口应力求收到"一泻而下"乃至"一发不可收"的"诱读效果"。

（四）法科研究生论文的结语

顾名思义，结语是一篇文章对其之前部分的总结或归结，但法科研究生论文包括其学位论文的结语也是可以甚或应该予以"讲究"一下的。于是，除了是对前面部分从选题意义到论证方法和论证过程再到基本立论的扼要回顾，好的论文结语还应该是一个"意犹未尽"的结语，特别是之前的部分已经产生了"引人入胜"的效果。为何法科研究生的论文应该有一个"意犹未尽"的结语呢？在我看来，"文外原因"有二：一是题目所对应的课题仍然属于所谓"学无止境"，即其向左右可以拓宽，向上可以提升，而向下可以掘深；二是"意犹未尽"的结语既是给作者本人预留后续思考的空间，甚至是作者对后续研究的"自我预约"，从而强化学术研究即专业科研的持续性和系统性，也是给读者一个新的期待或"盼头"，而此期待或"盼头"就是读者对作者及其学术的无声关注。总之，好的结语能够让一篇法科研究生论文留下于已于他的"好的意向"，从而一个"意犹未尽"的好结语，意味着一篇论文"结而未结"即"字尽而意未尽"。由于前述两个原因，虽然篇幅相对较小，"意犹未尽"的好结语就好像是一个大的托盘，里面既盛着本文的基本论证，也盛着于已于他的"美好意向"；"意犹未尽"的好结语又好像是一座金字塔的基座，其稳当地承载着本文的基本论证且可以继续"拓宽与拔高"。而无论是"托盘"的类比，还是"金字塔基"的明喻，一个"意犹未尽"的好结语，最终能够成就一篇法科论文的"金字塔形架构"或"正三角形架构"，而非"倒三角形图样"。于是，"金字塔形架构"或"正三角形架构"，又为"意犹未尽"的好结语从文章架构层面提供了"文内原因"，且此"文内原因"别具一番审美色彩或审美意趣。

不过，形成一个"意犹未尽"的好结语也并非易事，因为除了要求作者本人对已经作出的论述有较强的总结与规整能力，还要求作者本人对已经论述的题目具有时空层面的"想象力"与"敏感性"，且时间层面的"想象力"与"敏感性"意味着作者本人要谙熟已论题目所对应的课题的学术动态，而空间层面的"想象力"与"敏感性"则意味着作者本人要"预见"已论题目所对应的课题的广度、深度或高度。这里，对学术动态的"谙熟"与对相关课题广度、深度或高度的"预见"，正是"意犹未尽"的内容。当然，由于"意犹未尽"终究要予以简短的"字尽"，故一个"意犹未尽"的好结语必是文章中一个匹配"金字塔基"的"大信息量"部分，从而也是一个具有高度浓缩性，甚至是最为精彩的部分。

我们通常说文章要"首尾呼应"。对法科研究生的论文包括学位论文而言，一个"意犹未尽"的好结语不仅能够做到"首尾呼应"，而且还有"继往开来"的"学术愿景"。

三、法科研究生论文的主体

主体部分是法科研究生论文包括或特别是学位论文存在问题得到最集中体现的地方。

（一）避免煞有其事的"本文概述"

在法科研究生论文特别是其学位论文的开题报告乃至答辩中，我常见论文主体部分即主体第一部分"本文概述"这样的内容安排。如有研究生将"危险驾驶的司法认定"作为学位论文选题，且将"引言"作为第一章，且将"危险驾驶罪概述"作为第二章。而在"危险驾驶罪概述"这一章之下，该同学又辟出如下内容："2.1危险驾驶的发案现状；2.2危险驾驶罪的立法经过；2.3危险驾驶的概念；2.4危险驾驶的特点；2.5危险驾驶的几种常见类型"。接下来，该同学将"危险驾驶罪的犯罪构成""危险驾驶行为的罪与非罪""危险驾驶罪的犯罪阶段形态""危险驾驶罪的共犯形态"依次作为第三章、第四章、第五章和第六章。当被问为何要把"危险驾驶罪的本文概述"作为专门一章，该同学往往这样回答，即为了最终解答"危险驾驶的司法认定"，就有必要先对"危险驾驶罪"作个一般性铺垫。问题在于：一是当作者要交代的"危险驾驶罪"的发案状况、立法经过、基本概念、基本特征或常见类型等为业内人士所熟知甚至是一种常识性东西，则"危险驾驶罪的本文概述"是否必要甚至单列一章？二是若出于问题关联性考虑，则是否还要进一步对"危险"和"驾驶"再予追根问底，甚至是无休止的交代？三是当"概述"意味着要对相关主题所逻辑包含的方面都要"面面俱到"，如"危险驾驶罪的概述"本应有危险驾驶罪犯罪构成等内容，这样一来，则如何保证"概述全面"？从我对有"本文概述"安排的诸多论文的观察，所谓"本文概述"大多数乃至绝大多数要么"概述不全"，要么"眉毛胡子一把抓"。实际上，"本文概述"中的有些文字（如选题背景资料）可根据需要而有选择性地分散或"嫁接"到引言（绪论）或主体论述的适当位置中去。这里需要特别指出的是，由于"本文概述"有"面面俱到"之倾向，故其容易在主体论述部分冲淡"问题意识"而直接影响作者论证的深度性以及各部分之间的衔接性乃至递进性。不客气地说，"本文概述"的主体内容安排也不乏"凑字数"或"凑篇幅"的蒙混动机。

既然我们所应避免的是煞有其事的"本文概述"，则当"本文概述"的有些内容尚有利用价值，则正如前文指出的，有利用价值的内容可运用到引言（绪论）中，或运用到下文的必要地方去。而那些完全无用的内容甚至是"常识性废话"，该删除则应毫不心疼。

（二）避免无的放矢的"域外考察"

在以往的法科研究生论文特别是学位论文中，"域外考察"也是一种时髦的主体内容安排。为何"域外考察"也成为法科研究生论文特别是其学位论文主体论述中一种时髦安排呢？依我揣度，同学们似想通过"域外考察"来"彰显"其对法治问题有对外借鉴甚或"洋为中用"的意识。这里，对外借鉴甚或"洋为中用"意识当然是好的动机或想法，但"域外考察"要与本文的主体论述紧密结合起来，即"域外考察"要为相关法治问题的本土解答即

"中国解答"提供成败得失的正反借鉴，而非"为了域外考察而域外考察"。在对法科研究生论文的以往审阅或参加开题报告乃至答辩中，我经常看到没有为下文的命题确立和方案设计作出借鉴铺垫的"域外考察"，而这样的"域外考察"几乎是清一色的"大陆法系怎么样""英美法系怎么样"等，甚至直接就是"德国怎么样""日本怎么样""英国怎么样"和"美国怎么样"等，且前述"怎么样"基本上就是域外立法文献的机械堆砌而严重缺乏梳理归纳或总结。之所以会有前述那些行文做法，乃因为相关同学本来就没有明确的对外借鉴甚或"洋为中用"意识。很不严谨或很不规范的现象是，有的同学竟然直接把"大陆法系"或"英美法系"作为二级标题的名称，甚至直接将"德国"或"日本"或"英国"或"美国"等国别作为孤零零的二级标题的名称。进一步地，这种不为下文作借鉴铺垫即"为了域外考察"的"域外考察"，即便是放在主体内容的第一部分，也显得极其突兀，从而破坏正文部分应有的内在衔接性或递进性。不客气地说，"域外考察"的主体内容安排，不仅有点"崇洋媚外"的做派，同样有着"凑字数"或"凑篇幅"的蒙混动机。当然，"域外考察"的行文喜好，也是有其来头的。正如学者指出："很多专著都会不顾论文论述的主旨和目的，进行所谓的比较法考察，在罗列了各国的制度规定之后又不做任何的总结和概括，这种与论证完全脱节的体例安排模式对青年学生的影响非常之大。"[1]由此，研究生导师更要注意避免自己"为了域外考察而域外考察"的学术做派直接"误导"自己的研究生。

　　既然我们所应避免的是无的放矢的"域外考察"，则"域外考察"一定要有成败得失的总结与提炼，从而为下文的"本土论证"作出有力的铺垫。这里所说的有力铺垫有两个层面的含义：一是通过"域外考察"所总结与提炼出来的成败得失，一定要在下文的"本土论证"中形成问题对应；二是下文的"本土论证"，要积极回应"域外考察"所总结与提炼出来的成败得失，即将"域外考察"所总结与提炼出来的成败得失充分结合或糅合到下文的"本土论证"中。只有这样做，才能真正体现对外借鉴或"洋为中用"之意。而只有这样做，才能把持"域外考察"与下文"本土论证"之间的衔接性和递进性，从而有助于主体部分的架构严谨性。在审读存在前述"域外考察"问题的论文之余，我总是耐心地提醒有关同学特别是我带的研究生：如果

---

　　[1]　陈瑞华：《论法学研究方法——法学研究的第三条道路》，北京大学出版社2009年版，第61页。

"域外考察"实在不能总结提炼出较为系统全面的成败得失，则至少没有单列为文章主体独立部分即设立一级标题或独立设章的必要。而如果有的域外立法例也还有点参考或借鉴价值，那就在"本土论证"中"相机择用"或"因需而引"。

（三）避免前后无着的"案例介绍"

当下的法科研究生论文写作越来越流行"案例引入法"，这种写作手法在法科专业型研究生论文包括学位论文写作中似乎更有必要性和可行性。但在对法科研究生论文的以往阅读或参加开题报告乃至答辩中，我经常看到这样一种现象，即有的同学将"案例介绍"作为论文主体独立的一级标题或独立的一章，而其中的内容除了一两个案例的案情介绍、观点争执和法院裁判，再无其他内容，当然也没有为下文主要论证设置论点即"论述焦点"的总结与提炼。正如"为了域外考察而域外考察"，前述做派或所谓"写作手法"可以描述为"为了案例介绍而案例介绍"，其既未发挥提出问题的引言性功能，也毫无对下文主体论证的铺垫功能，真可谓"前不着村，后不着店"。前述做派或所谓"写作手法"同样给人突兀之感，且同样有损于文章主体架构的衔接性与递进性。

既然我们所应避免的是前后无着的"案例介绍"，则"案例介绍"一定要有提炼问题的文章架构功能，从而为下文的主体论证作出有力的铺垫，即满足"提出问题—分析问题—解决问题"的路径需要。这里所说的有力铺垫也有两个层面的含义：一是通过"案例介绍"所总结与提炼出来的问题，一定要在下文的主体论证中形成问题对应；二是下文的主体论证，要积极回应"案例介绍"所总结与提炼出来的相关问题，即将"案例介绍"所总结与提炼出来的相关问题充分展开在下文的主体论证中。只有这样做，才能真正体现"从实践中发现问题"。而只有这样做，才能把持"案例介绍"与下文主体论证之间的衔接性和递进性，从而有助于主体部分的架构严谨性。在审读存在前述"案例介绍"问题的论文之余，我总是耐心地提醒有关同学特别是我带的研究生：如果"案例介绍"实在不能总结提炼出与下文主体论证完全对应的问题，则同样至少没有单列为文章主体独立部分即专设一级标题或独立成章的必要。而如果个案对主体论证确有"例证价值"，则同样可在主体论证中"相机择用"或"因需而引"。

（四）避免"教科书式"的"平铺直叙"

"教科书式"的"平铺直叙"问题是法科研究生论文特别是其学位论文写作中一个老生常谈的话题，其直观体现是一篇论文总是少不了"概念"和"特征"云云的专门内容安排，或专设一级标题，或专设一章。法科研究生论文特别是学位论文的"教科书式问题"，正如陈兴良教授指出，论文不像论文而无论文的品格与品质。法科研究生的论文特别是学位论文的"教科书式"的"平铺直叙"，或是在同级同学之间"一个接一个"地重复出现，或是在上下级同学之间"一茬接一茬"地重复出现。前述现象，在形式层面上可以视为缺乏"学术训练"所致，而在实质层面上可以视为缺乏"问题意识"所致。于是，"教科书式"的"平铺直叙"不仅直接影响一篇法科研究生论文的衔接性和递进性所体现出来的内在结构性，而且直接影响其创新性或创新程度。

既然我们所应避免的是"教科书式"的"平铺直叙"，则意味着一篇法科研究生论文特别是其学位论文的写作，不应是一个横着走的"扁平式"思考过程，而应是一个向下"层层挖掘"即力求"深度"的"旋掘式"思考过程，或向上"级级攀升"即力求"高度"的"拱举式"思考过程，而力求"深度"或力求"高度"的思考过程便容易是创新过程。

（五）避免两个方向的"文不对题"

所谓两个方向的"文不对题"，一个是正文表意大于题目的"文不对题"，一个是正文表意小于题目的"文不对题"。所谓正文表意大于题目的"文不对题"，是指正文的论述出现了题目所没有指向即不能涵摄或统括的内容，亦即正文论述在内容上出现了"王顾左右而言他"的局面，而其形式表现即"帽小头大"。如有一篇题目是《刑法视域下"套路贷"行为性质的认定》的论文，其欲讨论的是"套路贷"的"行为性质"，但其一级标题依次却有"'套路贷'行为的规制现状""'套路贷'行为是高利贷行为""'套路贷'行为侵害法益之辨析"和"涉高利贷行为的刑事规制路径选择"。显然，只有第二个一级标题即"'套路贷'行为是高利贷行为"能够与题目形成直接的主题对应，而其他一级标题及其所对应的论述显然属于"王顾左右而言他"，从而使得全文给人一种"东扯一把，西扯一把"的感觉。再如有一篇题目是《生态系统理论下网络暴力治理体系建构的新路径》。其内容目次是："引言/ 一、数字时代网络暴力问题的根源 /二、网络暴力的治理困境/ 三、生态系统理论下网络暴力的治理逻辑/ 四、生态系统理论下网络暴力规制新路径/结语。"将题目与目次对照，我们可发现：首先，题目中"生态系统理论下"这一"帽子"并未覆盖主体论证，即该"帽子"只在第三、四两个部分得到照应，亦即第一、二两部分并未反映出是在"生态系统理论下"。因此，论文的"帽子"要就不加，要加就要加得"牢"，即对全文具有"全方位覆盖性"，否则便有弄巧成拙之嫌。如果"生态系统理论"确有参考价值，则在正文中妥当运用即可。其次是，题目的主题词是"新路径"，但正文直到第四部分才让读者看到"新路径"的"点题"，这便使得文章在形式上形成了"帽小头大"，即文章的第一、二、三部分并不在题目的"辐射"或"覆盖"之下。因此，法科研究生的论文一定要注意题目与正文论述要有"对应性"，亦即题目要有对正文论述的"概括性"。这种"王顾左右而言他"即"帽小头大"的行文，显然偏离了题目本身所对应的主题而难以形成"聚焦式"论述，从而难以形成更好的创新，因为"多点开花"显然难有深度。"帽小头大"的行文禁忌在中小学生的作文中经常被提醒，但这种行文禁忌在法科研究生论文包括学位论文中却经常被忽略。不客气地说，包括法科研究生论文"头大帽小"的现象多少能够印证相关同学的中小学时期的作文水平。

所谓正文表意小于题目的"文不对题"，是指正文的论述在表意上小于题目所对应主题的"信息量要求"，甚至有"欲语还羞"的作态，而其形式表现即"帽大头小"。实际上，所谓在表意上小于题目所对应主题的"信息量要求"，集中体现为没有达到主题所要求的创新度要求。在以往审读法科研究生论文或者参加开题报告乃至论文答辩过程中，我经常发现有的选题很好，其提出问题乃至分析问题也相当到位，但解答问题则"浅尝辄止"或"稍触即退"，以至于给人一种"强弩之末"或"虎头蛇尾"，从而"很遗憾"的感觉。但就一篇专业论文而言，在从"提出问题"到"分析问题"再到"解答问题"的"三部曲"中，毕竟还是"解答问题"最为重要。于是，当"头大帽小"，是法科研究生论文一个方向的"文不对题"，则"帽大头小"便是另一个方向的"文不对题"。相应地，当"头大帽小"是因为对论题的宽度把握失当而难以形成更好或应有的创新，则"帽大头小"则是"钻劲不足"而没有形成更好或应有的创新。实际上，无论是避免"头大帽小"的"文不对题"，还是避免"帽大头小"的"文不对题"，都是为了能够"对标"主题而展开"集中火力式"的深入思考以求有所创新或更好的创新。

一篇法科研究生论文特别是其学位论文，之所以应避免煞有其事的"本文概述"、无的放矢的"域外考察"、前后无着的"案例介绍""教科书式"的"平铺直叙"和两个方向的"文不对题"等，是力求做到论文体系的无矛盾性、独立性和完备性，从而体现论文思维的连贯性与融通性，[1]以最终实现主体论证的衔接性与递进性。

本章小结

法科研究生论文架构问题，既是研究生本人的问题，也是研究生导师的问题，而且首先是研究生导师的问题，因为当"导师不导"，则必然形成研究生论文架构问题，除非研究生对其导师的"指导"充耳不闻，或研究生本人实在是悟性太差甚至"朽木不可雕也"。法科研究生论文架构既是个静态问题，又是个动态问题，其构成了法科研究生科研能力的集中体现，正如有人指出，研究生论文的写作能力包含对论文写作方法与规律的认识与理解能力，[2]故研究生本人与其导师应形成"师生互动式"的高度重视。法科研究生的论文架构即其"章法"所在，而当没有"章法"，则论文中只看到文字的堆砌而看不到作者灵性的火花。[3]因此，每一篇论文的架构，都是法科研究生的一次"学术之旅"，而研究生与其导师在此"学术之旅"中将从师生情谊到学术本身都将获得"双赢"。

法科研究生论文同样是由题目、摘要和关键词、引言（绪论）、主体和结语架构而成。法科研究生论文的"选好题"包含着"选实题"和"选适题"，且在符合规范、精炼表述要求的同时，还应把握好"加帽子"和副标题问题；法科研究生论文的关键词提炼应直接反映主体论证，而不能是作者要解答什么问题的诸如"分析"和"对策"之类的意向性词汇；法科研究生论文的引言（绪论）应通过独到路径的采取和新颖立论的可预期来起到"引人入胜"的"诱读效果"；法科研究生论文的结语，除了是对主体论证的归结，同时还

---

〔1〕　宋宁娜："教育研究与科学研究——兼论研究生论文指导"，载《南通大学学报（社会科学版）》2010年第5期，第117页。

〔2〕　杨继成、陈艳春："研究生论文写作教学改革探索"，载《教学研究》2006年第5期，第400页。

〔3〕　张力为："研究生论文30忌"，载《北京体育大学学报》2008年第5期，第647页。

应形成"意犹未尽"即"字尽而意未尽"的后续效果,以形成"正三角形"的形体结构和"表意结构"。法科研究生论文的主体论证应避免煞有其事的"本文概述"、无的放矢的"域外考察"、前后无着的"案例介绍""教科书式"的"平铺直叙"和两个方向的"文不对题"等,以力求主体论证的连贯性与融通性、衔接性与递进性。法科研究生的论文架构是专业基础与科研能力的集中体现,而在训练法科研究生论文架构能力中,研究生导师责无旁贷。当然,我所讨论的法科研究生论文的"章法"问题及其应对,也相当程度地存在和可适用于其他文科研究生的论文中,即法科研究生论文架构所对应的"章法"对其他文科研究生论文至少具有一定的可参考性。

第十一章

法科研究生的深谙与直觉

在法科道路的成长与进步过程中，法科研究生特别是学术型研究生应深谙法科的品性，且应力求形成法科专业直觉。

一、法科研究生应深谙法科品性

深谙法科的品性，这不仅直接有助于法科研究生科研素养的提升，而且直接有助于其"法律人"的人格养成。

法科研究生应深谙：法科是形塑信仰之科。法字左部是个"水"字，而"水"字旁带给我们的是对法平之如水的想象。对法平之如水的想象便是人类永恒追求的公平、正义的感性呈现，而公平、正义则是人类有史以来对法所寄托的一种永远无法达致的完美，却又不言放弃的信仰。由此，法科是形塑信仰之科。在伯尔曼提出"法律必须被信仰"之后，对法律信仰问题，国内先是肯定者多，几乎形成了"一片欢呼"的局面。[1]但后来，反思、质疑和批判法律信仰的声音也越来越多。可以认为，研习法律者怀疑法的信仰乃至根本没有法的信仰，便是一种无名的悲哀！法科所形塑的信仰首先是法科从业者们自身的信仰，然后才是法科所影响的人们的信仰。有了法律的信仰，才有在法科上的"衣带渐宽终不悔，为伊消得独憔悴"。在法科中形塑法科从业者们自身的信仰，才能让其显得可善，进而可亲可爱，正如穆罕默德曾说："当今世界，人类心灵所得的疾病就是缺乏信仰。"而"有两件事我最憎恶：没有信仰的博才多学和充满信仰的愚昧无知。"[2]有人说："法律是人类的作

---

[1] 杜宴林："论法学研究的中国问题意识——以关于法律信仰问题的争论为分析线索"，载《法制与社会发展》2011年第5期，第153页。

[2] [美]伯顿·史蒂文森主编：《世界名言博引词典》，周文标等编译，辽宁人民出版社1990年版，第863页。

品，并且像其他人类作品一样，只有从它的理念出发，才可能被理解。"[1]所谓"它的理念"实质就是作为法律这个作品的作者即人类的理念。由此，以法律为研究对象的法科应该秉承着相应的理念而展开研究，而此理念就包含着相应的信仰即对公平正义的信仰。

法科研究生应深谙：法科是安分守己之科。法字左部是个"水"字，而水带给我们的是静的感觉。静意味着什么？静意味着一种无言的期待。期待什么？期待规范被遵守，被信奉，乃至被忠诚。这就要求每个人在处理与他人或团体关系时，不要过度，不要越界，要静守在自己的"份内"。也就是说，每个人对自身的静守是法的期待，是法之静的"彩虹"。这种境况表面上是人与法的和谐，而实质上是人与人的和谐。由此，法科是安分守己之科。可以认为，研习法律者不安分守己而知法犯法，也是一种无名的悲哀！而法科职业人士懂法犯法，更为可悲！法科职业人士剽窃他人学术成果，则是其最不安分守己，因而最没有职业信仰之举，故最为可悲！

法科研究生应深谙：法科是宽严相济之科。法的左部是个"水"字。水有滚烫之水；水有寒彻之水。滚烫之水与寒彻之水的调和便成温和之水。温和之水，不仅解渴，也益于人体。由此，研法之学便是宽严相济之学。"唯有刚毅的人才会真正做到温和，那些貌似温柔的人，往往除了软弱以外别无他物，而且容易变得苛刻。"[2]如果说法律是人为的产物，则刚柔并济不仅可以用来描述一个人的品性，也可以用来形塑一种制度包括法律的品性。法律的刚柔并济亦即法律的宽严相济。由此，法科便相应地是宽严相济之科或刚柔并济之科。

法科研究生应深谙：法科是探求道理之科。法字右部即一个"去"字带给我们水之流动的想象：时急时缓，时直时曲。由此，法科是探求道路和情理之科，即探求道理之科。违法犯罪被斥责为"无法无天"，其中"法"和"天"皆为事物的道理包括规律，而"天"则是事物的道理及规律的最高代表或象征。爱默生曾说："人类有法律，事物有规律。"[3]由于法律也是一种"事物"，故"法律有规律"或"法律即规律"，亦即"法律即道理"。由此，

———

[1] [德] 拉德布鲁赫：《法哲学》，王朴译，法律出版社2005年版，第3页。
[2] [美] 伯顿·史蒂文森主编：《世界名言博引词典》，周文标等编译，辽宁人民出版社1990年版，第812页。
[3] [美] 伯顿·史蒂文森主编：《世界名言博引词典》，周文标等编译，辽宁人民出版社1990年版，第170页。

法科人应该"目中有法"而"心中有天"。法科人应该"目中有法"而"心中有天",意味着法科人应彻底丢掉"阁中游戏"与"自言自语",即应投身到当下的社会转型与可持续发展之中而将自身历练成真正的"法社会人"乃至"法生活人"。由此观之,曾经的死刑存废之争是刑法学科中关于刑罚立法的探求道理之争;"许霆取款案""张明宝醉驾案""吴英诈骗案"之争则是刑法学科中关于定罪量刑的探求道理之争。事物的道理包括作为其体现的常识、常理、常情永远是法科研究的无条件的观照。爱·科克曾说:"法律如果不讲道理,即使延续时间再长,也还是没有制约力的。"〔1〕而托·富勒曾说:"人类受制于法律,法律受制于情理。"〔2〕法科应当无条件观照事物的道理。乔·拜伦曾说:"谁把法律当儿戏,谁就必然亡于法律。"〔3〕由此,"谁把道理当儿戏,谁就必然亡于道理",包括法科从业者。而"法科亡于道理"意味着法科没有实践生命力且愧对于作为法科的名头。张爱玲曾说:"遇见你,我变得很低很低,一直低到尘埃里去,但我的心还是欢喜的,并且在那里开出一朵小花来。"在事物的道理面前,法科应该"变得很低很低",并且应在"低到生活里"开出事物道理的"朵朵小花"。

　　法科研究生应深谙:法科是设计方法之科。"法"字本来就有方法之意。"在法科领域,法律工程研究乃是立足于真实的人的生活,充分考量人的生活目的,以一定的法律价值、社会价值和政治立场为路径控制根据,以达到理想的法律生活境界为指向,通过运用法科中的法律理论研究成果即有关法律的'规律'或'道理',综合运用其他各种人文社会科学的思想理论资源、一系列相关的社会因素和条件所构成的历史与现实材料,以实际的社会效用与法律效果为指标,思考、设计和建构理想的法律制度框架及其实践运行机制的思想操作活动。"〔4〕言法科的工程性研究隐含着法科乃设计方法之科。在相当意义上,贝卡里亚的《论犯罪与刑罚》可以看成是一部刑法工程学,正

〔1〕　[美]伯顿·史蒂文森主编:《世界名言博引词典》,周文标等编译,辽宁人民出版社1990年版,第173页。

〔2〕　[美]伯顿·史蒂文森主编:《世界名言博引词典》,周文标等编译,辽宁人民出版社1990年版,第173页。

〔3〕　[美]伯顿·史蒂文森主编:《世界名言博引词典》,周文标等编译,辽宁人民出版社1990年版,第172~173页。

〔4〕　姚建宗:"法学研究及其思维方式的思想变革",载《中国社会科学》2012年第1期,第128~129页。

如贝卡里亚设计"罪刑阶梯"所直观印证的那样，也正如他把刑罚喻为"政治阻力"所直观印证的那样。但法科之方法性不仅意味着法科要着力于解决具体法律问题的方法，而且意味着法科本身要"博采众长"或"海纳百川"而成为群科之科。法哲学、法经济学、法社会学、法心理学早已为我们谙熟，而法工程学则是社会转型与社会可持续发展对法科所提出的专业分类新要求。

深谙法科的品性，则我们的法科研究生便可知道如何对待法科这门学问，也可知道如何对待法科这项职业。

二、法科研究生应形成专业直觉

对我而言，所谓专业直觉是自从踏上法科之途通过多年的苦心孤诣而形成的对专业问题的"结论在先，理由待详"的认知状态。由于这种认知状态是形成于研究生生涯中，故虽然这里的专业直觉是来自我的一个话题，但其对法科研究生同学的专业科研或有一番启发甚至鼓动即"提振士气"。

继 1989 年商业中专毕业，我以自学考试迈开了法科求索之路。直至 1996年 9 月 1 日跨进中山大学攻读硕士学位研究生之前，我所投寄过的关于法律方面的"论文"无一变成我所祈盼中的铅字。入读中山大学快一年时，我有生以来第一篇变成铅字的论文让我首次隐约感到直觉与法科研究之间有一种扯不断的联系。当时，给予刑法典修订以重大影响的死刑存废之理论热潮刚刚过去。此时，死刑问题似已无话可说。但是，对于死刑废除论所持的一个理由即死刑没有威慑力而无一般预防效果，是直觉告诉我死刑废除论至少当时乃至现时仍难以立足。我当时的直觉是，生命是人的利益中最可宝贵的东西即人的最高利益，故贪生怕死是人之本能。我在法院工作期间曾参加多次死刑执行，每次惊心动魄的感觉都可浓缩为那一个最常见的"怕"字。我至今还难以忘怀在一次行刑之中，一个行将就刑之人声泪俱下地说："我不想死啊！"可见，否认死刑之威慑力并进而否认死刑之一般预防效果的死刑废除论已经脱离了人的求生本能，不客气地说，这不是"睁眼说瞎话吗"？至于极少数人确实"视死如归"，那恰恰说明而不是推翻死刑之一般预防效果，因为一般预防是指预防众人犯罪而非预防所有人犯罪。直觉告诉我，至少从死刑之威慑力来看，死刑暂不能废除。于是，带着这种直觉，我又针锋相对地辨析了死刑废除论的其他理由，最后得出的结论是：在我国现阶段，死刑暂不能废止而只能严格限制，并废除已不该配置死刑的现行规定。第一次专业直觉之花所结出的果实是我的万余字《再论死刑》作为封面要目被刊载于国内较有影响的《法学》上。[1]我的论证曾被《法学研究》和《法学家》"刑法学科研究综述"所列引。这篇文章发表的附带效应是，中山大学当年一起录取的法科各专业同学开始对我这个唯一以同等学力考上的"师兄"刮目相看了。而这篇文章的写作与发表给我的体会是，只要你当初的直觉是牢靠的，那就"跟着直觉走"，"柳暗"之后必是"花明"。法科直觉来自长久的法科经典研读与沉思，是对某个法科问题的有待于随后补证的"先见"或"预判"，则珍惜专业直觉会让我们的法科研究生特别是学术性研究生更加鼓起"尊重权威，怀疑权威"，从而"小心求证"的创新勇气。而当我们的法科研究生将专业直觉与怀疑精神结合起来，则必定将有新的科研局面。直觉能给人勇于怀疑的心理先机！

同样是在专业直觉的驱使之下，我的《论刑法偶然因果关系》几经投稿后终于被刊载于一家学报。由于国内刑法中早就有刑法必然因果关系与刑法偶然因果关系的概念对应理论，故我当时动笔写这篇论文的专业直觉是：在哲学上，因果关系是指一种现象与另一种现象之间引起与被引起的关系。而既然一种现象已被另一种现象所引起，则已经是实现"必然"了，且偶然之背后所潜伏的仍是必然。那么，不仅"偶然因果关系"这一概念明显荒诞不经，就连"必然因果关系"这一概念也因"必然"二字而显得画蛇添足。这篇文章的写作与发表给我的体会仍是：只要你当初的直觉是牢靠的，那就"跟着直觉走"，"柳暗"之后必是"花明"。

专业直觉还使我"顽固"坚守其使我所确信的东西。在刑法理论和刑法实践中，共同犯罪问题早就盖棺论定，即共同犯罪须是共同故意犯罪，共同过失犯罪不是共同犯罪而只能分别定罪处罚。在我动笔写《论共同过失犯罪》之初，我用专业直觉来自我发问：过失与故意是两种并列的罪过形态，为什么故意犯罪能够成立共同犯罪而过失犯罪却不能？为什么在"共同"与"犯罪"之间插入"故意"能够构成"共同故意犯罪"而将之归属于共同犯罪，而"过失"就不能插入"共同"与"犯罪"之间构成"共同过失犯罪"并同样归属于共同犯罪呢？为什么理论和立法都已经采用了"共同过失犯罪"这一表述却又要回过头来否定这一概念呢？在不能抗拒这一专业直觉之下，于

---

[1]　马荣春："再论死刑"，载《法学》1997 年第 8 期，第 39~45 页。

中山大学攻读硕士学位研究生期间，我就写出了《论共同过失犯罪》一文，论证共同过失犯罪应为共同犯罪的一个类型并提出了共同过失犯罪的成立条件。该文修改润色和投稿多少次已不记清，直至博士研究生入学之后历时 8 年才发表于某法科核心刊物。虽然历时之长，但值得欣慰的是，我当初的专业直觉终于有了说法，而我对那个专业直觉，当然也是对我自己终于有了一个无怨无悔的交代。由该文的写作与发表，我感到要坚守一种专业直觉也相当不易，但也只有坚守下来，专业直觉才有其作为一种"灵性"的存在意义。

1997 年《刑法》的颁行使得单位犯罪的理论研究较新刑法典颁行之前更加"热闹"。于中山大学攻读硕士学位研究生期间，我明显感到国内刑法理论围绕着犯罪构成而使单位犯罪的犯罪论"如火如荼"，而单位犯罪的刑罚论几乎无人问津。于是，我开始注意单位犯罪的刑罚论中的相关问题。专业直觉告诉我：既然单位犯罪已经得到理论上的普遍认可，则单位犯罪与自然人犯罪一样也应存在着累犯问题、自首问题、立功问题乃至缓刑、减刑、假释问题，只不过其有特殊性罢了。在此直觉驱使之下，我首先开始了《论单位累犯》一文的精心撰写，其后便是《论单位自首》一文。直至我已硕士研究生毕业离校，《论单位累犯》一文也是几经投稿始得在一法科类核心刊物上发表。该文可以说是国内首篇论述单位累犯问题的论文，不仅被人大书报资料中心《刑事法科》全文复印和全文转载于《刑法问题与争鸣》，而且其论证被《法科学家》"刑法学科研究综述"所列引。《论单位自首》一文直至博士研究生入学之后也是历时 8 年始得在一法科类核心刊物上发表。在单位犯罪的刑罚论相关问题上取得的小小成果使我体会到：专业直觉不仅能给人以勇于怀疑的心理先机，而且更能给人以开拓创新的心理先机。她能于混沌模糊之中从给你一线亮光到给你一片明媚。通过《论单位累犯》和《论单位自首》的写作与发表，我真正体会到抓住直觉对专业研究之重要。这种体会曾使我于内心深处将 20 世纪 80 年代一首传唱大江南北的《金梭和银梭》中的"抓住时光莫错过"改为"抓住直觉莫错过"。

前面已经说过，专业直觉已经成了我专业研究的一种"灵性"。在此"灵性"驱使下，我又咬住了一些专业直觉并断定我不能就如此草率定论的刑法学科难题。如预备犯、未遂犯和中止犯这些未完成形态犯罪的犯罪构成与教唆犯、帮助犯这些狭义共犯的犯罪构成，分别被刑法理论不加争议地说成是从完成形态犯罪的犯罪构成和实行犯即正犯的犯罪构成修正而来，即所谓修正的犯罪构成。于是，我的头脑里闪过如下直觉：所谓修正的犯罪构成等于是说修正的犯罪构成所对应的犯罪或共犯本没有犯罪构成，可是，既然已把它作为犯罪或共犯的一个平行分类，其怎么能没有犯罪构成呢？再者，按照传统刑法理论，犯罪主体、犯罪主观方面、犯罪客体、犯罪客观方面这四大要件同时具备是行为成立犯罪之充要条件。由此，既然已经立于犯罪分类或共犯分类来谈论犯罪构成，再言其无犯罪构成或犯罪构成缺失，岂非自相矛盾？未完成形态犯罪的犯罪构成与狭义共犯的犯罪构成难道不应是独立而完整的吗？专业直觉告诉我，修正的犯罪构成理论值得推敲。

前面谈了那么多的专业直觉，则专业直觉是否与专业研究是一种理性的思维活动相矛盾？或者说，专业研究这种理性思维活动是否排斥专业直觉？再换句话说，强调专业直觉是否易使专业研究停留于表浅或感性而不得深入？实际上，一方面，当我把专业直觉说成是敢于怀疑的心理先机或在空白领域开拓创新的心理先机时，则专业直觉已经构成了我们往往并不知觉的专业研究的起点。获得了专业直觉便等于拿到了跨进某专业问题门槛的钥匙。这样，专业直觉便因其构成专业深思乃至专业研究的起点或钥匙而并不与相随其后的理性深入相矛盾；另一方面，当专业直觉让你对某个专业问题有所"顿悟"或"捕捉"的一刹那，其已经是理性思考的"半成品"，只是其尚显粗糙或"朦胧"而已，而相随其后的具体论证或逻辑展开只是对该"半成品"的深加工。由此可见，专业直觉对于专业研究包括法科研究多么重要！刑案侦破中不也有"肯定是那个人干的"直觉吗？虽然形成直觉时那还没有证据或证据不足，但最终往往是准确的。

直觉之于学术：直觉是学术积累所形成的一种敏感能力，故直觉是划破学术暗宇的闪电！不通过勤奋来抓住直觉而令其于懈怠之间一撞即逝，则其与麻木无异。若用实际行动来坚守你的专业直觉，则你的学术意志将越发变得坚韧，而你的专业收获也将越加丰硕。法科研究生同学也应记住：直觉是你的，直觉所导引的也是你的，而关键是要将她通过深入思考和付诸文字予以牢牢捕捉！专业直觉能让法科研究闪耀出火花。

法科的专业直觉从何而来且究为何物？法科的专业直觉来自长久的法科经典研读与沉思，是对某个新的法科问题的有待于随后补证的"先见"与"洞见"。因此，在某种或相当意义上，找不到或形成不了专业直觉是法科学术的一种失败。相反，专业直觉应是法科研究生专业素养和学术能力的最朴素的证明或体现。而当形成了专业直觉，则我们的法科研究生特别是学术型研究生便有着可喜的专业素养和专业能力了。但法科研究生的专业自觉，是形成于日积月累的专业积淀与学术训练的。

我向以"性情中人"自诩。大概易于直觉是"性情中人"之"个性特色"吧。直觉渐渐成了我治学刑法挥之不去，也不愿挥去的一种"灵性"，而此"灵性"曾多次"诱使"我展开刑法理论的学术篇章。正是专业直觉这么一种无形之"灵性"，让我这样一位离"家"还望尘莫及的刑法治学者渐渐养成了学格之独立，有时竟有孤芳自赏之傲。久而久之，我便深信：在坚持不懈的勤奋付出中，我们的法科研究生同学也能形成各自的专业直觉，并让各自的专业直觉将自己的学术或学问牵引向前。

最后要强调的是，法科研究生的专业直觉与其深谙法科品性有着一定的关联，即深谙法科品性与法科专业直觉似有"魂"与"魄"的关系，亦即虽然法科研究生的日积月累的专业积淀与学术训练中，但深谙法科品性似乎是将其专业直觉"召唤"出来。

本章小结

法科研究生应深谙法科的如下品性：法科是形塑信仰之科，法科是安分守己之科，法科是宽严相济之科，法科是探求道理之科，法科是设计方法之科。深谙法科的品性，意味着法科研究生能够把握治学方向和做人的基本操守。因此，深谙法科的品性应是法科研究生的一种基本素养。

不仅应深谙法科的品性，法科研究生还应通过坚持不懈地勤奋付出以形成专业直觉。专业直觉是对专业问题的一种敏感能力，也是一种"先觉能力"或"先见能力"抑或"洞见在先能力"，她往往能够开启新的命题甚至理论体系。专业直觉是法科研究生专业基础与专业能力的证明与体现。形成专业直觉也是法科研究生应有的基本素养。

法科研究生深谙法科的品性与形成法科专业直觉是相辅相成或相互关联的。具言之，深谙法科品性有助于法科研究生在法科的具体问题上形成专业直觉，甚至能够使之在法科的具体问题上"坚信"自己的专业直觉，而专业直觉又可视为法科研究生深谙法科品性所"悄然滋生"的，从而显得很自然的对法科具体问题的一种学术敏感性。

第十二章

法科研究生的命题妥当性意识

无论是学术型的法科研究生，还是专业型的法科研究生，终究都是研究生。既然是研究生，则理当在学问上有所建树。又当学问建树又是以"命题能力"为突出标志，则法科研究生的命题妥当性意识问题，便得以形成，即法科研究生的命题妥当性意识是一个有价值的"真问题"。于是，我以刑法学作为语境或切入"以点带面"地来讨论应为法科研究生关注的法科命题妥当性问题，且法科研究生们应了解和领会：法科命题妥当性意识的社会责任感、法科命题妥当性的理论学术意义和社会政治意义及其相互关系、法科命题妥当性排斥的命题倾向与法科命题妥当性的两个层面及其相互关系。这对法科研究生的成长进步有着特殊的意义。

一、法科命题妥当性的社会责任感

学者指出："刑法学家们以学术自由、学术独立的名义，将理论改造为刑法个别人的观念玩物而非生活的产物，学术被日益引向个人兴趣和理想化。"〔1〕而"学术界狂欢于自娱自乐的滋润，早把生养自己的社会抛到了九霄云外"！〔2〕在我看来，法科命题的妥当性不仅是表述上讲究形式逻辑的妥当性，而且或更是在概念与现实问题的信息对称上讲究事物逻辑的妥当性，即符合社会生活的本来面相与客观规律。这便使得法科命题所包含的主张或方案能够具有或更加具有对社会现实问题的针对性和适切性，从而能够使得社会现实问题的解决产生好的或更好的效果。社会责任理应是法科研究的学术担当，故法科命题的妥当性意识有利于克制法科研究的"自娱自乐"，从而滋生和强化法科研究的社会责任感。

---

〔1〕 文海林：《刑法科学主义初论》，法律出版社 2006 年版，第 296 页。
〔2〕 文海林：《刑法科学主义初论》，法律出版社 2006 年版，第 297 页。

在学者看来，当代科技突飞猛进所带来的犯罪领域、犯罪形式和犯罪主体的深刻变化对刑法科学化提出了许多有待认真研究的课题，从而使得传统的刑法概念被置于一个全新的阶段接受一次真正的大校验，但传统理论却体现出捉襟见肘和顽固不化，[1] 故其与社会和经济的关联度日益减弱，以至于被社会的接受度越来越低。[2] 于是，现行理论研究给人的深刻印象不是在满足现实需要和实现社会稳定最大化上下功夫，而是在试图寻找并比较出一个最优方案，故其显得过于简单和幼稚。须知，理想可以"引导"现实，但不能"裁定"现实。[3] 因此，中国刑法学要取得真正的发展，根本的出路在于密切关注司法实践和社会实践，立足于解决有"中国特色的具体问题"。[4] 传统刑法理论在新的犯罪问题即社会问题面前的捉襟见肘和顽固不化显示其与经济社会的关联度的减弱，而其所导致的社会接受度降低，则说明传统刑法理论在"自恋"和"怀旧"之中减弱了针对现实问题的妥当性。可以这么认为，现行刑法理论在脱离社会稳定的现实需要之中去谋划"自认为"的"最优方案"，以企图"裁定"社会生活的现实，更是抛掉了法科命题的妥当性而显示出一厢情愿的"幼稚性"。而所谓密切关注司法实践和社会实践，立足于解决有"中国特色的具体问题"，才是中国刑法学"真正"发展的出路，则表明关注中国社会的现实问题推动中国刑法学的"真正"发展，蕴含着法科命题的妥当的提出与坚持。

卡多佐告诫我们："如果一个法官打算将自己的行为癖好或信仰癖好作为一个规则强加给这个社会的话，那么，他错了。"[5] 在我看来，脱离现实需要的法科命题或者是滞后于现实问题的那些"怀旧性"命题，或者是虽粘连在实现问题上但却沉迷于"片面深刻"的那些"超前性"命题，都是丢却了针对社会现实问题的妥当性的法科命题。而这两类命题都是其提出者或坚持者的"癖好"，故如果提出者或坚持者欲将此两类命题强加给社会生活实践，则其提出者或坚持者便错了。

---

〔1〕 文海林：《刑法科学主义初论》，法律出版社 2006 年版，第 13 页。

〔2〕 文海林：《刑法科学主义初论》，法律出版社 2006 年版，第 296 页。

〔3〕 文海林：《刑法科学主义初论》，法律出版社 2006 年版，第 416 页。

〔4〕 姜涛："关于创生中国刑法学派的若干问题思考"，载《河南大学学报（社会科学版）》2008 年第 5 期，第 61 页。

〔5〕 ［美］本杰明·卡多佐：《司法过程的性质》，苏力译，商务印书馆 1998 年版，第 67 页。

沉湎于个人"癖好"的法科命题，将会带来怎样的后果呢？学者指出，如果回避或搁置司法实践的呼唤，淡漠地应对社会舆论对重大疑难案件的关注，不能给出有针对性和解释力的观点和方案，对学者个人而言，失去的是在学术竞争中的发言权，对刑法学科而言，将会整体性地失去引导和影响中国刑事法治变革的机会。[1]那么，法科命题的妥当性就是力求在积极响应司法实践的呼唤，重视社会对重大疑难案件的关注，从而有针对性地解决中国实践问题来引导和影响中国法治变革和新的建设。在法治建设迈向深入的当下，法科命题的妥当性引导着法治建设。由于法科命题的妥当性蕴含着法科命题对中国自身现实问题的针对性和适切性，故法科命题对法治建设的担当便自然而然地呈现出"中国特色"。于是，在对法治建设的富有"中国特色"的担当之中，法科命题的妥当性流露的便是法科命题的提出者或坚持者对法治中国建设的时代责任感和历史使命感，而此时代责任感和历史使命感可统括为社会责任感。所谓学者个人失去在学术竞争中的发言权，实即学者个人对命题的提出或坚持因欠缺妥当性而难以赢得响应，甚至会失去发声的空间；所谓刑法学科将会整体性地失去引导和影响中国刑事法治变革的机会，实即法科命题的提出或坚持因欠缺妥当性而对中国法治建设无能为力。难有响应甚至失去发声空间也罢，无能为力也罢，都是法科学者怠于历史使命和欠缺社会责任感的体现或证明。可见，一个"波澜不惊"的法科命题的妥当性话题却无声地承载着如此厚重的学术使命与学者责任。

在此，如果作一个"刑法学术生态"的考察，则当下的中国刑法学在"中西之争"和"前沿之争"之中已经气喘吁吁以至于有点心灰意冷，更有对中国根基的刑法学派的期盼和失望并存，而这其中又夹杂着个别学者对自身学术择向的困惑与迷茫。于是，在"中国法学向何处去"的抑郁与呐喊中，"中国刑法学向何处去"的呼声显得更加响亮，也更加抑郁。由此，刑法命题的妥当性话题或许能够使得我们当下的中国刑法学者在"心平气和"之中变得冷静并有所沉思，以找准并坚定今后的发展方向，因为刑法命题的妥当性蕴含着刑法学研究和刑法学者们的"使命性"和"责任感"，而如果连起码的"使命性"和"责任感"都没有了，则我们对中国刑法学还能抱有什么希望呢？有学者指出，整个20世纪上半叶的刑法典废立频繁，既没有在时间上

---

〔1〕　车浩："中国刑法学的现状、传统与未来"，载《法学研究》2013年第1期，第45页。

可长期适用的稳定性，也没有效力适用于各地的权威性和统一性。在这样的社会背景中，学者若致力于刑法条文的精雕细琢，无疑是刻舟求剑。而当时的蔡枢衡之所以能在同期学者中脱颖而出，正是由于把主要精力投入在刑法思潮的研究，在宏观层面对整体性制度展开价值批判，可算是把准了"社会脉象"，弹出了那个"时代的最强音"。但是，对法律人而言，只有社会稳定，作为治国方略的法治才有可能。"从整体上看，中国社会在打击犯罪以及人权保障领域，已经开始进入一个以刑法典为中心、以刑法修正案、司法解释和指导性案例为补充手段进行社会治理和控制的'法典时代'。那么，随着社会局势和刑法典的日趋稳定，随着知识形态上向大陆法系的复归，随着学界与司法实务界逐渐像德日等先进法治国家那样，以刑法典为沟通桥梁实现良性互动，刑法教义学和解释学在理论研究中的地位将会越来越重要。因此，源自西方的以概念塑造和体系建构为基本特征的'法教义学'是无可争议的主流。"[1]在我看来，如果概念塑造和体系建构是法科命题的形成契机，那就让我们的法科研究在此较为稳定的"法典时代"，假借"法教义学"的契机，以其命题的妥当性来为增强法治的稳健性，也贡献一份力量。

二、法科命题妥当性的双重意义

(一) 法科命题妥当性的理论学术意义

在刑法学领域，刑法命题的妥当性似乎因其"妥协性"色彩而招致刑法命题的"片面深刻性"的质疑。对此，在我看来，法科命题的妥当性在解决社会问题上是排斥法科命题的"片面深刻性"的，但前者可从后者那里汲取营养。具言之，由于法科命题所针对的法治实践问题最终是社会问题，故法科命题的"片面深刻性"意味着对社会问题的相当程度的"疏远性"或"偏离性"，因为法科命题的"片面深刻性"往往耽于在逻辑演绎的学术进路上渐行渐远，甚至迷恋于"自圆其说"和"自说自话"，但其忽视或罔顾社会的问题的解决需要在平衡和协调社会关系中进行。因此，法科命题的"片面深刻性"往往只具有理论学术意义而难有社会实践意义。当法科命题的"片面深刻性"在"自圆其说"和"自说自话"中渐行渐远以至于同行者乃至追随

---

〔1〕 车浩："中国刑法学的现状、传统与未来"，载《法学研究》2013年第1期，第45页。

者越来越少，则其提出者或坚持者在"门前冷落鞍马稀"乃至"凄风苦雨"之中的"独唱"或"呐喊"也会营造一种"旗帜鲜明"，且此"旗帜鲜明"会让持不同理论见解者更加审慎地建构、充实或展开自己的命题，从而使得被建构、充实或展开的命题具有一种最大可能的"妥当性"。这就是为何法科命题的"片面深刻性"往往只具有理论学术意义。但是，法科命题的"片面深刻性"却间接地贡献了法科命题的"妥当性"。从这个角度说我们对法科命题的"片面深刻性"应予肯定和感激的，正如有人指出，与一种理论和学派进行争鸣和批判本身就是对它的一种支持，即让它引人注目地活跃在学术论坛上，[1]而与一种理论和学派进行争鸣和批判本身也是对自身的一种支持，因为争鸣和批判是一种自我夯实。[2]

在认可法科命题的"片面深刻性"的理论学术意义的同时强调法科命题妥当性的社会实践意义，并不贬损法科命题妥当性的理论学术意义。被称为近代刑法学之父的贝卡里亚曾指出："一个广阔的大网联结着所有真理，这些真理越是狭隘，越受局限，就越是易于变化，越不确定，越是混乱；而当它扩展到一个较为广阔的领域并上升到较高的着眼点时，真理就越简明、越伟大、越确定。"[3]由于法科命题的妥当性注重在平衡各种利益和协调各种社会关系中提出或坚持自己的观点或主张，故其也能在"结网"之中实现法科命题的简明性和确定性，并且随着"结网"越宽，其"着眼点"也隆得越高。贝卡里亚又曾指出："把自己局限在自己学科范围内，忽视相似或相邻学科的人，在自己的学科中绝不会是伟大的和杰出的。"[4]我们可从中获得这样一种警醒：如果法科命题耽于或沉溺于"片面深刻"之中，则其所对应的法科理论便很难说是有建树的，或曰很难有较大建树。可见，法科命题的妥当性就是力求克服其局限性，当然同时也是阻碍法科人研究视野和方法的局限性。可以这么认为，在克制"片面深刻"的"一意孤行"之中接受法科其他专业和法科之外其他学科的"方法供给"与"知识馈赠"而形成法科命题，可以视为法科研究对法科其他专业和法科之外其他学科的一种"妥协"。而此"妥

---

[1]　易连云、杨昌勇："论中国教育学学派的创生"，载《教育研究》2003 年第 4 期，第 87 页。
[2]　马荣春："论中国大陆刑法学派的形成——立于'可持续发展的'视角"，载《西部法学评论》2011 年第 3 期，第 38 页。
[3]　[意] 贝卡里亚：《论犯罪与刑罚》，黄风译，中国大百科全书出版社 1993 年版，第 133 页。
[4]　[意] 贝卡里亚：《论犯罪与刑罚》，黄风译，中国大百科全书出版社 1993 年版，第 133 页。

协"却能够使得法科命题获得广泛的合理性说明和普遍的有效性接受，从而能够使得法科命题及其所对应的理论学说耐得住经久性的考验并发挥其对法治实践的经久性的指导作用。

法科命题妥当性的理论学术意义，还体现在如何对待外来特别是大陆法系的法科理论上。在中国刑法学界，外来刑法理论特别是大陆法系的刑法理论，是晚近以来越来越敏感的话题。主张驱逐苏俄刑法学理论包括社会危害性理论和传统犯罪构成四要件理论的学者及其响应者们，对此话题敏感；坚守苏俄刑法学理论阵地包括社会危害性理论和传统犯罪构成四要件理论的学者及其响应者们，对此话题更加敏感。只不过，前者是"正面敏感"即"欣然接受"，而后者是"负面敏感"即"视为异己"。对于外来刑法理论特别是大陆法系的刑法理论，可以不断地听到一些谨慎乃至担忧的声音，如学者指出："以历史的视角，我们清晰地看到，中国刑法学在近半个世纪的发展中硕果累累，这标志着有别于西方刑法学的新中国刑法学的诞生与发展，又确立了刑法学在法学中的学科地位，成为法学的一个分支学科。但仔细分析后不难发现，中国已经有许多研究成果是应用外国刑法理论的假定、假设、概念来分析中国的经验、研究中国的问题、验证西方理论的效度和信度。这类研究主要是围绕对原有理论的验证展开的，使用的是原有的话语体系和概念系统，但在创建理论体系及其流派方面却不尽人意。这是中国刑法学理论研究持续进步、走向辉煌的一大障碍。"[1]"分析中国的经验、研究中国的问题"意味着被称为"崇洋媚外型"的学者毕竟还没有完全脱离中国的问题，而"验证西方理论的效度和信度"也不能完全排除此种类型的学者仍存有解决中国问题的意识或用意，故诸如前述的声音尚显得柔和。但火辣的声音可听于不同的场合，如"讨论些无聊的学说史，甲说乙说我说八股文。什么客观归责、什么行为无价值、结果无价值，不研究真正的中国现实问题。靠卖弄点日本货、德国货（日本人根本瞧不上北京那些人的东西，人家研究德国不知比北京的高多少倍），研究方法早被"殖民"了，却不想换。中国刑法学界，到了应当自主思考的时候了。我学了二十年刑法，发现不过是走了一段弯路。不想跟北京那几个人了，必须转换思维方有创新的可能性。""我并不是说不

---

[1] 姜涛："关于创生中国刑法学派的若干问题思考"，载《河南大学学报（社会科学版）》2008 年第 5 期，第 59 页。

该研究刑法学说史，但我国目前的刑法学研究，在方法论上已过时了。冷静地想想看：我们如果靠贩卖些德、日学说发论文，回避真正的现实问题，脑袋整天围绕着日本学者、德国学者转，什么时候我们有自己的'本土刑法学'?! 我在大陆一所有名的法学院教书，学了二十年刑法，发现北京学者至今还是跳不出'殖民地刑法学'的框子，甚至还洋洋得意。如果有空，看看张五常先生的《新卖桔者言》，就可能知道我们的刑法学研究方法是多么的落后了。我们大多数学者是在书房里做学问的，依靠东抄西抄些德、日书，混迹江湖，既无充分深入的实证方法研究，亦无真正地为民立命精神。说穿了，我们是靠发表些所谓的学术论文和评优秀，显示我们曾留学过德、日、美。缺乏一种真正关心民生与现实的情怀，只是将论文作为一种生计或'饭碗法学'而已。刑法学说史研究最大的弱点是：所有的东西都可以在书房里生产，本末倒置，以虚构的学说世界代替真实的现实世界。本人对我上述话语负责，我甚至希望自己是错的。""人家愿意一天到晚待在书房，抄写德日书，我也没办法。你到美国、德国看看，看看现实中人家是怎么研究法律问题的。想让人家改变，很难。我在尝试将实证分析法学、现实主义法学融入刑法。当然我也在专研德国，但我绝不会大谈特谈什么 ROXIN。50 年前的德国学说，真的对我们意义重大?""其实，看看优秀文学、艺术作品或自然科学的历史就知道：真正优秀的作品要经得起历史的沉淀与读者内心的深层触动。不过，遗憾的是，我们目前的法学论文与论著，可能十篇（本）有九篇（本）发表后，形同废纸。刑法学与民法学自视有德国法的传承，不过喧嚣浮躁之后，稍稍冷静地想想看：如果将我们写的那些东西，翻译成英文给德国人、日本人、美国人或我们的后代看，是否会令人家油然而生崇敬？恐怕，我们目前发表的刑法论文，多数难逃三年内沦为废纸的境地。除了浪费纳税人的钱外，真正留给历史与后代的精品几乎没有。说简单点，我们年轻人或以后的年轻人，外语能力会更好，现在的德国、日本刑法研究究竟有多大意义呢？既无艺术家美感，亦无历史学家厚重，更无文学的优美，现在 CSSCI 发表的刑法论文，只不过是堆砌了一大片纸张而已，能够经得起时间检验让日本人肃然起敬的东西，几乎看不到。""就刑法学而言，'北京路线'就是'德日路线'，而'德日路线'基本上就是'复制和翻版路线'。来自这一路线的博士毕业生到祖国各地当然也是坚持和鼓吹这一路线。从学术繁荣来看，德日路线不失为好事，但声音太多太大乃至想一统天下，便很危险了。"〔1〕以上对"崇洋媚外型"的学者及其理论研究的"牢骚"可能或确实"言过其实"了，但其所针对的问题却是相当范围和相当程度地存在着的。

客观而冷静地说，中国法科研究学习和借鉴国外，这种做法本身是没有错的，或曰是应该的，但是我们应该反对"为学习而学习"，更应该反对"为标榜而学习"。我们可将如何对待国外法科理论特别是大陆法系法科理论这一问题与法科命题的妥当性话题联系起来。如果承认我们原有的或现有的法科理论多少存在着不足或欠缺，则学习和借鉴国外，便符合法科命题的妥当性要求；如果"为学习而学习"，甚至"为标榜而学习"，从而丢却了法科理论对中国问题的针对性和适切性，也同时丢却了法科学者应有的历史使命和时代责任，便悖逆了法科命题的妥当性要求。对国外法科理论的"不及"与"过之"，都是不符合法科命题的妥当性的要求的。有学者中肯地指出，目前刑法学界开始出现过分依赖德日理论的端倪。虽然这类研究会因观点的新颖和国外判例的积累而在一段时间内迅速受到学界和实务部门的认同，但是长期来看，这种"拿来主义"很可能由于缺乏理论自我创新的根基，故当留学者越来越多之后，国外理论的大面积引入便逐渐蜕变成一种"比较刑法研究"，从而使其丧失优势。更值得担忧的是，完全局限在国外已有理论模型内部的研究会局限在内部逻辑推演，这不仅难以与我国现行刑法具体规定进行衔接，而且缺乏进入整个中国社会现实的有效管道，从而偏离研究的价值立场与时代背景。那么，要想走出既有深厚的学术性又有中国根基的刑法理论之路，必须在学习引进国外理论模型的同时，不断地从中国社会实践和中国法政传统中汲取思想养分。〔2〕因此，既有自身根基，又虚心学习和借鉴的中国法科理论，才能有自身的长远发展，从而才有可能形成我们所期盼的中国学派，正如有学者指出："包容性的中国学派，将是对西方刑法学理论的极大超越。这种超越的基本层面，表现在用中国文化改造和探索刑法问题，密切关注中国司法实践和社会实践，立足于解决有中国特色的具体问题……因此，

---

〔1〕 对"当代刑法思潮论坛第二十八场讲座成功举行"的匿名评论，载 http://www.lawinnovation.com，2014 年 11 月 12 日访问。

〔2〕 车浩："中国刑法学的现状、传统与未来"，载《法学研究》2013 年第 1 期，第 45 页。

中国刑法学派必须有中国特殊的文化积淀。"[1]这里，"超越"还应体现为学习和接受。然而，在长远发展乃至形成中国法科学派的过程中，营造自己的根基也罢，学习和借鉴国外也罢，都须奠基于法科命题的妥当性，因为没有法科命题，便无法科理论和法科学派；而没有法科命题的妥当性，便没有法科理论和法科学派的"经久耐用性"。

从更加广阔的视野看问题，法科命题妥当性的理论学术意义还关联着"法科学术心态"和"法科学术生态"。首先，法科命题的妥当性意识有助于法科学者们形成大度的学术胸怀，正如苏力教授指出，分析理解都应当尽可能避免强烈的个人感情色彩，要尽可能地把自己个人的主观情感和偏好放在一边。也不是排斥感情，而是为避免因为自己的强烈感情导致对相关事实的扭曲甚至忽略，因此对问题理解和判断发生偏差，觉得自己或某一方太有理了，太强大了，对方太没道理了，不堪一击。真实的法律世界中很少会有这种情况，道理一边倒，却一直就是不能凯旋。之所以出现这种现象，常常是因为只看到了自己的道理，看不到或拒绝理解对方的道理。这种鸵鸟战术不利于深入分析和有效应对，不利于文章分析说理，也不利于明智的决策和有效的行动。就法学或法律问题研究而言，我更赞同多站在自己的对立面来审视和质疑自己的道理、根据、证据和理由。自己跟自己作对，更容易知道自己的弱点在哪里，因此会迫使自己思考得更细，会发现一些值得分析的新问题，甚至可能导致自己改变或修改预先的判断。保持这种开放态度，才算真正思考了，才算是讲理的。[2]再就是，法科命题的妥当性意识有助于匡正法科学者们的学术创新意识。毋庸置疑的是，法科学术需要不断创新以推动法科理论的不断发展。但在个人好恶和功名利禄的过度的影响之下，中国当下的法科创新意识是存在一定程度的扭曲的，如为自我标榜甚或"一鸣惊人"而"创新"，或几乎纯为自娱自乐而"创新"，等等。法科命题的妥当性意识有助于警醒我们的法科学者：法科创新，应该是为真正解决问题包括实践问题和紧贴实践的理论问题而创新；法科创新，应该是在对传统命题的"扬弃"而非"一棍子打死"之创新；法科创新，应该是在尊重事物的真相和规律之

---

〔1〕　姜涛："关于创生中国刑法学派的若干问题思考"，载《河南大学学报（社会科学版）》2008年第5期，第61页。
〔2〕　苏力："只是与写作相关"，载《中外法学》2015年第1期，第7页。

创新；法科创新，应该是在不违背最起码的形式逻辑和符合社会共识之创新。这里要特别强调的是，法科命题的妥当性警醒我们：法科理论创新切忌对传统命题动辄"颠覆"即"一棍子打死"。在此仅以"主客观相统一"命题为例，如果"客观的超过要素"与"主观的超过要素"这样的刑法命题分别主张没有客观事实对应的主观要素和没有主观事实对应的客观要素，则其便是欠妥的，从而也是危险的，因为对"主客观相统一"的割裂容易分别走向"主观归罪"与"客观归罪"。

法科命题妥当性的理论学术意义，可从当下中国刑法学研究中的有关学术主张中得到一番深化，如李晓磊博士的"刑法简约化"主张。"简而易行合乎道"是简约化思想的概括表达。这里的"道"即契合人性，在法律场域集中表现为个人正当利益的实现，即具体正义的彰显。就本体论意义而言，简约化思想的人本基础是人性，其个体衡量标准即正当利益，其社会衡量标准即具体正义。概言之，简约化思想即为人性、正当利益和具体正义的统一体，三者统一于行为之中。就方法论而言，简约化思想是基于实用主义立场，回归理论原点的思维进路。所谓理论原点即理论面对的原初事实状态，这种原初的事实状态是以行为为核心的、系统化的具体法律场景。就价值论而言，在回归理论原点的过程中，实际上蕴含着一种勇于探索的精神，充分激发个人的主体能动性，实现主体、法律（理论）和具体法律场景之间的良性互动，此即主体价值的彰显。此外，就表现方式而言，简约化思想的表达排斥混乱、复杂、迷宫般的理论规则及表达方式，追求确定、有序、简洁的理论规则及表达方式。[1]可以说，"刑法简约化"几乎完全对接着刑法命题的妥当性主张，而立于刑法命题的妥当性主张来看"刑法简约化"主张，则其"简而易行合乎道"将有更加丰富的内涵，即其中的"道"还包括事物的真相和规律、思维逻辑和社会共识等。"刑法简约化"主张流露着对一直以来刑法实践和刑法理论的些许困惑和迷茫，也流露着困惑与迷茫中的些许希望。"刑法简约化"主张与刑法命题的妥当性主张发生着刑法学术意识的"不约而同"或"不谋而合"。"刑法简约化"主张与刑法命题的妥当性主张是对当下中国"刑法学术生态"的一种呐喊和期盼。

---

[1] 李晓磊："想象竞合理论简约化研究"，载《中国刑事法杂志》2014年第6期，第18~19页。

（二）法科命题妥当性的社会政治意义

学者们指出："随着与刑法有关的国家力量和专家力量的日益膨胀，刑法的实务与理论都日益脱离公众，似乎成为普通公众看不懂的东西。"[1]而"从刑法的发展历程来看，现代刑法正朝着日趋精细化、复杂化的方向发展，不断涌现出的新范畴和新术语使社会公众逐渐被边缘化，公众对刑法的认知亦愈来愈模糊"。[2]甚至，"刑法越来越偏离我们的生活，偏离我们的常识，变得越来越难懂"。[3]更为甚者，"刑法发展到今天，变得越来越精巧的同时，也变得越来越偏离它本来的意义，使我们越来越感受到并且越来越无法忍受它的封闭与自我循环、妄自尊大"。[4]于是，"这种尴尬的境地使刑法规范的有效性大打折扣"。[5]诸如此类的论断对我们发出一种警醒：我们的法治实践的社会政治效果出了严重问题。既然有"专家"包括"法科精英"的参与，则法科命题在此社会政治效果中责不可推；而对改善此社会政治效果，法科命题又是责无旁贷。

但是，法科命题妥当性提法中的"妥当"一词并非同义的二字并列，而应理解为"妥为了当"或"以妥求当"，即"妥"为手段或途径，而"当"为目的或目标。虽然有人说"一切妥协都具有投降的性质，并且都将招致对方新的要求"，[6]但既然以"当"为目的，则法科命题的妥当性并不说明着命题的提出者或坚持者的"学术懦弱"或"学术无立场"，而是一种"学术大智"和"学术大勇"，因为"只有相互让步，生活才能在社会中继续下去"，[7]而"整个政体——人们的一切利益、一切幸福、一切美德和一切明智的举动——都是建立在妥协和交易的基础之上的"。[8]这里，所谓生活才能

---

〔1〕 周光权："论刑法的公众认同"，载《中国法学》2003年第1期，第116页。

〔2〕 利子平、石聚航："刑法规范的有效性及其实现——以法人类学为视角的考察"，载《南昌大学学报（人文社会科学版）》2011年第5期，第59页。

〔3〕 周光权："论常识主义刑法观"，载《法制与社会发展》2011年第1期，第28页。

〔4〕 文海林：《刑法科学主义初论》，法律出版社2006年版，第76页。

〔5〕 利子平、石聚航："刑法规范的有效性及其实现——以法人类学为视角的考察"，载《南昌大学学报（人文社会科学版）》2011年第5期，第59页。

〔6〕 ［美］伯顿·史蒂文森主编：《世界名言博引词典》，周文标等编译，辽宁人民出版社1990年版，第796页。

〔7〕 ［美］伯顿·史蒂文森主编：《世界名言博引词典》，周文标等编译，辽宁人民出版社1990年版，第796页。

〔8〕 ［美］伯顿·史蒂文森主编：《世界名言博引词典》，周文标等编译，辽宁人民出版社1990年版，第797页。

在"社会中"继续下去，说明真正幸福的生活不可能是"鲁滨孙式"的孤岛生活或"野人生活"，而应是与他人交往的生活。当与他人交往伴随着分歧和冲突，则真正幸福的生活便伴随着分歧和冲突。于是，追求真正幸福的生活便意味着要正确对待与他人交往中的分歧和冲突，而这里的正确对待便包含着以相互认可和相互让步的妥协。前述道理适用于"整个政体"。于是，当利益、幸福和政体的存续是我们最终的获得，则"妥协"便是最终的"美德"和"明智"。而"懦弱"和"无立场"便构成了眼前得失和当下胜负者的狭隘表达。法科命题是针对法科理论问题被提出或被坚持的，而法科理论问题又是法治实践本身的问题，且法治实践问题最终又是社会问题，故法科命题的妥当性最终便是社会问题解决方案的妥当性。于是，当这里的社会问题的解决事关利益、幸福、美德和整个政体，则法科命题的妥当性的社会意义和政治意义便得以显现。同时，法科命题的提出者或坚持者的社会胸襟和政治胸襟即其社会责任感和政治责任感也得以生动展现。倘若社会转型与风险多元愈益深化的中国当下可以视为一种特殊的"乱世"，[1]且此"乱世"之中的社会冲突最终是"价值冲突"，[2]则法科命题的妥当性便是在刑事领域谋求此"价值冲突"的缓和乃至消解，进而达成"价值共识"。由于没有公众认同，就没有刑法的社会效果，而没有刑法的社会效果，便没有刑法的生命力及其出路，[3]故奠基于"价值共识"的公众认同及其所支撑的法治的社会效果，便是法科命题妥当性的社会政治意义的另一番说明。

法科命题妥当性的社会政治意义，还可联系哈贝马斯的交往理性理论予以进一步的深化。正如我们所知，哈贝马斯的交往理性理论是以资本主义的社会危机特别是其制度危机为形成背景的，而资本主义的社会危机特别是其制度危机又是由极端的工具理性所造成的。具言之，极端的工具理性剥离了主体间的合理关系而把"人的关系"降级为"物的关系"，从而使人沦为"工具"以屈从于技术社会的统治，最终人与人的交往完全成为工具理性内部

---

[1] 马荣春："中国刑法的当下出路：'附势用术'"，载《南昌大学学报（人文社会科学版）》2013年第1期，第97~98页。

[2] 马荣春："中国刑法的当下出路：'附势用术'"，载《南昌大学学报（人文社会科学版）》2013年第1期，第101页。

[3] 马荣春："中国刑法的当下出路：'附势用术'"，载《南昌大学学报（人文社会科学版）》2013年第1期，第99页。

的一种无奈的"默契"。易言之，极端的工具理性所带来的最终结果是人在"物化"之中的"主体性丧失"。由于平等互信地交往和沟通是具有更为深远和高尚的人本主义价值，故哈贝马斯在迎合资本主义社会也是人类社会向前健康发展之中提出了交往理性命题或理论。但工具理性并不内在地就是一种压制人的和破坏人与自然之间和谐关系的东西。和其他学者不同，哈贝马斯只是反对极端的工具理性，并未全盘否定工具理性本身，他把工具理性看作是一个更广范围的理性概念的一部分，而这个"更广范围的理性"即交往理性，亦即哈贝马斯把工具理性当作是交往理性这个全方位的理性概念的内在向度之一，即让它回到自己的合法范围内——用它来处理人和自然的关系，来提高社会行动的效率。在工具理性即传统的标准理性观那里，理性所涉及的是命题之间的逻辑关系，其所偏重的是征服和顺从，故其是"单维度"的。于是，在工具理性之下，社会充满的是对抗和冲突；在交往理性这里，理性所涉及的不同言谈者之间的对话关系，其所偏重的是人与人的理解和取信的关系即"主体间性"，故其是"双维度"的。于是，在交往理性之下，社会所呈现的是一体化、有序化和合作化。交往理性是关于生活世界（life-world）的理性，其所谋求的是对一个非"自我中心化"的世界的理解。哈贝马斯的交往理性是以语言为基础或媒体并且强调"话语伦理"即行动参与者的言词表达平等自愿而排斥权威和强迫提出来的，并形成了交往理性的有效性结构，即针对"客观世界"的陈述客观事实的"真实性"、针对"社会世界"的处理人际关系的规范的"正确性"和针对"主观世界"的自我表达内心感情和体验的"真诚性"。[1]

在我看来，哈贝马斯的交往理性昭示着社会和谐理念与可持续发展理念。中国当下是处于传统农业向现代工业深度转型的特殊发展时期，并以价值观的多元化与冲突化及其所导致的社会问题乃至社会危机作为转型期的特有"景观"。而和谐发展与可持续发展正是针对转型期的特有"景观"提出来的。可以说，中国社会当下的深度转型性征越来越广和越来越深地对应着哈贝马斯的交往理性命题或理论所针对的社会阶段及其状况，亦即哈贝马斯的交往理性命题或理论对中国当下的转型社会越来越广和越来越深地具有一种"适切性"。这便使得哈贝马斯的交往理性命题或理论对中国社会的当下变革

---

[1]　章国锋："交往理性"，载《外国文学》2004年第1期，第58~59页。

与发展便越来越具有指导意义。当哈贝马斯的交往理性命题或理论对中国当下的转型社会的"适切性"体现在中国社会的多个乃至各个领域，则法治领域便不可能是无动于衷的。而中国法治领域对哈贝马斯的交往理性命题或理论的"承接性"和"应和性"，又可具现在中国法科命题及其所构建起来的法科理论上，并且担当此"承继性"和"应和性"的应是中国法科命题的妥当性及其所构建起来的法科理论的妥当性。在"客观世界"的层面上，"承继"和"应和"交往理性的中国法科命题及其理论的妥当性，应切中社会生活的现状和规律来解答立法问题，即做到对立法问题的"陈述真实性"，应切中个案事实来解答司法问题，即做到对司法问题的"陈述真实性"；在"社会世界"的层面上，"承继"和"应和"交往理性的中国法科命题及其理论的妥当性，应体现为命题及其理论本身应是法治活动的参与者交流沟通所达成的社会共识的载体或凝结，或曰应体现为命题及其理论本身具有最普遍或最广泛的"可接受性"，即做到法科命题及其理论运用的"规范正确性"；在"主观世界"的层面上，"承继"和"应和"交往理性的中国法科命题及其理论的妥当性，应体现为命题及其理论本身应忠贞不渝地自我表达"正义追求"和"人性情怀"，即做到"表达真诚性"。联系哈贝马斯的交往理性来深化中国法科命题妥当性的社会政治意义，可以视为哈贝马斯的交往理性命题在法治领域的"中国化"。

三、法科命题妥当性排斥的命题倾向

法科命题的妥当性排斥"瓦解"或"混淆"问题的"折中论"，排斥"非此即彼"的"独断论"，排斥学科间的"照搬论"或"自封论"。

（一）法科命题的妥当性排斥"瓦解"或"混淆"问题的"折中论"

由于"仁者见仁，智者见智"，故伴随着"此说"与"彼说"，"折中说"即"折中论"在法学中也司空见惯。但是，不被法科命题的妥当性所接受的是那种"瓦解"或"混淆"问题的"折中论"。

在刑法学科中，"瓦解"或"混淆"问题的"折中论"可谓"俯首可拾"。以原因自由行为问题为例。对于原因自由行为的着手问题，在"原因行为开始说"和"结果行为开始说"形成对立后，便有居于此两者之间的"折中说"提出。原因自由行为的着手问题的"折中说"有不同表述。有人提出，原则上以原因行为的开始为原因自由行为的着手，只有当原因行为的开始不具有现实的、具体的法益侵害的危险的时候，才能认定结果行为的开始为原因自由行为的着手，故原因自由行为的着手应当认同"以原因行为开始说为基础的二分说"。[1]另有人提出，"折中说"实际上就是对原因行为设定时说和结果行为说的"综合"，在两者之间找寻一种更好的解决问题的办法。折中说认为，"认定原因自由行为的着手点要依据具体的情形来具体分析"。原因行为和结果行为都有可能成为原因自由行为的着手。当原因行为本身具有导致危害结果发生的现实可能性时，原因行为就是原因自由行为的着手。反之，当原因行为不具有导致危害结果发生的可能性时，结果行为才是原因自由行为的着手。"折中说"避免了原因行为设定时说和结果行为说的缺陷，实质上是将两者的"合理性"加以综合。[2]在我看来，原因自由行为表达的是一个确定的概念，其所对应的是一个确定的问题。原因自由行为着手问题的"折中说"或"二分说"，按原因行为是否具有法益侵害的现实的、具体的危险这一标准而将原因自由行为的着手分别认定是原因行为的开始和结果行为的开始，等于是按原因行为和结果行为之间是否存在"因果关系"为标准而将原因自由行为的着手分别认定是原因行为的开始和结果行为的开始。如果原因行为和结果行为之间竟然还有不存在"因果关系"的情况，则原因行为还叫原因行为，结果行为还叫结果行为，而原因自由行为还叫原因自由行为吗？显然，"折中说"或"二分说"是原因自由行为着手问题的"骑墙说"，从而是原因自由行为本身的"瓦解说"。

至于持论者提出，如果行为人"设定原因行为本身"不具有导致危害结果发生的现实性时，则结果行为才是原因自由行为的着手。于是，行为人从产生犯罪意图之后，着手实施结果行为之前的所有为了犯罪而准备工具、制造条件的行为（包括设定原因行为）都是犯罪的预备行为。例如，张三意欲抢劫，在路边买了一瓶酒，借酒壮胆，酒至酩酊，在尚未抢劫之前被巡视的民警发觉，则应认定为犯罪预备，而不能将"单纯的饮酒行为"视为着手，从而认定为犯罪未遂。[3]如果"设定原因行为本身"不具有导致危害结果发生的现实性，便不存在原因自由行为中的"原因行为"，或曰此时的原因行为不成其为原因自由行为中的"原因行为"。至于张三意欲醉酒抢劫的事例，不

〔1〕　李耀："原因自由行为着手理论问题研究"，郑州大学2012年硕士学位论文，第30页。
〔2〕　付想兵："论原因自由行为"，中国政法大学2011年硕士学位论文，第23页。
〔3〕　付想兵："论原因自由行为"，中国政法大学2011年硕士学位论文，第25~26页。

仅张三的饮酒行为已经不再是"单纯的饮酒行为",而且如果是"单纯的饮酒行为",则不是犯罪预备的问题,而是无罪的问题。"单纯的饮酒行为"能认定为犯罪吗?实际上,张三意欲醉酒抢劫的事例所直接说明的不是原因自由行为的着手问题,而是原因自由行为是否"成就"的问题。另有持论者提出,对于原因自由行为来说,对于法益侵害的紧迫性需要从整体上来进行考察而不能将其割裂开来。但在极其特殊的情况下,原因设定行为虽然已经实施,但是后续行为完全不能实施的,只能成立犯罪预备,原因设定行为自然不能成立犯罪的着手,或者原因设定行为虽然实施,例如为了杀人而喝酒壮胆的,但是在喝醉后昏迷不醒的,只能成立故意杀人预备而不能成立原因自由行为的故意杀人罪的着手。[1]强调原因自由行为的法益侵害的紧迫性需要从整体上来进行考察而不能将其割裂开来,这一点是非常值得肯定的,但是如果其法益侵害的紧迫性不是始于原因行为而是始于结果行为或有时即在所谓"极其特殊的情况下"始于结果行为,从而使得原因行为不成其为原因行为而结果行为不成其为结果行为,则还有法益侵害的紧迫性的"整体考察"一说吗?至于为了杀人而喝酒壮胆,但在喝醉后昏迷不醒的个例,其所存在的同样是原因自由行为是否"成就"的问题而非原因自由行为的着手问题。

对于原因自由行为的处罚根据问题,同样有"折中论"的声音。对于原因自由行为的处罚根据问题,代表性的观点有"间接正犯构造说""正犯行为说""相当原因行为说""原因行为时支配可能性说""意思决定行为时责任说"和"例外说"。[2]于是,有人提出,原因自由行为的不同场合运用不同的理论解释才最为适宜。这样做并不意味着统一的理论被分割为不同的部分,而原因自由行为之所以会受到种种非议,主要原因也就在于其解释理论过于单一。这并不符合原因自由行为的实际情况。原因自由行为的概念主要是考虑到行为的构造,并没有考虑到处罚根据,某类行为是不是原因自由行为,只依据其构造进行判断,而不是根据处罚根据是否相同判断的。因此,对于原因自由行为处罚根据自然要具体问题具体分析[3]。其所谓"不同场合运用不同的理论"和"具体问题具体分析",就是将前述六种学说予以杂糅的

〔1〕 李耀:"原因自由行为着手理论问题研究",郑州大学 2012 年硕士学位论文,第 30 页。
〔2〕 张明楷:《刑法学》(第 4 版),法律出版社 2011 年版,第 285~287 页。
〔3〕 贾强:"原因自由行为处罚根据——兼论我国刑法第 18 条第 4 款之完善",中国社会科学院研究生院 2013 年硕士学位论文,第 10 页。

"折中论"。在我看来，原因自由行为的处罚根据问题也毕竟是一个完整而确定的问题，故无论是前述六种学说中的哪一种学说，还是前述六种学说之外的哪一种学说，都必须是立于一种"确定的立场"来诠释原因自由行为的处罚根据问题，而诸如"不同场合运用不同的理论"和"具体问题具体分析"的论调，只能是瓦解原因自由行为的处罚根据问题。试问，"不同场合运用不同的理论"和"具体问题具体分析"能够得出原因自由行为的处罚根据吗？"根据"毕竟是事物的"根本的依据"，而当有多个"根据"，则"根据"还称其为"根据"吗？实际上，持论者主张的"不同场合运用不同的理论"和"具体问题具体分析"指的是：对于原因自由行为中对故意使自己陷入无责任能力状态的情形，应肯定"间接正犯构造类似说"；对其他情形，或是否定成立原因自由行为，或是在肯定原因自由行为时提出如何处罚。显然，持论者犯了法科命题妥当性所要反对的形式逻辑错误即"偷换论题"。实际上，持论者也正是通过"偷换论题"来瓦解原因自由行为的处罚根据问题的。回过头来，原因自由行为的着手问题和处罚根据问题的"折中论"将瓦解整个原因自由行为理论。

由此，我要作进一步指出的是，"折中论"在关于"本质""根据"和"标准"等问题的法科命题上较为常见。在我看来，一个事物的"本质"只能有一个，故"折中论"如果就某个确定的概念或范畴得出其所对应的事物具有两个以上的"本质"，则"本质"便不成其为"本质"，而事物也就不成其为事物。此时，"折中论"即"拆散论"或"拆解论"亦即前文所说的"瓦解论"。就"根据"和"标准"而言，事物可有两个以上的"根据"和两个以上的把握"标准"，但如果"折中论"试图将这些"根据"和"标准"分配到某个事物的不同情形之中而非这些"根据"和"标准"可以同时适用到某个事物的全部情形之中，则此时"折中论"也是"拆散论"或"拆解论"亦即前文所说的"瓦解论"。等同于"拆散论"或"拆解论"即"瓦解论"的"折中论"，其实是没有立场的"莫衷一是论"，其最多只具有"形而下"的具体技术功能而无形而上的普遍指导功能。因此，等同于"拆散论"或"拆解论"即"瓦解论"的"折中论"在根本上难以具有命题的建构功能，甚至是有意或无意地破坏命题的建构功能。

（二）法科命题的妥当性排斥"非此即彼"的"独断论"

"非此即彼"的"独断论"也是法科命题的妥当性所不能接受的。在中国刑法学科中，"非此即彼"的"独断论"也是俯拾即是。如成为中国刑法理论前沿"一景"的"刑法解释形式理性"与"刑法解释实质理性"的命题对峙与争论。形式与实质的相互依存和互为表里，本来就是事物的构造性所在。因此，形式与实质的"形影相随"使得形式合理性和实质合理性的先后问题或许本来就是一个"伪命题"，从而"刑法解释形式理性"与"刑法解释实质理性"的各自独立和相互排斥同样是在主张着一个"伪命题"。[1]易言之，"刑法解释形式理性"与"刑法解释实质理性"是不应该在"非此即彼"之中被讨论的。在当下对"刑法解释形式理性"与"刑法解释实质理性"的"非此即彼"的讨论中，似乎是前者占上风，因为其所假借的是振振有词的"法治的确定性"和"人权保障"。殊不知，在"非此即彼"的讨论中，"刑法解释形式理性"容易陷入"独断理性"的骄横与自负而不成其为"理性"，因为与"刑法解释实质理性"对立的"刑法解释形式理性"容易滑向"恶法亦法"，[2]从而走向"人权保障"的反面。在"非此即彼"的讨论中，"刑法解释实质理性"当然也是存在问题的。因此，"刑法解释形式理性"与"刑法解释实质理性"本应在相辅相成和互为补充的关系之中予以讨论。

问题是，刑法解释的理性问题为何会在中国刑法学科中陷入"刑法解释形式理性"与"刑法解释实质理性"的"非此即彼"的局面呢？在我看来，这里或许既存在着对马克斯·韦伯的命题的曲解与误读，又存在着中国刑法学者之间的相互误读。首先，当下中国刑法学界所使用的形式理性概念来自马克斯·韦伯，其原意可集中表述为"严格依法办事以让法律规范在确定性中具有可预期性"。由此，刑法解释形式理性或形式理性的刑法解释，便可理解为：刑法解释应坚持"严格依法办事"即"严格依法解释"，以让刑法规范在确定性中具有可预期性。刑法解释当然要"严格依法办事"即"严格依法解释"，当然要使得刑法规范具有"确定性"，进而当然要使得刑法规范具有"可预期性"。这样看来，与马克斯·韦伯的形式理性保持意义一致的刑法解释形式理性是没有问题或挑不出毛病的。但在当下的刑法解释论争之中，当将刑法解释形式理性与刑法解释实质理性相对立，则刑法解释形式理性却

---

〔1〕 马荣春："形式理性还是实质理性：刑法解释论争的一次深入研究"，载《东方法学》2015年第2期，第30页。

〔2〕 马荣春："形式理性还是实质理性：刑法解释论争的一次深入研究"，载《东方法学》2015年第2期，第24页。

未必与马克斯·韦伯的形式理性保持意义一致：在马克斯·韦伯的形式理性中，应严格遵守和确保其"确定性"和"可预期性"的是"法律规范"，而在当下与刑法解释实质理性相对立的刑法解释形式理性中，应严格遵守和确保其"确定性"和"可预期性"的则是"法律文字"本身。那也就是说，我们当下所使用的与刑法解释实质理性相对立的刑法解释形式理性存在着对马克斯·韦伯的形式理性的"无声"的曲解与误用。[1]这里要特别提请注意的是，马克斯·韦伯虽然提出了形式理性的命题，但其并未将形式理性表述成一个空洞的东西，即其并未将"形式"背后或"形式"之下的"实质"予以抽离或抽空，亦即马克斯·韦伯并未提出一个与实质理性截然对立的形式理性，至少马克斯·韦伯并不反对受到形式约束或有形式表现的实质理性。

再就是，"刑法解释形式理性"与"刑法解释实质理性"的对立在很大程度上形成于"形式刑法观"与"实质刑法观"的相互误读。陈兴良教授指出，在刑法没有形式规定的情况下，能否将具有实质上处罚必要性的行为通过扩大解释予以入罪，形式解释论是断然否定的，而实质解释论则是肯定的。因此，刑法解释应形成"先形式判断，后实质判断"的位阶关系。据此，陈兴良教授认为张明楷教授违反了罪刑法定原则，且有借扩张解释之名行类推解释之嫌。[2]被归入实质解释论的张明楷教授则指出，在行为不能被构成要件的表述所包含（不处于刑法用语可能具有的含义内）时，当然形式优于实质，即不得违反罪刑法定原则；在构成要件的表述包含了不值得科处刑罚的行为时，当然实质优于形式，即不得处罚不当罚的行为。[3]因此，实质的解释论是为了将刑法规定的犯罪真正限定在具有严重的法益侵犯性的行为之内，其目的在于弥补法律的形式性所带来的缺陷，而不是否定法律的形式性。[4]在我看来，如果说"实质解释论"不接受"形式解释论"，则其所不接受的仅仅是"形式解释论"对解释过程中实质因素的排斥，而其对形式解释论所坚持的形式本身还是接受的，问题是对形式本身要以怎样的方式和程度来予以对待。但张明楷教授的"优于"同样可能是一个不尽恰当的措辞，且此措

---

〔1〕　马荣春："形式理性还是实质理性：刑法解释论争的一次深入研究"，载《东方法学》2015年第2期，第23页。
　　〔2〕　陈兴良："形式解释论的再宣示"，载《中国法学》2010年第4期，第28~36页。
　　〔3〕　张明楷："实质解释论的再提倡"，载《中国法学》2010年第4期，第52页。
　　〔4〕　张明楷：《刑法的基本立场》，中国法制出版社2002年版，第120~126页。

辞或许刺激了陈兴良教授的"位阶"措辞，而这或许激化或强化了"刑法形式解释"与"刑法实质解释"，从而是"刑法解释形式理性"与"刑法解释实质理性"的对立，甚至造成了某种各怀"自信"之中的"各自为政"。然而，当考察了双方的论辩过程之后，我们就会发现形式理性与实质理性乃是两种刑法观所共享的思想资源，甚至两者之间还会在某些问题上"殊途同归"或者"所见略同"，进而出现了一个有趣的现象："形式解释论"和"实质解释论"都在用对方的立场来为自己辩护，前者为了消除自身的理论困境而认可用实质解释来避免"恶法"的"恶果"，而后者为了自我防卫也坚称自己守住了形式的底线。[1]于是，从形式与实质的辩证关系和马克斯·韦伯的形式理性的本来立场，以及中国刑法学者之间名为对立而实为相容的争论来看问题，则"刑法解释形式理性"与"刑法解释实质理性"本应在相辅相成和互为表里之中构成"结构性的刑法理性"。而在此"结构性的刑法理性"中，"刑法解释形式理性"与"刑法解释实质理性"是"结合关系"，亦即"刑法解释形式理性"与"刑法解释实质理性"的关系亦应作"结合性"把握。[2]

再如成为中国刑法学科前沿"又一景"的"行为无价值"与"结果无价值"的命题对峙与争论。"结果无价值"的基本立场是，刑法的目的与任务是保护法益，违法性的实质是法益侵害及其危险；没有造成法益侵害及其危险的行为，即使违反社会伦理秩序，缺乏社会的相当性，或者违反了某种行为规则，也不能成为刑法的处罚对象；应当客观地考察违法性，主观要素"原则上"不是违法性的判断资料，故意、过失不是违法要素而是责任要素；违法评价的对象是事后查明的客观事实。"结果无价值论"被称为"物的违法论"，而"物的违法论"所强调的是行为人的主观能力与主观意识不是违法评价对象。[3]"行为无价值"的含义体现为三个发展阶段：①"行为无价值"，是指行为违反社会伦理秩序；②"行为无价值"，是指行为缺乏社会的相当性；③"行为无价值"，是指行为违反法规范，或者违反了保护法益所需要遵守的行为规范。"行为无价值"中的"行为"基本上是指行为本身以及行为

---

〔1〕 周少华："刑法思维的理论分野及其思想资源"，载《环球法律评论》2012年第4期，第91~93页。

〔2〕 马荣春："形式理性还是实质理性：刑法解释论争的一次深入研究"，载《东方法学》2015年第2期，第20页。

〔3〕 张明楷：《刑法学》（第4版），法律出版社2011年版，第112页。

人的主观内容。"行为无价值论"被称为"人的违法论"。[1]"行为无价值论"遭到"结果无价值论"的批判包括：刑罚不是维持社会伦理的适当手段；由于伦理具有相对性，故将维持社会伦理作为刑法的任务，容易导致以刑法的名义强迫他人服从自己的伦理观念。这是"行为无价值论"的不当之一。缺乏社会的相当性，是指行为不属于历史地形成的共同生活的社会伦理秩序范围内的行为，故"行为无价值论"仍然体现"法律道德主义"。这是"行为无价值论"又一不当之处。[2]在我看来，尽管"行为无价值"中的"行为"的"无价值"强调行为对社会伦理秩序的违反性、对社会相当性的缺乏性和对法规范的违反性，但此"行为"并非与"法益侵害性"无缘，因为其"无价值"的第三发展阶段的含义即"违反了保护法益所需要遵守的行为规范"已经隐含着"行为无价值"中的"行为"同时也可以是"结果无价值"中的"行为"。显然，"行为无价值论"在只见行为对社会伦理秩序的违反性、对社会相当性的缺乏性和对法规范的违反性之中忽略了"法益侵害性"，而"结果无价值论"在只见"法益侵害性"之中忽略了行为对社会伦理秩序的违反性、对社会相当性的缺乏性和对法规范的违反性。于是，在违法性的根据问题中，"行为无价值"与"结果无价值"便在"非此即彼"之中被对立了起来。而在对立中，"结果无价值论"对"行为无价值论"的偏见似乎大于后者对前者的偏见。这里要特别指出的是，"行为无价值论"对"法益侵害"的忽略，更多地体现出一种"不经意"，而"结果无价值论"对行为对社会伦理秩序的违反性、对社会相当性的缺乏性和对法规范的违反性的忽略，更多地体现出一种"经意"即"有意"。本来，行为对社会伦理秩序的违反性、对社会相当性的缺乏性和对法规范的违反性与行为的法益侵害性并非"非此即彼"的关系，而是可以同时存在或相互通融的关系，故"行为无价值"与"结果无价值"在"非此即彼"之中的对立，暴露了各自的局限性，特别是"结果无价值"。

在我看来，结果本来就是行为所造成的结果，亦即行为与结果之间本来就存在着客观的因果关联，故无论是"行为无价值"，还是"结果无价值"，都容易在"非此即彼"之中走向片面或极端，特别是"结果无价值"。对于

〔1〕　张明楷：《刑法学》（第4版），法律出版社2011年版，第113页。
〔2〕　张明楷：《刑法学》（第4版），法律出版社2011年版，第113页。

一起事件的刑事否定评价即刑事责难，如果仅仅针对事件的结果本身，则不仅失去了道义基础即欠缺道义性，而且使得刑罚的施加变得毫无意义，正如陈忠林教授所说："我们惩罚犯罪，是因为支配犯罪行为的是，行为人在明知或应知自己的行为会发生危害社会的结果的情况下，不运用自己的认识能力和控制能力去防止这种结果的发生这样一种心理状况，因此，不论是故意或是过失，其本质都是'蔑视社会秩序的最明显最极端的表现'，是一种表现出来的反社会意识。从根本上说，我们惩罚犯罪就是惩罚和改造犯罪分子主观中的这种反社会意识，防止它们再具体化为支配犯罪行为的主观罪过，这就是刑罚的特殊预防作用。"[1]坚持与"行为无价值"相对立的"结果无价值"在个案中容易导致极端的结论，如对误将假毒品当作真毒品予以贩卖的个例，彻底坚持"结果无价值"的张明楷教授指出，刑法理论的通说与司法解释均将之认定为贩卖毒品罪的未遂犯是存在问题的：一是因为这种贩卖假毒品的行为没有侵害和威胁公众健康；二是贩卖毒品罪未遂犯的认定有违罪刑法定原则，毕竟刑法对贩卖毒品罪要求行为人贩卖的就是"毒品"；三是贩卖毒品罪未遂犯的认定有主观归罪之嫌。又由于行为人没有诈骗的故意，故其行为又难以成立诈骗罪。因此，对行为人只能论以无罪。[2]在我看来，张明楷教授对误将假毒品当作真毒品予以贩卖的贩卖毒品罪未遂犯的定性质疑，也是经不住推敲的：首先，刑法分则条文对贩卖毒品罪所要求的确实是毒品即"真毒品"，但正如我们所知，刑法分则条文是以单独犯的既遂犯为样本描摹，故刑法分则条文将贩卖毒品罪的贩卖对象确定为毒品即"真毒品"便是自然的事情。由于未遂犯在我们刑法中是总则性问题，故把误将假毒品作为真毒品予以贩卖定性为贩卖毒品罪未遂，并未违背罪刑法定原则。其次，行为人确实实施了贩卖毒品的行为，只不过其结果状态是未遂而已，故主观归罪的帽子戴得有点过急。最后，行为人确实存在着贩卖毒品的故意，而且故意内容本身并不属于诸如用针扎纸人等"迷信犯"类型，即行为人的认识内容本身是符合能够引起法益侵害的自然法则或经验法则的，故言行为没有"威胁"公众健康，多少有失客观公允，因为正如误将假枪当作真枪杀人，至少可以说存在着对法益具有特殊意义，即不同于抽象危险犯的"抽象威胁"。如果把

---

〔1〕 陈忠林："论犯罪构成各要件的实质及辩证关系"，载陈兴良主编：《刑事法评论》（第6卷），中国政法大学出版社2000年版，第367~368页。

〔2〕 张明楷：《刑法学》（第4版），法律出版社2011年版，第1010页。

误将假毒品当作真毒品予以贩卖定性为无罪，则误将假枪当作真枪杀人，是否也定无罪呢？坚持与"行为无价值"相对立的"结果无价值"，有时会因为"结果无价值"将明显导致不妥当的结论而自觉不自觉地转变立场，如彻底坚持"结果无价值"的张明楷教授在讨论抽象的事实认识错误问题时指出，A 出于盗窃财物的故意（轻罪）实际上却盗窃了枪支（重罪），由于主观上没有盗窃枪支的故意，不能认定为盗窃枪支罪。[1]如果是片面地立于"结果无价值"，则容易将把前例认定为盗窃枪支罪。那么，当强调行为人主观上没有盗窃枪支的故意，故应认定为盗窃罪，则张明楷教授是否又自觉不自觉地转到了"行为无价值"的立场呢？因为实际的法益侵害所指向的是枪支所对应的公共安全法益。

　　在我看来，"行为无价值"与"结果无价值"应在相互补充即在以"行为无价值"为主，以"结果无价值"为辅的关系之中来共同担当"违法性"的犯罪成立体系性功能。所谓以"行为无价值"为主，以"结果无价值"为辅，是指在肯定任何应予刑事否定评价即刑事责难的行为都具有"法益侵害危险性"的前提下，对于危及重要法益的故意行为应倚重"行为无价值"，而事件的实害结果本身可作为犯罪既遂或加重犯的构成要素；对于危及一般法益的故意行为或危及重要法益的过失行为，则应倚重"结果无价值"，即将事件的实害结果作为犯罪成立的构成要素。之所以在"违法性"的犯罪成立体系性功能中对"行为无价值"与"结果无价值"的关系作前述安排，不仅刑事否定评价即刑事责难的道义性和刑罚的目的性为以"行为无价值"为主提供了充分理由，结果本身的"证据性作用"和刑法的谦抑性又为以"结果无价值"为辅提供了充分理由。我所主张的以"行为无价值"为主，以"结果无价值"为辅，未必妥当，但"行为无价值二元论"较为有力的说服力已经说明"行为无价值"与"结果无价值"是不宜被安排在"非此即彼"的关系之中的。[2]至于"行为无价值"与"结果无价值"是并列关系，还是先后关系，还是融入关系（"结果无价值"融入"行为无价值"），还是主辅关系即补充关系，则是在排斥"非此即彼"关系的前提下要进一步讨论的问题。至于张明楷教授指出，行为无价值和结果无价值"本质相异"，"行为无价值二

---

〔1〕　张明楷：《刑法学》（第 4 版），法律出版社 2011 年版，第 255 页。
〔2〕　周光权："行为无价值与结果无价值的关系"，载《政治与法律》2015 年第 1 期，第 2 页。

元论"却将其统合到违法概念中，存在方法论上的缺陷，[1]而我却认为，理论的建构包括命题的形成要吻合作为理论包括命题反映对象的客观事实本身，而我们所面对的客观事实是：行为是造成结果的行为，结果是行为造成的结果，即行为与结果之间本来就存在着因果关联。

最后要指出的是，"行为无价值"与"结果无价值"的"非此即彼"的对立基本上对应着"刑法主观主义"及"主观的违法性"与"刑法客观主义"及"客观的违法性"的"非此即彼"的对立。在哈贝马斯看来，差异与统一、"我性"与"他性"的关系既不可抹杀，也不可绝对化，因为二者之间存在结构上的联系。无论绝对的差异还是绝对的统一，都是不可想象的，也是违反辩证法的[2]。在此，我们可将法科领域的"非此即彼"思维视为"差异的绝对化"思维。可以想见的是，如果将"非此即彼"的对立性思维贯彻到法科的各个领域，则整个法科将逐渐演变为为争鸣而争鸣，为标榜而标榜的"混战之科"与"割据之科"。法科命题应该是"分歧—共识—分歧—共识"之中的"上升式循环往复"，而"非此即彼"的思维显然是不利于法科命题及其理论的上升式发展的。

（三）法科命题的妥当性排斥学科间的"照搬论"或"自封论"

如果说法科命题的妥当性所排斥的"折中论"和"独断论"，主要针对的是法科研究在法科各专业内部呈现出来的两种非妥当性现象，则法科命题的妥当性所排斥的"照搬论"和"自封论"，所针对的便是法科研究在各专业甚至学科之间呈现出来的两种非妥当性现象。

对于法科命题的妥当性所排斥的"照搬论"，我们可以刑法理论中的所谓"刑事连带责任"为适例加以剖析。正如我们所知，关于单位犯罪的双罚制根据问题，刚开始便有"刑事连带责任"这一命题。具言之，之所以要对单位犯罪既处罚犯罪单位本身，又要处罚单位犯罪中的直接责任人员，是因为单位与单位成员的犯罪行为相互关联，而"双罚制原则"源于法人的"民事连带赔偿责任"。在民法中，如果法人成员在执行职务活动中对他人造成损害，则不仅法人应承担赔偿责任，而且引起他人损害的法人成员也应承担相应的责任。在法人犯罪时，之所以同时惩罚法人代表及其他责任人员，是因为他

---

〔1〕　张明楷：《行为无价值论与结果无价值论》，北京大学出版社 2012 年版，第 277 页。

〔2〕　章国锋："交往理性"，载《外国文学》2004 年第 1 期，第 60 页。

们对法人犯罪负有重大责任。但是，他们既不是与法人并列的"一个犯罪，两个犯罪主体"，也不是与法人共同犯罪，而是法人犯罪的责任承担者，即因法人犯罪而引起的连带刑事责任。[1]在我看来，单位犯罪双罚制根据的"连带刑事责任"命题是误用了民法上的连带责任理论。连带责任是民法上的一个概念，是指共同责任人中的任何一人均有义务就共同责任向权利人全部承担，然后再向其他共同责任人追偿。民法规定的连带责任有共同侵权人的连带责任、保证人的连带责任、合伙人的连带责任和代理人与被代理人的连带责任。但是，无论从民法理论，还是从民法规定，共同责任人或连带责任人须是法律地位相互平等，各自独立而不存在整体与部分的隶属关系的两个或两个以上的当事人。显然，单位与单位成员之间存在整体与部分的隶属关系。至于"在民法中，如果法人成员在执行职务活动中，对他人造成损害时，不仅法人应承担赔偿责任，而且引起他人损害的法人成员也应承担相应的责任"，无疑是指法人对外承担责任后再回过头来在法人内部以扣发工资奖金等方式追究有关法人成员的责任，而法人所追究的法人成员的责任是一种对内责任，这与性质为对外责任的连带责任不能同日而语。可见，所谓法人的刑事连带责任与法人的民事连带责任并不存在相同的法理。如果用民法上的法人成员因其职务过错而受到法人的内部责任追究来比照刑法上的法人责任成员承受刑事责任，则可以说是法人即单位而不是国家来追究刑事责任。[2]实际上，既然民法上的连带责任强调责任主体的平等性和独立性，则民法上连带责任类比法无疑使得单位犯罪变成了单位本身与单位成员之间的共同犯罪，从而使得持论者走向"自相矛盾"。由于单位身处社会这个大系统，而单位成员身处单位这个小系统，且单位在社会中犯罪说明单位已经居于社会这个大系统的"矛盾的主要方面"，而单位成员在单位中犯罪说明单位成员已经居于单位这个小系统的"矛盾的主要方面"，故似应提出"系统矛盾论"命题来解说单位犯罪的双罚制根据。[3]

再就刑法学科中真正身份犯的共犯处罚根据问题，在"拟制责任说"难

---

〔1〕 张文、刘凤桢、秦博勇："法人犯罪若干问题再研究"，载《中国法学》1994 年第 1 期，第 56 页。

〔2〕 马荣春：《刑法诸问题的新界说》，中国检察出版社 2007 年版，第 46~47 页。

〔3〕 马荣春：《刑法诸问题的新界说》，中国检察出版社 2007 年版，第 48~49 页。

经推敲之后，也有人再次提出"刑事连带责任"的命题。[1]我认为，既然无论从民法理论，还是从民法规定，共同责任人或连带责任人须是法律地位相互平等，但在真正身份犯的共犯问题场合，身份者与非身份者在真正身份犯这一法定犯面前的"法律地位"并非相互平等，则"连带责任"的跨专业运用便存在问题。或许真正身份犯的共犯"连带责任说"会以刑事连带责任有别于民事连带责任而作自我辩解，但如果这种辩解不尊重法理的一致性和法制体系的一致性，则显然是不妥当的。既然"连带责任"是一个内涵确定的法律词汇和法学概念，而当"刑事连带责任"这一概念已经破坏了"连带责任"的内涵确定性，则在对"连带责任"已经予以"约定俗成"的人们看来，"刑事连带责任"的概念表述已经"词不达意"或"偷换概念"。可见，将一个"词不达意"或"偷换概念"的"刑事连带责任"概念用来表述真正身份犯的共犯处罚根据便自然陷入"自说自话"，正如赞成"连带责任说"的人强调，这里的"连带"是一种"形象的"定义，以表达法律拟制的效果，而绝非行为人的责任完全基于有身份的人。而针对真正身份犯的共同正犯，"连带责任"只是表达出一种与身份者"相似的"责任属性。[2]显然，"形象的"和"相似的"表明持论者对"连带责任"这一概念已经陷入了"似是而非"。于是，真正身份犯的共犯处罚根据的"连带责任说"便再次露出尴尬。[3]由于在非身份者加功的真正身份犯的共同犯罪中，有身份者居于"矛盾的主要方面"和"关键因素的地位"，故似应提出"寄生关系"和"寄生责任"命题来解说真正身份犯的共犯处罚根据。[4]

对于法科命题的妥当性所排斥的"自封论"，我们可再以刑法学理论中的所谓"偶然因果关系"与"必然因果关系"为适例加以剖析。在刑法学理论中，对于结果犯包括过失犯与间接故意犯和将法定结果作为犯罪既遂标志的直接故意犯来说，因果关系问题即所谓"刑法中的因果关系"是必须讨论的。于是，中国刑法理论在对"刑法中的因果关系"予以分类时便提出了"偶然

---

〔1〕 刘涛："真正身份犯无身份共同正犯的处罚依据——兼论贪污罪的司法适用问题"，载《安徽大学法律评论》2013 年第 1 期，第 225 页。

〔2〕 刘涛："真正身份犯无身份共同正犯的处罚依据——兼论贪污罪的司法适用问题"，载《安徽大学法律评论》2013 年第 1 期，第 229 页。

〔3〕 马荣春："论真正身份犯之共犯处罚根据"，载《法治研究》2015 年第 1 期，第 62~63 页。

〔4〕 马荣春："论真正身份犯之共犯处罚根据"，载《法治研究》2015 年第 1 期，第 65~67 页。

因果关系"与"必然因果关系"的命题对应。由此，我们在这里便要审视一下"偶然因果关系"与"必然因果关系"的妥当性。正如我们所知，必然性与偶然性是哲学上考察事物发展趋势的一对范畴，即必然性表述的是事物的某种确定不移的发展趋势，而偶然性表述的是事物的可以"这样"，也可以"那样"的"摇摆不定"的发展趋势，但偶然性背后潜藏着必然性，即偶然性终究要变成必然性。而因果关系则是另一对范畴即原因和结果之间的关系，即一种现象与另一种现象之间的引起和被引起的关系。其中，引起的现象是原因，而被引起的现象便是结果。由于引起和被引起也可以看成是"现象"，故原因、结果和因果关系本身都可以看成是"现象"。既然是一种"现象"，那就意味着因果关系是一种"实现"而非"趋势"，而因果关系所指向的"实现"，可以说是必然性和偶然性的"实现"，最终就可以仅仅看成是必然性的"实现"，因为偶然性背后潜藏着必然性。这样看来，"偶然因果关系"与"必然因果关系"的对应便是形成于有不同问题指向的哲学范畴的不合事物逻辑的强行拼接，故其妥当性便值得质疑，因为"实现"指向"已然"，而"趋势"则指向"未然"。但在中国刑法理论界，有人认为，哲学上所指的一般因果关系同刑法上所指的因果关系存在着"显著区别"，而这个区别就是哲学上的因果关系只有一种"必然因果关系"的形式，但在刑法上因果关系却有两种即"必然因果关系"和"偶然因果关系"。[1]前述认识便形成了刑法理论中因果关系的"二分法"："二分法"比较灵活，但缺乏理论依据。持"二分法"的人也意识到了这一点，故他们总是强调哲学上的因果关系是"一回事"，刑法上的因果关系是"另一回事"。[2]在我看来，哲学因果关系与刑法（学）因果关系确有不同或区别，但其不同或区别只能是"抽象"与"具体"或"一般"与"个别"的区别，而绝不应是后者对前者在哲学原理上的"突破"乃至"僭越"，只要还承认哲学是关于"世界观"和"方法论"的一般科学。[3]刑法研究越来越提倡专业和学科"交叉法"，但如果是在对相关专业和学科的"一知半解"甚至"自以为是"之中运用"交叉法"，则

---

〔1〕　周柏森："研究刑法中的因果关系要以马克思主义哲学作指导"，载高铭暄、赵秉志主编：《新中国刑法学五十年》，中国方正出版社 2000 年版，第 501 页。

〔2〕　顾肖荣："也谈刑法中的因果关系"，载高铭暄、赵秉志主编：《新中国刑法学五十年》，中国方正出版社 2000 年版，第 531 页。

〔3〕　马荣春："再论刑法因果关系"，载《当代法学》2010 年第 3 期，第 44 页。

将导致刑法理论"越交叉越乱",而其所形成的刑法命题也将"越交叉越糟"。

如果说法科命题的妥当性所排斥的"折中论"和"独断论"分别体现的是法科研究在法科各专业内部的"无立场"和"太有立场",则法科命题的妥当性所排斥的"照搬论"和"自封论"分别体现的是法科研究在各专业甚至学科之间的"无立场"和"太有立场"。而在"无立场"和"太有立场"之下所形成的法科命题便以非妥当性为其"宿命"。

四、法科命题妥当性的两个层面

法科命题妥当性的两个层面包含形式层面与实质层面,且此两个层面是相互说明的。

(一)法科命题妥当性的形式层面

毫无疑问的是,法科命题是要借助概念而被表述出来的,否则我们便不能认识、理解和接受法科命题。既然法科命题存在着一个表述的问题,而表述又存在着当与不当之分,故法科命题的妥当性中便包含着形式层面的内容或形式层面的问题。

法科命题妥当性的形式层面的问题,主要体现为形式逻辑方面的问题。首先,法科命题形式逻辑的非妥当性体现为"自相矛盾",即违反形式逻辑中的"矛盾律"。再以犯罪对象问题为例,即有教材在讨论犯罪客体与犯罪对象的关系命题时指出:"犯罪分子的行为作用于犯罪对象,就是通过犯罪对象即具体物或具体人来侵害一定的社会关系。"但是,"犯罪客体是任何犯罪的必要构成要件,而犯罪对象则仅仅是某些犯罪的必要构成要件"。[1]其言犯罪行为是通过犯罪对象来侵害一定的社会关系等于是说犯罪对象是犯罪作用于犯罪客体的中介。而既然犯罪对象是犯罪作用于犯罪客体的中介,则有犯罪对象必有犯罪客体,有犯罪客体必有犯罪对象,即"所有的犯罪都有犯罪对象"。否则,没有犯罪对象作为中介,犯罪客体怎么能受到侵害而自成为犯罪客体本身呢?但是,该教材所言"犯罪客体是任何犯罪的必要构成要件,而犯罪对象则仅仅是某些犯罪的必要构成要件",又意在强调犯罪客体可以脱离犯罪对象而存在,即有犯罪客体而未必有犯罪对象,亦即"有的犯罪没有犯

---

[1] 高铭暄、马克昌主编:《刑法学》,北京大学出版社、高等教育出版社2010年版,第58~59页。

罪对象"。在形式逻辑上，"所有的犯罪都有犯罪对象"和"有的犯罪没有犯罪对象"是互为矛盾的判断，而"矛盾律"要求互为矛盾的命题不能都肯定为"真"，否则就是"自相矛盾"。可见，"有犯罪客体，未必有犯罪对象"即"有的犯罪没有犯罪对象"这样的命题，是违反形式逻辑中的"矛盾律"的，其所犯的错误就是"两可型"的"自相矛盾"。这里，违反"矛盾律"的形式逻辑错误迫使我们不得不对犯罪客体与犯罪对象的关系命题予以一番"求真"：按照客体与主体的哲学逻辑对应，如果否定犯罪客体，便等于否定犯罪主体。这样，整个犯罪构成将被瓦解。在哲学上，人类活动是主客体之间相互作用的过程。这样，如果否定客体，则等于否定人类活动本身。当把犯罪视为一种"负能量"的人类活动，则否定犯罪客体便等于否定犯罪本身（no object, no crime）。当犯罪对象是犯罪客体的载体，犯罪对象是外在和形式而犯罪客体是内在和实质，则事物的外在和内在与形式和实质之间的范畴对应关系，便通过"所有的犯罪都有犯罪对象"来进一步支撑犯罪客体的必要性即"所有的犯罪都有犯罪客体"这一命题。易言之，犯罪客体的必要性即所有的犯罪都有犯罪客体与所有的犯罪都有犯罪对象，这两个命题是具有一致性的。显然，在承认犯罪客体的必备性的同时又提出"有的犯罪没有犯罪对象"，则将陷入在犯罪客体必要性或必备性命题上的"自相矛盾"。

为何有人提出"有犯罪客体，未必有犯罪对象"这一命题呢？"有犯罪客体，未必有犯罪对象"这一命题得自"有的犯罪没有犯罪对象"即"并非所有的犯罪都有犯罪对象"这一认识，如偷越国边境罪和脱逃罪就"没有"犯罪对象，即"总不能"把界碑、界桩和界河等作为偷越国边境罪的犯罪对象和把狱墙、狱门和高墙电网等作为脱逃罪的犯罪对象吧？其实，偷越国边境罪和脱逃罪就并非"没有"犯罪对象，而是我们没有突破思维局限，从而暂时没有"发现"犯罪对象。正如前文指出，偷越国边境罪和脱逃罪的犯罪对象就是行为人自身，即行为人对行为人自身作"非法运动"即"非法作用"，从而改变其"合法处境"即实现对相应法秩序的侵害。那么，偷越国边境罪、脱逃罪的犯罪对象与战时自伤罪的犯罪对象问题没有实质区别，即犯罪主体同时就是犯罪对象，亦即犯罪主体与犯罪对象的"二合一"。

再以犯罪客体论中的所谓"随机客体"问题为例，即"随机客体"，是指在某一具体犯罪侵害的复杂客体中可能由于某种机遇而出现的客体，也称"随意客体""选择客体"。如非法拘禁罪，其所侵害的主要客体是他人的人身自由权利，如果非法致人重伤、死亡时，则危害到他人的健康权利、生命权利。与主要客体和次要客体不同的是，主要客体和次要客体是某些犯罪的必备要件，而"随机客体"仅仅是"选择要件"，可能出现也可能不出现。[1]"随机客体"是在讨论犯罪的直接客体时被提出来的。所谓"随机客体"，是指在某些犯罪中可能受到侵害，也可能不会受到侵害的犯罪客体。正如我们所知，"随机客体"是在属于犯罪的直接客体的复杂客体之中被提出来的。复杂客体形成主要客体和次要客体的对应是没有问题的，否则复杂客体便不成其为复杂客体。但是，在复杂客体的主要客体和次要客体之外再提出所谓"随机客体"，便有问题了，而其问题便是"自相矛盾"，从而违背形式逻辑的"矛盾律"，因为在复杂客体中，主要客体和次要客体所形成的是"矛盾关系"而非"反对关系"，而"矛盾关系"意味着不可能还有第三个概念存在。实际上，所谓"随机客体"的形式逻辑问题，在其界说之中便已隐现出来，因为所谓"机遇"即"可能"，而"机遇"即"可能"意味着不一定受到侵害，但尚未受到侵害时，是不存在犯罪客体包括所谓"随机客体"的。就非法拘禁罪而言，当行为人致被害人重伤、死亡，则所形成的仍然是由主要客体和次要客体所构成的复杂客体，即健康、生命权是主要客体，而人身自由权利是次要客体，即仍然没有所谓"随机客体"的存在余地。

再以所谓作为犯与不作为犯竞合问题为例。在我看来，作为犯与不作为犯竞合这一命题也是违背"矛盾律"而犯了"自相矛盾"的形式逻辑错误。所谓作为犯与不作为犯的竞合，是指某些犯罪为从一个角度看是作为犯，而从另一个角度看则是不作为犯。[2]我们可以明显看出，"作为"与"不作为"是"矛盾关系"而非"反对关系"，若肯定所谓作为犯与不作为犯的竞合便等于人为地将"作为"与"不作为"的"矛盾关系"强行变成"反对关系"。由于"矛盾关系"意味着不可能有第三种概念存在，故作为犯与不作为犯竞合的命题便与犯罪分为作为犯与不作为犯的命题形成了相互矛盾。而所谓作为犯与不作为犯的竞合正是将相互矛盾的命题同时肯定为"真"，从而违背"矛盾律"而犯了"自相矛盾"的形式逻辑错误。作为犯与不作为犯竞合这一命题的形式逻辑问题，促使我们深入讨论作为犯与不作为犯竞合这一命题

---

〔1〕 高铭暄、马克昌主编：《刑法学》，北京大学出版社、高等教育出版社2010年版，第57页。
〔2〕 张明楷：《刑法学》（第4版），法律出版社2011年版，第149页。

所对应的问题。正如我们所知，刑法规范对司法者是裁判规范，对一般公民则是行为规范，而这里的行为规范包括针对合法行为的规范即正当防卫和紧急避险等授权性规范和针对违法行为的规范包括禁止性规范和命令性规范。显然，在针对违法行为的规范中，禁止性规范与命令性规范互为"矛盾关系"而非"反对关系"，因为禁止性规范是"禁止"公民做什么，命令性规范则是"命令"公民做什么，但不可能存在着一种行为规范，它针对某一行为，在"禁止"公民去做出这一行为的同时又立马"命令"公民去做出这一行为，因为这样的规范对公民而言不具有预测可能性，会令公民的生活行为"无所适从"，[1]从而有害于人权保障。实际上，当所谓作为与不作为的竞合指向"同一个"行为事实时，则其所指向的便是"一个事物的两个方面"，而就"一个事物的两个方面"构造出所谓作为与不作为的竞合，便意味着将"一个事物的两个方面"构造成"两个不同的事物"，即将"同一个"行为事实构造成两个行为事实。[2]

正如我们所知，我国刑法学界较早就有人提出所谓作为与不作为的竞合，是以偷税、抗税犯罪作为例证，即就行为人伪造账目、弄虚作假，甚至殴打税务人员而言，是作为；但从应纳税而不纳税而言，则是不作为。[3]其实，行为人伪造账目、弄虚作假，甚至殴打税务人员是体现"应纳税而不纳税"这一非法目的的外在"行为事实"，而"应纳税而不纳税"只是行为人的一个内心目的而非一个外在的"行为事实"，亦即这里并非存在着两个"行为事实"，故作为犯与不作为犯的竞合便失去了基本的事实对应，因为刑法不可能仅仅将"应纳税而不纳税"这种纯主观的非法目的本身规定为不作为犯罪。显然，所谓作为犯与不作为犯的竞合，不仅意味着在行为规范中"徒增"或"虚构"出"第三种类型"，而且更加意味着在所谓作为犯与不作为犯竞合中刑事责任的"叠加"，因为作为犯要承担一次刑事责任即刑事责难或刑事否定评价，而不作为犯又要承担一次刑事责任即刑事责难或刑事否定评价。[4]由

---

〔1〕　马荣春："刑法学中作为与不作为竞合之辨——兼与张明楷教授商榷"，载《东方法学》2014年第2期，第26页。

〔2〕　马荣春："刑法学中作为与不作为竞合之辨——兼与张明楷教授商榷"，载《东方法学》2014年第2期，第22页。

〔3〕　高铭暄主编：《中国刑法学》，中国人民大学出版社1989年版，第99页。

〔4〕　马荣春："刑法学中作为与不作为竞合之辨——兼与张明楷教授商榷"，载《东方法学》2014年第2期，第26~27页。

作为犯与不作为犯竞合的命题主张者所举的那些个例，我们可推出所有的犯罪都是作为犯与不作为犯的竞合，如张明楷教授指出，汽车司机在十字路口遇到红灯，仍然向前行驶而导致行人死亡。从不应当向前行驶而向前行驶（不应为而为）来看，属于作为；从应当刹车而不刹车（应为而不为）来看，则属于不作为，[1]即交通肇事罪是作为犯与不作为犯的竞合。但是，如果在司机闯红灯的事例中坚持存在着所谓作为犯与不作为犯的竞合，则大多数乃至全部犯罪都可说成是作为犯与不作为犯的竞合，如故意杀人罪可以说成是不该杀人而杀人（不该为而为）与该克制杀人却不予克制（该为而不为）的竞合，又如强奸罪可以说成是不该强奸而强奸（不该为而为）与该克制强奸却不予克制（该为而不为），再如诬告陷害罪可以说成是不该诬告陷害而诬告陷害（不该为而为）与该封住嘴巴而不封住嘴巴（该为而不为）。[2]如此一来，所谓作为犯与不作为犯的竞合便瓦解了作为犯与不作为犯的分类，从而回过头来瓦解了自身。

法科命题的形式逻辑问题还表现为"偷换概念"而违反"同一律"。如关于"消极的构成要件要素"问题，学者指出，通常的构成要件要素，是积极地、正面地表明成立犯罪必须具备的要素，这种要素就是"积极的构成要件要素"。但例外地也存在否定犯罪成立的构成要件要素，这便是"消极的构成要件要素"。例如，《刑法》第389条第3款规定："因被勒索给予国家工作人员以财物，没有获得不正当利益的，不是行贿。"这便是行贿罪中的"消极的构成要件要素"。[3]实际上，"构成要件要素"本来就是肯定犯罪成立的要素，即本来就是发挥肯定功能的一个概念，故构成要件要素本来就不应该作出"通常"与"例外"的人为划分。由于人为划分出来的"消极的构成要件要素"以否定犯罪的成立作为概念的功能指向，故"消极的构成要件要素"中的"构成要件要素"与原本的即无需强调"积极"的"构成要件要素"已经不是同一概念，即"消极的构成要件要素"已经不再是"构成要件要素"，从而其"偷换概念"而违反"同一律"的形式逻辑问题较为明显。其实，研习刑法的人都知道行贿罪的所谓"消极的构成要件要素"的问题所指，即

---

[1] 张明楷：《刑法学》（第4版），法律出版社2011年版，第149页。
[2] 马荣春："刑法学中作为与不作为竞合之辨——兼与张明楷教授商榷"，载《东方法学》2014年第2期，第22页。
[3] 张明楷：《刑法学》（第4版），法律出版社2011年版，第125页。

"因被勒索给予国家工作人员以财物，没有获得不正当利益的，不是行贿"根本就不是行贿罪的"构成要件要素"，而是事关其"构成要件要素"运用的"立法提示"或"注意规定"。因此，我们没有必要通过扭曲概念而将问题弄得"云里雾里"。当然，这里涉及对刑法理论的"舶来品"的译介问题，更进一步涉及刑法理论的"舶来品"如何接"中国地气"和我们的"通识地气"的问题。

　　法科命题的形式逻辑问题有时还表现为"循环论证"。如对共同犯罪的成立范围即共同犯罪的本质问题，有人不是提出而是极力赞成在日本仍然存在争议的"行为共同说"，且主张将之用来一统"中国天下"。[1]正如我们所知，作为一个最起码的刑法学常识，犯罪是行为，而共同犯罪便是共同行为。就概念关系而言，行为是上位概念，犯罪是下位概念；共同行为是上位概念，共同犯罪是下位概念。因此，对共同犯罪的成立范围即共同犯罪的本质问题极力鼓吹"行为共同说"的命题，便等于说男人或女人亦即人的本质是"人"。但是，人的本质"在现实性上是一切社会关系的总和"。如果经过一番仔细对比，传统的"完全犯罪共同说"确实将共同犯罪的成立范围限制得过窄，而"部分犯罪共同说"可将共同犯罪的成立范围予以合理地扩展，但"行为共同说"则将共同犯罪的成立范围拉大得近乎"无边无际"，因为"共同行为"毕竟是"共同犯罪"的上位概念。而如果联系概念定义，则等于是将"共同犯罪"的定义项的"中心词"拿来作为共同犯罪的本质，即将之用来等同共同犯罪的成立范围。共同犯罪成立范围即共同犯罪本质问题的"行为共同说"命题也是欠妥的，从而也是危险的，因为共同犯罪的刑事责任与非共同犯罪的刑事责任是有显著区别的。

　　讨论法科命题的形式逻辑问题并非饱食无聊之举，而前述例证已经有力地说明：遵循形式逻辑能够使得我们紧紧抓住问题的"真相"而得出符合专业逻辑的法科命题。

　　（二）法科命题妥当性的实质层面

　　同样毫无疑问的是，法科命题是针对问题的。但是，法科命题所针对的问题有真问题与伪问题之分，而针对真问题又存在着是否有偏差之分，故法科命题的妥当性中便又包含着实质层面的内容或实质层面的问题。以死刑存

---

　　〔1〕　陈洪兵：《共犯论思考》，人民法院出版社 2009 年版，第 36~61 页。

废问题为例，有人指出，"死刑存废之争"其实是个伪问题，因为随着人类文明的进步，刑事司法现代化的加速，死刑必将被废除。因此，真正的问题是"当下要不要立即废除所有死刑"，而不是"死刑将来会不会被废除"。[1]在我看来，不能断然说"死刑存废之争"是个伪问题，但"死刑将来会被废除"显然是个伪命题，因为任何事物都逃脱不了产生、发展和消亡的宿命。回到"死刑存废之争"问题上来，我们不能否认"中国当下应废除所有死刑"是一个命题，而我们要慎重对待的是该命题的妥当性。考察死刑存废问题之争，在一般的观念层面上，我们可发现以往废除死刑的所有理由几乎都可构成保留死刑的理由。[2]而中国当下的死刑存废问题绝不是刑法条文中该不该出现"死刑"二字的立法书面问题，而是与中国的政治、经济和文化有着千丝万缕且根深蒂固的联系的现实问题。可以这么认为，死刑的当下中国存在是根植于中国文化土壤的，故文化土壤在，则死刑的根须便在，从而"死刑不死"。这里要稍作展开的是，死刑是一种"心理原型"，它凝结着一种"集体无意识"即"集体反应倾向"，表达着一种原始情感和普遍情感，且具有"遗传特征"。[3]于是，我们可以说，对于已经废除死刑的国家，死刑这一"心理原型"已经中断或终止了"遗传"，但对于当下的中华民族来说，死刑这一"心理原型"仍处于"遗传"状态。可见，离开"心理原型"主张在中国当下废除死刑便是不切实际的，因为"集体无意识""集体反应倾向""普遍情感"和"遗传特征"都可归结为"社会共识"，故死刑的立法存在便能够得到"社会共识"的支撑和说明。[4]这就是为何"死刑存废论"变成了"死刑限制论"。长时间热情而激烈的"死刑存废之争"以"严格限制死刑"作为"尾音"，即"死刑存废论"变成了"死刑限制论"，已经事实地说明了"中国当下应废除所有死刑"这一命题的非妥当性。之所以说"中国当下应废除所有死刑"这一命题具有非妥当性即欠妥性，是由中国社会当下阶段的发展规律和发展要求所决定和说明的。当然，这里所说的发展规律和发展要求仍然内含着由来已久的历史文化积淀。于是，这里要进一步指出的

---

〔1〕 王琳："船夫的哲学与死刑的存废"，载《人民检察》2014年第19期，第37页。

〔2〕 马荣春、周建达："死刑存废新考"，载《南昌大学学报（人文社会科学版）》2009年第2期，第69~71页。

〔3〕 袁彬：《刑法的心理学分析》，中国人民公安大学出版社2009年版，第220~227页。

〔4〕 马荣春："共识刑法观：刑法公众认同的基础"，载《东方法学》2014年第5期，第35页。

是，"中国当下应废除所有死刑"这一命题具有非妥当性即欠妥性，正好说明着"中国当下应废除所有死刑"这一命题的"片面深刻性"。但正如我们所知，这里的"片面深刻性"指的是人权的"片面深刻性"，正如学者指出："无论从哪个意义上讲，剥夺一个人的生命不是在保护他的人权。这就决定了，刑罚应该是保护刑、目的刑，死刑是应该被废除的。"[1]学者所言保护刑的"保护"仅仅是保护犯罪人本人的人权而不保护芸芸众生的人权，亦即"刑法仅仅是犯罪人的大宪章"而非同时是"善良人的大宪章"。这便是对人权的"片面深刻性"的点破。但是，"片面深刻性"终究是"片面性"。由此，我们可以认为，所谓法科命题的妥当性的实质层面，或曰法科命题的实质层面的妥当性，是指法科命题妥当性的社会生活规律支撑性。

法科命题及其所包含的概念是对应客观事物和现实问题的，而法科命题及其所包含的概念本来就是我们对客观事物和现实问题的主观反映形式，故法科命题的妥当性不过是我们的主观与社会的客观相一致而已，亦即法科命题的妥当性既排斥法科的主观"大于"社会的客观，也排斥法科的主观"小于"社会的客观。但是，法科命题的"片面深刻性"往往容易在过于超前之中陷入法科的主观"大于"社会的客观。相比之下，法科命题的"恋旧保守性"又往往容易在滞后于社会生活之中而陷入法科的主观"小于"社会的客观。可见，法科命题的妥当性就是要避免"片面深刻性"和"恋旧保守性"这两种法科命题倾向，从而避免法科研究在现实生活面前的偏离或脱节。学者指出，无论是哪一种性质的争论，出发点都不能够脱离中国社会现实和中国刑法学理论发展的阶段。这是讨论一切问题的"总根据"，对这一点含糊，就会对争论的性质认识不清，就可能出现讨论越深入，就越误入歧途的危险。[2]在我看来，其言"中国刑法学理论发展的阶段"应是指受中国社会当下发展阶段所决定的刑法学理论发展阶段。于是，法科命题的妥当性的强调就是力图避免脱离中国社会发展阶段及其需要的刑法学研究"误入歧途"。易言之，法科命题的妥当性的强调，就是谋求法科研究沿着中国社会发展阶段并呼应其切实需要而步入法科理论自身的发展正途。

从社会生活现实和社会生活规律到主客观的相互关系即主客观相一致，

---

〔1〕 周国文：《刑罚的界限——Joel Feinberg 的"道德界限"与超越》，中国检察出版社 2008 年版，第 161 页。

〔2〕 车浩："中国刑法学的现状、传统与未来"，载《法学研究》2013 年第 1 期，第 42 页。

这不仅是对法科命题妥当性的实质层面的展开，更是对法科命题妥当性的实质层面的深入。但是，法科命题的妥当性的实质层面的根本，还是在社会生活本身，正如"限制死刑"这一命题妥当性的实质层面的根本还是在要求保留死刑的那些客观生活存在上，包括死刑作为一种"心理原型"的当下"生活遗传"。否则，法科命题的提出或坚持及其所对应的法律制度建构和运行，便如同在沙丘上垒屋。俗话说："人类有法律，事物有规律。"〔1〕其实，之所以"人类有法律"，乃是因为"事物有规律"，即"事物有规律"是"人类有法律"的背后根据和动因。而在这里，我们可采用"法科有命题，命题有规律"来作为法科命题妥当性的实质层面的一个浅显揭示。在法科命题妥当性的实质层面问题上，我顺便作这样的强调：中国问题决定中国理论，中国转型阶段的问题决定中国转型阶段的理论，中国刑法实践问题决定中国法科命题，从而决定中国法科理论。如果将前述强调概括一种"中国决定论"，则全盘引进国外特别是大陆法系的法科理论，便有违"中国决定论"。当然，中国法科理论的"中国决定论"并不排斥"洋为中用"，即国外特别是大陆法系的法科理论应该或必须在一种"兼容"的状态中发挥对中国法科理论和中国法治实践的"正能量"。在此，如果"社会是刑法'走不出的背景'"，〔2〕则刑法命题的妥当性最终要回到社会生活的妥当性上来，亦即刑法命题的妥当性最终决定于社会生活的妥当性。于是，法科命题妥当性的实质层面可以界定为法科命题应尊重社会生活的客观事实；而在当下，中国法科命题妥当性的实质层面就是法科命题应尊重转型期的社会生活的客观事实。这里要强调的是，体现中国法科命题实质层面妥当性的"尊重事实"，包括尊重历史事实即历史传统，也包括和主要包括尊重当下事实。而这里的尊重当下事实，表面上是尊重当下的社会现象和社会趋势，实质上是尊重当下的包括政治的、经济的和文化的社会需求乃至社会渴求。〔3〕

　　"适可而止"是我们处理生活问题的一种常见思维，其可视为一种妥当性

---

〔1〕　[美] 伯顿·史蒂文森主编：《世界名言博引词典》，周文标等编译，辽宁人民出版社1990年版，第170页。

〔2〕　利子平、石聚航："刑法社会化初论"，载《南昌大学学报（人文社会科学版）》2010年第5期，第56页。

〔3〕　马荣春："论中国法学的学术尊重——兼及中国刑法学的心态与方法"，载《东方法学》2011年第4期，第94页。

思维。法科命题思维似乎也应是"适可而止"思维，而这里的"适可"则包括形式层面的"适可"和实质层面的"适可"，且形式层面的"适可"是实质层面的"适可"的观念反映，而实质层面的"适可"是形式层面的"适可"的背后根据。由形式层面的妥当性和实质层面的妥当性所构造而成的法科命题的妥当性，能够最大程度地保障法科命题的合理性。何谓合理性？学者指出："什么是'合理的'？这在不同的场合有不同的要求。一般说来，所谓合理的，就是合规律而被认为是客观的，合目的而被认为是有价值的，合逻辑而被认为是严密的，合理智而被认为是正常的，合规范而被认为是正当的，有根据而被认为是应当的，有理由而被认为是可理解的，有价值而被认为是可接受的，有证据而被认为是可相信的，有目标而被认为是自觉的，有效用而被认为是可采纳的，等等。合理性就是对人们的思想和行为所应当具有的客观性、价值性、严密性、正常性、正当性、应当性、可理解性、可接受性、可信性、自觉性等的概括与要求，是合规律性、合目的性和合规范性的统一，也是真理性与价值性的统一。"[1]可见，"合理性是具体的，有着极其丰富的内容和极其多样的内涵，合理性标准是一个多样性统一的复合标准体系"。[2]也有学者指出，合理性概念有本体论意义上的合理性、认识论意义上的合理性和实践论意义上的合理性。[3]本体论意义上的合理性，主要是指人具有逻辑推理的能力，其根据是"人是理性的动物"这一命题；认识论意义上的合理性，是指"人对自己的信念、思想、认识和行为进行反思和评价而得出的评价判断"。认识论意义上的合理性强调的是人如何认识和遵循原则、归责和规范；实践论意义上的合理性，主要是指马克思主义的实践合理性，体现的是"自觉的和主动的主体对于对象和人与对象关系的合理化发展的一种追求，也是人们力图在实践中合理地引导这种关系并使之向合理化方向发展的一种愿望和能力"。[4]但是，在终极意义上，"合理性是一种实践合理性"，是"一定的价值主体和评价主体对于事物和人与事物关系的合理化发展的一种追求，是一切合乎现实事物的内在规律和本质的属性，具有为人的

〔1〕　欧阳康："合理性与当代人文社会科学"，载《中国社会科学》2001年第4期，第17页。
〔2〕　欧阳康："合理性与当代人文社会科学"，载《中国社会科学》2001年第4期，第23页。
〔3〕　吴畏：《实践合理性》，广西人民出版社2003年版，第129~134页。
〔4〕　欧阳康："合理性与当代人文社会科学"，载《中国社会科学》2001年第4期，第23页。

行动提供普遍准则的功能"。[1]显然，合理性的三种意义的解读仍然体现着合理性是"合规律性、合目的性和合规范性的统一，也是真理性与价值性的统一"。可见，法科命题的妥当性就是要力促法科命题的形成及其理论建构最大限度地达至"合规律性、合目的性和合规范性的统一"，从而最终实现"真理性与价值性的统一"，因为在这里，法科命题的妥当性更多是在学术意识的全面性、结构性和协调性等方面来防止法科命题的"不及"与"过之"两种倾向。

本章小结

逻辑顺畅性（包括形式逻辑的顺畅性和专业逻辑的顺畅性）和实践可行性是法科命题妥当性的两个标准，前者是观念层面的标准，后者是实践层面的标准，且此两个标准是互为体现或互为表里的。

法科命题的妥当性不反对，但也不赞赏法科命题的精确性。在自然科学领域内，精确性可以视为一种追求目标，因为"差之毫厘，失之千里"将意味着自然科学活动的难以预估的损失乃至毁灭性的灾难。但在人文社会科学领域内，妥当性可以甚或应该被视为一种追求目标，因为人文社会科学活动所针对的人文社会问题的解决所要讲求的是各种社会关系间的平衡与适中。而之所以如此，又是因为只有实现各种社会关系间的平衡与适中，才能达致社会的稳定、和谐状态。不仅如此，人文社会科学领域的命题本来就无法做到精确性，且对精确性的偏执会因陷入机械而使得人文社会科学的命题走偏。同样，法科命题的妥当性不反对，但也不赞赏法科命题的正确性。为何我不采用法科命题的正确性这一说法或提出法科命题的正确性这一命题呢？因为法科命题正确性的强调往往对应着对立面命题的错误或谬误，而对错误的指出乃至指责往往欠缺学术上的气量和宽容，从而"忽左忽右"。相反，法科命题的妥当性往往能够在对对立面命题的一定认可之中展现一种"不偏不倚"和"兼收并蓄"的气量，从而营造一种尽量不伤和气的学术氛围。可见，法科命题的妥当性既可保有法科作为社会科学的学科特性，也可保障法科在倡导观念或提出主张等方面的普遍可接受性，从而充分发挥其学术功能（包括

---

[1] 利子平：《刑法司法解释瑕疵研究》，法律出版社 2014 年版，第 171 页。

理论完善功能和实践指导功能)。

　　立于生活实践,由于法科在根本上就是利益关系之科,但利益关系往往具有错综复杂性,故要合理有效地调处错综复杂的社会关系,我们只能寄希望于法科命题的妥当性而非其精确性或正确性;立于学术研究,法科命题的妥当性就是法科理论整体的妥当性,因为法科理论整体本来就是其一系列命题的"血肉之躯"。在此,我要说的是:法科命题妥,则中国法科理论兴!

　　任何简单问题都可以复杂化,任何复杂问题都可以简单化。法科命题的妥当性以"复杂问题简单化"为理论取向和实践取向。在此,我又要说的是:法科命题妥,则中国法治实践兴!

第十三章

法科研究生的学术标杆意识

法科研究生不仅应当有学术命题的妥当性意识，而且还应有学术标杆意识，特别是学术型博士研究生。为形成学术标杆意识，学术型法科研究生特别是学术型博士研究生应了解和领会中国法科知识生产中学术标杆的意义、中国法科知识生产中学术标杆的识别、中国法科知识生产中学术标杆的树立。

一、中国法科知识生产中学术标杆的意义

中国法科知识生产中学术标杆的意义，能够使得我们的法科研究生特别是学术型博士研究生更加真切地看到学术标杆之于中国法科知识生产的重要性。

（一）学术标杆之于中国法科的"特色学说"和"普遍学理"的意义

无论是就个别学者而言，还是就某个学术群体而言，"特色学说"如果能够成为学术标杆，则学术标杆必能抬升"特色学说"。易言之，无论就个别学者而言，还是就某个学术群体而言，能够成为其学术标杆的东西必然已经是独具特色的东西即具有自己的"特色性"。因此，树立学术标杆的过程就是创造"特色学说"的过程。由此，虽然先有"特色学说"，后才有学术标杆，但学术标杆是对"特色学说"的一种"境界性要求"，因为学术标杆是一种同行的价值公认，从而是"特色学说"的一种"成就性体现"。正因如此，学者潜心或致力于"特色学说"以树立学术标杆，才是成就个人学术声誉的"沧桑正道"。于是，学术标杆便构成了一种学术目标和学术境界甚至"学术梦想"，从而构成了一种学术激励和学术动力。而当学术标杆可视为"学术梦想"，则给一个学者或学术群体带来声誉的"特色学说"便是其"追梦"的成果。可以肯定的是，中国法科界的任一学人或学者都想成名成家，但大家都清楚：没有叫得响的东西，是很难成名成家，更难成大名大家的。于是，大家都时常纠结如何才能树立起实至名归的学术标杆。而正是在树立学术标

杆过程中，"特色学说"才渐渐得以形成。不可否认的是，树立学术标杆的过程往往是一个学者追求个人名利的过程，但这不妨碍树立学术标杆的过程同时也是形成"特色学说"的过程。而在"特色学说"与个人名利成正比例关系的考量之中，学术标杆树立得越成功，则"特色学说"的理论与实践贡献便越大。前述道理在中国法科领域同样适用。学术标杆对"特色学说"的激发和支撑作用，是学术标杆之于中国法科知识生产和中国法科理论发展的最基础的意义所在。

学术标杆对"特色学说"的激发和支撑作用，还得联系"问题意识"来作一番深解。顾培东教授指出，法科研究中的问题意识主要体现为法科理论对于法治实践的敏感度及涵摄力，是法科理论与法治实践之间的主要媒介。当下法科研究中问题意识的缺失，也与研究者的知识结构及其对待法治现实的态度密切相关。[1]可以肯定的是，不以"中国自己的问题"为解答对象的法科，绝对不可能是具有"中国特色"的法科，从而绝对不可能构建出中国特色的法科知识体系，或绝对不可能形成法科知识体系的"中国特色"。易言之，中国特色法科知识体系或法科知识体系的"中国特色"的逐步形成即其建构，必须奠基在"中国自己的问题"的发现上。[2]在此可以说，若无"中国问题意识"，则难有中国法科学术标杆的树立。学术标杆所直接体现的就是一种强烈的"问题意识"，同时也是一种广度和深度兼具的"问题意识"即"高质量的问题意识"，[3]而正是这种"问题意识"才让学术标杆撑起了"特色学说"。当然，学术标杆所体现的"问题意识"，同时也是一种"创新意识"和"目标意识"。中国法科的发展创新是靠中国法科知识的不断生产来推动的，而中国法科知识的不断生产应将"特色学说"作为主要体现。于是，作为中国法科发展创新的杠杆的学术标杆，之于中国法科的特色性发展的意义或作用便显现了出来。

学术标杆对于中国法科知识生产和中国法科理论发展的意义，说明必然

---

[1]　顾培东："法学研究中问题意识的问题化思考"，载《探索与争鸣》2017年第4期，第46~47页。

[2]　马荣春："中国特色刑法学知识体系的建构机理"，载《山东警察学院学报》2019年第1期，第8页。

[3]　马荣春："中国特色刑法学知识体系的建构机理"，载《山东警察学院学报》2019年第1期，第9~11页。

经由"特色学说"而迈向"普遍学理"。具言之，当"特色学说"是"普遍学理"的具象与丰富，甚至是"普遍学理"的延展与再生，则学术标杆对于"特色学说"的激发和支撑作用，便蕴含或派生着学术标杆对于"普遍学理"的推动或牵引作用。易言之，学术标杆对"普遍学理"的推动或牵引作用"沉淀"着学术标杆对"特色学说"的激发或支撑作用。于是，在"普遍学理"层面，学术标杆之于中国法科知识生产和中国法科理论发展的意义便得到了一番升华。就中国刑法学科理论而言，其在 20 世纪改革开放之后的不断丰富与发展是一个不容否认的事实或局面，而这一事实或局面是第一、二、三代甚至"新生代"学者们通过一种"接力赛"式的共同努力所造就或促成的。可以肯定的是，在中国刑法学科理论的不断丰富与发展的局面之中，几代刑法学人的学术标杆作用是客观存在的。可以说，没有学术标杆的激发和支撑与推动或牵引作用，便没有中国刑法学科知识的生产与再生产，亦即没有中国刑法学科理论的不断丰富与发展。我们所遗憾的只是：由于主客观原因的限制，在以往的中国刑法学科知识的生产与再生产和中国刑法学科理论的丰富与发展之中，学术标杆数量偏少、高度欠缺、鲜明性与创造性不足，似有"千呼万唤始出来，犹抱琵琶半遮面"之情状。而这里要强调的是，在早期或初期，树立中国刑法学科理论的学术标杆，或许还有"意识形态"的忌惮。正是由于学术标杆数量偏少、高度欠缺、鲜明性和创造性不足，以往的中国刑法学科知识的生产与再生产和中国刑法学科理论的丰富与发展才显得明显乏力或能力不足。其实，学术标杆与中国法科包括中国刑法学科知识生产的"正相关"道理很明了：学术标杆就是学说的真正的"标新立异"，而"标新立异"意味着要与以往或他人的不同，即要有"新的东西"即"新的创见"。这里，"新的东西"即"新的创见"便意味着"新的（再）生产"和"新的发展"。进一步地，"新的东西"或"新的创见"即"新的（再）生产"即"新的发展"，必然"倒逼"或促使"普遍学理"采用新的表述包括新的概念、新的范畴、新的命题甚或新的体系，亦即"普遍学理"由"既有"走向"新"或"更新"。于是，沿着学术标杆→"特色学说"→新的"普遍学理"→新的学术标杆→新的"特色学说"→更新的"普遍学理"，学术标杆一轮又一轮地激励或支撑，推动或牵引法科包括刑法学科知识的生产与再生产。

可以肯定的是，在学术交流和学说融合越发广泛和深入的当下，且在社会转型越发渴求学术创新的当下，学术标杆的树立契机也相应地越来越多。对中国法科知识生产和中国法科理论的发展而言，同样如此。对中国法科知识生产和中国法科理论的发展而言，这应该且能够是相对容易创建"特色学说"以实现理论即知识创新的年代，但首先应该且能够是相对容易形成"学术标杆自信"的年代。在此，我们可将学术标杆形象地说成是中国法科包括中国刑法学科知识不断生产即再生产的"机器轮轴"。当然，学术标杆与法科知识生产贡献不是完全对应关系。具言之，当一个学者或学术群体树立了名副其实的学术标杆，则其必有相应的法科知识生产贡献即法科理论发展贡献，特别是在法科理论初成体系之后；而一个法科从业者，即便没有树立起值得称道的学术标杆，他完全可以学术标杆之外的"作为"来作出法科知识生产贡献即法科理论发展贡献，特别是在法科理论的起步阶段，正如车间主任虽然不直接从事产品生产，但其却能够组织或指挥产品生产。

　　学术标杆在中国法科知识生产和中国法科理论发展中的"特色学说"意义与"普遍学理"意义，隐含着"手段与目的"或"途径与归宿"的关系。显然，"普遍学理"的不断更新发展是中国法科包括中国刑法学科学术标杆的最终"目的"或"归宿"所在。

　　（二）学术标杆之于中国法科的"学术操守"的意义

　　针对刑法学科中的有关现象，早有学者指出，刑法学家们以学术独立、自由的名义将理论改造为观念玩物，即学术被日益引向个人兴趣和理想化，从而在自娱自乐之中早把生养自己的社会抛到了九霄云外。[1]这便使得刑法理论所影响的刑法变得越来越精巧的同时，也使得我们越来越感受且越来越无法忍受其封闭与自我循环、妄自尊大。[2]这导致理论研究往往停留于低水平重复，而刑法学科的热点如同过眼云烟，只有观点的泛滥而没有理论的沉淀，[3]从而现行理论不是在满足现实需要和实现社会稳定最大化上下功夫，故其显得过于简单、幼稚。[4]最终，刑法学科理论与社会的关联度日益减弱，从而被社会的接受度越来越低。[5]须知，法治不是学术精英在象牙塔里的自娱

〔1〕　文海林：《刑法科学主义初论》，法律出版社 2006 年版，第 296~297 页。
〔2〕　文海林：《刑法科学主义初论》，法律出版社 2006 年版，第 76 页。
〔3〕　陈兴良：《当代中国刑法新理念》，中国政法大学出版社 1996 年版，第 1003 页。
〔4〕　文海林：《刑法科学主义初论》，法律出版社 2006 年版，第 416 页。
〔5〕　文海林：《刑法科学主义初论》，法律出版社 2006 年版，第 296 页。

自乐，不是法科论著堆砌起来的封闭城池，而是一场全民的实践。[1]前述论断多少有点夸张和刻薄，但却道出了以往的中国刑法学科理论与刑法实践之间存在着相当的距离，此可谓刑法理论对刑法实践的"失焦"或"失距"，且此"失焦"或"失距"与刑法学术的"自娱自乐"心理有着一定或相当的关联。刑法学科理论对刑法实践的"失焦"或"失距"及其所影射的刑法学术的"自娱自乐"心理，在一定程度上是中国法科理论状况及其学术心理的一个"缩影"。所幸的是，前述状况有所改变且正在改变。但只要前述理论状况及其学术心理没有完全消除即仍有一定范围或一定程度的存在，且我们真心希望中国法科的知识生产和中国法科的理论发展能够更加健康和顺畅，则我们仍应揪住不放。于是，学术标杆的倡导和谋求将有助于我们抑制乃至克除中国法科理论对法治实践的"失焦"或"失距"及其"自娱自乐"，因为学术标杆是要得到同行的普遍评判和认同的，而不是自己在"自以为是"和"自以为美"中"沾沾自喜"。易言之，"学术标杆意识"是一种与"自娱自乐"相对立或"相克"的学术意识。顾培东教授指出，特别是就法科这门实践性很强的学科而言，如果学者们背向社会实践，以"不相谋"的态度把自己锁闭在"纯学术的"圈子内，把写文章的目的设定在写给那些写文章的人看，文人间自娱互乐，是不恰当的。[2]当"自娱自乐"是一种对学术本身和社会实践都不负责任的学术意识，则与之相对立或"相克"的"学术标杆意识"便体现出学术标杆之于学者包括法科学者的"学术操守"意义。易言之，当"自娱自乐"与"负责任"是两种相反或"相克"的"学术操守"，则学术标杆便通过抑制乃至克除前者而体现出对学者包括法科学者的"学术操守"意义。

在中国法科界，与"自娱自乐"并存且同样应受到批评的便是我们早就普遍关注的"崇洋媚外"。针对刑法学科界的"崇洋媚外"，学者指出，中国已有许多研究是应用外国刑法理论的假定、假设、概念来分析中国的经验、研究中国的问题、验证西方理论的效度和信度。这类研究主要是围绕对原有理论的验证展开的，使用的是原有的话语体系和概念系统。这是中国刑法学

---

〔1〕 熊伟："主观解释论——当前中国刑法解释的应然选择"，载赵秉志主编：《刑法评论》（2011年第1卷），法律出版社为2011年版，第110页。

〔2〕 顾培东："一个非典型学者的自述"，载梁治平等：《我的大学》，法律出版社2004年版，第269页。

科理论研究持续进步、走向辉煌的一大障碍。[1]另有学者指出，中国刑法学科过去学苏俄，今天学德日，过段时间又学英美，没有自己的范畴和命题，更谈不上独立的研究范式，朝三暮四，缺乏起码的学科自信，基本理论框架没有定型化，刑法学科难有前途。[2]就连研究刑事诉讼法的学者都指出，在对国外特别是大陆法系法科理论的"亦步亦趋"之中，我们难以作出独立的学术贡献，[3]即以西方理论为大前提，以中国问题为小前提的研究既解释不了中国的问题，也解决不了中国的问题，更诞生不出"中国自己"的理论。[4]针对"崇洋媚外"，已故马克昌教授对他的学生有过告诫："刑法学科是一门学以致用的学问，研究要理论联系实际，要立足中国的实践，解决自己的问题，即使对国外理论的学习和借鉴也应该如此。"[5]因此，我们一定要避免当"留声机"或"肉喇叭"；我们必须以我们对这个民族、这个社会有用来证明自己的价值，故所有的法律问题必定是"地方性"的，而其实践的答案也必具有"地方性"。如果连"地方性"的问题都解答不好，更遑论"普遍的贡献"。[6]刑法学科理论的"崇洋媚外"在一定程度上是中国法科理论"崇洋媚外"的一个"缩影"。同样所幸的是，在"中国法学向何处去"和中国法学的"中国本土意识"呐喊声中，"崇洋媚外"有所改变且正在改变。但只要"崇洋媚外"现象没有完全消除即仍有一定范围和一定程度的存在，且我们真心希望中国法科的知识生产和中国法科的理论发展能够更加健康和顺畅，则我们同样应揪住不放。于是，学术标杆的倡导和谋求将有助于我们抑制乃至克除中国法科理论的"崇洋媚外"，因为中国法科理论中靠着推崇西方理论而形成自己学术标杆的个例，还很难找到得到"公认"的，个中缘由很简单：在别人学术标杆的"阴影"下不可能树立其自己的学术标杆。

[1] 姜涛："关于创生中国刑法学派的若干问题思考"，载《河南大学学报（社会科学版）》2008年第5期，第59页。

[2] 周光权："中国法学知识的形态与反思（二）中国刑法学的想象力与前景"，载《政法论坛》2006年第6期，第5页。

[3] 陈瑞华：《论法学研究方法——法学研究的第三条道路》，北京大学出版社2009年版，第178~179页。

[4] 陈瑞华：《论法学研究方法——法学研究的第三条道路》，北京大学出版社2009年版，第204页。

[5] 林亚刚："追忆我们的恩师马克昌先生"，载赵秉志主编：《刑法评论》（2011年第1卷），法律出版社2011版，第355页。

[6] 苏力："面对中国的法学"，载《法制与社会发展》2004年第3期，第11页。

而"学术标杆意识"就是要在学习别人之中"独立"且"超越"别人。可见,"学术标杆意识"又是一种与"崇洋媚外"相对立或"相克"的学术意识。"崇洋媚外"更容易导致中国法科理论对中国法治实践的"失焦"或"失距",故其最终也是一种对学术本身和社会实践都不负责任的学术意识。在严格意义上,"崇洋媚外"的文字本来就难以堪当"中国法科理论"。于是,与"崇洋媚外"相对立之中,"学术标杆意识"便同样体现出学术标杆之于学者包括法科学者的"学术操守"意义。易言之,当"崇洋媚外"与"学术标杆意识"是两种相反或"相克"的"学术操守",则学术标杆便通过抑制乃至克除前者而同样体现出对学者包括法科学者的"学术操守"意义。

当"好大喜功"和"好多喜功"也是一种不健康的"学术操守",则能够抑制乃至克除"好大喜功"和"好多喜功"也是学术标杆之于学者包括法科学者的"学术操守"意义的一个体现。仅就中国刑法学科界而言,同行们对某个或某些学者的私下评价已经有力地说明:文章多未必就有值得称道或堪称"学术标杆"的建树,而在 CLSCI 乃至所谓"三大刊"上发表文章未必就有"标杆效应"。当"好大喜功"和"好多喜功"结合在一起,其所带来的是"大而全"的文字产出,不能说那不是学问,但至少难以是精深的学问,因为"术业有专攻",而学术标杆恰恰是要"术业有专攻"。

学者指出,在常规性研究过程中,学者们总是习惯于在感到满意而并未发现矛盾现象的,也并未产生不同意见的领域中进行阐释性、解释性的工作。这样的工作,除了对学术界已有观点或理论进行重复性解释和合理性论证之外,并不具有什么创新性的意义和价值。因此,越是感到满意而挑不出理论缺陷的领域,越是应当远离的领域,否则只能获得缺乏创建的重复性或阐释性的东西,甚至是抄袭性、拼凑性的学术垃圾。在一般情况下,学术问题所处的位置离根本理论越近,其创新力度越大,其学术质量也越高;而如果学术问题所处的位置离根本理论越远,其创新力度越小,其学术质量也越低。因此,越是针对非根本理论的枝节性问题所进行的研究,越容易产生短平快的研究成果,而越是针对根本理论的本质性问题所进行的研究,越难以在短期内取得突破性进展。但前者的研究属于少有创新性的常规性研究,后者的研究属于有比较大的创新性的非常规性研究。这就是为什么不能单纯靠研究成果的数量来评判学术水平的原因。[1]对前述论断，我深以为然，这就是我多年来一直在刑法基本理论的田园里"精耕细作"的原因，虽然难度大，且文章常常被以不是所谓"最新研究成果"而拒稿——在越来越多的关注自身引用率的刊物看来，"最新研究成果"越发指的是关乎人工智能乃至"元宇宙"等时髦话题的成果。于是，国内高校职称评审中越来越普遍推开的"代表作专家评鉴"这一做法似乎对我们讨论学术标杆问题有所启发，因为代表作往往是申请职称者的标志性成果，而当标志性成果是本领域的学术标杆，则其更能够说明申请者的学术水准。由此可见，学术标杆对职称评审也有相当的说服力，甚至学术标杆可被用来完善高校或科研机构职称评审制度。当然，我并非简单或武断地否定著述特别是论文的数量，因为当相当的著述特别是论文的数量是某个理论体系化建构以形成学术标杆的基本保证，则成果的数量便是应予肯定的。实际上，在"好大喜功"和"好多喜功"所对应的"学术操守"的背后，也是一个学人或学者的学术责任问题，故学术标杆对"好大喜功"和"好多喜功"的抑制乃至克除所体现的，还是学术标杆在学术责任层面的"学术操守"意义。

能够抑制乃至克除"学术失信"，则是学术标杆之于学者包括法科学者"学术操守"的一个最基本或具有"底线性"的意义了，因为学术标杆要经得起"体系化的独创性"的水准检验，但首先要经得起是否自己研究的"学术诚信"检验。卡莱尔在《英雄与英雄崇拜》中说："独创的功绩不在于标新立异，而在于真诚的态度。只有真诚的人才会成为独创者。"[2]当学术标杆意味着要有"独创"，而"独创"是一种真诚之举，则学术标杆便构成了裁量学术水准乃至"学术道德"的一把有力的尺子。毫无疑问的是，"学术诚信"也维系着一种学术责任，从而体现着"学术操守"。于是，学术标杆对"学术失信"的抑制乃至克除所体现的，仍是学术标杆在学术责任层面的"学术操守"意义。

（三）学术标杆之于中国法科知识生产两个层面意义的关联性

对于学术标杆在中国法科知识生产中的"学说"与"学理"意义以及"学术操守"意义，我们可从近代学者王国维的治学经验中获得感悟。王国维

---

〔1〕　刘燕青：《学术创新与人才培养》，光明日报出版社 2010 年版，第 59~61 页。
〔2〕　［美］伯顿·史蒂文森主编：《世界名言博引词典》，周文标等编译，辽宁人民出版社 1990 年版，第 107 页。

曾在《人间词话》之"三种境界"中借宋人词句来表达他的治学经验，即"古今之成大事业、大学问者，必经过三种境界：'昨夜西风凋碧树，独上高楼，望尽天涯路'，此第一境也。'衣带渐宽终不悔，为伊消得人憔悴'，此第二境也。'众里寻他千百度，蓦然回首，那人却在，灯火阑珊处'，此第三境也。"王国维所说的三种境界对应了创造性学术研究活动的一般过程。第一种境界是指：成大事、做大学问者，首先应该登高望远，了解概貌，鸟瞰路径，寻求破解之道。这一境界对应的正是形成有意义、有价值的高质量学术问题的过程。第二种境界是指：成大事、做大学问不是轻而易举的事情，须付出一番辛勤劳动，就像渴望恋人那样，废寝忘食、孜孜不倦，人瘦带宽也不悔。这一境界对应的正是针对学术问题忘我研究，孜孜不倦地刻苦思考、求解的过程。第三种境界是指：经过千辛万苦的反复追寻、研究，终于在偶然之中突现出了渴望已久的创造性见解的惊喜之状。这一境界对应的正是创新性观点或理论产生时的豁然开朗的顿悟状态。[1]在中国法科知识生产和中国法科理论发展中，树立学术标杆就是一个先发现有意义、有价值的高质量学术问题，然后付出人瘦带宽也不悔的辛勤劳动以思考、求解，最后在"偶然"之中惊喜得解即获得创新性观点或理论的过程。前述过程不仅是一个能够产生中国法科的"特色学说"，从而能够丰富和提升中国法科的"普遍学理"的过程，而且是一个自然排斥"自娱自乐""崇洋媚外""好大喜功"和"好多喜功"以及"学术失信"的过程，因为人瘦带宽的辛勤付出绝不会是"自娱自乐"的代价，也绝不会将"粗制滥造"作为回报。从王国维治学经验的三种境界中，我们能够领悟到学术标杆之于中国法科知识生产和中国法科理论发展在"理论创新"和"学术操守"两个层面的意义，且此两个层面的意义在相当程度上是"互为因果"的，因为当"望尽天涯路"，才发现了值得"衣带渐宽终不悔，为伊消得人憔悴"的那人，而当真正做到了"衣带渐宽终不悔，为伊消得人憔悴"，那人才在"灯火阑珊处"。这里，"互为因果"意味着学术标杆的两个层面的意义并非机械并列而是具有一定的关联性。而由此关联性中，后一种意义在某种意义上可视为前一种意义的"保障"，正所谓"先做人后做学问"。对"自娱自乐""崇洋媚外""好大喜功"和"好多喜功"以及"学术失信"的抑制乃至克除，最终都可以归结为学术标杆对学者

---

〔1〕 刘燕青：《学术创新与人才培养》，光明日报出版社 2010 年版，第 62~63 页。

包括法科学者"学术操守"的强化，而对"学术操守"的强化即对学术责任意识的强化。于是，学术标杆最终回过头来所促进的还是理论学术本身，因为正如门肯在《偏见集》中说："人一旦受到责任感的驱使，就能创造出奇迹来。"[1]学术标杆对"学术操守"和学术责任意识的强化。能够使得学者包括法科者创造出堪称学术标杆的理论学说，正如有人评述何勤华教授的《中国法律史》所形成的标题性说法，即"学术的生命在于责任和创新"。[2]

　　中国法科知识生产和中国法科理论发展中的学术标杆是一种问题意识、创新意识和目标意识，从而是一种学人积极作为意识和学术诚信意识。前述意识最终是责任意识，而责任意识最终又是"反保守意识"。罗·布里弗尔特在《理性的发展》中说："我们生活在一个发展的时代，人们称之为'二十世纪'。这意味着人类的思想已经取得了一定的发展。但是，绝大多数人根本不属于这个时代。属于维多利亚时代的和都铎王朝时代的还大有人在；中世纪幸存下来的幽灵为数不少；还有许多人的思想大概还在旧石器时代。这些人的数量大大超过了真正属于二十世纪的人。"[3]因此，正如帕纳所言："保守主义者学不会新东西，也忘不掉旧东西。"[4]我们的时代是发展加速的二十一世纪，而我们的法科学者们正身处社会转型快速纵深发展时期，故中国法学应该且能够不断生产出新的法科知识，而这就必然要求作为法科知识生产承担者的学者们用"标杆意识"来冲散"保守意识"和"吃现成意识"，以实现不断深入的法科学术创新。实际上或在"骨子里"，"自娱自乐""崇洋媚外""好大喜功"和"好多喜功"都是"保守意识"，而"保守意识"就是"反特色意识"和"反创新意识"。由此，学术标杆之于中国法科知识生产和中国法科理论发展的两个层面的意义的关联性，便又通过"反保守意识"而得到了另一番说明。

---

〔1〕［美］伯顿·史蒂文森主编：《世界名言博引词典》，周文标等编译，辽宁人民出版社1990年版，第984页。

〔2〕王红梅："学术的生命在于责任和创新——评《中国法学史》（三卷本）图文并茂的体例"，载《当代法学》2008年第5期，第74页。

〔3〕［美］伯顿·史蒂文森主编：《世界名言博引词典》，周文标等编译，辽宁人民出版社1990年版，第39~40页。

〔4〕［美］伯顿·史蒂文森主编：《世界名言博引词典》，周文标等编译，辽宁人民出版社1990年版，第40页。

二、中国法科知识生产中学术标杆的识别

在中国法科界，从学者和从业者可谓极其众多，但就连被称为"大家"或"大咖"者也时有哀叹自己的成果在发表或出版之后便很快成为"故纸堆"。不过，当回眸既往的法科研究，也有被持续称道者，即"那个人还有点东西"或"那个人蛮有两下子"。这里所说的被称道者实即学术标杆者及其学术标杆。于是，某个法科学者或学者群体是否已经有了或树立起学术标杆，这便引起中国法科知识生产中学术标杆的识别问题。

（一）中国法科知识生产中学术标杆的识别标准

正如我们所知，按照专利法的规定，授予发明专利需要具备的条件较实用新型专利和外观设计专利更为严格或严格得多，即需具备新颖性、创造性和实用性，才能授予发明专利。新颖性、创造性和实用性的同时具备可视为发明专利的授予标准。于是，发明专利的授予标准对我们把握法科知识生产中的学术标杆的识别标准问题，不无启发。具言之，我们可将发明专利的新颖性提升为发明专利授予标准的形式性，且可将创造性和实用性提升为发明专利授予标准的实质性，亦即发明专利的授予标准是一种形式和实质相结合的识别标准。由此，法科知识生产中的学术标杆也应采用一种形式和实质相结合的标准，即学术标杆的形成与判别标准也应具备或体现出形式性和实质性这两个层面。接下来的问题是，当作为学术标杆识别标准的两个层面，则形式性和实质性应有何指。首先，不宜将发明专利授予标准那里的"新颖性"挪作或套用为学术标杆标准的形式性，因为在学术研究包括法科研究领域，一个能否成为学术标杆的东西往往因语言文字本身的"绚丽性"乃至"忽悠性"而造成"真假难辨"或"优劣难分"，甚至"以假当真"或"视劣为优"。易言之，"新颖性"在以语言文字为呈现形式的事物上较具"迷惑性"，而这种"迷惑性"似乎是天然的即带有"天然性"。在中国学术界包括中国法科界再包括中国刑法学科界，"新而怪异""新而不创"甚至"新而添乱"在有的"学问"上是存在的，而"华而不实"甚或"绣花枕头一包草"便是对"伪新颖性"的朴实回应或形象描述。于是，宜作学术标杆识别标准的形式性的应是包含且超越"新颖性"的东西，而该物似乎应是"独特性"。进一步地，宜作学术标杆识别标准的形式性的"独特性"又应作两个层面的把握：一是纵向独特性，即能够被称为或真正成为学术标杆的法科理论是本领

域以往所没有的。显然，"以往所没有"即"纵向性"所强调的是学术标杆识别标准的形式性的时间维度。二是横向独特性，即能够被称为或真正成为学术标杆的法科理论是其他领域当下还没有的。这里所说的其他领域包括非法科领域和法科领域中的其他具体部门法领域即其他法科子学科领域。显然，"其他领域当下还没有"即"横向性"所强调的是学术标杆识别标准的形式性的空间维度。至于有人将新颖性、独特性和价值性视为创造性的三个特征，且新颖性是指不墨守成规、破旧布新、前所未有，是一种纵向比较，而独特性是指不同凡俗、别出心裁，是一种横向比较，[1]既然"横向"和"纵向"是两个并列的比较维度，则没有必要采用不同的概念来描述比较所得出的结论，况且能够被称为"独特的"，就必然能够被称为"新颖的"，这可从学者对新颖性和独特性的界定中完全看得出来。

　　再就是学术标杆识别标准的实质性问题。用"独特性"来对应或指称的形式性只是构成了某种理论能够成为学术标杆的"必要条件"而非"充分条件"，更非"充要条件"，亦即具备"独特性"的理论未必能够成为学术标杆，因为"有名无实"的情形在学术界包括法科界是时有出现甚或见怪不怪。于是，我们还得继续讨论学术标杆标准的实质性问题。学者指出，创新性是学术论著最核心的本质。[2]由于学术标杆最终要体现为学术论著，故学术标杆也必须具有创新性或创造性这一本质或实质。但在这里，我们又不宜将发明专利授予标准那里的"创造性"和"实用性"一并挪作或套用为学术标杆识别标准的实质性，而这是由学术的特质所决定的。在发明专利授予标准那里，"实用性"和"创造性"是相并列的，而在学术标杆这里，与发明专利授予标准那里的"实用性"相对应的似应是"效应性"即学术效应性或实践效应性：所谓学术效应性，即成为学术标杆的理论学说对同期或后续的理论学说的影响；所谓实践效应性，即成为学术标杆的理论学说对法治实践所产生的影响。但是，"效应性"应视为"创造性"的一种自然延伸，如在刘仁文教授的《立体刑法学》那里，我们可看到储槐植教授的《刑事一体化与关系刑法论》的学术效应性，[3]并且人文社会科学包括法科的学术标杆的效应性往往是较为缓慢的，至少不像自然科学领域学术标杆往往能够较快地产生

---

〔1〕　王炳德："创造、创造性和创造力论析"，载《社会科学辑刊》2003年第3期，第26~27页。
〔2〕　刘燕青：《学术创新与人才培养》，光明日报出版社2010年版，第60页。
〔3〕　刘仁文等：《立体刑法学》，中国社会科学出版社2018年版，"代序"第1页（脚注）。

效应性。这样，宜作学术标杆标准的实质性的似乎只应是"创造性"，但我们又不宜将笼统的"创造性"作为学术标杆识别标准的实质性，而应对之予以"质"的要求，因为如果没有"质"的要求，则那些被认为具有"创新性"而得以发表的大大小小的文章所对应的理论学说皆可视为学术标杆，而这显然是不妥当的。那就是说，笼统的"创造性"也只是某种理论包括法科理论成为学术标杆的"必要条件"而非"充分条件"，更非"充要条件"。于是，"体系化的创造性"宜作学术标杆识别标准的实质性，即学术标杆识别标准的实质层面宜为"体系化的创造性"，而"体系化的创造性"意味着学术标杆原本就应采用一种"高标准"。或许正如在发明专利授予标准那里，"实用性"是对"创造性"的附加要求，在学术标杆识别标准这里，"体系化"是对"创造性"的附加要求，且这一要求是"质"的要求而非"量"的要求。不同于学术标杆识别标准的形式层面即其形式性可作不同层面或维度的把握，学术标杆识别标准的实质层面即其实质性应作结构性或构造性把握。具言之，能够成为学术标杆的理论学说包括法科理论学说，应是"方法论的创造性"和"认识论的创造性"及其所包含或派生的"本体论的创造性"或"价值论的创造性"的"综合性体现"。但要强调的是，中国法科知识生产或中国法科理论的"体系化的创造性"并不排斥跨学科或跨领域的某种原理或学理的具象化运用。如"比例原则"是从其他学科进入法律学科的，且在进入法律学科之后，行政法领域对之响应要相对深入一些，而刑法学科领域只是做出零星的学术反应。试想，如果刑法学科领域有人形成了以"刑法比例原则"为主题的体系化成果，则该成果并不因为"比例原则"是已有的理论学说就不成为刑法学科领域中的学术标杆。

当"独特性"和"体系化的创造性"分别构成或对应学术标杆识别标准的形式层面即形式性和实质层面即实质性，则学术标杆识别标准本身便可聚合或构造为"体系化的独创性"，亦即"体系化的独创性"才是某种理论成为学术标杆的"充要条件"。学术标杆的"体系化的独创性"识别标准是一种时间与空间相结合的标准和形式与实质相结合的标准。当然，作为学术标杆标准的"体系化的独创性"，并不排斥对前人成果的"继受性"或对他人成果的"吸收性"，亦即在继受或吸收前人或他人成果基础上所形成的理论成果只要具有超越性或提升性，则丝毫不影响其"独创性"，从而不影响其在具备"体系性"之后而成为学术标杆。而这是由人文社会科学的发展规律所决定的。

（二）中国法科知识生产中学术标杆识别的进一步说明

由"体系化的独创性"识别标准，我们可以说，没有学术标杆的法科学术是不成功的，亦即没有学术标杆的法科学者是不成功的，或曰没有学术标杆者至少不是严格意义上的法科学者，再或曰没有学术标杆的法科经历不堪称为真正的"法科生涯"。显然，随着标杆越高，难度越大，但境界和成就也越大。通常而言，至少对于一个具有法科博士研究生学历者，其博士学位论文应该成为其学术标杆，但遗憾的是，国内大多数或绝大多数法科博士研究生的学位论文只能视为其博士研究生毕业之前的"标志性成果"而难以称为学术标杆，因为是否成为学术标杆还存在着与以往他人成果比较的问题；而当其续以高校教职或就职于专门研究机构且具有高级职称时，其似乎应该且能够立起学术标杆，哪怕是一个学术标杆也行，但同样遗憾的是，能够做到这一点的人是少数乃至极少数。若再立于中国的法科教育状况，当一个法科从学者尚停留在硕士研究生阶段，我们要求其树立学术标杆通常是不现实的，或树立学术标杆对一个硕士研究生是不可期许的，因为硕士研究生阶段的从学者仍需要通过"学术散打"来夯实和适度深化其专业理论基础，以为博士研究生以后阶段的学术研究做好"博观而约取"的知识准备。但对于法科博士研究生以上身份者，学术标杆并不因为难树立就不作要求。树立法科学术标杆而真正成为法科学者之难，由此可见，但必须"迎难而上"，因为没有或淡薄"标杆意识"构成了"低水平重复"而难有实质性法科知识生产，从而难有中国法科发展"创新大局"的根本性原因。可以想见的是，一位法科学者以"学术标杆"来要求自己，而业内同行也是以"学术标杆"对他予以期待，则不仅"低水平重复"是可以被抑制的，而且"重复别人"包括无实质创新性的照搬境外即"复制境外"也是可以被避免的，更遑论"学术剽窃"。

由"体系化的独创性"识别标准，我们也可以说，著述多包括论文发表多未必就有学术标杆。当然，也不是说著述多包括论文发表多就形成不了学术标杆，因为正如前文指出，著述特别是论文的数量有时可以构成形成学术标杆的基本保障。首先如储槐植教授的《刑事一体化与关系刑法论》，正如储槐植教授在该书前言中说："'刑事一体化与关系刑法论'比较集中地反映了本人十余年来（1983—1996年）发表的数十篇论文的基本精神和主题思想，文稿大致体现了作者思维缓慢进化的历程。"又如关于刑法类型化问题的系列论文与专著，已把刑法类型化问题的成果突出为杜宇教授的学术标杆；又如有关系列论文及专著性成果，已把"劳动刑法学"突出为姜涛教授的学术标杆；另如有关系列论文及专著性成果，已经把"司法刑法学"突出为刘远教授的学术标杆。联系中国法科理论研究，由"体系化的独创性"识别标准，我们也可以说，在 CLSCI 乃至"三大刊"发表文章也未必能树立起学术标杆。当然，CLSCI 乃至"三大刊"可以成为树立学术标杆的"高端平台"，或曰在 CLSCI 乃至"三大刊"这一平台上，学术标杆树得艰难，但也更容易引人瞩目，即"不树则已，一树惊人"。可见，采用"体系化的独创性"识别标准的学术标杆对中国法科的知识生产和中国法科理论的发展无疑有着深刻的激发乃至"对标"作用。

最后，"体系化的独创性"并未将中国法科知识生产和中国法科理论发展中学术标杆的识别问题予以说尽。如在我写作《中国法学知识生产中的学术标杆》一文过程中与同仁交流时便有人提出：学术标杆的判断主体是谁、某个标准如何让人信服等。对于学术标杆的判断主体，正如很多人对当下人文社科领域采用"CSSCI"评价和法科领域采用"CLSCI"评价说得几乎"针针见血"但又提不出更好的替代方案所证明的那样，对学术水准和学术标杆的判别，可能永远不可能是"官方"的，因为这种判别终究是学术对学术的认知与评价。于是，学术同行的"有口皆碑"虽属"民间"，但终究有说服力，这就正如中国法学会的评奖，虽然得不到高校科研奖励和职称评审的认可，因为不属于"官方评奖"，但大家私下里却认为其较为客观、公正。至于某个标准如何让人信服，这里只能说让人绝对信服或让所有人信服的标准是没有的，但贴近学术活动的本质和充分切合中国法科知识生产和中国法科理论发展的标准是"可欲且可求"的。

三、中国法科知识生产中学术标杆的树立

中国法科知识生产中的学术标杆的树立，是其识别问题的延伸，是讨论中国法科知识生产中学术标杆问题的落脚。

（一）中国法科知识生产中学术标杆的"根基"与"根须"

中国法科知识最终是服务于中国当下法治问题的法科知识。因此，能否及是否树立起中国法科知识生产中的学术标杆，在根本上取决于中国当下社会生活所要求的问题意识的有无及其强弱。易言之，若无中国当下社会生活

所要求的问题意识或该问题意识淡薄，则断难树立起中国法科知识生产和中国法科理论发展中的学术标杆。在某种意义上，中国当下包含政治、经济、文化内容的社会生活是中国法科知识生产和中国法科理论发展中学术标杆的"根基"或"基座"，中国本土当下问题便是中国法科知识生产和中国法科理论发展中学术标杆的"根须"。于是，"根基"和"根须"便为中国法科知识生产和中国法科理论发展中学术标杆的树立提供着最基本的生命泽液。

付子堂教授指出，在未来时代里，若要作出较大的理论建树，必须勇于冲出温馨而安稳的书斋，对社会实际谋求比较充分的了解和深切的体会。唯其如此，才能深入浅出，有的放矢；方不至于故作深沉，言之无物。[1]这样才能逐步促使法科基本理论的更新。[2]所谓"冲出温馨而安稳的书斋"，即学者们应参与或投身到中国本土的实际社会生活中去并捕捉实际问题，而所谓"逐步促使法科基本理论的更新"是以学术标杆的不断树立来完成或实现的。联系中国刑法学科，所谓中国刑法学科要取得真正的发展，根本的出路在于密切关注司法实践和社会实践，立足于解决有中国特色的具体问题，[3]暗含着中国刑法学科理论应立基于中国本土的生活实际及其问题实际，通过一个又一个学术标杆的树立来实现中国刑法学科知识的不断生产即再生产。顾培东教授指出，一个明显的事实是，时下法学界较有分量、较有出息的学者都是对社会实践有很高关注且有较多参与的人；而一批在司法机构掌握一定权力，负有一定责任的官员能在学术界引领风骚，除了得益于他们不曾枯竭的理论情愫外，正在于他们对实践有更多了解，故拆除学术界与实务界之间观念、情感以及活动界域的樊篱，比奢谈所谓的"人文精神"更具有意义。[4]这里，所谓"法学界较有分量、较有出息"乃至"在学术界引领风骚"有着当下中国法科领域的学术标杆意味，而社会实践及其所对应的社会生活与存在问题正是中国法科的学术标杆所赖以树立即立基的土壤。武壬斯在《两兄

---

〔1〕　付子堂："老师栽树，学生乘凉"，载梁治平等：《我的大学》，法律出版社2004年版，第31页。

〔2〕　付子堂："老师栽树，学生乘凉"，载梁治平等：《我的大学》，法律出版社2004年版，第33页。

〔3〕　姜涛："关于创生中国刑法学派的若干问题思考"，载《河南大学学报（社会科学版）》2008年第5期，第61页。

〔4〕　顾培东："一个非典型学者的自述"，载梁治平等：《我的大学》，法律出版社2004年版，第269页。

弟》中说："谁也无法精确地预料生活，因为环境、时间和经历一直在向人提出一些新问题，给人以启迪。"[1]而歌德在《浮士德》中说："一切原理学说都是灰色的，唯独生活的金树是碧绿的。"[2]既然生活无法精确地预料而只能亲身去体验，则观照生活且服务生活的法科就必须贴近乃至融入生活，并根据生活的需要确立自己的理论目标。于其中，一个法科学者群体便应自然地树立学术标杆来牵引其理论研究，以最终完成或实现法科知识的再生产即生产出新的法科知识。当中国法科学术能够紧密贴近乃至深度融入中国本土的社会生活实际及其问题实际，则中国法科的知识生产，同时也是中国的法科理论，也能够是"碧绿"的。最终，是由中国本土的社会生活实际及其问题实际来"裁剪"中国的法科理论建构及其知识生产而非相反。于其中，对应中国本土的社会生活实际及其问题实际的学术标杆，也将被不断地"剪裁"出来。而法科学者们需要通过敏锐的学术视角或嗅觉来捕捉中国本土的社会生活实际及其问题实际所作出的学术标杆的"剪裁"即"标杆提示"。

在可用"中国法学向何处去"来关注的中国法科学术发展的讨论之中，"立足中国本土"早已是陈词滥调了，但为何在讨论事关中国法科知识生产和中国法科学术发展的学术标杆问题时又来重复"立足中国本土"这一老调呢？正如"根基"与"根须"所喻示的那样，"立足中国本土"对中国法科知识生产和中国法科理论发展中学术标杆的树立显得特别乃至极端重要，但"立足中国本土"即紧密贴近乃至深度融入中国本土的社会生活实际及其问题实际，说起来容易做起来难，因为这不仅要求乃至强迫学者们抛掉"书斋里的馨香与闲适"，而且要求乃至强迫学者们去学会使用各种实证研究方法包括文科思维不太擅长的数理分析方法。须知，"书斋里的馨香与闲适"与"中国本土"仍然是有距离的，而从"书斋里的馨香与闲适"中所"坐出来"而非"做出来"的往往是"自娱自乐"乃至"自欺欺人"的文字，即难以是实实在在的学问，更难有学术标杆。

当立于中国本土当下生活与问题来讨论中国法科知识生产和中国法科理论发展中的学术标杆树立问题，则必须关注中国当下的法科理论包括刑法学

---

[1] ［美］伯顿·史蒂文森主编：《世界名言博引词典》，周文标等编译，辽宁人民出版社1990年版，第658页。

[2] ［美］伯顿·史蒂文森主编：《世界名言博引词典》，周文标等编译，辽宁人民出版社1990年版，第659页。

科理论所不应有的各种现象。顾培东教授指出，中国法科理论对于法治现实的"失焦""失距"现象，有着如下体现：一是法科理论研究中的问题，往往不是法治实践中的问题，甚至是法科人想象或虚构的"伪问题"，即与法治实践不具有回应性；二是法科理论研究的问题，甚至一些法律人兴趣盎然的热点问题，恰恰是法治现实中的边缘化问题；三是一些法律人热衷于关注域外的理论问题，以参与世界法文化讨论的热忱对之作出单向度的表达，但由于各国法治实践及理论研究处于不同的阶段，故其对中国法治以及法治意识形态建设并无实际作用；四是法科理论虽然参与法治重大现实问题的讨论，但往往依据域外某种法治模式或法治观念看待和评价中国的法治现实，从而扭曲了问题的实质，并且使对问题的认识与结论失之肤浅，难以得到社会的普遍认同；五是某些研究侧重于提出和分析问题，但缺少解决问题的有效思路或方案，问题意识没有最终落脚于问题的解决。[1]归结起来，前述"失焦""失距"现象整体上和实质上就是脱离中国当下法治实践的现象。若就中国刑法学科理论而言，前述"失焦""失距"现象整体上和实质上就是脱离中国当下刑事法治实践的现象，并且中国刑法学科理论的"失焦""失距"现象似乎更为或最为严重。于是，顾培东教授进一步指出，法科理论与法治现实之所以在"问题"上出现某种错位，很大程度上在于法科理论界对我国法治运作的实然状态缺少真实的了解，故当下最为急迫的是，法科理论界应集中研究资源，全面、系统地描述出中国立法、执法及司法的实然状态。而只有真正了解法治运行的实然状态，才会真正形成问题意识，也才会形成富有实际价值的问题意识。[2]对法治实践的"失焦""失距"，即对中国本土当下生活及其问题的"失焦""失距"，前述现象更应在法科理论包括刑法学科理论的学术标杆树立过程中予以避免，否则学术标杆是树立不起来的，或曰所欲树立的标杆将是不受认可的。学者指出，对刑法问题的研究，应当在正视"现实语境"的前提之下展开。不然，对刑法问题的探讨，不仅会进一步加剧理论与实践之间的鸿沟，而且理论本身也容易蜕变为学者之间的"概念游戏"。因此，"我发现式"的现实描述和"我认为式"的价值评价，都不可或缺。一味地无视现实，过分紧缩学术的概念，导致既有的理论框架根本无

---

〔1〕 顾培东："法学研究中问题意识的问题化思考"，载《探索与争鸣》2017 年第 4 期，第 47 页。

〔2〕 顾培东："法学研究中问题意识的问题化思考"，载《探索与争鸣》2017 年第 4 期，第 50 页。

法对普遍存在的现实给出有效的解释与回应。[1]中国法科知识生产包括中国刑法学科知识生产及其学术标杆包括刑法学科标杆的树立，应正视"现实语境"即"中国本土法治实践语境"。将中国本土当下生活及其问题作为"根基"和"根须"，意味着中国法科知识生产和中国法科理论发展中的学术标杆不应把西方法科理论所描绘的西方法治图景作为中国法治的理想模式，[2]因为中国法科理论的问题是"中国自己"的社会现实所"给定"的，而非其他"域外理论"所预设或"强加"的。[3]对应着"把论文写在祖国的大地上"，中国法科知识生产和中国法科理论发展中的学术标杆，应树立在法治生活实践的"中国本土"或"祖国大地"上。

德国"癖马案"对期待可能性理论的催生启发我们：发生在中国本土的典型疑难个案，如已经发生的"许霆取款案""邓玉娇（防卫）案""于欢（防卫）案""于海明（防卫）案"等，很可能就是中国法科知识生产和中国法科理论发展中树立学术标杆的契机，但遗憾的是，我们的法科理论研究总是像"一阵风"，缺乏持续的思考和探究，从而难以形成新的体系性的东西，最终难以树立起新的学术标杆。学者指出："当下的时代构成了一个新奇的历史阶段和一种崭新的社会文化形式，需要用新的概念和理论去阐述。"[4]社会转型快速纵深发展的时代，或许是更加呼唤新概念和新理论的时代，从而是更加呼唤各种学术标杆包括法科学术标杆的时代。于是，值得一提的是，劳东燕教授围绕着"功能主义刑法观"所已形成的系列成果可视为已经形成其紧密联系社会转型发展的新的刑法学科标杆，而这一学术标杆可视为中国刑法学科在切中时代脉搏中谋求创新发展的一个代表性尝试。

（二）中国法科知识生产中学术标杆的补充营养

中国法科知识生产中的学术标杆最终是中国法科知识的传承和发展。当中国法科知识的传承和发展不可能是完全"断代"和"封闭"的，则中国法科知识生产中的学术标杆就必须从古今中外的法科理论和法治智识中汲取

---

〔1〕 劳东燕："风险社会与变动中的刑法理论"，载《中外法学》2014年第1期，第102页。

〔2〕 顾培东："一个非典型学者的自述"，载梁治平等：《我的大学》，法律出版社2004年版，第268页。

〔3〕 马荣春："中国特色刑法学知识体系的建构机理"，载《山东警察学院学报》2019年第1期，第12页。

〔4〕 ［美］斯蒂文·贝斯特、道格拉斯·凯尔纳：《后现代理论——批判性质疑》，张志斌译，中央编译出版社1999年版，第4页。

营养。

就中国刑法学科，学者指出，包容性的中国刑法学派将是对西方刑法学科理论的极大超越，表现在用中国文化改造和探索刑法问题，密切关注中国司法实践和社会实践，立足于解决有中国特色的具体问题，故其必须有中国特殊的文化积淀。[1] 所谓"对西方刑法学科理论的极大超越"，隐含着中国刑法学派的形成应吸收西方刑法学科理论中的有益成分，即"洋为中用"；所谓"中国特殊的文化积淀"，隐含着中国刑法学派的形成应吸收古往今来的中国传统文化，即"古为今用"。显然，学者所说的中国刑法学派的包容性有着两个层面的含义，即对西方理论学说的包容性和对中国传统文化的包容性。于是，学者所说的中国刑法学派的包容性便给了中国法科知识生产和中国法科理论发展的启示：所谓"包容性"即"吸收性"或"为我所用性"。而前述启示可以延伸到中国法科知识生产和中国法科理论发展中的学术标杆问题上来。具言之，要想树立学术标杆，依然要充分吸收西方法科理论中的有益成分和中国传统文化中的有益成分，或曰依然要有强烈的"洋为中用"和"古为今用"的吸收意识即"为我所用"意识。

"洋为中用"与学术标杆的关联性实即"洋为中用意识"与"学术标杆意识"的关联性，亦即"学术标杆意识"应包含"洋为中用意识"。"洋为中用"对于学术标杆的树立意义，无需再做过多的强调。而这里要提醒的是，在谋求树立学术标杆的过程中应谨防"走洋入魔"。中国刑法学科理论研究的以往状况已经有力地说明：属于中国法科自己的学术标杆是不可能树立在他国的"理论地基"上的。西方的法治实践及其法科理论不可能是中国法科的学术标杆的"地基"所在。顾培东教授坦言：包括他在内的这一代中国法科研究者，很大程度上是喝着西方法科理论的乳汁长大的，甚至这一代学者的个体差异与之所接受西方法科理论的多寡有重要关系。在这种状况下，以何种态度对待西方理论资源就成为这一代学者所不可回避的问题。而他对西方法科理论的敬重保持在三个基本点上：一是西方法科文献的分析工具、西方重要学者分析问题的思维方式，尤其是理性主义态度。这些元素是每一个学者都应当具备的禀赋。二是社会法学派、批判法学派或现实主义法学派对西

---

[1]　姜涛："关于创生中国刑法学派的若干问题思考"，载《河南大学学报（社会科学版）》2008 年第 5 期，第 61 页。

方法治实践矛盾的揭示。这可使我们对西方法治保持更为审慎的认识。三是西方法科理论解决社会冲突与矛盾的经验与技能，即其所阐释的合理而精巧的制度安排。但同时，他也不赞同把西方学者的某些表述作为批评或评价中国现实的依据，甚而反感那种找到了西方某作者的某段表述就以为找到了真理，从而获得了在某一问题上的话语霸权的思维方式和交流姿态。〔1〕在树立中国法科知识生产和中国法科理论发展中学术标杆的过程中，中国的学者们对西方的法科智识该"敬重"的当然要"敬重"，因为"敬重"就是学习和借鉴，而学习和借鉴就是吸收即"洋为中用"，但吸收即"洋为中用"最终还是本着学术标杆应基于中国本土实际而立。

在树立学术标杆的过程中，当我们认识到"为我中用"的重要性时，我们又很可能偏重或偏好于吸收西方的东西而忽视或轻视中国传统的东西，但法科是所有专业中最有历史取向、最向后看的、最"依赖往昔"的学科，其尊崇传统、先例、谱系、仪式、习俗、古老的实践、古老的文本、古代的术语甚至"老人政治"。〔2〕可见，法科具有"历史取用性"，且其取用对象即传统文化。就中国法科特别是中国刑法学科而言，能够成为其历史取用对象的可统称为"刑法文化"。实际上，"亲亲相隐"能够被用来解读来自国外而被国内普遍接受的"期待可能性"理论，"就地正法""轻刑伤民""以刑去刑"或"刑期于无刑"能够被用来解读现代的刑罚理论和死刑理论，"铸刑鼎"和"制竹刑"能够被用来重新审视罪刑法定原则，"惟齐非齐""有伦有要""中罚慎刑"和"官刑""八议"能够被用来正面或反面解读罪责刑相适应原则和适用刑法人人平等原则，而"举轻以明重"和"举重以明轻"能够被用来解释当下的刑法立法论和刑法解释论。诸如此类的中国古代"刑法文化"或"刑事文化"实即一种"既往的本土智识"，其仍然能够被用来"营养"当下的中国法科知识生产和中国法科理论建构，而在中国法科知识生产和中国法科理论发展中学术标杆的树立便不可将之视为"无用之物"。其实，不要说将中国古代法律文化来"营养"当下的中国法科知识生产和中国法科理论以树立学术标杆，仅仅是中国古代法律文化本身的研究仍然可以树立诸多学

---

〔1〕 顾培东："一个非典型学者的自述"，载梁治平等：《我的大学》，法律出版社2004年版，第268~269页。

〔2〕 ［美］理查德·A.波斯纳：《法律理论的前沿》，武欣、凌斌译，中国政法大学出版社2003年版，第149页。

术标杆，而这主要是法史学者们的担当了。不过，有助于学术标杆树立的"洋为中用"和"古为今用"不仅仅局限于理论形态的东西，而应同时关注尚未进入理论视野的制度实践乃至习惯做法，并从中获得智识启发。

最后要强调的是，法科研究生的学术标杆意识与其命题妥当性意识是相辅相成的，即法科研究生应在力求命题妥当性中力求学术标杆，因为力求命题妥当性的学术标杆才能立得稳和立得久，且学术标杆赋予命题妥当性以"鲜活性"而不至于最终落入迂腐的"保守性"。

本章小结

总体上看，出于"少得罪人"乃至"一团和气"和"自以为是"，学术争鸣、学术批判和学术检讨一直是中国法科知识生产和中国法科理论发展中的一个"弱项"。其实，由于"中国特色"将引起方法、本体和价值在"古"与"今""中"与"外"之间的时空冲突与纠结，故在"构建中国特色法科知识体系、话语体系和法治体系"中，学术争鸣、学术批判和学术检讨显得尤为必要，因为学术争鸣、学术批判和学术检讨将为之营造尤为必要的"学术生态"。因此，"学术生态"应是"构建中国特色法科知识体系、话语体系和法治体系"不应轻视，更不应回避的问题或话题。于是，作为"构建中国特色法科知识体系、话语体系和法治体系"应正视的"学术生态"问题的一种具象化，中国法科知识生产和中国法科理论发展中的学术标杆问题，便同样应得到正视。学术标杆虽然不直接对应中国法科知识生产本身，但其却在根本上关乎中国法科知识如何生产和再生产，从而关乎中国法科理论的发展创新，最终关乎中国法治的生活实践和转型期中国社会的现代化治理。因此，中国法科知识生产和中国法科理论发展中的学术标杆问题不仅是个学术担当问题，而且是个实践担当问题，最终是个法科学者时代责任担当问题。"中国法学向何处去"在很大程度上取决或依赖于中国法科知识生产和中国法科理论发展的学术标杆往何处树。学术标杆本身就是中国法科知识生产和中国法科理论发展中的"真问题"，也是"构建中国特色法科知识体系、话语体系和法治体系"中的"真问题"。于是，将"问题意识""创新意识""目标意识"和"操守意识"凝结为"责任意识"的学术标杆，将给中国法科知识生产和中国法科理论发展带来不竭的动力。

中国法学知识生产中的学术标杆是"构建中国特色法科知识体系、话语体系和法治体系"中的一个"学术生态性"话题。虽然不直接生产中国法学知识本身,但学术标杆却在根本上关乎中国法学知识如何生产和再生产,从而关乎中国法科理论的发展创新,最终关乎中国法治的生活实践和转型期中国社会的现代化治理。在具有激发或支撑中国法学知识生产的"特色学说",从而推动或牵引其"普遍学理"的意义的同时,学术标杆还具有强化中国法科"学术操守"的意义,而后一种意义又有着强化和保障前一种意义的意义。中国法学知识生产和中国法科理论发展中的学术标杆应将"体系化的独创性"作为识别标准。进一步地,中国法科知识生产和中国法科理论发展中的学术标杆的树立应将中国本土当下生活与问题作为自己的"根基"与"根须",且将古今中外的法科智识作为补充营养。将"问题意识""创新意识""目标意识"和"操守意识"凝结为"责任意识"的学术标杆,将给中国法学知识生产和中国法科理论发展带来不竭的动力。学术标杆在中国法科知识生产和中国法科理论发展中虽然"难立",但也得"倡导立"。树立学术标杆无疑是一项艰难的学术事业,但"艰难性"正是其"意义性"所在,故"知难而树"是我们应有的态度。既然中国法科理论大力提倡学术创新,就应大力提倡学术标杆,而学术标杆不至于"难于上青天",且只要有部分学人或学者能做到就够了,因为正如"不是人人都能做学问的","更不是人人都能树立学术标杆的"。但是,倡导法科研究生特别是学术型博士研究生的学术标杆意识,是没错的,因为他们是法科理论队伍的生力军。

法科研究生特别是博士研究生的学术标杆意识与学术命题妥当性意识是相辅相成或相互关联的,即其应在命题妥当性中树立学术标杆,亦即用命题妥当性来节制学术标杆以防学术标杆蜕变成"哗众取宠"或"荒诞不经",而命题妥当性也需要学术标杆的激发,即用学术标杆来防止命题妥当性蜕变成命题保守性。

下　篇
法科导师责任

第十四章

法科研究生培养中导师的情感责任

研究生教育培养是一个宏大而复杂的话题，但以往关于研究生教育培养的讨论，鲜见涉及研究生导师的责任。"授道解惑"不仅高度概括了高校任教者对于本科生教育培养的职责所在，而且更能高度概括高校任教者即研究生导师对研究生的职责所在。当"授道解惑"已经不可能，也不应该只是以专业研究为单纯内容，因为"授道解惑"已经将"学问"和"做人"紧密结合起来，且"做人"意味着要做一个"有情有义之人"，则感情因素便通过"授道解惑"而与研究生教育培养的话题勾连了起来。于其中，我们便可形成法科研究生教育培养的导师情感责任这一话题，而这一话题是从我多年担任法科研究生导师的切身感受与认知中"酝酿"而来的。

一、法科研究生教育培养中导师情感责任的现状

研究生私下即背着研究生导师称自己的导师为"老板"，也是当下法科研究生师生关系中见怪不怪的现象。既然"师徒如父子"，则研究生何以称呼自己的导师为"老板"？研究生私下或背地里称自己的导师为"老板"，绝大多数是将导师安排研究生做实验、做课题等作为"本意"，而我们权且将出于前述"本意"的"老板"视为研究生私下或背地里对导师的一种"戏称"。但是，当研究生不堪"导师压榨"而自寻短见的负面新闻间或见于网络等社交媒体，则不仅反映了个案中研究生师生关系到了极其糟糕的地步，而且部分个案可能确实存在"导师压榨"事实，以至于"老板"不再是"戏称"，而是"罪恶控诉"的一个代名词即"罪恶的老板"或"禽兽的教授"即简称"教兽"。这里，无论是否确实存在"压榨事实"，更不论是否由于研究生本身的问题乃至于"恶人先告状"即"恶生先告师"，仅仅是"导师压榨"见于社交媒体便已经说明个案中形成了负面的师生关系问题，而此问题最终就是师生情感关系问题。研究生何以对自己本该"如父"的导师"反目为仇"，

以至于让研究生导师群体产生"高危职业"的压迫感或"群体蒙羞感"？由此，我们基本上可以作出这样的大致肯定，即在"导师压榨"所引发的研究生师生关系纠纷中，研究生师生之间的情感因素已经销蚀殆尽，而造成前述师生情感关系局面的，虽然不能说研究生导师要负"全部责任"，但至少负"主要责任"还是基本上客观公允的。

同样在法科研究生的教育培养中，与研究生师生情感关系糟糕状况相对应的，往往就是研究生专业情感的糟糕状况。具言之，研究生导师对研究生师生情感关系的冷漠往往导致研究生的专业情感冷漠，而更为甚者，当研究生对导师生恨，便又容易导致研究生的专业厌弃。这似乎又是在很多中小学生身上有过的心理现象，即因厌恶一位任课教师而厌恶某门课，此可谓"恨屋及乌"。前一阵子，让人困惑和压抑的是"985高校"变成高职院校的"网曝"。在一定程度上，"985高校"变成高职院校是一种客观现象或客观事实，而此客观现象或客观事实主要是指相关专业的研究生不能再安心专业科研，而是满足或喜好于就业技能的培训和提升。"985高校"变成高职院校的客观现象或客观事实，除了经济下行所带来的就业压力这一社会背景性原因外，另有专业情感的内在原因。而当此专业情感原因即专业情感冷淡，则研究生导师也负有一定的不可推卸的责任，且此责任往往表现为导师对研究生师生情感关系不予重视，以至于研究生对相关专业也难以提起兴趣，更遑论一番热情。

在法科研究生教育培养的话题中，坊间也总结出研究生与导师的"三面之交"，即"开学典礼见一面，开题报告或论文答辩见一面，毕业离校见一面"，虽有所夸张，但也在相当范围内或相当程度上描述了研究生师生间"若即若离"般的关系冷淡状况。在前述关系状态中，研究生对导师的情感和导师对研究生的情感正是几近"淡如水"，且研究生对专业的情感也如"泼了冷水"。而造成前述研究生师生之间情感上相互冷漠和研究生专业情感冷淡局面的，可以归结为"导师不导"。在法科研究生的教育培养中竟有这样一种现象，一位研究生为开题报告一事按预约到教研室去找导师。在办公室门口，导师又电话告知该研究生到某律师事务所去见面，而当该研究生到了某律师事务所，律所的同事却又告知该研究生其导师去出庭代理或辩护了。更为甚者，在预答辩或正式答辩场合，当有的研究生所提交的答辩材料包括定稿论文很是糟糕，当然答辩本身通常也很糟糕，则参加本组答辩的研究生导师本人竟然严厉训斥自己所指导的研究生对待论文的"恶劣态度"，以掩盖自己指导不力的心虚。试想，此情此景中，无论是面对本应"如父子"的师生，还是面对本应通过鼓励和耐心指导而能够燃烧起来的研究生的专业情感，研究生导师到底应作何感想，甚或"情何以堪"？又至于有的研究生论文本身写得很差而其后记中竟有"我的导师某某某在从选题到定稿的过程中耐心指导，甚至呕心沥血"之类的谢词，有关研究生导师看了或听了不知是否脸上挂得住喜色，或还能"心安理得"？还是那句"没有无缘无故的恨，没有无缘无故的爱"，如果研究生导师能够在"做人"和"学问"上真正尽了导师的责任，则能有当下的很多研究生仅将师生关系视为一种"名分关系"和对所选专业"爱不起来"的状态吗？还能有研究生"网曝"乃至"控诉"自己导师的局面吗？

除了研究生本人确实存在心理问题等，当下在一定乃至相当范围内所存在的研究生师生关系疏远、冷漠、猜忌乃至"控诉"局面中，"导师不导"应是研究生导师这一方的主要原因，而"导师不导"的主要原因又可归结为研究生导师对研究生本人及其专业喜好严重缺乏"情商"，而缺乏"情商"又常常是导师本人懒散甚至只顾自己的"私心"所致。在法科研究生的教育培养中，有的导师自己的学问做得很好而自己指导的研究生的学问却"一团糟"。这种"导师不导"的现象还具有相当的普遍性。于是，研究生的专业情感冷淡常常是研究生导师对研究生本人情感冷漠即师生关系冷漠的一种"后果性延伸"，亦即研究生导师对研究生本人情感冷漠即师生关系冷漠与研究生的专业情感冷漠常常是一种"因果关系"，即存在"因果性"。

二、法科研究生教育培养中导师情感责任的体会

我也曾经读过研究生包括硕士研究生和博士研究生，而在博士研究生毕业进入高校任法科教职后，我本人已有近二十年的担任法科研究生导师经历。无论是做研究生，还是做研究生导师，我都有研究生师生情感话题的切身体会。

首先是我做研究生时对研究生师生情感话题的切身体会。永远不能忘怀1996年9月入读中山大学法学院硕士研究生的那段美好时光。那段美好时光也是我与王仲兴教授结下深厚师生情谊的时光。在导师王仲兴教授的办公室里，我们所曾体会的是"茶话会式"的上课氛围。当王老师拿出时令好茶让

我们几个同学泡上，当我们排坐两旁的茶几上放着新鲜的时令水果，那种"如家"的场景又让我们真切地感觉到给我们认真上好每一节研究生课的导师王仲兴教授就是"爱子之父"。这种真挚的情绪又让我们觉得：如果不做出点与研究生身份匹配的学问，就真的对不起自己的导师。在此情此景中，我便暗下决心要在学问上做出点名堂来，以为师争光或让导师以学生为荣。而当我的第一篇关于死刑问题的论文能够以硕士研究生的身份在某法科类核心刊物上发表，且文章被列入"本期要目"而与有关知名教授的文章一起显现于刊物封面，则导师王仲兴教授的赞许与夸奖又构成了我思考和撰写另一篇文章的巨大动力。于是，在前述过程中，我也逐渐增强了对刑法专业的兴趣，以至于后来成为一种"专业情节"。年超五十岁的我，时常怀想攻读中山大学硕士研究生的那段美好时光。

更加难以忘怀的是 2002 年 9 月入读西南政法大学法学院博士研究生的那段美好时光。那段美好时光也是我与陈忠林教授结下深厚师生情谊的时光。清晰记得有好多次，陈忠林教授将我们博士生的刑法课拖堂上到超过 12 点。接下来，陈忠林教授在我们的"邀请"下便随我们直接去校园内或学校边上的一家餐馆，有时也会把师母徐代庆老师从家中喊过来，一起共进午餐。于是，在午餐过程中，我们师生之间又是边吃边进行专业问题的融洽交流。餐后，当我们挤到吧台准备"买单"，却被告知徐老师已经"买单"。有时在周末或节假日，陈老师和师母徐老师也会与我们在重庆的某个场所"共进火锅"，当然也是边吃边进行专业问题的融洽交流。除了课后与我们作学生的到校园内或学校边上找一家餐馆坐下来边吃边交流，陈老师与师母徐老师还经常让我们去他家里吃饭，当然仍是边吃边进行专业问题的融洽交流。但只要陈老师及师母徐老师与我们在一起用餐，那就是与父母一起团聚的氛围，而且我们也可借机"寓学于吃"，而陈老师则是"寓教于吃"。于是，陈老师和师母徐老师让我们切身感受到他们对待自己孩子般的"温情"和"亲情"。就在前述感受中，陈老师对我们理解专业问题的首肯不仅让我们觉得是那般地充满"学术自信"，而且就连他对我们专业问题理解偏差的批评也竟会让我们"欣然接受"。至于快到博士研究生毕业之际，陈老师便又操心我们这些学生的工作去向。于是，作为陈老师博士生之一的我便又时常强化攻读中山大学硕士研究生时的"学问决心"：把学问再做得出色一些，为导师争光，让导师"以我为荣"。年超五十岁的我，也时常怀想攻读西南政法大学博士研究生的那段美好时光。总之，我一直觉得导师对研究生的关爱之情和研究生对导师的感恩之情和回报之情以及由此升华而来的爱戴之情，应该且能够转化为研究生对待专业和学问的"不忘初心"。

再就是我做研究生导师时对研究生师生情感话题的切身体会。于 2005 年7 月西南政法大学博士研究生毕业后，我便彻底结束曾经做专职律师和在法院做法官的纯法律实务生涯而到南昌大学开启教职生涯。于入职南昌大学第二年，我便开始尝试和摸索研究生教育培养中导师的责任担当。在日常生活交往中，课后或周末乃至节假日，我便经常吆喝上我的研究生，有时也会捎带其他同事导师的研究生一起吃个饭，且边吃边聊包括聊专业问题，是常有的事。至于饭后"买单"，我便常常是点完菜单就马上付钱，以防同学们与我"讲究"。而当同学们争着要"买单"时，我总是对让他们说："你们现在还是拿着父母的辛苦钱乃至血汗钱来读书，况且你们仍然是'纯消费者'，而我毕竟是有工资收入的人。将来等你们有工资收入了，甚至当'大款'了，你们请客，我毫不客气！"永远让我难忘的是，在南昌大学工作期间，因我本人离异而使得我即使在老校区有人才引进安置的过渡房可住，我也有多次与研究生同学们在食堂加几个菜，吃过晚饭后就在男研究生同学的宿舍过夜，且与他们常常聊到深夜甚至凌晨，当然包括聊专业问题。除此之外，我也经常吆喝上研究生同学到我"没有老婆"的住处，弄几个菜，还是边吃边聊，包括或主要聊专业问题。在南昌大学工作期间，对于来自河南的研究生同学，他们既勤奋好学，又属于家境拮据，故我还是不忍心予以或多或少的接济，以帮助他们尽可能安心学问。至于在专业学习与学术研究上，我会耐心修改研究生给我的专业论文，学位论文更不在话下。对于我自己所带的研究生，有时还有其他导师所带的研究生因出于信任而拿着论文找到我，我总会细心修改他们交给我的文本，从形式到内容，甚至从具体论述到标点符号或句子成分。我还清楚地记得我自己所带的一个研究生，当其将一篇超万字的论文初稿放到我的办公桌上后，我用了一天时间将其改得可谓"面目全非"，最后只剩下五千字左右的"干货"。这位研究生同学看到我给他的修改稿之后，便有一种泄气的神情。于是，我一点一点告诉他"为什么要修改"和"为什么要这样修改"。我经常通过细心修改研究生的论文来向研究生同学传达两个"意向"：一是作为导师的我有耐心和有信心指导你们做法科学问，二是"文章是改出来的"。事实上，我的那位曾经一度"泄气"的研究生后来大有长进，他在硕士研究生期间就发表了近十篇专业学术论文，其中有的论文得以发表在连教授、博士身份者都较难发文的法科类权威核心期刊。于是，"获得感"或"成就感"使得该同学又"乘胜前进"攻读刑法学科博士研究生，其学术能力又更上层楼。

在调至江苏高校后，我便继续尝试和摸索研究生教育培养中导师的责任担当。在与研究生的日常生活交往中，吆喝研究生同学到外面聚餐或将研究生同学请进家门过个周末并借机增进师生感情和交流专业问题，也是经常的事情。当我请研究生同学进家吃饭，我总是对他们强调："你们以后不要带着水果或者其他什么东西来，没有客套的必要。"有时，我甚至对他们说："请你们来我家吃个饭，也是让你们改善一次伙食。如果你们还花钱买点东西带来，那你们不如干脆不要来我家，你们把花在那点客套上的钱在学校食堂多买一两份好一点的菜，不就得了?!"而在专业学习与学术研究上，我一直坚持耐心修改研究生专业论文包括学位论文的做法，并像在南昌大学期间一样，与研究生同学或是在办公室，或是在校园里，或是在我家里一起来充分讨论他们所感兴趣的专业问题。现在，我又把对研究生同学在生活和学业上"力所能及"的责任，搬至现在的任职高校即南京航空航天大学。

这里还有一个有点"搞笑"但又或许让人觉得温馨的话题，即当我的硕士研究生考上博士研究生之后借寒暑假来看我和家人，我总会让他们住在我的家里。他们在博士研究生毕业后再来看我和家人，我也是这样安排，以让他们有"如家"的感觉，即便他们也住得起外面条件很好的旅馆。于是，我给安排他们住宿的那个房间挂牌为"博士居"。每当有其他人来访，我就给他们讲"博士居"的故事。经过对他们在硕士研究生阶段的专业基础夯实和学术能力扎实训练之后，已有数名同学先后攻读刑法学科博士研究生且顺利完成学业，而他们都在"博士居"中住过。当我还没有博士生导师资格时，每当去母校西南政法大学听到已经是博导的同门师兄弟姐妹说"马荣春老师推荐过来的博士研究生报考者，都是'免检产品'"，我在开玩笑地回应"我是西南政法大学驻渝（重庆）外人才联络处马主任"的同时，便顿觉对硕士研究生"手把手"的付出是值得的。

自担任硕士研究生导师以来，我还有一个做法，就是与研究生同学共同商讨某个话题，共同撰文且耐心修改，然后共同联名投稿。这种做法会让研究生同学形成"导师就在我身边""导师在'手把手'地牵引我在专业道路上前进"这样的感觉。于是，我的一个细节性把握便是：如果用稿刊物同意，我就让研究生同学署名第一。我这样做不仅是出于让研究生同学有更大的"获得感"或"成就感"，还因为我们对科研的社会评价总是认"第一"。

当每每听到我自己所带研究生对我表达"遇到好导师"之类的幸运，每每听到这些研究生的家长对我表达"你比我们做父母的还对孩子负责任"之类的感激，抑或每每听到其他同事导师所带的研究生对我的研究生表达"幸遇好导师"的艳羡之语，我总会自然而然地予以这样回应："我以前的研究生导师，对我也是这样的。"的确，我就是把硕士生导师王仲兴教授和博士生导师陈忠林教授对我"爱生如子"般的责任转化为对我的研究生同学的责任，且此责任就是包含了专业指导责任的情感责任。就在此情感责任的呵护之下，我也看到了我的研究生在"做人"和"做学问"两个方面的不断成长与进步。于是，负起情感责任即情感化的研究生教育培养，也非常有利于研究生导师本人的身心健康，因为那种因冷漠而机械，从而单调乏味的师生交往过程，也是一种折磨人的过程。而当看到研究生在"做人"或"做学问"上的哪怕一点点进步就是研究生导师本人付出的回报或成效，且当看到研究生因哪怕是一点点的进步而产生的喜悦和自信，则"快乐着学生的快乐"也必然是一种有益于导师身心健康的愉悦情绪。

三、法科研究生培养中导师情感责任的实质

研究生与导师之间的师生关系是法科研究生教育培养中再现实不过的一个话题。但研究生教育培养的导师情感责任应被赋予怎样的实质性内涵呢？

首先，法科研究生教育培养的导师情感责任应内含着"健康有界"。具言之，正如"师徒如父子"甚或"爱生如子"，研究生与导师之间的师生关系毫无疑问地或至少在广义上是一种情感关系，而此情感关系是以本来的师生关系为"基质"，是以"教书育人"或"授道解惑"为宗旨，故不可越界，即不能形成有违"职业伦理"乃至"师德师风"的违伦背德局面。曾经被爆料的某政法大学等高校的"师生乱伦"事件或"师生关系越界"事件，且对相关事件的思考可放在研究生教育培养的导师情感责任这一话题中进行，而结论是研究生教育培养的导师情感责任应内含着"健康有界"。易言之，当把导师对研究生的责任提升为"关爱"，则导师应把持"爱而不乱"即"爱生有节"。

再就是，法科研究生培养中导师的情感责任应内含着"爱心驱动"。这里的"爱心驱动"有两层含义。首先，"爱心驱动"是"做人驱动"。具言之，研究生导师在与研究生一般性师生交往和专业指导过程中，应注意通过自身的一种"众生情怀"即一番"爱心"而对学生的"做人"予以"春风化雨"般的影响，即给予其"有情有义"的"做人驱动"。这里要特别强调，人文社科类的研究生导师应注意通过将"众生情怀"融入对研究生的专业学习和学术科研的指导而达成对研究生的"做人驱动"。正如有人指出："研究型教学主要培养有探索能力和全局性（战略性）能力的人，因此人文素质和能力重于知识，其中最重要的是善良和爱心。"[1]又正如列宁曾言："没有情感，就不可能有人对真理的追求。"[2]而俗语有云："我们认识真理，并不单单靠理性，而且还靠情感。"[3]另外，有人在其一篇文章中提到，周止庵说："稼轩固是才大，然情至处，后人万不能及。"这句对辛弃疾的评价说得极是，同时透露一个重要的信息：如果不是"情至"，仅仅"才大"，也是无法写出不朽杰作的。真实感情的水源和流量，远远比水渠重要。没有水源，就不必挖渠，先去找水。感情不足，等于枯水期，就读书，就静默，让文字和纸张也歇歇吧。[4]

就法科而言，古人云："法者，非从天下，非从地出，发乎人间，合乎人心而已。"（《慎子·佚文》）于是，"法通乎人情，关乎治理"。（《韩非子·八经》）而美国大法官兼法学家卡多佐则指出："正义的法律规范与正义的道德规范一样，甚至比后者更多地渗透了与正义有时形成鲜明对比的品质，诸如慈善和同情。"[5]不仅如此，法律还会起着增进社会感情的作用，正如贝卡里亚曾说："如果法律不注重增进共和国情感，这种情感将随之减退。"[6]实际上，情感因素的缺失不仅是事关法律的社会治理功能问题，而且首先是法

---

〔1〕 李乐山："高等学校进行研究型教学的方法与意义"，载《西安交通大学学报（社会科学版）》2008年第1期，第92页。

〔2〕 《列宁全集》（第20卷），人民出版社1958年版，第255页。

〔3〕 ［美］伯顿·史蒂文森主编：《世界名言博引词典》，周文标等编译，辽宁人民出版社1990年版，第997页。

〔4〕 潘向黎："好一个多情底和尚"，载《读者》2020年第24期，第9页。

〔5〕 ［美］本杰明·N.卡多佐：《法律的成长 法律科学的悖论》，董炯、彭冰译，中国法制出版社2002年版，第113页。

〔6〕 ［意］切萨雷·贝卡里亚：《论犯罪与刑罚》，黄风译，北京大学出版社2008年版，第60页。

律自身存在的问题。正如贝卡里亚又曾指出："理性宣布：一切违背人的自然感情的法律都是无益的，最终也是有害的。"而"一切违背人的自然感情的法律的命运，就同一座直接横断河流的堤坝一样，或者被立即冲垮和淹没，或者被自己造成的旋涡所侵蚀，并逐渐地毁灭"。[1] 因此，我们应克服法与情对立即"法不容情"的误解。正如学者指出："法律与情感是相对的，但这并不意味着法律与情感是相悖的。"[2] 而"片面将法与情绝缘，那不是对法的无知，就是对法的误解。其实法是最有情的，法条与法理是情的载体与结晶"。[3] 因此，法科研究生导师应在指导研究生的专业学习和学术科研中融进"情感"话题，因为法科研究生的培养绝非仅仅是传授法科学问本身，而同时是一个培养研究生"众生情怀"的过程，且所谓"众生情怀"，即对芸芸众生从公平、正义、自由、人性给予同情、关怀和仁爱。于是，我的尝试和体验便是在与研究生同学共同讨论正当防卫、紧急避险的正当化根据，或者是自首、犯罪中止处罚从宽的依据乃至罪刑法定原则甚或刑法谦抑性的价值内涵时，便将"众生情怀"融入理论讲解与相互交流中，而且我还提醒他们要力求写出"有情有义"，从而是"亲切和善"的好文章。于是，"爱心驱动"的第一层含义即"做人驱动"。

再就是"爱心驱动"即"做学问驱动"，亦即"做学问驱动"是"爱心驱动"的第二层含义。在革命战争年代，我们的人民军队实行"官兵平等"，且军官尊重和爱护士兵，故士兵更勇于战斗甚至不怕牺牲；而在现代企事业单位乃至国家机关中，领导关心下属的个人生活，也会让下属更加努力地做好本职工作。诸如此类，有力地印证了"情感暖化"的巨大力量，正所谓"将心比心"。在法科研究生导师与研究生的师生关系中，道理同样如此。易言之，当研究生导师以情感暖化研究生，则不仅有利于研究生个人品格和情操的提升，而且能够使之乐于和勇于自己的法科专业学习和学术科研，可谓"爱吾师，也爱吾师指导的专业"。说白了，若研究生导师能够"情感暖化"，则其学生便能够在"做人"和"做学问"上"乖巧听话"。在我们很多人的读书经历中，曾经因为厌恶一个老师而厌恶其所任教的课。反过来，我们很多人也曾因为喜欢一个老师而喜欢其所任教的课。虽然前述两种现象都说明

---

[1] ［意］切萨雷·贝卡里亚：《论犯罪与刑罚》，黄风译，北京大学出版社2008年版，第46页。

[2] 陈兴良主编：《刑事法评论》（第22卷），北京大学出版社2008年版，第97页。

[3] 陈兴良：《法外说法》，法律出版社2004年版，第33页。

了我们曾经的"幼稚",但"情绪连带"的心理作用却是多少"由不得人"的。于是,尽管研究生群体早已是成年人了,但这种"情绪连带"心理效应也还会有一定程度的存在,因为虽然"吾爱吾师,吾更爱真理"所表达的是"爱吾师"与"爱真理"冲突时的理性取舍,但"爱吾师"与"爱真理"多多少少还是有点"正相关"的,即因"爱吾师"而"(更)爱真理"。可见,当"爱吾师"可以强化或激励"爱真理",则对导师的"爱"便可以强化或激励研究生的法科专业学习和学术科研。但研究生对导师的"爱"从何而来?那就是来自导师对研究生的"爱",因为正所谓"没有无缘无故的爱",而导师对研究生的"爱"所激起的研究生对导师的"爱"又可谓"爱着你的爱"即"生爱着师的爱"。其实,因"爱"老师而"爱"一门课或某个专业,这也叫"爱屋及乌"。但导师对研究生的"爱"是怎样得到体现或落实的呢?那就要切入研究生的生活和专业学习或学术科研来解答问题。具言之,导师不仅对研究生的物质生活和情感生活应尽力地给予关照或关心或关爱,而且更要对研究生的专业学习和学术科研给予"手把手"的教诲和指导。这里要提到一种现象,即在法科研究生的师生相处中,也可看到有的研究生导师也经常与研究生在一起见面聊天甚至"吃吃喝喝",但却疏于交流专业正题,那种场景似乎就是"江湖兄弟"。事实上,激起或强化研究生的专业情感,终究是研究生师生情感关系的根本。于是,特别是在研究生的专业学习和学术科研上,虽然"没有不会学的学生,只有不会教的老师"这一说法有点过,但其还是有相当道理的,而比"不会教"稍好一点的是"不想教",故导师在研究生的专业学术和学术研究上至少应有"尽人事,听天命"的职业心态。可见,"做人驱动"和"做学问驱动"意味着研究生教育培养的导师情感责任内含着"先做人后做学问"价值安排。

"健康有界"是法科研究生教育培养的导师情感责任的强制性规矩或"前提性立法",而"爱心驱动"则是法科研究生教育培养的导师情感责任的应然目标或根本宗旨。法科研究生教育培养的导师情感责任意味着导师给予研究生以"温馨"和"激励",其体现着马斯洛的需求层次原理,即导师的情感责任对法科研究生而言是"尊重的需要""爱的需要"和"自我实现的需要",而这里的研究生的"自我实现"包含"做人"与"做学问"两个方面。在相当一部分人的教育经历中,包括从小学到大学,因喜欢某个老师而喜欢或更加喜欢某门课,因讨厌某个老师而厌烦或更加厌烦某门课,是他们的真切体验或感受。其实，这种现象说明着一种普遍的心理学规律，所谓"爱屋及乌"也。"爱屋及乌"这种心理在法科研究生教育培养中依然普遍地客观存在着，只不过不同的师生之间有不同的流露方式以及其对研究生教育培养质量的心理效应微妙有别而已，因为"吾爱吾师，吾更爱真理"。不过，这里要强调的是，"吾爱吾师，吾更爱真理"的本意是：当"爱吾师"与"爱真理"发生冲突时，爱者所选择的是"爱真理"。但在法科研究生教育培养中，"吾爱吾师"与"吾爱真理"可以避开冲突而相互促进，即两者之间可以构成手段与目的之关系。具言之，"吾爱吾师"可以激励"吾更爱真理"，而"吾更爱真理"也可回过头来强化"吾爱吾师"，即"吾更爱吾师"。于是，"做人"与"做学问"得到了互动性的提高。总之，法科研究生教育培养的导师情感责任符合人性规律，从而也符合教育学规律。

所谓"师徒如父子"和"爱生如子"，法科研究生导师在教育培养研究生过程中应努力做到"以情感人""以情暖人"和"以情化人"，以使得研究生得到"做人教化"的同时，又能更加积极热情地投入专业学习和学术科研中，以最终实现"做人"与"学问"的双丰收。而研究生导师对研究生的情感化付出，意味着研究生导师对自己少点"私心"而对研究生多点"师心"和"爱心"。所谓"日久生情"，这个道理对于法科研究生教育培养中的师生关系同样适用。虽然有学制的限制，但"日久生情"这种师生情感关系状态完全可能在二年或三年这么长的时段内通过多种交往方式而形成，且这里所说的多种交往方式包括日常授课、散步、聊天、聚会、相互探望、一起旅游或调研出差等。在"三面之交"中，师生关系还有情感因素可言吗？当下，研究生导师被戏称为"老板"，这里的"老板"并非仅仅是一个"与时俱进"的戏称，而是在一定乃至相当程度上折射了当下研究生师生关系的一种状态，那就是"重名轻实"乃至"有名无实"。试想，研究生导师都当起了"老板"，则其还能有心思或拉下面子与学生们散步、聊天、聚会、相互探望、一起旅游或调研出差吗？不是绝对不能，而是很难做到，即使做到了也是一星一点，且是出于"差强师意"。最终，形塑以"做人"和"学问"为目标指向的"情感型师生关系"，应同样作为法科研究生导师师德师风建设及其考评的重要内容。

研究生培养中导师的情感责任，浓缩到一点就是研究生导师应力求将对研究生"做人"与"做学问"的观察、提醒和指导提升到"父母之爱"的责任高度。已故著名刑法学家马克昌教授的博士研究生，武汉大学的林亚刚教授曾回忆说："先生仙逝后，媒体采访先生的公子马宵汉，谈到先生的一些往事，宵汉说：'父亲与学生之间的师生之情甚至重于他与父亲之间的父子之情，父亲所有的学生都是父亲的儿女。'"[1]又如马克昌教授的博士研究生熊选国博士所言："先生视学生如子女，甚至有过之而无不及，学生在工作、学习、生活、思想等方方面面的困难和问题，先生均在力所能及的范围内有求必应，把学生的进步当作自己最大的骄傲。"[2]已故马克昌教授是研究生培养中导师情感责任的光辉典范。当"思想深于一切言论，感情深于一切思想"，[3]而"唯有感情是始终具有说服力的演说家"，[4]则无论是在"做人"层面，还是在"做学问"层面，研究生培养中导师情感责任最终是一种"心理机制责任"。爱因斯坦曾说："用富有独创性的传授方法和知识给人以快乐，这是教师最高超的艺术。"而西塞罗又曾说："学习有门道，教书也有门道。"[5]由此，在法科研究生中的培养中，导师的情感责任就是具有"艺术性"的"情感门道"。在与法科研究生同学的交往与相处过程中，我始终有一种真切的体会——如果师生感情融洽，这必将给学生带来在包括学问等方面的信心，因为融洽的师生感情会让学生觉得老师随时会给予鼓励、点拨，即老师是能够随时"给力"的。

最后要强调的是，研究生培养的导师情感责任并非意味着导师本人只是付出，因为研究生的"品学兼优"是导师在师生关系中最愿看的一道"风景"，而当本来"人就是最大的财富"，则如子女的优秀研究生难道不是导师的无以论价的"财富"吗?! 在我所带的硕士研究生中，当有的同学坚定了继续读博的发展方向，我便在其专业学习上予以更多的关注和关心。而当这些同学真诚地代表他们的家人邀请我带着他们的师母和我们的孩子在寒暑假去他们家玩一玩或过几天时，我便乘机说："在你拿到博士研究生录取通知书之

---

〔1〕 赵秉志主编：《刑法评论》（2011年第1卷），法律出版社2011年版，第356页。

〔2〕 赵秉志主编：《刑法评论》（2011年第1卷），法律出版社2011年版，第341页。

〔3〕 ［美］伯顿·史蒂文森主编：《世界名言博引词典》，周文标等编译，辽宁人民出版社1990年版，第204页。

〔4〕 ［美］伯顿·史蒂文森主编：《世界名言博引词典》，周文标等编译，辽宁人民出版社1990年版，第203页。

〔5〕 ［美］伯顿·史蒂文森主编：《世界名言博引词典》，周文标等编译，辽宁人民出版社1990年版，第329页。

后，我会带着家人去你们家玩耍的或过上几天。"实话实说，我的回应给这些同学读博也带来了一点激励和信心。而当有的同学在入读博士研究生后首次或再次邀请我带家人去他家，我便乘机说："在你顺利通过博士学位论文答辩之后，我会带着家人去你们家玩耍的或过上几天。但如果正值你们在家举行婚礼的日子，则更加美哉！"永远记得那温馨的一幕幕：河南新乡籍研究生、现任教于南京财经大学法学院的席若博士与其家人一起驾车到郑州火车站把我们一家四口接到新乡，待客之道不必细说，我们还借机游览了"惊天地，泣鬼神"的红旗渠工程。小心行走在那被山树掩映、蜿蜒如龙的渠坝上，在感慨万千之中，我也想到了学问与人生。又当看到身前身后有席若及其家人的热忱且小心的陪伴，我更是有一种对为师之道的感触——"要想学生对老师好，必先老师对学生好且更好！"当下，随着社会就业在近期内越来越难，对那些已经有进一步读博以将来从事高校教职或"吃学问这碗饭"想法的研究生同学，我更是经常用做好学问的好处来鼓励乃至"刺激"他们，而他们当时的神情反应和事后的行动告诉我——他们更加有了信心。

可见，导师尽心尽责的过程，就是增进师生感情的过程。无论是教师节，还是中秋节，特别是春节，从我身边硕士研究生毕业后又继续读博的同学，都是通过直接通话或自己现写的文字而非翻转那些现成的几近无病呻吟的套话或图片或视频来表达学生对老师的节日祝福。久而久之，所谓"师徒如父子"也就对应了一种真正的师生感情。在这些同学中，也有经常赶来登门看望问候我和家人的。于是，我便安排他们就住在我的家里，并将他们住的房间戏称为"博士居"。在他们中，有的博士研究生毕业问题曾让我关心，有的个人婚姻问题曾让我关心，有的生儿育女问题也曾让我关心。说实话，久而久之，我和家属真的把他们当作自己的孩子了，而他们也就把我和家属当作父母了，正所谓"没有无缘无故的爱"。而我越发将师生情视为将高校教师作为终身职业的莫大慰藉——官场和商场所结识的关系很难是真心实意的。真诚的师生感情有助于研究生同学成为"品学兼优者"。

本章小结

由于导师是研究生教育培养的"第一责任人"，故在法科研究生师生关系的"情感危机"有"普遍化"和"严重化"的趋势中，研究生教育培养的导师情感责任便成为研究生教育培养的真切话题。法科研究生教育培养中的导师情感责任，是一种在生活上关心爱护研究生和在专业学习与科研上激励研究生的双重责任，是一种对法科研究生"做人"与"做学问"具有助推意义的双重责任。但是，法科研究生教育培养中的导师情感责任应把持"健康有界"，且应将以"做人驱动"和"做学问驱动"为内容的"爱心驱动"作为根本宗旨。

在法科导师对研究生的教育培养中，导师的情感责任可以视为一项核心内容，或情感责任是法科研究生教育培养中导师的核心责任。当下，法科研究生教育培养中导师的情感责任，不仅直接关联诸如研究生举报和"控诉"导师所征表出来的研究生师生之间的"关系危局"，而且也可构成法科师德师风建设与考核的新内容，以至于可纳入教育行政管理的宏大视野。

第十五章

法科导师对研究生的"三教"与信心增强

除了应尽到类似于"师徒如父子"的情感责任，法科导师对研究生还负有诸多其他方面的责任，而在这些责任中，增强研究生的专业信心是"重中之重"。

一、法科导师对研究生的"三教"

专业阅读、专业思考和专业写作构成了法科研究生的基本学习内容，因此如何阅读、如何思考和如何写作直接事关法科研究生的培养质量，而导师对此负有相当重要的责任。

首先是"教其巧读"。特别是对法科硕士研究生而言，当跨进研究生的门槛时，他们的头脑里大多是进门前由考研应试目的所"死记硬背"出来的粗浅专业知识。但是，研究生是要靠"自己的"东西来证明自己的水平和表征自己的身份，而"自己的"东西是来自于"他人的"东西，故相当广度和相当深度的阅读是研究生学习不可或缺的组成部分。阅读对法科研究生学习和培养的重要性毋庸多言，而问题是怎么读。

基于多年来对法科硕士研究生的指导经验，我认为，法科研究生的阅读应该分为精读和粗读，带着问题读和不带着问题读。所谓精读，是指对直接有助于夯实专业基础的，体系完整的，资料梳理清晰且有所引申的著述予以咀嚼、消化乃至吸收。精读的直接体现通常是知识体系的简图或读书心得的笔记或旁注。遗憾的是，在讲究形式要件的学术评价机制之下和急功近利的学术心态之下，值得精读的法科著述并不多见。不过这里也要客观地指出，在法科博士学位论文特别是优秀法科博士学位论文成书之中，值得精读的还是为数不少。对"精品"予以精读对于阅读来说非常重要，而精读一个"精品"是粗读十个"粗品"所不能比的，因为虽然精读一个"精品"数量少而进度慢，但涉猎广而深。而把大量的时间消耗在"粗品"上，则会陷入"欲速则不达"。"读书不在多而在精"，这是我攻读法科硕士研究生时因手头紧张而写在所购图书扉页上的聊以自慰之语。但现在回过头来想想，这么多年来坚持对"精品"予以精读，确实获益匪浅。要求研究生同学们注重精读，并不意味着一概拒绝粗读。所谓粗读，是指对非属"精品"的著述，在或许对专业基础有所给养的心态之中予以"浮光掠影"或"走马观花"，因为堪称"精品"的著述也有其局限或缺失，而被称为"粗品"的著述也会有其亮点，故只要研究生同学们的精力允许，所谓"粗品"也是要多少粗读的。

所谓带着问题读，是指带着指导老师布置的问题或自己感兴趣的问题而有挑选性地阅读相关著述。需要强调的是，这里所说的"问题"并不局限于纯粹的书本理论问题，还包括法律实践问题。所谓不带着问题读，是指不在"压力"之下"漫无目的"或"暂无目的"地阅读。正如粗读，不带着问题读是一种相对轻松的阅读；但也正如粗读，不带着问题的阅读有时也会眼前一亮地与已感兴趣的问题所需要的启发"不期而遇"。前述所说的精读与粗读，带着问题读与不带着问题读时常发生交错，如带着问题读时常会引发精读，而不带着问题读常常便是粗读。

将上述阅读的分类、作用及其相互关系讲与研究生同学们，对于培养他们的阅读意识，进而逐步练就巧读的本领是相当有意义的。

在入学之初，指导老师为研究生开列阅读书目的做法已较普遍，这可视为指导老师指导学生的开始。在肯定其积极作用的前提下，这里要指出的是，指导老师为研究生开列阅读书目不能停留在"面子性"或"象征性"的层面，而是要经过一番斟酌。特别是对于法科研究生来说，由于法律是一种由多种社会因素"拱举"起来的制度架构，即要理解法律就必须由法律之内走到法律之外，所谓"身在庐山中，不识真面目"，故在我看来，指导老师为法科研究生圈定阅读书目所应遵循的顺序应是"从内而外"而非"从外而内"。所谓"从内而外"，是指由研究方向到本专业，由本专业到本学科，再由本学科到相关学科。"从内而外"意味着根据培养目标和培养需要而将同学们有限的精力设定在相应的阅读范围上。"博览群书"固然是强调多读书的好处，但对于专业研究或培养专业人才来说，漫无边际或漫无目的的"放飞式"阅读肯定是行不通的。如就部门法科的研究生来说，指导老师应先就其研究方向来圈定若干堪称"精品"的著述，第二步就研究方向所属专业再圈定若干堪称"精品"的著述，第三步是在法理学层面圈定若干堪称"精品"的著述包括法哲学著述，因为法理学在整个法科体系中堪称"小哲学"，最后再按照相应需要而在其他学科中圈定若干堪称"精品"的著述，如对"刑法经济学"这个方向的研究生来说，指导老师应为其圈定经济学方面的堪称"精品"的著述。指导老师对研究生阅读书目恰到好处的圈定无形中对同学们的阅读意识起到启发作用，从而有助于增强他们的巧读能力。

前文对于"精品"的提法，意味着"教其巧读"可以延伸出如下理解：在法科研究生特别是学术型研究的教育培养过程中，导师应该通过列书单的方式来提示研究生同学去"研读经典"。如对于刑法专业的学术型研究生同学，导师可将《论犯罪与刑罚》（切萨雷·贝卡里亚）、《刑法哲学》（道格拉斯·胡萨克）、《反思刑法》（乔治·弗莱彻）、《当代刑法思潮》（许玉秀）、《西方近代刑法学术史略》（马克昌）、《刑法的知识转型》（陈兴良）等列为经典书目而让研究生同学去研读。当法科研究生同学特别是学术型研究生同学丢掉"饭碗法学"的想法，则其对法科知识涉猎和专业情绪，或许正如有人所描述的那样——"只有滤掉心的浮躁，我们才会在书本的阅读中得到触动、享受和滋养，并体味出漫游精神家园的那种感觉。"[1]

其次是"教其敢思"。客观地说，在法科研究生阅读的过程中就已伴随着思考，但那种思考通常是接受性和初步消化性的思考，而延伸性或创建性的思考则通常产生在"掩卷"或导师讲授之后。"掩卷"或导师讲授之后的延伸性或创建性思考，通常又是一个艰难而曲折的过程，其间不乏枯燥、沮丧乃至"无为"之感，但是茅塞顿开的轻松感和超越他人的成就感则二律背反地生于其间。

在指导研究生的过程中，我经常听到这样那样的话语，或曰："老师啊，我想到的那个问题已经被别人谈过了，甚至谈烂了，并且有的谈得很好，所以我觉得没有什么好谈的了。"或曰："老师啊，对于那个问题，权威教材或权威学者已有定论，我觉得无话可说。"或曰："老师啊，权威教材或权威学者对那个问题的见解，我觉得有问题，可我又不知道问题到底在哪里，我更无法形成自己的见解。"诸如此类的表达印证了当今法科研究生的学问之难和"研究"之难。耳听这些话语，作为指导老师，我通常把如下话语亲切递送："同学们啊，学无止境，任何一个学术问题的已有见解包括权威教材或权威学

---

〔1〕　黄桂元：《阅读是最好的独处》，北京时代华文书局 2020 年版，第 149 页。

者的见解都具有相对性。因此，任何一个学术问题都不存在所谓'定论'，进而任何一个学术问题都为将来或后来者留下了理论空间。而这个空间正是我们有所作为的天地。我的切身感受是，在我感兴趣的问题上，已经形成的见解或说法特别是权威的见解或说法越多越好，因为这种局面可供我在其间'纵横驰骋'，我从中获得的启发会越来越多，而被我超越的人也会越来越多，只要他们的见解或说法都或多或少地存在着局限或不足。这个过程的心理感受是，对我感兴趣的问题，包括权威在内的已有见解或说法越多，则我的'垫脚石'就越垒越高，'一览众山小'的所谓成就感不就是这样形成的吗？正因如此，我们需要大胆思考，并用'小心求证'来支撑我们的'狂妄之语'乃至'惊世骇俗'之语。由此，对于我们各自感兴趣的问题，我们也不应左右为难，而应有'踏破铁鞋无觅处'的喜悦。至于所谓学术权威，我们也不应畏惧，而应敢于质疑乃至挑战。同一理论层次的学者之间用文章来商榷是学术繁荣发展的常见现象，而作为初生牛犊的硕士研究生向权威或大家用文章来"挑战"则是学术繁荣发展的"可喜"现象。至于对犹如父子之亲的导师，我们不应愧怕，而应在'吾爱吾师，吾更爱真理'的心态之下与之'PK'。如死刑问题，自贝卡里亚提出废除死刑之后，理论界已经争论了几百年了，但形成所谓'定论'了吗？作为当今之人，即便在学术界我们还是'无名小卒'，但我们仍然可以对之发出'我们的'声音。"在耳的掌声说明了我的此番言语曾经发挥过鼓舞同学们的作用。

在指导法科研究生的过程中，曾有研究生难能可贵地对我表白："老师啊，我觉得在我们刑法学中应该形成'刑法中的人'这个问题，这个问题无论在理论上还是在实践上都相当有意义，但我觉得这个很难解答，因为尚未有人关注这个问题，所以我苦于没有参考资料。"在一阵欣慰之后，我用殷切的语气对他说："由你来填补空白的时候可能到了，原因就在于尚未有人予以关注。而当你觉得应该形成问题的时候，则初步的观点已在你心中'隐约'有数。至于参考资料，那不成问题，只要耐心收集消化即可，况且运用参考资料未必就是直接套用别人直关主题的原话，而完全可以是'迂回曲折'地运用参考资料。没有所谓直接的参考资料正说明这个问题是空白。因此，这个问题要继续思考下去。"我的话音刚落，我的这个研究生攥了一下拳头以示有信心。我所指导的研究生的专业写作及其论文的成功发表，说明了研究生们的思考勇气需要指导老师去鼓舞，特别是在"发表难"的当今。

　　这里所讨论的思考是法科研究生们专业阅读和专业写作的承上启下环节，而思考的勇气至关重要，因为如果不敢思考，则前面的阅读将变成了为阅读而阅读；如果不敢思考，则后面的写作将变成"无源之水"。原先我们说老师给学生的是知识，后来我们说老师给学生的是方法，而现在我们可能应该说老师给学生的是勇气，特别是做"研究"和"创新"的勇气。这里要进一步强调的是，教其敢思意味着研究生导师负有激发研究生同学们学术想象力的责任，而学术想象力的重要作用正如有学者指出："我们的学者因为缺乏想象力，从而缺乏创新能力。一个学科的研究者如果具有充分的想象力，就绝对不会缺乏足够的学科自信。"[1]而爱因斯坦又曾指出："想象力比知识更重要，因为知识是有限的，而想象力概括着世界上的一切，推动着进步，并且是知识进化的源泉。"[2]

　　再次是"教其勤写"。陈兴良教授指出，论文写作，对于学者来说是生存技能，也是看家本领。学者就是作家，不写作无以称作家。文科的写作与理科的实验可以对称，对于学生来说也是如此。[3]法科研究生特别是学术型研究生的专业写作是其阅读和思考的延伸和继续，也可以说是其阅读和思考的"结晶"。于是，对于专业学术论文的撰写，指导老师对研究生同学们负有不可推卸的引领作用。

　　教其勤写首先意味着让学生端正对专业写作的态度。有相当一部分甚至超过半数的法科研究生对专业写作表现出懒散的态度，其原因是多方面的：或认为写不写对提高专业水平无关大碍，或觉得写着写着就无话可说了，或借口思考"成熟"了再动手。对于写不写对提高专业水平无关大碍这种想法，指导老师必须告知：由于专业写作是其研究水平和研究能力的集中体现，故专业写作是法科研究生学习生活的"大练兵"。与研究生交流时，我曾说："在书本面前，我们会觉得自己懂得很多很多，但在一张空白的稿纸或一页空白的电子文档面前，我们时常会觉得自己懂得很少很少。这说明专业写作能够检验出我们自己到底有怎样的水平和存在哪些不足，而我们正是要根据这种检验来安排如何充实自己，包括如何进一步的阅读和思考。"对于写着写着

〔1〕　周光权："中国法学知识的形态与反思（二）中国刑法学的想象力与前景"，载《政法论坛》2006年第6期，第6页。

〔2〕　转引自朱月龙主编：《成功心理学》，海潮出版社2007年版，第374页。

〔3〕　陈兴良："论文写作：一个写作者的讲述"，载《中外法学》2015年第1期，第13页。

就无话可说这种感受和现象，指导老师应该指出：既然已经写出一部分了，哪怕就是几句话，也说明已经有了一个开端。如果半途而废，则将前功尽弃。我曾对自己所带的硕士研究生说："我在读研究生的时候，对专业论文也有写着写着就想中途放弃这种感受，但一想如果放弃了，则不仅仅是觉得问题没有得到自己的解答而可惜，而且觉得对不起自己已经付出的劳动。若中途写不下去，则先告暂停。在进一步阅读和思考之后，甚或在散步或与朋友神聊之后，我们又可带着灵感提起笔来或坐到电脑前。写专业论文，毕其功于一役者少，而'连续作战'者多矣。"这番话在有的研究生身上起了明显的"效应"。对于思考"成熟"了再动手这种想法和做法，我不止一次立于自己做学问的亲身感受而对研究生们说："这种想法和做法貌似'成熟'，其实并不切合实际，久而久之会变成懒得写作的托词，因为所谓思考'成熟'本身就是相对的，而问题关键在于：在我们动手之前，即便是我们对某个问题自认为已经'深思熟虑'，但那还是停留在模糊的大脑思维阶段。一旦我们用文字将其'清晰'出来，原先的'深思熟虑'却令人沮丧地存在着缺失、遗漏乃至错乱。只有已经写出来的文字才会哑巴嘴，提醒你如何完善。我自己在从硕士研究生开始的学问生涯中，也曾有过先认真构思再动手的体验，但情况是：一旦动起手来，则先前的构思不是被全盘推翻，就是来个大调整。反复多次，想想这种情况也是'事出有因'：只有在已经写出的清晰的文字的观照之中，我们才能清晰地知道和安排如何继续下去。"

再就是，教其勤写并不味意味着片面追求文章数量，因为在精力有限的前提下，片面追求数量必然有损文章质量。我所提倡的"教其勤写"还有另一番意含，即教其勤改，所谓"文章是改出来的"，正如花是"绣"出来的。需要强调的是，我这里所说的"改"是指改所已发现的各种不足，从形式到内容，甚至包括标点符号和句子成分，只要改能使文章较不改好一点，甚或好一点点。我曾对一位女研究生开玩笑地说："你们女孩子应把梳妆打扮的劲头用在文章上，你们是越打扮越漂亮，而文章是越改越精彩。"作为法科硕士研究生的指导老师，我对自己所带的刚入学的每一级的每一个学生的第一篇专业论文，都要利用打印稿的空白处甚至背面而将其改得面目全非，除了专业论证，就连标点符号和句子成分都不放过。迎着他们的目瞪口呆，我投过去这番忠告："你们不要以为老师我喜欢小题大做，甚至喜欢吹毛求疵。通过此举，我想向你们传递两个信息：一是我对你们是严格要求的，二是写文章要'用心'。'用心'写文章对历练你们的学问态度、人生态度乃至社会态度也是大有益处的。另外，我们现在所从事的和将来可能要从事的都与法律有关，而法律事业是一项严肃认真的事业，那就让我们从写专业论文开始来培养我们的事业所需要的那种严肃认真的品格。我本人有的文章从第一次'定稿'到最终发表历时最长达四年之久，中间大改小改不知多少次，把发表的那一稿和第一次'定稿'作一对比，几有'天壤之别'。"我的一个研究生在投稿过程中，只要前一次投稿未用，他总要修改一下再投，他明说是受了我的影响。

论文是科研成果的基本载体。在某种意义上来说，论文是研究成果的最终表述。当论文写作是一种"言"，则科研成果就是一种"意"，从而论文写作与科研成果之间的关系就是"言"和"意"之间的关系。"意"在"言"先，首先要有"意"，然后才有"意"之所"言"。因此，就科研和写作这两者的关系而言，首先必须从事科研活动，提高我们的科研素质，只有在科研的基础之上才能进行写作，而科研和写作是两个既互相联系又互相区别的环节：首先要进行科研活动，科研活动有了成果以后再用语言表达出来，这种表达的过程就是一个写作的过程。[1]由此，没有写作就没有科研成果的正式表达，从而意味着科研成果没有得到展示，而没有得到展示便意味着没有科研成果本身。因为科研成果是一种"意"，科研成果本身是一种"观念形态"，其需要"被有形化"或"被文字化"，论文写作是一种"言"。于是，对于法科研究生特别是学术型研究生，不仅是避免"人人口中有，人人笔下无"，而且先要避免"人人心中有，人人口中无"。如果把撰写专业论文比作艰难跋涉，则我要说："千里之行，始于手下。"

二、法科导师对研究生的信心增强

在增强法科研究生的专业信心上，导师应做且能做的事情是很多的，包括从专业基础和成果展示等方面来增强法科研究生的专业信心。

首先，导师应从专业基础上来增强法科研究生的科研信心。如果专业基础薄弱，则法科研究生在科研上便难有充足的信心，因为专业基础差将使其对科研产生心虚之感。而之所以这样说，根本原因在于：科研要创新，须有

---

〔1〕 陈兴良："论文写作：一个写作者的讲述"，载《中外法学》2015年第1期，第13页。

扎实的专业基础。没有扎实的专业基础，科研创新必将是乏力的或"无病呻吟"的。易言之，对法科研究生而言，扎实的专业基础意味着同学们对相关领域的基本概念和基本理论乃至学术前沿已经有了较为全面的了解、较为透彻的领会。于是，法科研究生导师应通过认真授课乃至课外的交流来进一步夯实或强化同学们的专业基础。就我多年的执教感受而言，由于当下的研究生招录仍然存在这样那样的问题，诸如初始内容仍停留在对概念的考察上，故入学研究生仍然存在着专业基础差的问题，特别是那些靠临时突击而跨专业招录的同学，其专业基础显得更差。目前，法科研究生中的"高分低能"现象，即当初的录取分数高而入学后的好长时间仍难见其对本专业领域有独到见解，更难见其能写出一篇像样的专业学术论文，便在相当程度上反衬出专业基础差，因为专业基础差往往体现为对书本上的说法只有死记硬背和"人云亦云"或"只知其一，不知其二"，故这样的同学难有新的见解，往往视其死记硬背的东西为"当然正确"，甚至觉得书本上的那些东西已经说得"很好"。相反，专业基础扎实意味着一个法科研究生同学对某专业领域的基础知识了解得多和感受得多，从而新的领悟多。而所谓新的领悟多，又有两种意味：一是对本专业领域既有理论的怀疑，从而可能形成对既有理论的新的认知和见解；二是受本专业领域既有理论的启发，产生了更进一步的领悟，从而使得既有理论得到延展或丰富。当对既有理论的重新辨正和新的拓展都是立足于对既有理论的较多的掌握和领会，即具有较为扎实的专业基础，则可见专业基础对法科研究生学术创新的重要性——没有较为扎实的专业基础，所谓研究生科研便是空中楼阁。由此，导师在法科研究生基础夯实或强化中的作用十分重要。易言之，法科导师的责任不是那种名义上的指导研究生同学做科研，而首先是让研究生同学有一个能够出科研成果的较为扎实的专业基础。较为扎实的专业基础将赋予法科研究生同学以从事专业科研并出成果的"底气"和"自信"。

在研究生的刑法学课程教学中，无论是必修课还是选修课，我的教学都较为或相当注重听课同学的专业基础问题，也许因为我任教所在高校所招录的法科类研究生因为生源本身的问题而显示出专业基础普遍不令人满意。于是，在上课方式较为"灵活"或教学督导不像本科生那样严格之中，我不像可能超过半数导师那样——一节课的大部分时间，先让同学们按照事先提出的问题或布置的任务进行所谓"自由发言"，然后在剩下的一点时间里再作出点象征性的点评，而是由我在带着同学们简要回顾一下本科教材中的基本知识之后，再作出问题广度和深度都要有别于本科生的"主讲"，最后再让同学们在剩余的一点时间里就他们的疑问或新的领会作出发言。这里，我所说的和在刑法学科授课中所力求做到的"广度"和"深度"是指对专业问题讲解的"由此及彼"，而这里的"由此及彼"不仅包括由刑法学科这门课程中的这个问题及其所对应的知识点自然而然地走向那个问题及其所对应的知识点，而且包括由刑法学科这个法科二级学科走向民法学或行政法学或诉讼法学甚至宪法学等其他法科二级学科，甚至走向经济学等其他一级学科。我之所以这样去尝试和努力，不仅是想让听课同学们在更加宽阔的学术视野中再来重温曾经熟悉但往往不甚了了的既往基础知识，而且希望能够启发和带动他们如何去思考问题，进而提升形成新见解的科研能力。既然是重在夯实或强化专业基础，则我的做法通常是按照本科教材所铺排的专业知识体例以形成前后衔接有序的理论专题，而每个专题都是力求在"由此及彼"或"横纵勾连"中予以较为充分的展开。实际上，在我对法科研究生的每一门授课中，我几乎都能在快到结尾时为同学们提炼出一个尽管是属于理论基础但可予以新的展开或申发的题目，并在下课前丢下几句话："同学们，把我讲解的思路系统整理一下，再去搜集一些必要的文献资料，这个题目仍可写出以往的理论所没有展开的内容或没有交代的命题，即仍然可予以'老歌新唱'。这就看你们是否真正有兴趣，而当你们都有兴趣，又要看谁动手快和动手勤了。初稿出来后，反复修改至令自己满意，甚至修改到'江郎才尽'，然后可去投稿，以求发表。而一旦发表了，你们将切身体会何谓'获得感'或'成就感'。"话音刚落，看到同学们跃跃欲试的表情，我便坚信：我的授课至少使得部分同学对专业问题有了不同于以往的感受和认知。实际上，对法科研究生专业课程的"主讲"，当然是较为辛苦的，但这种授课方式不仅夯实或强化了听课同学们的专业基础，也夯实或强化了我本人的专业基础。于是，我便在这种"主讲"中"辛苦并快乐着"，因为即便是同一个专题，每讲一次，我都会有新的领会或有新的表述，且切身感受到自己也是"在进步着"。而我自己的学术积累便有相当部分是实现在常年坚持的"教学相长"中。

在"由此及彼"和"纵横勾连"的法科研究生专业课程的"主讲"中，我多年来有着诸多"个案式"体验。如在给同学们讲解刑法中危害行为的基本特征问题时，我通常会有如下表述："同学们，刑法中危害行为具有'三性'特征，即有体性、有意性和有害性。所谓有体性，是指行为主体的身体动静，即我们通常所说的行为人在一个事件发生过程中的举手投足。易言之，有体性所描述的是旁观者的视觉和听觉所能感受到的行为人的身体动静的客观的外在过程。可以想见的是，强调行为的有体性，可以提防'主观归罪'，即可以提防仅凭行为人的内在想法定罪。所谓有意性，是指隐藏于行为人身体动静或举手投足背后的内在想法，而行为人的身体动静或举手投足正是行为人的内在想法所支配。可以想见的是，强调行为的有意性，可以提防'客观归罪'，即可以提防仅凭行为人的身体动静或外在举止定罪。所谓有害性，是指行为本身所具有的对社会的侵害性，即对社会秩序的破坏性或扰乱性。可以想见的是，强调行为的有害性，可以提防'无害归罪'甚至'有益归罪'，即将无害行为甚至有益行为予以定罪。但是，由危害行为的'三性'特征，按照刑法学科教科书的知识体例，我们向前能够联想到另一个什么刑法学科理论问题呢？"在稍作停顿之后，我又继续作如下表述："同学们，行为包括危害行为不一定是犯罪，但犯罪必定是行为且为危害行为。但犯罪必有犯罪构成而危害行为又有'三性'特征，则我们可从危害行为的'三性'特征里觅见犯罪构成的影子，即危害行为的'三性'特征'映现'或'透现'着犯罪构成。具言之，若与传统四要件犯罪论体系相联系，则危害行为的有体性、有意性和有害性，便分别'映现'或'透现'着犯罪客观方面、犯罪主观方面和犯罪客体；若与大陆法系三阶层递进式犯罪论体系相联系，则危害行为的有体性、有意性和有害性，便分别'映现'或'透现'着'构成要件该当性''有责性'和'违法性'；若与英美法系双层式犯罪论体系相联系，则危害行为的有体性、有意性和有害性，便分别'映现'或'透现'着'犯行''犯意'和'排除合法辩护'。"前述讲解便能够使得同学们将处于刑法学科不同章节位置的理论问题前后连缀起来，以使得被连缀起来的问题都能被更加深入地理解和领会。当然，前述仅仅是一个在刑法学科这一法科二级学科内部"由此及彼"或"纵横勾连"而给法科研究生同学讲解刑法理论专业问题的个例。

在刑法学科这一法学二级学科与其他二级学科之间"由此及彼"或"纵横勾连"来给法科研究生同学讲解刑法理论专业问题，我也是有过诸多切身体验。除了结合民法中的合同原理来带着同学们重新探讨刑法中的自首制度，或运用民法中的连带责任原理来带着同学们重新探讨刑法中单位犯罪的双罚制问题，我还努力将其他法学二级学科的知识不失时机地用来讲解其他具体的刑法问题。如在给同学们讲解合同诈骗罪时，我通常会采用如下一段表述："同学们，讨论合同诈骗罪必然牵扯合同诈骗罪与诈骗罪的区别。正如我们所知，合同诈骗罪与诈骗罪之间的关系是特别法与一般法之间的关系，即通常所谓'法规竞合'。易言之，合同诈骗罪是一种特殊的诈骗犯罪类型，而所谓特殊即犯罪手段特殊，亦即行为人采用虚假合同的手段来不法占有他人的财物。但合同诈骗罪的"合同"本身是民商法所指的合同，即合同内容本身合法，且不违背公序良俗。因此，对于行为人与被害人签订'合同'——被害人给付行为人一定数额的金钱，行为人就能让被害人获得某高校文凭，后行为人携款潜逃——这样的事例不应认定为合同诈骗罪，而只能认定为普通的诈骗罪。因此，当我们这样去把握合同诈骗罪和分析个案，便是将民法与刑法勾连起来讨论刑法中的具体问题。可见，同学们在学习刑法的过程中，应注意把民法等其他法学二级学科的知识甚至其他一级学科的知识结合进来，这样会有更好的学习效果。"

当然，法学二级学科之间的知识融会，即"由此及彼"或"纵横勾连"的授课方法，也应该且能够采用在民法等研究生课程的教学中。如在民商法研究生的课程教学中，对于"租赁期满，在同等条件下，原承租人享有优先续租权"这一规定，以往的教材并未告诉我们为什么。到底是为什么呢？或许可采用多个学术视角来解答这个问题。于是，任课教师似可作出如下尝试："同学们，既然原承租人还想续租，说明原租赁场所已经给原承租人的生活带来便利，或曰原租赁场所已经能够使得原承租人享受生活便利。因此，在同等条件下，确认和保护原承租人的续租权，就是确认和保护前租赁所已形成的稳定社会生活状态。可见，法社会学便可为我们提供一个学术视角。"再如对于"除另有约定，夫妻财产实行共同共有"这一规定，以往的教材也未告诉我们为什么。到底是为什么呢？或许可采用多个学术视角来解答这个问题，而任课教师似可作出如下尝试："同学们，夫妻关系既是一种肉体关系，也是一种情感关系。用古人云'夫妻者，一体也'来描述夫妻关系的情感性是最好不过的了，正如热恋阶段的男女好到'不分你我'。试想，在夫妻生活过程中，如果从柴米油盐到家庭存款等分出'我多少，你多少'或'哪些是你的，哪些是我的'，则夫妻的情感难道不会形成裂痕吗？现实生活中，夫妻关系破裂缘于家庭收入或家庭财产的算计，早已是一种普遍的现象。可见，对应着情感的密不可分，作为夫妻感情物质基础的家庭财产也应具有一种紧密性，而此紧密性即家庭财产的共同性即共有性——不是按份共有，而是共同共有。当然，夫妻双方愿意在家庭财产中分出你我，则另当别论——这是'契约原则'的一种体现。于是，当家庭收入或家庭财产对应着经济基础，而夫妻情感对应着上层建筑，则'经济基础决定上层建筑'这一政治经济学经典原理便可用来领会夫妻财产关系的民法规定。"前述举例，同时说明：法科研究生课程教学的"由此及彼"或"纵横勾连"，不仅可形成法学这个一级学科内部的"二级学科交叉"，也可形成法科这个一级学科与其他一级学科之间的"一级学科交叉"。由此，"学科交叉法"不仅是一种法科研究的方法，更是法科教学包括法科研究生教学的方法。

"由此及彼"或"纵横勾连"的"主讲"，能够使得基础差或不够好的法科研究生同学对相关专业课程形成清晰的理论脉络或框架，从而能够更加系统全面地运用相关专业知识来思考问题，并容易形成新的见解。与此同时，法科研究生的专业自信心也将随之得到增强。

其次，导师应从成果展示上来增强法科研究生的科研信心。这里所说的成果展示包括论文发表、参加学术交流发言甚至论文获奖。显然，论文发表是增强法科研究生科研信心最为主要，也最为有效的手段或方式。

我经常在课内课外对我所任课的法科研究生特别是我自己带的研究生，甚至还有出于想做点学问"慕名"而来的研究生同学说这么一句话——"发表是硬道理"，而且我还有点得意地说，这是从邓小平的"发展是硬道理"改换一个字而来的。当然，我所说的发表不包括在那些一期数十篇乃至更多的"垃圾刊物"上的发表。"人人口中有，人人笔下无"也是法科研究生群体中的一个普遍现象——即使"口中有"，也往往少得可怜。我之所以经常对法科研究生同学强调"发表是硬道理"，不仅因为论文发表本身是法科研究生同学专业基础、科研能力和科研水准的直接证明，更因为在每一篇文章发表之前的选题、架构、文献、撰写乃至反复修改过程又是对某个具体的专业问题或专业知识点的"温故而知新"或"推陈出新"的专业训练过程。最终，发表所对应的成果便是评奖评优乃至进一步读博特别是"申请考核制"下的博士生招录，都具有直接的最为"实惠"的意义。

但我读研的经历和博士研究生毕业后从事法科教研的切身感受告诉我，发表并非易事，特别是当下的"发表内卷"。于是，"发表难"更牵扯到法科研究生的科研信心问题。但是，"发表难"不是法科研究生"空有研究生之名"的理由。相反，"发表难"在使得发表的付出越来越多的同时，也使得发表的水准越来越高，从而"倒逼"我们的法科研究生在"迎难而上"中夯实和提升自己，而非在自己的专业领域"敷衍"或"投机"，甚至在"自鸣得意"中"自欺欺人"。于是，在面对"发表难"时，我们的法科研究生导师则负有不可推卸的鼓励甚至"手把手"带动的不辱"导师之名"的责任。然而，我们的很多甚至超过半数的法科研究生导师，不仅自己越来越无心科研甚至连续多年"荒芜"自己的学术，对自己的研究生的科研更是出于"敷衍"，即对自己研究生的论文写作训练怠于指导。这里，我要指出的一种现象是：在参加有关场合的研究生开题报告和论文预答辩乃至正式答辩中，我有时会感觉到某个导师对某篇论文所对应的问题居然还没有学生知道得多，我甚至感觉到某个导师对自己研究生因论文存在的问题而作出近乎"恨铁不成钢"的批评，简直就是在掩饰自己"指导不力"的心虚。客观地说，很多法科研究生论文糟糕的原因是多方面的。其中，除了研究生本人的基础问题，也有导师费了很多口舌而研究生本人始终没有领会甚至"敷衍"导师的问题，但也有导师本人"睁一只眼闭一只眼"或"蜻蜓点水"的问题。每当看到或想到这些现象或"失职"，我便心生感慨：做研究生导师是一种"良心活"，尽心尽责也能被看得见，但不负责任好像也没人管，至少是没人"严管"。感慨之余，出于不辜负即对得起"选师"所对应的信赖甚至是"师徒如父子"的为师之道，我多年来是努力尽到至少对我所带每一位研究生专业写作训练的引导责任。我经常对法科研究生特别是我所带的研究生同学说："写作学术论文是一种最基本的学术训练与学术提升，而发表学术论文则是学术训练和学术提升的成果性说明和正规性体现。但你们的论文要经历从'像一篇文章'到'是一篇文章'再到'一篇好文章'的磨炼和提升过程。"于是，每一篇文章的写作过程，便是我们师生之间以如何定题、如何架构、如何完善的"相互陪伴"、相互鼓励乃至共同进步的过程，而这个过程就是增强研究生同学的学术信心的过程。每当文章得以被发表或参会获奖，研究生作者同学的获得感或成就感便溢于可爱的表情。而若是学位论文获得较高认可甚至被评优，则其获得感或成就感更是无需言表。显然，前述获得感或成就感离不开导师的耐心与辛劳。

但是，学术论文通过正式发表或评奖评优所给法科研究生带来的获得感或成就感，最终是"奠基"于点点滴滴的付出，且此付出是师生之间的共同付出。易言之，法科研究生导师要帮助同学们来获得获得感或成就感。就我而言，仅仅是所带研究生的一篇文章的文字表述本身，我都紧盯不放甚至"吹毛求疵"。而这里所说的文字表述本身，不仅是指专业术语使用的规范性，而且首先是指在句子成分乃至标点符号上是否符合汉语规范。如当我在研究生论文中看到"所以"一词前面是一个句号而后面又是一个逗号，我便忍不住指出："某某同学，出现'所以'一词的句子在汉语中属于因果复句，即一个表达因果关系的句子。如果'所以'前面加一个句号，则因果关系不是就被断开了吗？因此，'所以'前面不能加一个句号而只能加一个逗号作为停顿。至于'所以'后面，根本就不用再加个逗号。在这样的句子中，标点符号乱用会造成一个完整的句子支离破碎。"又如当我在研究生论文中看到"即是"一词，且其后面又加了个冒号，我便忍不住指出："某某同学，'即'原本就是'是'，那'即是'不就是'是是'吗？另外，'即'意味着是对前面表意的解释，根本不需要再加个冒号。不同于'理由如下'或'情形包括'等，意在要作具体展开，故需加一个冒号。"再如当我在研究生论文中看到"是否是"这样的措辞，我都不放过："某某同学，'是否是'本想表达'是不是'的意思，但当'否'即'不是'的意思，'是否是'中的后一个'是'难道不是累赘吗？"另外，当看到研究生论文中"因此"一词前面加的是逗号，或"因而"这样的口语化的用词，我也会说上两句。可想而知，我对研究生论文的内容要求又是怎样地"吹毛求疵"。我经常对研究生同学说"文章是改出来的"，包括实体论证的修改，也包括表达形式的修改。于是，我甚至把我已经发表文章的多达十稿的修改稿按顺序铺排在一起让研究生同学看，并说："同学们，你们对照一下，第一稿与第十稿是否面目全非？我之所以舍不得扔掉，是因为从第一稿到第十稿再现了我在某个问题上的一次'学术之旅'，虽然有着'山重水复疑无路'的一路艰辛，但最终却是'柳暗花明又一村'的目标抵达。"我这样做还有一个对研究生同学特别是我自己所带研究生同学的暗示：学问是一项细致而清晰的思维活动，不是谁想做就能做的。而要做出点学问，就得耐得住寂寞，耐得住烦琐。说实话，我还曾用这种做法来试着"吓退"想师从我学习刑法但可能又是不适合做学问或不适合学法科的"慕名而来者"。可以想见的是，导师带着研究生同学耐心打磨一篇文章的过程就是增强其科研信心的过程，因为研究生同学在此过程中必然体会到文章能够写得越来越好，而定稿将是深思熟虑、精雕细琢的成品。这就好像是做买卖，当自知手中持有的是真货，则卖主便有卖出好价的自信。

接下来，就是文章如何能够在正规学术刊物上发表以让研究生同学真正有"学术收获感"或"学术成就感"的问题。不可否认的是，由于发表对应着职称、晋级、考核等多种现实需要，故当下的中国法学界也上演着"发表内卷"，特别是在权威期刊上。而对于绝大多数人来说，在涉法科的顶级期刊上发表文章似有"蜀道难"之慨。"法核拒，转综核；综核拒，转普刊；内卷难，陪着'玩'。"这是我对当下法学界发表难的一点切身感慨。但是，导师还应负起鼓励和带着研究生同学耐住性子写好文章的责任，且在适当时候努力将定稿的文章发表出去，以使得同学们的付出得到最终的正规认可。而我的做法则是：选择接受联名投稿的法科刊物，且首先将研究生同学署名在前。通过师生联名投稿，让研究生同学再次感受到导师在"给力"于他。而之所以在得以发表的文章中力求让研究生同学署名在前，不仅因为应避免导师"剥削"学生乃至吃学生的"现成"的嫌疑，更因为在"只认第一"的评价机制中，署名在前更能给予研究生同学以"学术收获感"或"学术成就感"，且可能更有助于其评奖评优、进一步读博深造或高校就业等。于是，我经常对我的研究生同学说："我今天署名在前，明天署名在后，这就像一只大鸟带着小鸟飞翔；而当后天你们能够独立署名发表文章，就像小鸟长成大鸟能够独立飞翔。"就这样，在我担任硕士研究生导师以来，已经有十名硕士研究生同学在我的鼓励乃至"手把手"牵引下又成功地攻读了博士研究生。其中，有的同学在报考博士研究生时已经积累了十多篇公开发表的学术论文，且有的文章是发表在法学类的高级别权威刊物上。这里要扯出的一个话题是：当看到我经常与研究生同学在学术刊物上联名发表学术论文，业内的一个善意的同仁有一次便问我"干嘛与学生联名发那么多文章"。而我便不咸不淡地回应他一句——"我带带他们"。就在回应他的同时，我心里便有着一番默默地感慨：在我们法科业内，确实有不少研究生导师自身的学问确实做得不错，甚至其影响远远超过我，但他们却疏于在自己研究生同学身上尽导师应有的责任。由于受平台的限制，我自己虽然仍然是一名硕士研究生导师，但我在既有兴趣和悟性又有功夫的研究生同学身上努力用心，使得他们能够攻读博士研究生，而这些同学博士研究生入学后直至顺利毕业还会经常与我保持学术交流，我便私下自封"无名博导"。于是，这里又要扯出的一个话题是：我博士研究生毕业后先后待过南昌大学、扬州大学和现在的南京航空航天大学，当我在所带硕士研究生中发现并培植了"好苗子"，我便极力推荐他们再进一步攻读博士研究生。由于西南政法大学是我的博士研究生母校，故西南政法大学便是我让"好苗子"攻读博士研究生的"主推高校"。通过周建达、童春荣和白星星等研究生同学的优秀表现，在刑法学专业博士研究生招收过程中，西南政法大学那边便传出一个说法——"凡马荣春老师推荐过来的考生，原则上'免检'。"而每当因参加学术研讨会等来到母校且听到前面的说法，我便调侃地说我是"西南政法大学驻渝外人才联络处马主任"。于字里行间，我也在感受着用心培养研究生的"获得感"或"成就感"。

除了论文发表，带动其参加本学科领域的学术交流活动，并努力让其获得交流发言机会甚至获奖，也是增强法科研究生科研信心的重要手段或方式。导师积极带动法科研究生以提交论文的方式参加法科领域的各种学术交流活动，并努力使其获得台上发言的机会，以让其学术思考得到展示且能引起反响，甚至获奖，这也是对法科研究生科研信心的莫大鼓励。"带生参会"本是研究生导师带动研究生同学从事科研活动的正常现象，但是应避免"象征性参会"。相反，通过细心指导研究生同学撰写并提交参会论文本身就是一次难得的专业学习机会。而如果能够被会议安排发言且接受"与谈"，则又会加深研究生同学对相关论题的思考。又当能够获奖，则其便会对今后的专业科研增强信心。另外，"带生参会"还能创造让研究生同学"见识"和当面请教专业领域内著名学者的机会，同时还能体会办会所在的著名学府的独特氛围，而这些也有助于强化研究生同学进一步深造或提升自己的决心和信心。

顺带要说的是，法科研究生的科研信心，也是需要导师去分类增强的，因为法科研究生分为学术型和专业型这两种类型，而不同类型研究生的科研有着不同的要求和规律，故导师对研究生的科研指导便应"因人施导"。在当下的法科研究生教育培养中，对于学术型研究生和专业型研究生的课到底怎么上和他们的学位论文到底怎么写等问题，很多高校即研究生培养单位仍然存在着相当的困惑。顾名思义，学术型研究生和专业型研究生分别对应着"理论（研究）"与"实践（运用）"这样两种培养目标。而按照我的理解，所谓"理论目标"，就是在法科领域将研究生培养成深谙并能够熟练运用一般理论和专业基础理论来解答法治观念问题的人才；而所谓"实践目标"，就是在法科领域将研究生培养成能够悟透并恰当运用既有的成文规范乃至司法政策来妥当处置个案的人才。但是，法科学术型研究生的科研活动并非可以忽略制度实践甚至与制度实践相隔绝，因为理论必须得到实践检验并在实践中得到丰富与发展；而法科专业型研究生的科研活动，并非可以无视基本理论，因为基本理论有助于理解和把握制度内容即规范含义与规范目的。可见，法科学术型研究生也应安排一定的实务性课程，而法科专业型研究生也应安排基本的专业基础理论课。由此，法科学术型研究生与专业型研究型的培养方案便可大致见得分晓。于是，在对法科研究生的科研指导中，导师们应真正负起"因人施导"的责任，而"因人施导"意味着法科研究生导师的更大付出，正如艾迪生曾说："教育之于人有如雕刻之于大理石。"[1]法科研究生导师对研究生同学的教育培养同样是一种"雕刻"，而这种"雕刻"便意味着细心与耐心，从而是责任心。最终，充满细心和耐心，从而也是责任心的"因人施导"，便可在法科研究生分类培养的要求与规律中让研究生同学同样切身感受到自己的点滴进步与扎实提升，从而不断增强专业自信与科研自信。

本章小结

事实已经证明，在公务员考试和法律职业资格考试的"急功近利"背景之下，法科硕士研究生们在"读""思""写"三个环节所能作出的努力是打折扣的，甚至是大打折扣，但是指导老师的"三教"责任是不能打折扣的。教其巧读、教其敢思和教其勤写，是指导老师在法科研究生培养中应当肩负起的重要责任。法科研究生的"三教"中有"方法"，有"勇气"，也有"态度"，故值得我们在法科研究生的培养中去总结和完善，并加以推广。法科研究生的"三教"可以被归结到一点，那就是研究生导师对研究生们的专业研究要善于且勤于"启发"，而"懂得如何启发，是教人的一大艺术"[2]。当然，这里就法科研究生所论述的"三教"也适合于其他学科如政治学、经济学研究生的培养。

在法科研究生的教育培养中，接续"三教"，对同学们科研信心的增强，

---

〔1〕　〔美〕伯顿·史蒂文森主编：《世界名言博引词典》，周文标等编译，辽宁人民出版社 1990 年版，第 327 页。

〔2〕　〔美〕伯顿·史蒂文森主编：《世界名言博引词典》，周文标等编译，辽宁人民出版社 1990 年版，第 659 页。

导师当然负有同样不可推卸的责任：除了从专业基础上来增强法科研究生同学的科研信心，导师还应从科研成果展示上来增强法科研究生同学的科研信心。而对应着学术型与专业型研究生的培养分类，法科研究生导师对研究生同学的科研信心也要予以"分类强化"。

延伸篇

法科的学术尊重与法科刊物的宽容性

第十六章

法科的学术尊重

　　法科学术也是一项严肃、规矩和艰辛付出的智力创新活动，故学术尊重有利于营造一种自由、宽松、和谐与积极向上的法科学术氛围和科研环境。而这特别适合法科研究生成长、进步的特殊需要，因为其思考和成果需要被关注和认可，从而增强专业信心。于是，"法科的学术尊重"便成为法科生特别是法科研究生教育培养的一个延伸论题，或曰"法科的学术尊重"是法科生特别是法科研究生教育培养的一个"广含之义"或延伸话题。

一、法科的学术尊重即法科的学术伦理

　　勇于追求独立、公正学术伦理的《北大法律评论》在其"编后小记"中，就行政关系和权力金钱关系所引起的法学界的学术腐败现象指出："这是一个多少有些让人困惑和尴尬的现象，一个宣称以公平正义为己任的法学界，却仍然缺失令人尊重的规范学术伦理，而且，即便设立各种名目复杂的制度和程序，也仍然难以解决这种缺失。制度和人仿佛形成了一种无法打破的恶性循环，制度使个人陷入人情和权力关系的网络，而个人则成为潜规则心安理得的合谋者，或者，即使个人对各种潜规则不满，也无力打破这种网络的力量。"[1]虽然法学界的学术腐败现象因其潜规则的"广布人心"和"深入人心"而极其顽固，但我还是想在这里对中国法科领域的学术伦理再发出一次呼唤。

　　实际上，中国的其他学科也存在着一个学术伦理问题，但中国法科领域内的学术伦理问题似乎显得更为严重。由于法科直接事关法律实践包括立法和司法，而立法和司法又向来直接事关公平、正义及法律服务社会的功效，故中国法科的学术伦理问题就又显得尤为重要。中国法科的学术伦理问题所

---

〔1〕　丁晓东："未竟的事业"，载《北大法律评论》2010年第2期，第679~680页。

指向的那些现象或心态，或曰体现中国法科学术伦理问题的那些现象或心态，早已被中国法学界所普遍认识或心知肚明，直至"心照不宣"。但至今无人正式提出、总结和考究中国法科的学术伦理问题，而最多听到一些零星的、愤愤却无力的不满、牢骚乃至担忧。原因很简单：在反映出学术伦理问题的那些现象或心态之后，存在着一个可以用"功利"二字来作通盘解释的"大数法则"，而此"大数法则"便是中国法科界的虽不是法科学术本身，但却直接事关法科学术的过去、现在和将来的"游戏规则"，也即所谓的"潜规则"。在此"大数法则"或"游戏规则"或"潜规则"中，还在苦苦坚守学术伦理的少数人在愤懑和担忧之余所感到的是无能为力，而那些漠视乃至完全丢弃学术伦理的多数人则在麻木和彷徨之余便用"人在江湖，身不由己"来寻得些许自我安慰。面对着问题的严重性和重要性，我曾经有过长达数年的纠结：提出和讨论中国法科界的学术尊重和学术伦理问题，肯定得罪人，甚至是少数人对多数人的普遍得罪，但我们又必须正视这个问题。于是，得罪就得罪吧，只要有助于唤醒并净化中国法科界的学术伦理。或许，不正视中国法科界的学术伦理，本身就是对中国法科学术伦理的一种不尊重。

中国法科学术伦理是中国法科理论的生命线。中国法科学术伦理的核心概括便是学术尊重，包括尊重事实，尊重相关专业知识，尊重他人的学术劳动与学术成果和尊重学术对手及其呼拥者和追随者。违背法科的学术伦理最终就是违背法科的责任伦理。特别是，由刑法在整个法治体系中的"保障之法"和"后盾之法"的地位所决定，违背刑法学科的学术伦理及责任伦理或许将是违背法科伦理中最为严重的一种。

无论对学术伦理作出怎样的定义，或曰对学术伦理无论存在着怎样的争论，有一点可以达成共识：学术伦理意味着学术尊重。于是，中国法科学术伦理到底意味着怎样的学术尊重，或曰中国法科学术伦理到底该有哪些尊重？

二、中国法科学术尊重包括尊重事实

王人博教授曾在对外经贸大学的题为《中国法学期刊的现状与走向》报告中"指明"《政法论坛》的用稿方向或定位之一，是专注或至少牵涉中国现实问题的文章。我将之理解为王人博教授对中国的一种而非唯一的法科学术主张，即研究中国自己的现实问题〔1〕。所谓"研究中国自己的现实问题"，隐含着中国法科学术尊重事实的倡导。而在我看来，尊重事实是中国法科学术伦理的首要尊重。这是由法科最终要服务于社会现实所决定的。

在此，我以中国刑法学的研究状况为考察"窗口"。由于没有对事实予以充分的尊重，中国的刑法学术至少在"局部"长时间陷入了相当程度的文字游戏而无相当的使命担当。在宏大叙事层面上，有学者以专著形式来论述刑法科学主义问题，而在具体建构层面上，我们早就疾呼实证研究。这些不都是在强调中国法科学术要尊重事实吗？然而，我们却在很多问题上一直做得不够乃至很差。在死刑问题上，当我们用"死刑不能消灭犯罪"来抹杀死刑一定程度相当程度的威慑力，从而以"死刑没有威慑力"来主张全面取消死刑，我们尊重了生命是一个人的最高利益而一般人都会害怕失去生命，即死刑至少对绝大多数人或一般人具有威慑力即预防犯罪的作用这一事实了吗？限制死刑而非废除死刑的刑事运动说明了我们的刑法学术没有尊重这一事实。为了达到全盘否定犯罪的社会危害性的刑法理论地位，我们对犯罪现象采用了"犯罪总是发生在社区"这一全称肯定判断，并作出了"发生在社区的犯罪并非一定有社会危害性"这一命题，我们尊重了有的犯罪是发生在一片树林或一个山谷或一条河边，而发生在这些空间的犯罪照样有社会危害性的事实了吗？须知：犯罪的社会危害性不应用"地理空间"去解读，而应用"人际关系"或"社会交往"去解读。我们尊重了社区是社会的一个有机构成部分，而犯罪的社区危害性必然会"漫射"为社会危害性这一事实了吗？有人说："任何脱离社会的刑法，必将是'无水之鱼''无木之禽'。"〔2〕我在此要说的是，任何脱离社会的刑法理论也必将是"无水之鱼"和"无木之禽"。而否认犯罪社会危害性的任何刑法理论说辞都将是刑法理论脱离社会的一种典型体现。从死刑是否有威慑力和犯罪是否具有社会危害性这两个具体问题上，我要说的是，如果对一般百姓都能看到的基本事实，我们这些专事法科学术的人都要予以回避或歪曲，则所牵涉的问题已经不再是对事物的认识能力问题，而是我们这些专事法科学术的人的"学术态度"问题。从这个意义

---

〔1〕　王人博："中国法学期刊的现状与走向"，载 http://www.legaldaily.com.cn/misc/2009-10/12/content_1163876.htm，最后访问日期：2023年1月10日。

〔2〕　利子平、石聚航："刑法社会化初论"，载《南昌大学学报（人文社会科学版）》2010年第5期，第56页。

上讲，我们这些从事刑法学术的人都程度不同地背离着尊重事实的法科学术伦理。刑法理论上的标新立异本身是无可厚非乃至应予提倡的，但如果违背事实地铺设虚假前提并以此展开华丽辞藻，但却在问题真相上掩人耳目以"宏大叙事"，则标新立异将成为一种"可疑动机"，且此"可疑动机"最终也是违背尊重事实的法科学术伦理的。

中国法科学术伦理包含着中国刑法学术伦理。而作为中国刑法学术伦理的学术尊重在尊重事实层面上又包含着尊重历史事实和尊重当下事实。所谓尊重历史事实，实质上指的是尊重历史上所形成的堪称精华的历史传统，如体现人伦之美的"亲亲相隐"和体现天人合一的"秋冬行刑"的制度事实。当然，我们的刑法学术要尊重"亲亲相隐"的历史制度事实，并非一定要将"亲亲相隐"论证为无罪，而是可以将其论证为"法定从宽"；我们的刑法学术要尊重"秋冬行刑"的历史制度事实，也并非要论证当下的死刑执行要放在秋冬两季，而是要论证出人性行刑与和谐行刑。所谓尊重当下事实，表面上是尊重当下的社会现象和社会现状，而实质上就是尊重当下的社会发展需求，包括政治的、经济的和文化的需求。尊重当下事实意味着中国刑法学术要尊重当下的风险社会的"风险事实"。尊重当下事实在风险社会的背景下自有其特别的意义。风险社会这一事实已经引起了刑法学和刑事政策学的关注，其体现是有关学术活动的展开。在我看来，风险社会的"风险"就是在高科技主宰之下的人类活动的风险，而此风险包含两个相反的层面，即加害风险和被害风险。由此，我们的刑法学术必须在犯罪的基本理论的某些部位如过失犯罪作出观念突破和理论创新。但是，"当代科技突飞猛进伴生的环境犯罪、无知犯罪使犯罪的领域、形式、主体发生了深刻变化，在刑法科学化方面提出了许多有待认真研究的课题，传统的刑法概念被置于一个全新的阶段接受一次真正的大校验，而我们看到的却是传统理论的捉襟见肘和顽固不化"。[1]，故"与社会和经济的关联度日益减弱，被社会的接受度越来越低"。[2]从而"现行理论研究给人的深刻印象，不是在满足现实需要上下功夫，不是在现实基础上实现社会稳定最大化上下功夫，而是在试图寻找并比较出一个最优方案，因而过于简单、过于幼稚了。理想可以引导现实，但不

---

〔1〕　文海林：《刑法科学主义初论》，法律出版社2006年版，第13页。
〔2〕　文海林：《刑法科学主义初论》，法律出版社2006年版，第296页。

能裁定现实"。[1]那么，丢掉了尊重事实，则以理性自居的刑法学术将变得毫无意义。这个道理对整个中国法科学术同样讲得通。

　　无论是尊重历史事实，还是尊重当下事实，尊重都意味着主动接近乃至主动"迎合"而非被迫接受。这里需要强调的是，无论是尊重历史事实，还是尊重当下事实，有一点是共同和共通的：尊重常识、常情、常理，因为常识、常情、常理通常是生活事实及其正当诉求的一种凝结和表达。在陈忠林教授提倡常识、常理、常情化的法治观与法学教育观之后，中国的刑法学界似乎是以"不入流"来表达一种"不尊重"。然而，形成鲜明对比的是，司法实践包括刑事司法实践却自觉不自觉地运用常识、常理、常情来解决个案问题。从这种对比中，我们看到的是中国刑法学术对事实问题的一种"学术冷漠"。

　　之所以要将尊重事实也作为中国刑法学术的一个首要的学术伦理予以强调，是想把"不唯上，不唯书，不唯洋，只求实"提倡为中国刑法学术一种务实的学术心态，而这里的"实"应是指中国实际问题的实际解决。将尊重事实作为中国刑法学术伦理问题予以重视，对中国刑法学术将有怎样的意义呢？学者指出："中国刑法学要取得真正的发展，根本的出路在于密切关注司法实践和社会实践，立足于解决有中国特色的具体问题。"[2]由此，我将尊重事实看成是中国刑法学术，当然也是中国法科学术"真正的发展"的"根本的出路"。否则，中国的刑法学术将走向何处呢？一是在原地踏步中"自恋""自娱"和"自封"，从而裹足不前，即"学术界狂欢于自娱自乐的滋润，早把生养自己的社会抛到了九霄云外"！[3]所谓把"社会"抛到了九霄云外，实质就是把事实抛到九霄云外，即把尊重事实的学术伦理抛到了九霄云外。"自恋""自娱"导致"自封"，而"自封"则导致在传统理论上裹足不前。二是在"喜新厌旧"中"崇洋媚外"，从而不可能有真正属于自己的体系和学派，正如学者指出："以历史的视角，我们清晰地看到，中国刑法学在近半个世纪的发展中硕果累累，这标志着有别于西方刑法学的新中国刑法学的诞生与发展，又确立了刑法学在法学中的学科地位，成为法学的一个分支学科。

---

〔1〕　文海林：《刑法科学主义初论》，法律出版社 2006 年版，第 416 页。
〔2〕　姜涛："关于创生中国刑法学派的若干问题思考"，载《河南大学学报（社会科学版）》2008 年第 5 期，第 61 页。
〔3〕　文海林：《刑法科学主义初论》，法律出版社 2006 年版，第 297 页。

但仔细分析后不难发现，中国已经有许多研究成果是应用外国刑法理论的假定、假设、概念来分析中国的经验、研究中国的问题、验证西方理论的效度和信度。这类研究主要是围绕对原有理论的验证展开的，使用的是原有的话语体系和概念系统，但在创建理论体系及其流派方面却不尽人意。这是中国刑法学理论研究持续进步、走向辉煌的一大障碍。"[1]我无意否定学习、借鉴国外刑法理论这件事本身，而是要强调：如果对国外刑法理论中的概念、范畴、原则、原理乃至理念只是作没有深化性突破，更没有自创体系的重复，而我们的理论资源包括历史上的和现有的并非一无是处，则说那种"复印"国外理论的做法多少有点"崇洋媚外"并不为过。"复印机"式的"崇洋媚外"是对国外理论资源的"亵渎"，是对本土理论资源的废弃，其最终是没有自己的理论。蔡枢衡先生曾指出，民国时期的中国刑法学是"洋化"的刑法学，帝国主义的刑法思想都可以发现于当时的中国刑法学界，但却趋于低劣化和简单化——理论上和事实上都不是原装货，中国刑法之"次殖民性"却须眉毕现。[2]由于民国时期的"政治体制"与作为"洋化来源"的国度具有相似性或实质上的相同性，故"洋化"还不显得那么深。而由于新中国成立后的中国的"政治体制"与作为"洋化来源"的国度毫无"血缘关系"，故"洋化"才显得那么彻头彻尾，甚或"深入骨髓"。于是，就中国刑法学术的当今发展而言，我们要首先谨防"完全洋化"，并杜绝"次殖民性"现象的重演。学者指出："包容性的中国学派，将是对西方刑法学理论的极大超越。这种超越的基本层面，表现在用中国文化改造和探索刑法问题，密切关注中国司法实践和社会实践，立足于解决有中国特色的具体问题……因此，中国刑法学派必须有中国特殊的文化积淀。"[3]这对中国刑法学术乃至整个中国法科学术避免裹足不前和全面西化，都有重要的警醒作用。

最终，尊重事实是中国刑法学术和整个中国法科学术的一种"脚踏实地"。

---

〔1〕 姜涛："关于创生中国刑法学派的若干问题思考"，载《河南大学学报（社会科学版）》2008年第5期，第59页。

〔2〕 蔡枢衡：《刑法学》，独立出版社1947年版，第72~73页。

〔3〕 姜涛："关于创生中国刑法学派的若干问题思考"，载《河南大学学报（社会科学版）》2008年第5期，第61页。

三、中国法科学术尊重包括尊重专业知识

除了尊重事实，作为中国法科学术伦理的学术尊重，还包含尊重专业知识。

中国法科学术尊重专业知识，首先体现为"正确"运用相关专业知识。易言之，那种对相关专业知识的半生不熟的"误用"，便是对相关专业知识的一种不尊重。这里所说的相关专业知识包括与法科相并列的其他学科的相关专业知识，也包括法科这一学科中的相关专业知识。

"误用"法科相关专业知识而表现出对相关专业知识的不尊重的现象，可再次以民法中的连带责任来解答单位犯罪的双罚制根据问题作为个例。对于曾经热烈讨论过的单位犯罪的双罚制根据问题，有人提出"法人的刑事连带责任说"，即单位犯罪中的直接责任人员与犯罪单位本身对单位犯罪承担连带责任，故既要处罚直接责任人员，也要处罚犯罪单位。我们知道，连带责任是民法上的一个概念，是指共同责任人中的任何一人均有义务就共同责任而向权利人全部承担，然后再向其他共同责任人追偿。在民法中，连带责任有共同侵权人的连带责任、保证人的连带责任、合伙人的连带责任和代理人与被代理人的连带责任。无论从民法理论还是从民法规定的角度来说，共同责任人或连带责任人须是法律地位相互平等，各自独立而不存在整体与部分的隶属关系的两个或两人以上的当事人。显然，单位与单位成员之间不存在整体与部分的隶属关系。可见，用民法中的连带责任理论来解答刑法中单位犯罪的双罚制根据，便属于法科部门之间专业知识的误用。

顺带要交代的是，刑法中单位犯罪的双罚制根据问题，可用"系统矛盾论"予以解答。具言之，单位犯罪中的单位本是个由人和物质所构成的系统，故当单位犯罪的时候，单位分别构成犯罪主体系统和刑罚主体系统，而单位犯罪中的直接责任人员当然就是单位犯罪主体系统和单位刑罚主体系统的元素。正因如此，单位犯罪中的直接责任人员才不是独立的犯罪主体和独立的刑罚主体，即他们所承受的刑事责任才不是纯粹自然人犯罪的刑事责任，而是分担单位犯罪的刑事责任的一部分，即他们是犯罪单位的刑事责任的分担者。由于这种分担，在双罚制中犯罪单位实际所负的刑事责任只是单位犯罪的刑事责任的"总额"扣除直接责任人员分担的那部分刑事责任后的"余额"而已。那么，为什么要直接责任人员去分担单位犯罪的刑事责任呢？即

为什么要处罚直接责任人员呢？我认为，直接责任人员对单位犯罪负有不可推卸的责任之类的说法已显然是蜻蜓点水。相比之下，令人满意的答案似乎在系统论中，具体讲，是在系统论的矛盾论中。我们可以肯定，犯罪单位中总有一部分人员对单位犯罪事先一无所知或对本单位犯罪持否定态度。这些人员可以看成是单位这一系统中的非犯罪因素，而直接责任人员则是该系统中的犯罪因素。于是，犯罪因素与非犯罪因素便构成了犯罪单位这一系统中的一对犯罪矛盾，并且犯罪因素是该犯罪矛盾的主要方面，非犯罪因素是该犯罪矛盾的次要方面。于是，处罚直接责任人员正是试图通过抑制或消解犯罪因素这一犯罪矛盾的主要方面以抑制或消解犯罪单位这一系统中的犯罪矛盾本身。而之所以如此，又是因为正是直接责任人员这一矛盾的主要方面决定了单位的犯罪属性。这里便引入了一种理论即系统论的矛盾论——"在有中心系统中，领导部分占着统治的或支配的地位。系统的性质与行为主要地由领导部分及其结构所决定。它就是有中心系统矛盾的主要方面。"[1]可见，处罚直接责任人员就通过抑制或消解单位犯罪矛盾的主要方面来抑制或消解单位的犯罪本性。在这一抑制或消解的过程中，刑法报应犯罪的正义价值和预防犯罪的功利价值便从根本上得到实现。于是，我们可以把处罚直接责任人员的根据名之为"系统矛盾论"。至于处罚犯罪单位本身的根据也可用矛盾论来展开。具言之，无论是自然人犯罪，还是单位犯罪，都可以视为社会主体与社会之间的矛盾冲突。于是，与处罚犯罪自然人一样，处罚犯罪单位便有了哲学上的合理性：当单位犯罪已经实害于或威胁到社会时，则犯罪单位已经居于矛盾的主要方面，而社会则已经陷于矛盾的次要方面。可见，处罚犯罪单位同样是试图通过抑制或消解犯罪矛盾的主要方面来抑制或消解犯罪矛盾本身。在这一抑制或消解的过程中，刑法报应犯罪的正义价值和预防犯罪的功利价值同样有所实现。

如果把处罚犯罪单位的根据和处罚直接责任人员的根据结合起来，则可作如下理解：处罚犯罪单位是着力于解决"单位"这一社会主体与社会之间的犯罪矛盾的主要方面，而处罚直接责任人员则是着力于解决该犯罪矛盾的主要方面。于是，处罚犯罪单位和处罚犯罪单位中的直接责任人员，便意味着从表层和深层来"合力"解决该犯罪矛盾。由此，立于"系统矛盾论"，

---

〔1〕 张华夏：《物质系统论》，浙江人民出版社1987年版，第139页。

单位犯罪双罚制的根据也就从犯罪单位的直接责任人员和犯罪单位自身两个层面得到解答。

"误用"其他一级学科的相关专业知识而表现出对相关专业知识的不尊重的现象，我们可再以刑法因果关系问题作为个例。犯罪行为与危害结果之间的因果关系即刑法因果关系是刑法基本理论问题之一。对于刑法中的因果关系是否存在所谓必然刑法因果关系与偶然刑法因果关系的概念对应，虽然至今还在争论，但肯定者居多数。肯定者无论是在书面文章中，还是在与别人口头交流中，都有一个说法，那就是刑法中的因果关系可以有别于哲学中的因果关系而具有自己的所谓特殊性，亦即即使偶然因果关系在哲学中得不到确证，也不妨碍刑法学中确立和采用偶然因果关系这一概念来解决刑事责任问题。在我看来，因果关系是事物之间引起和被引起的关系，是一种已经成为"事实"或已经"成就"的关系。而"必然"和"偶然"都是描述事物的发展趋势，故用"必然"和"偶然"来套取因果关系的类型本来在哲学上就存在着巨大的疑问，即无法得到哲学上的确证。[1]刑法因果关系即犯罪行为与危害结果的关系可以有着一种"特殊性"，但这种"特殊性"只能被理解为在哲学中的因果关系的一般性面前的具体性或个别性，而具体性或个别性是不能"游弋"于一般性之外的，否则哲学将不成其为哲学。如果说刑法因果关系可以有着哲学中所没有或得不到确证的类型，则显然是无视哲学与刑法学之间一般科学与具体科学的关系。显然，所谓偶然刑法因果关系的"大胆独创"便是对哲学常识的一种不尊重，而这种不尊重所带来的实践危害便是通过扩张因果关系来扩张刑事责任的客观基础。[2]

中国法科学术尊重相关专业知识，再就是体现为"主动"运用相关专业知识。而这里所说的相关专业知识不仅包括法科内的专业知识，更包括法科外的其他学科专业知识。首先是"主动"运用法科内的相关专业知识。但是，仅就中国刑法学术而言，学术兴趣长期沉湎于刑法具体问题的自说自话而对刑法之外如民法等专业基本知识和最新成果或视而不见，或充耳不闻。须知：如果我们在知识产权法领域不先对侵犯商标或专利的行为表现有从表象到实

---

〔1〕 马荣春："论刑法因果关系"，载《南昌大学学报（人文社会科学版）》2007 年第 2 期，第 81~83 页。

〔2〕 马荣春："论刑法因果关系"，载《南昌大学学报（人文社会科学版）》2007 年第 2 期，第 83~86 页。

质的全新把握，则我们对侵犯商标罪和假冒专利罪的犯罪构成包括犯罪客观方面便只能按照刑法分则条文的现有规定去作粗浅的把握。而如果我们不先对民法领域中的财产权有一个最基础性的把握或通透的了解，则我们对相关财产犯罪的刑法学研究便将一直停留在"一知半解"的阶段。可见，尊重法科内相关专业知识的法科学术，便是对自身的一种尊重，因为"自说自话"是不会被别人听进去的。

再就是"主动"运用法科外的相关专业知识。毋庸置疑的是，法科外的其他学科专业知识必然能够为法科学术提供"知识营养"。几乎可以这么说，没有法科外的"知识营养"，便没有法科自身的"高屋建瓴"。既然法科外的其他学科专业知识为法科储备着现成的丰富"学术营养"，则不主动地予以汲取也是一种学术上的不尊重，这就有点形同对一个能够给予你极大帮助的人冷若冰霜。在刑法学界，已有学者将经济学、社会学和心理学等专业知识用来研究刑法问题，这可以看成是"主动"运用法科外的相关专业知识的一种难得的学术尝试。客观地说，已有的这些"主动"运用有的显得较为通透，有的还显得较为牵强或"夹生"。"主动"运用法科外的其他学科专业知识的较为成功的例子，如袁彬教授的《刑法的心理学分析》。袁彬教授通过对心理学相关知识的恰到好处的运用，而令我们对刑法的诸多问题耳目一新。可见，任何一个法科学者都需要跨入"第二课堂"，特别是在当今，因为一种法科学术只能从身外而非自身汲取营养，而以信息科技为龙头的知识社会为之准备了一个没有边际，但错落有致的营养谱系。易言之，知识社会使得一种法科学术越来越像一个星辰闪烁在浩瀚的学科宇宙中。在学科越来越交错的时代背景之下，一种法科学术的发展又正如贝卡里亚所说："一个广阔的大网联结着所有真理，这些真理越是狭隘，越受局限，就越是易于变化，越不确定，越是混乱；而当它扩展到一个较为广阔的领域并上升到较高的着眼点时，真理就越简明、越伟大、越确定。"[1]因此，一名真正的法科学者应将社会学、人类学乃至语言学等非法科专业知识列入自己的学术营养谱，从而为更高境界的学术研究做好知识准备。贝卡里亚还指出："在科学发展史上，在某一学术领域提出开创性学说的人，往往不是该领域造诣精深的权威，而是一些对各类新生事物反应敏感、具有广泛的兴趣并勇于反向思维的初出茅庐

---

〔1〕 〔意〕贝卡里亚：《论犯罪与刑罚》，黄风译，中国大百科全书出版社1993年版，第133页。

的后生。这些人最少受传统理论模式的束缚，敢于对这些模式提出怀疑和挑战，善于运用新的科学知识和研究方法提出新的综合。"〔1〕这一论断有着这样的启发：中国法科学术尊重，更应体现为"主动"运用法科外的专业知识。但或许正是由于对法科内外相关专业知识的"无动于衷"，中国刑法学术在整体上长期沉湎于注释层面的低水平重复而不能较早地迈入理论刑法学的更高层次。

半生不熟乃至不懂装懂的"误用"和对相关专业知识及其最新发展或创新的"无动于衷"，只能使得中国法科学术研究蜕变成一种纯精神上的"自以为是"和"自足自给"。我曾在与别人交流时有过这样的表达：如果天赋和勤奋只能让我在民法学家与刑法学家中成就其一，则我愿意选择后者，因为后者能够带给我更大的自豪和骄傲。何出此言？因为在我看来，一个刑法学家比一个民法学家应该具有更为广阔的知识背景。而之所以如此，又是因为如果一个人不懂刑法知识，他照样可以成为一个民法学家，而如果一个人对民法连最基本的基础知识都没有或知之甚少，则其不可能或至少较难成为一个刑法学家。我的想法正好对应着刑法是"保障之法"和"后盾之法"的法制体系地位。这一表达隐含着我对中国刑法学术知识结构的一种主张，而此主张中又包含着另一种认识：中国法科学术的真正发展与繁荣，须以尊重相关专业知识为必要条件。而那种纯精神上的"自以为是"和"自足自给"将给中国刑法学术和刑法学人带来怎样的命运或前途呢？正如贝卡里亚早在二百多年前就曾说："把自己局限在自己学科范围内，忽视相似或相邻学科的人，在自己的学科中绝不会是伟大的和杰出的。"〔2〕这一道理对中国刑法学术是如此，对整个中国法科学术亦如此。

四、中国法科学术尊重包括尊重他人的学术劳动和学术成果

谈及尊重他人的学术劳动和学术成果，我不再就剽窃和抄袭这类司空见惯的学术不端现象而老调重弹，而是要关注文章发表、论文答辩和课题评审等方面所存在的问题。

就文章发表这一方面而言，不尊重他人的学术劳动和学术成果又在署名、

---

〔1〕　[意] 切萨雷·贝卡里亚：《论犯罪与刑罚》，黄风译，北京大学出版社 2008 年版，第 159 页。
〔2〕　[意] 贝卡里亚：《论犯罪与刑罚》，黄风译，中国大百科全书出版社 1993 年版，第 133 页。

用稿等细节上得到体现。

首先是文章署名上存在的不尊重他人学术劳动和学术成果的问题。一篇文章或一部专著可以是一个人"单枪匹马"而成，也可以是两个以上的人合作攻关的结晶，故联名发表文章或出版专著本无可厚非或在情理之中。但就在法科领域，存在着一种现象，即在没有作出实质性工作努力或没有完成成果的主要部分的情况下，导师利用自己的身份将自己冠名在前。尽管在现实的学术活动中，研究生同学愿意屈居第二，但那是给予导师以面子上的尊重。可是，导师应给予研究生同学以对其辛勤劳动及其成果的尊重。相对于学生给老师以面子上的尊重，这是一种有气量的大尊重。特别是在联名发表文章的问题上，在我看来，如果导师没有作出实质性工作努力或没有完成成果的主要部分，则"下策"是将自己挂名第二，"下下策"是挂名第一，而"上策"则是让学生单独署名，只要发文刊物不强行要求导师署名第一，或接受研究生同学的投稿。

不尊重研究生同学的学术劳动和学术成果，有时会导致不尊重导师自己。据传，国内某专业某导师在其两个学生就同一个问题的争论性文章中都挂名第一，结果此两篇文章经他人研读发现是观点相左的。果真如此，则该导师难逃自相矛盾的话柄。不尊重研究生同学的学术劳动和学术成果的挂名第一，虽然导师的"大名"会形成一种书面保留，但其声誉最终或许是挂不住的。在师生联名发表文章这个问题上，导师应该本着"青出于蓝而胜于蓝"的心态来坦然处之。就我的切身感受而言，在充分尊重研究生同学的学术劳动和学术成果的前提下，导师尽量不挂名或最多挂名第二，以让学生在自己名义既第一名义中来积累成果，从而积累一种获得感或成就感，进而怀着更大的热情去取得更大的学术成就。当今，在法科领域，也有研究生同学习惯私下称呼导师为"老板"，这种现象在师生联名发表文章问题上可以进行这样一番玩味：我学生是雇工，则经我手出来的文章产品再好，打造的也是你"老板"的品牌，故此品牌冠你"老板"的名义或至少是第一名义是"天经地义"。但是，师生关系不是雇佣与被雇佣关系，而是培养与被培养关系，更是"青出于蓝而胜于蓝"的关系。

再就是在用稿上存在的不尊重他人包括法科研究生同学的学术劳动和学术成果的问题。这当然是学术刊物存在的问题。用稿即学术刊物所存在的不尊重他人学术成果的问题表现可谓五花八门。有不少刊物以身份来决定是否用稿。如果作者是具有博士学位和高级职称即"双高身份"，则在是否采用其稿时便高看一眼；如果是正高职称，又加上博士生导师身份，则更高看一眼；如果是专业领域内的"大家"或"名家"，那简直就是用特稿特酬来表达一种"受宠若惊"。显然，在前述"潜规则"下，法科研究生特别是硕士研究生的文章常常是难入审稿之围，或即便是通过外审，也极有可能即"大概率"地被终审"毙掉"。据说，有的法科刊物一看作者身份，就将来稿弃之墙角。但是，有相当数量的法科研究生特别是博士研究生，其文章质量已经堪比"双高身份"者。可见，对作者身份区别对待乃至"身份歧视"的用稿潜规则，便是对研究生同学学术劳动和学术成果的不尊重。说到这里，则像《环球法律评论》等少数法科类名刊还能发研究生同学的文章，便是"难能可贵"地体现出对法科研究生群体的一番学术尊重。另外，还有个别较有影响的法科类刊物专辟"博士生专栏"，也是值得肯定的做法，因为其毕竟为法科研究生同学提供了学术平台。在我看来，一个刊物是否看身份来决定用稿在一定程度上反映该刊物，同时也是该刊物主办者的学术心胸。而避开身份差别来决定用稿，是对身份较低者的学术劳动和学术成果的一种尊重。这样看来，《政法论坛》的前主编王人博教授居然会向本科生约稿，那实在是感动人的[1]，而他用来感动人的是对他人学术劳动和学术成果不讲身份即不予以"身份歧视"的尊重。

　　用稿上是否尊重他人的学术劳动和学术成果，还表现为不用稿的相关处理上。就在法科类刊物中，"初审"一两年甚至数年的所谓"僵尸系统"也是有过的，而现在仍有不少法科刊物，不用稿也要无声无息地让你空等三个月。这就难怪作者"一稿多投"了，因为作者特别是法科研究生同学实在是等不起了。这里，我们仍然要反对"一稿多发"，但"一稿多投"是可以被理解的。在法科类刊物包括那些名刊中，满三个月甚至超过三个月，有的刊物甩给作者的通常是冰冷的"退稿"二字，且有的还会附上简短却让人捉摸不透甚至让人想起"内卷"的理由，如"不符合本刊用稿风格"，或"不适合在本刊发表"，或"希望将最新研究成果投寄本刊"。于是，若见到有点或较有说服力的拒稿理由，便已经是难得的等待结果了，因为有说服力的拒稿

---

〔1〕　王人博："中国法学期刊的现状与走向"，载 http://www.legaldaily.cn/misc/2009-10/12/content_ 1163876. htm，最后访问日期：2023 年 2 月 10 日。

理由有助于作者包括法科研究生同学进一步完善文稿，以利其再投。顺便要说的是，即便是退稿也多少让作者从退稿理由中感受到些许"抚慰"的法科类刊物，如《法制与社会发展》和《北大法律评论》，已经是少之又少了。

在用稿上是否尊重他人包括法科研究生同学的学术劳动和学术成果，还表现为刊物主编或副主编乃至责任编辑的功利算计和学术之争。据说，有的法科刊物与刊物的主编或副主编乃至责任编辑之间为了自己或自己的什么人能够在对方刊物上发表文章，竟相互允诺发表对方投过来或转发过来的稿子。这种功利性的做法显然是剥夺了那些不明真相的投稿人在某个刊物上发表文章的"机会资源"，但该刊物本来却是公共学术资源。这是刊物的主编、副主编乃至责任编辑的功利算计所体现的对他人包括法科研究生学术劳动和学术成果的不尊重。

然而，法科刊物在刊发文章上的功利算计，还有权力关系与金钱驱动等表现。而这些表现早已到了让人见怪不怪的程度了。勇于追求独立、公正学术伦理的《北大法律评论》在"编后小记"中指出："长期以来，学界的期刊经常存在需要通过人情关系或版面费才能刊发文章的现象，比起哲学、历史、社会学等其他人文社会科学来说，法学界的这一学术腐败现象可以说是更为严重。一些法学核心期刊刊发的论文，往往是因为行政关系、权力金钱关系而非实际学术水平而被采用。"〔1〕用行政关系和权力金钱关系来剥夺有相当学术水平的文章的刊发机会，显然是对具有这种水平文章的作者包括法科研究生学术劳动和学术成果的不尊重。我曾经向北京一核心刊物投过一篇关于犯罪构成的稿件，责任编辑多次对稿件质量的充分肯定"浓厚"了我那份清贫而孤寂的法科情结，但我却被该责任编辑最终告知"你的文章不予刊用"，且理由是："在开定稿会时，参会的某党委书记提出了反对意见。"左思右想，我的文章根本不存在意识形态问题。于是，我只能想我的文章不合该党委书记的口味，而在不合其学术口味和功利口味两者之间，后一种可能性较大，这是由责任编辑对我的文章的肯定和该文章在另一个影响稍大的刊物上发表所能说明的，而且我也直接怀疑该党委书记的学术水平。

另外，就在法科类刊物中，至少是曾经有过的收取版面费的做法，也是可以以"学术尊重"来说事的。具言之，收取版面费若是通过创收而改善一

---

〔1〕 丁晓东："未竟的事业"，载《北大法律评论》2010年第2期，第679页。

下刊物工作人员的生活福利，倒还有点值得"同情"甚至"理解"，毕竟大家都有程度不同的经济生活压力。但是，有的法科刊物是将收取的版面费用来或部分用来支付所谓"大家"文章的优厚稿酬。试想，如果"大家"的文章根本就没有与其身份相称的学术含量或学术水准，则刊物收取版面费的做法对他人包括法科研究生学术劳动和学术成果的不尊重，那真是到了无以复加的地步。

就法科刊物的用稿现象说事，有的投稿人仅因为曾经在某个或某些问题上对某刊物的主编或副主编乃至责任编辑有过"学术得罪"，或就在其投稿所讨论的问题上与前述"优势者"看法相左，便带来其投稿通不过终审或主编审，或者在责编审这一关就无声"夭折"。"吃一堑长一智"，或以他车之覆为己车之鉴，有的"劣势者"或"弱势者"在投稿时便不再"明目张胆"地采用"与谁谁商榷"之类的副标题，而是将商榷隐藏在正文中，但即便如此，有时也难逃那"火眼金睛"的"学术扫描"。不要说刚刚起步的年轻学子，就连形成一方影响的中青年学者有时也要栽跟头。这是学术之争所体现的对他人学术劳动和学术成果的不尊重。国内有的法科刊物长年来只刊发以主编为"学术标杆"的文章，或曰只刊发与主编属同一"学术阵营"的文章，众人早已心知肚明乃至见怪不怪了。而在这种境况之下，只顾打造自己"学术阵营"的法科刊物之间便形成了"学术割据"或"学术壁垒"。于是，在一种"老死不相往来"之中，争鸣与论辩便基本上被"自说自话"所取代，其结局是法科刊物由本应是学术的"角斗场"而"沉寂"为"志同道合者"相互"协调一致"的"应和场"乃至"吹捧场"，甚或自娱自乐的"娱乐场"。可是，这些法科刊物同样并不是某个主编的个人资源，而同样是公共资源，即他不该将"主编"的刊物"私编"为自己的"阵营"。王人博教授在对外经贸大学所作的题为"中国法学期刊的现状与走向"的报告中指出："一个学术刊物一定要偏重理论和思想。"[1]其言偏重理论和思想意在强调学术性。法学期刊当然亦应讲究学术性，否则将与"学"字不称。但是，一个法学期刊的学术性意味着学术开放性和宽容性，因为不接受质疑和挑战的学术不成其为真正的学术。可见，一个法科刊物从责编到主编摈弃一己之见和一己之利

---

〔1〕 王人博："中国法学期刊的现状与走向"，载 http://www.legaldaily.com.cn/misc/2009-10/12/content_ 1163876.htm，最后访问日期：2023 年 2 月 18 日。

来对待他人的投稿，便是一种让学术健康成长的明智与大度的选择。而尊重他人包括法科研究生的学术劳动和学术成果的胸襟，便得以展现。不客气地说，将法科刊物"私编"为一种"学术割据"或"学术壁垒"，说白了就是一种学术上的自我封闭与妄自尊大。

在法科论文答辩上所表现出来的不尊重他人，即法科研究生的学术劳动和学术成果的典型表现，便是学位论文的评优问题。在法科研究生的学位论文答辩程序中，专家评议阶段都要做一项工作，即根据论文的写作情况和答辩情况评出优秀学位论文。如果是真正地或完全根据写作情况和答辩情况来评优，则谁的论文优秀的结论应该是公正的。然而，在法科研究生学位的答辩评优中，也时常掺杂一些写作情况和答辩情况以外的因素。这些因素或许是有的答辩委员对被答辩者或其导师的"关系成见"或"学术成见"。于是，抱有"成见"的答辩委员在答辩席上落座之前便"不可告人"地产生了要"封杀"或"枪毙"谁的不当想法。这种主观因素会无声地使得本来是能够评上优秀学位论文的却最终与"优秀"无缘。这些因素或许是有的答辩学生到机场或车站迎接直至安排住宿等接待事宜中的"无微不至"所带给被接待委员的温暖和好感。这种因素会"妙不可言"地使得本来是评不上优秀学位论文的却"意外"地评上优秀学位论文。这些因素或许是答辩学生具有处级、厅级乃至部级行政身份。这种因素会使得本来也仅仅是合格或至多是良好的学位论文却很"难得"地被评为优秀，而"优秀"的无声理由是：身居行政高位而事务繁忙，文章写到这样也实属"难能可贵"。虽不普遍，但却客观存在的现象是，有的带着较高职务的答辩学生仅仅因为论文解答了实践中的一些问题，就被放低了学位论文所应具有的最起码的学术性要求而"难得"地被评为优秀。其实，如果是法科专业型学位论文，能够较好地解答实践问题反倒是学位论文评优的一个重要参考因素。但是，对于法科学术型学位论文特别是法学博士学位论文的评优，学术性的要求是应该被严格地予以执行的。当凡此种种因素掺杂到学位论文评优中来，本来能够评上优秀的却没有评上，这显然是对本来能够评上优秀的答辩学生的学术劳动和学术成果的不尊重；而当这些因素的掺杂使得本来评不上优秀的却评上了优秀，这同样是对本来能够评上优秀的答辩学生的学术劳动和学术成果的不尊重，因为本来不优秀的挤占了本来优秀的评优机会。法科学位论文是答辩学生在一个较长时期内学术活动的"集大成"或"总检阅"，往往代表着答辩以前学术活动的最高水准，特别是法科博士学位论文，故法科论文答辩评优中的前述不正常现象所造成的对他人学术劳动和学术成果的不尊重，比文章发表中的不尊重，其性质更为严重，或曰对他人学术劳动和学术成果的损害更为严重。

最后，每年的各级课题评审中也存在着不尊重他人学术劳动的现象，而在某些环节上这些现象还相当严重。首先是在初评或通讯评审环节存在着不尊重他人学术劳动的现象。如果在初评环节发现申报者不属于自己"圈子里"的人，则有的所谓评审专家就很可能有意地压低评分，以让自己"圈子里"的人有机会中标。而即便在通讯评审中通过"活页"隐去了申报者的个人身份信息，则这个地区的通讯评审专家可能会对那个地区的项目申报在初评时有意压低评分，原因很简单：地区之间存在着申报竞争。而到了终评环节，就省级课题申报而言，评委们之间"瓜分"项目指标是"小道消息"中经常传出的现象；就部级课题和国家级课题申报而言，有的参评委员特别是有的评委主席会根据入围者是否与己有师生关系或是否属于一个"学术同盟"而决定让谁来中标。难怪有人将课题申报特别是国家级课题申报喻为"撞大运"（而不是"碰运气"）。在日常生活中，"撞大运"或"碰运气"本来就是一件难事，足见在申报课题特别是申报国家级课题中"撞大运"或"碰大运"的难度了。其原因很简单：是否中标还有学术实力外的其他因素，而在这些其他因素上，没有学术实力或学术实力不足者反倒更有"攻关实力"。显然，由"攻关实力"因素导致能够中标的却与相关级别的课题无缘，则是对本来能够中标者的学术劳动的不尊重。在社科成果评奖中，类似的潜规则也同样存在并运行着。

无论是文章发表，还是学位论文答辩，还是课题评审，抑或社科成果评奖，如果让投机取巧占了上风乃至成了主宰，说轻了是不尊重他人包括法科研究生同学的学术劳动和学术成果，说重了是"玩弄"或"戏耍"他人包括法科研究生同学的学术劳动和学术成果，而这最终将"培育"的是"学术市场"甚至"学术江湖"。

五、中国法科学术尊重包括尊重学术异议者

中国法科学术尊重，再就是意味着要尊重学术对手及其呼拥者或追随者。

在中国法学界，不尊重学术对手或学术异议者，确有其人其事。在一些非正式的场合即闲聊的场合，也可听到交谈者直呼法学界的谁谁是"学术流

氓"或"学术贩子"等。不承想,在一些正式场合,即有的研究生授课场合,导师在研究生面前直接对法学界的谁谁施以"学术流氓"等蔑称,也已有所传闻。导师的带头谩骂自然容易引起研究生们对被谩骂者群起而攻之的心理效应。对于学术谩骂这种法学界的"地下现象",导师,特别是学派的"领军人物"无论在挑起或激起谩骂上,还是在遏制或平息谩骂上,都起着决定作用,因为包括法科研究生在内的呼拥者或追随者看脸色行事和听口气行事,八成是出于表现对被呼拥者或被追随者的"呼拥""追随"乃至"献媚"。当然,也不排除学术崇拜乃至极端的学术崇拜。在有的研究生看来,只有他的导师在做"真学问"或"真在"做学问,其他人都是在"胡扯淡"。这种心态所引起的往往是对除了其导师之外的所有其他人的出言不逊。尽管是"地下"的,但"得罪"了直接闻听此言或间接传闻的人。于是,他人本想与之交流的打算因"敬而远之"而烟消云散,而其本人便陷入了前有导师,后无和者的"背水之境"。

学术争鸣不应该演化为学术谩骂。学术谩骂只能证明谩骂者尚无宽广的学术胸怀,同时也能证明谩骂者在学术上不会有太高境界,因为人的精力是有限的,而谩骂已经消耗了一部分精力,甚至有时还消耗得不轻。这样看来,有一年为国家司法考试中涉及大陆法系犯罪论内容而引发的学术谩骂是不应该的。这样看来,对有的法学界的"名流"的"离去"报以"早该离去"或"早该走"的"决绝之语"也是不该有的。谩骂不仅通常解决不了问题,反而容易使问题变得更糟糕。在我看来,学术谩骂是以一种不稳重、不健康的方式流露"自以为是"和"唯我独尊",其结果将使自己变得越来越"不是"和越来越不受他人尊重,无论是在学术本身上,还是在做人品格上。

在如何对待学术对手及其呼拥者或追随者问题上,我们需明白:学术活动也可"以其人之道反治其人之身"或"敌为我用",甚至"对敌"才是在学术上最好的老师。或许只是一种暂时的现象,在中国法科领域,由于研究风格的差异,"形而下"与"形而上"的"学术对峙"形成了一种"学术格局"。但当我们在私下以"俗不可耐"和"华而不实"相互指责,"俗不可耐"的一方可曾意识到自己的学术性确实需要提高,而"华而不实"的一方又可曾意识到自己的解答中国现实问题的务实性也需要强化。在法科研究的过程中,"驱逐"对立性的学术建构应该被视为一件慎而又慎或"最好不为"的事情。即使立场太过鲜明而忍不住要"驱逐"某种对立性的学术建构,则在人际关系上是不能再"驱逐"该对立性学术的建构者及其同一"阵营"者。实际上，与一种理论和学派进行争鸣和批判本身也是对自身的一种支持，因为争鸣和批判是一种自我检视、自我匡正，从而自我夯实和自我提升。既然如此，我们对待学术对手及其呼拥者或追随者就不仅仅是通过宽容来体现尊重，而更应该是通过"友好相处"来体现尊重。但现实情况正如学者指出："严格来说，中国缺少真正意义上的学术批评与学派之争，我们还特别容易把学术与学术者等同起来，导致把对学术的批评与对人的'不敬'混同起来。"[1]

追求独立、公正学术伦理的《北大法律评论》在其"编后小记"中指出："耐心、审慎、节制，这些对话和理解所需要的品质已经成为稀缺品。人们都在急切地表达自己，说服对方，但却很少愿意去倾听对方，互相理解。"而"相比口头的阐述、锋利的时评，学术文章所要求的深度和规范性需要作者沉下心来，尊重和理解他人已有的学术沉淀和思考。"[2]如果真能做到"尊重和理解他人已有的学术沉淀和思考"，则对学术对手及其呼拥者或追随者的态度必然是缓和的乃至友好即尊重的。

尊重学术对手或学术异议者及其呼拥者或追随者，是尊重学术及其成果本身的一种延伸，或者直接说是尊重学术及其成果的一部分。而在这种尊重中，我们自身的为人品格或人格境界便得到再塑和提升。有人说："尊重是一切恭维中最复杂、最间接、最优雅的一种。"[3]那就让我们的法科界从学术尊重中获取"优雅的"做人意义吧。

在法科研究生群体中，提倡学术尊重更有一番特殊的意义，因为他们是一个易于争鸣和评判的群体，但他们有时又是一个因"年轻气盛"而容易"过头"的群体。

本章小结

中国法科学术尊重问题已经是一个高于纯粹法哲学的问题，因为纯粹的

---

〔1〕 蔡道通：《刑事法治的基本立场》，北京大学出版社 2008 年版，第 241 页。

〔2〕 丁晓东："未竟的事业"，载《北大法律评论》2010 年第 2 期，第 680 页。

〔3〕 ［美］伯顿·史蒂文森主编：《世界名言博引词典》，周文标等编译，辽宁人民出版社 1990 年版，第 1067 页。

法哲学可以被理解为关于法律的世界观和方法论的科学，而法科学术尊重则直接关涉法科学者的法科情感、法科胸怀及沉淀于法科情感和法科情怀中的法科责任。既是普遍得罪人，我便难免忐忑。而用以表白不后悔的话语便是：学术伦理才是最高的学术权威，而只有坚持法科学术伦理，则中国的法科学术包括刑法学术才可能变得严肃、稳重和有成效。而学术尊重便是中国最高的法科伦理。

中国法科学术伦理问题的重要性用那句俗语便可高度概括，即"先做人，后做学问"。几乎可以这么说，法科人是最有权利意识的，但是无论是法科导师，还是法科刊物的责任编辑和正副主编，还是参与法科学位论文答辩等学术活动的评委，如果"玩学术不恭"，便是玩弄或践踏他人包括法科研究生的发表、评优等"学术权利"。学术尊重至少能够使得中国法科界人不要相互抱怨——"学法的人最不讲公平"。因此，中国法科学术伦理问题虽然不是法科本体论问题本身，但却直接影响乃至决定着中国法科学术的真正繁荣与发展。"学术尊重"的法科伦理是中国法科学术的精魂所在，因为"玩学术不恭"将导致法科学术的窒息。这绝不是危言耸听，因为我们的法科学术伦理已经糟糕得让一些曾对法科满怀激情的人郁闷地走下了法科之路。正是在此意义上，中国法科学术伦理是中国法科学术的生命线。

"中国法学向何处去"似乎是提出了中国法科学术如何发展的一个根本性问题，但中国法科学术伦理或许才真正是中国法科学术如何发展的一个根本性问题。至少是在一些非正式的场合，外国人的说法或许偏激：中国没有自己的法学。若果真如此，则我要指出的是：如果说中国没有自己的法学，是因为中国法科界没有被普遍信奉的学术伦理。中国法科界所应普遍信奉的学术伦理应以独立公正为境界，以"相互尊重"为内核。

学术尊重是一种学术宽容。中国法科的各家各派将在一种学术尊重和学术宽容之中实现各自的最大风格化和自我丰满化。学者指出："学派的地位只能根据其学说对于学科发展的贡献来衡量。"[1]其实，一个学派的贡献不仅是对本学派的理论贡献，而且或曰更重要的是对对立学派的贡献，即有助于对立学派在理论上的自我"反省"与完善，即与一种理论和学派进行争鸣和批

---

〔1〕 姜涛："关于创生中国刑法学派的若干问题思考"，载《河南大学学报（社会科学版）》2008年第5期，第62页。

判本身就是对它的一种支持，即让它引人注目地活跃在学术论坛上。[1]这一提法不无道理，而这必须在学术尊重及其所营造的学术宽容中才能得以实现。

违背法科学术伦理最终就是违背法科责任伦理，而违背刑法学术伦理及其责任伦理，或许将是违背法科伦理中最为严重的一种，原因在于：刑法学术直接事关刑法实践包括刑法立法和刑法司法，而刑法在整个法治体系中又是"保障之法"和"后盾之法"。

最后，学术尊重，对法科生特别是法科研究生，是一种肯定和鼓励，其对法科生特别是法科研究生的成长进步有着相当重要的"氛围意义"，且此"氛围意义"包含着公正与宽容意识的浸染。

---

〔1〕　易连云、杨昌勇："论中国教育学学派的创生"，载《教育研究》2003 年第 4 期，第 87 页。

第十七章

法科刊物的宽容性

还是那句"发表是硬道理"！法科生特别是法科研究生学术成果的正式发表，能够使其在一种收获感或成就感中对专业求知和学术成长更加充满信心。但"身份歧视"等潜规则更加使得法科研究生的成果发表越发呈现出"内卷难"的严酷局面：国内有的法科刊物在对研究生同学拒稿时明白告知"不发研究生的文章"，而只有极少数刊物难能可贵地开辟"博士生专栏"。绝大多数法科刊物将发表空间预留给了具有博士学位和高级职称特别是正高职称的所谓"双高身份"的作者，特别是预留给了各专业领域的"学术名家"。当法科刊物在法科新秀的培养中责无旁贷而不应对他们苛求太多，则我便将"法科刊物的宽容性"作为法科生特别是法科研究生教育培养的又一个延伸论题，或曰"法科刊物的宽容性"是法科生特别是法科研究生教育培养的又一个"广含之义"。易言之，法科刊物对法科生特别是法科研究生也承担着一种特殊的教育培养之责。

一、法科刊物应宽容作者的"身份"

这里所说的作者身份包括四类情况：一是作者的学历高低的身份；二是作者的职称高低的身份；三是作者是否学术盟友的身份；四是作者是否同事包括高校同事。

作者本人的学历高低直接影响文章能否被发表，是我们所共知的一个较为普遍的事实。如我们所知，都是在"欢迎投稿"的邀约之下，有的法科刊物压根就不发法学本科生的文章，而有的法科刊物是原则上不发硕士生以下学历者的文章，甚至有的刊物根本不发博士生的文章。压根不发本科生的文章或原则上不发硕士生以下学历者的文章，尽管是以来稿很多且好稿子也很多为"堂皇"理由，但骨子里的原因则是：硕士生以下学历者能写出什么像样的文章呢？即对硕士生以下学历者的文章水平怀有一种"先天性歧视"。有的法科刊物原则上不发博士生的文章，其心照不宣的理由是：现在的博士生，水平还很"水"或文章还很"稚嫩"。其实，在法科研究生特别是博士研究生中，仍有"后起之秀"或"青年才俊"，他们需要被肯定，从而需要被鼓励。但他们在电话询问投稿情况时间或听到的"冷淡"甚至"傲慢"的口气，是对他们的法科热情的"冷却"。

其次就是作者的职称身份。有的法科刊物原则上不发硕士生以下学历者的法科文章，有的法科刊物原则上不发讲师以下职称者的法科文章。其实，在讲师以下职称者中，也不乏"后起之秀"和"青年才俊"，而副教授以上职称者中也不乏"专家不专"者。对讲师以下职称者文章的不予考虑或原则上不予刊发的态度，往往也可在作者电话询问投稿情况的电话那一头听到"冷淡"甚至"傲慢"的口气。其实，前面所说的"冷遇"，不仅是指文章不可能被发表，甚至指的是文章根本不可能被审阅，即"拆开之，墙角之"。有的法科刊物尽管也刊发硕士生以下学历者或讲师以下职称者的文章，但有时却通过对他们收取版面费来体现他们与那些博士以上学历者或副高以上职称者的"身份之别"。有的法科刊物的用稿条件使得单纯博士学历者或副高职称者在正高职称作者面前也被以版面费而降了一格。于是，学历较低和职称较低的作者一边埋怨这种"区别对待"的不公平，一边自叹自己学历或职称的"先天性不足"。而埋怨和自叹之余，大多数作者便"发奋图强"，即抓紧提高学历或提高职称，因为法科领域发表文章的这种特殊的"身份法"是一种潜行的"强制法"，而他们又不甘心放弃他们心爱或钟爱的法科学问。而真正讲究学术影响的法科刊物，对来稿作者是不应作"身份歧视"的。

再就是作者是否学术盟友的身份。事实上，作者是否学术盟友的身份也变成了极少数法科刊物对待法学来稿的一种潜规则。这里所说的学术盟友包括两种类型：一是毕业于同门的学术盟友，甚至仅仅是校友；二是站在相同学术立场或在学术派别中属于同一"阵营"的学术盟友。于是，学术盟友的身份便在来稿是否能被刊用的定夺中起着"掂量"的作用。而至少本来在"可刊发"与"可不刊发"之间，学术盟友的身份就可决定着"刊发"。相反，本来在"可发"与"可不发"之间，非学术盟友的身份便可能将导致一篇来稿"有来无回"。在学术上，"对敌"才是最好的老师。而与一种理论和学派进行争鸣和批判本身就是对它的一种支持，即让它引人注目地活跃在学术论坛上〔1〕。可见，法科刊物对来稿作者应持身份宽容的心态，特别是非属学术盟友的"学术对敌"。

最后是作者是否同事包括高校同事的身份。某较有影响的法科刊物，其声誉一直不看好，原因是刊发本单位包括本高校同事作者的文章较多，即我们所说的"自刊率"较高。心照不宣的一个事实是，"自刊"的文章往往是穿过一种特殊的"绿色通道"，即在文章粗看还说得过去的情况下，由正副主编直接拍板，或由责任编辑"先斩后奏"。由于没有经过严格的审稿程序，"自刊"的文章可以视为没有经过"公平竞争"，从而没有经过"实力竞争"。可见，至少在"审稿程序"上，自刊文章的质量是值得拷问的。于是，"自刊"文章可以视为挤占了至少有着"程序"体现的高质文章的刊发机会，即挤占了与读者见面并引起学术共鸣和争鸣的机会。"自刊率"较高违背了"公平竞争"与"实力竞争"的学术法则。法科刊物对非同事身份者应多"宽容"，而对同事身份者应少"纵容"。

"因身份而异"使得有的法科刊物在相当程度上将法学学术的平台变成了一种"身份割据"，甚至变成了正副主编作"私下交易"的一种"策略"，其对法科学术发展与繁荣的负面影响是不言而喻的。这些法科刊物应胸怀法科发展的大局而宽容来稿作者包括法科研究生的身份，以让不具有相应"身份"者也能够畅通地发出法科学术声音，从而有助于法科学术的发展与繁荣。在法科刊物对来稿作者的"身份宽容"中，"不薄新人"是一种最有力和最集中的体现，且这里的"新人"主要是指法科研究生。

二、法科刊物应宽容学术的"片面深刻"

几乎所有的法科刊物都反感那种从概念到特征等面面俱到的法学来稿，因为这样的法学来稿被视为采用了"教科书体例"，而"教科书体例"的法学来稿在让人"厌读"的同时又被视为"热剩饭"，即难见观点创新。易言之，几乎所有的法科刊物都想采用"片面深刻"的法学来稿，因为正如有学者指出："深刻的片面突破全面，因而在旧的全面面前，它是叛逆，是反动。但正是这种片面引起的深刻，瓦解了人类的思维定式，促进了思想的成长。而思想总不能永远停留在一个水平上，片面的深刻必然否定片面本身，无数个

---

〔1〕 易连云、杨昌勇："论中国教育学学派的创生"，载《教育研究》2003 年第 4 期，第 87 页。

深刻片面组成了一个新的全面。这样，在人类思想史上就呈现一个全面—片面—全面的否定之否定的发展轨迹。而恰恰是这种片面，代表了一种否定性的力量，一种革命性的、批判性的力量，成为人类思想发展的伟大动力。"[1]可是，有的法科刊物却"出尔反尔"，即有的法科刊物在不予采用的回复中称作者这个概念没交代，那个问题没谈到，即反而由"片面深刻"又走向了"面面俱到"。而在回复意见中所称的那些没交代和没谈到的，有的根本不影响作者对本论题的集中论述，有的竟然是"业内人士"能够知晓的，甚至是"常识性"的东西。于是，被拒绝用稿的作者在郁闷之中又疑虑着：审稿人或责任编辑或正副主编的专业水平到底是否"适格"？而所谓专家意见到底是否"专家不专"？

其实，在大力提倡法科学技术创新的当下，法科刊物更不应该口头上反对"面面俱到"而在实际做法上却又出于"面面俱到"而拒用确实有创见的法学来稿，至于法学来稿的创见大小则另当别论。其实，"面面俱到"难以达致"片面深刻"的道理很简单，正如对一个平面施力：同样的施力，如果受力面积大，则压强就小；如果受力面积小，则压强就大。法科刊物苛求"面面俱到"有时或时常会"流失"真正有创见的法学来稿。我的一位学界同仁的一篇文章被某法科刊物以"论述不全面"而拒稿，结果这篇文章被发表在比该法科刊物更有影响的法科刊物上，并且被《新华文摘》摘录。事后，该法科刊物在"道歉"之余"恳求"我的这位遭其冷遇的法学同仁再向其不吝"赐稿"。我的另一位学界同仁的一篇文章被某一属于"二级权威"的法科刊物以类似的理由予以拒稿，结果这篇文章在被抱着"试试看"的心理转投之后，竟然发表在权威性和学术性都被大家公认的《法学研究》上。而我自己经历的一个投稿"遭遇"是，我的一篇关于"类型化思维"的文章投往某一较有影响的法科刊物，审稿人对文章的创见性给予了较为充分的肯定，但编辑部"集体议决"或"圆桌会审"时仅以此稿"没有进一步交代另一个问题"而最终"宣判"此稿"死刑"。一番郁闷之后，我将此稿予以转投，结果发表在更有影响的另一法科刊物即《法律科学》上，并且被中国人民大学书报资料中心的《刑事法学》予以全文转载。对于诸如此类的投稿"遭遇"，我们不能以"因祸得福"或"塞翁失马"来作事后性的心理平衡，因为诸如

---

[1] 陈兴良：《刑法的启蒙》，法律出版社 1998 年版，第 259~260 页。

此类的现象已经说明了法科刊物的审用稿机制还是存在着相当的问题，而这些问题的存在已经拖延了有创见的法科文章本应能够及早对法科发展的影响。不过，有过类似"遭遇"的作者们并不会沉浸在"因祸得福"或"塞翁失马"的"沾沾自喜"甚或"暗自窃喜"之中，因为最终出现的投稿结果已使他们自信和确信：他们的水平能够使他们的文章登上法科刊物的"大雅之堂"，从而在一个更高的平台上扩大他们的法学影响。而当那时，再看那些对他们草率拒稿的法科刊物，如果他们有一种类似"一览众山小"的"沧桑感"与"成就感"，我们难道不能给予理解甚或体谅吗？

包括我在内的学界同仁的类似投稿"遭遇"牵扯法科刊物如何在法科发展中对待法科创新问题。就刑法学科的发展现状，学者指出："相对于大陆法系国家上百年的刑法学理论传统，我国刑法学的学术积累是薄弱的。当前，我国刑法学正处在一个转折点上：既有的理论体系和研究方法已经走到了尽头，难以适应理论发展与法治建设的需要。如何完成我国刑法学的现代转型，是摆在我国刑法学者面前的迫切任务。我们再也不能满足于刑法的理论现状，应当以一种改革的精神推动我国刑法学的发展，使其适应新时代法治建设与发展的需要。"[1]前述论断无疑是在强调着中国刑法学术亟待创新，但创新又是何其艰难！于是，法科刊物在这种势在必行的法科创新中，对于那些虽只是提出问题，但已经事关基本理论的创新的法科来稿，应尽量慎重对待，而非随意或草率地弃之一边，特别是业内审稿专家给予充分肯定的法科来稿，因为虽然这样的来稿论述没有"面面俱到"，但"提出问题就等于解决了问题的一半"。爱因斯坦则更指出："提出一个问题比解决一个问题更为重要，因为解决一个问题也许仅是一个数学上或实验上的机能而已；而提出新问题、新理论，从新的角度去看旧问题，则需要创造性的想象力，而且标志着科学的真正进步。"而所谓慎重对待，可以是让作者再予以补充论述，或有待于他人将遗漏的方面作为新的问题予以提出和解答，以将问题的讨论"传承"下去。

"专家不专"并非指所有的审稿专家，但法科来稿的"片面深刻"问题还牵扯法科刊物如何对待审稿专家的审稿意见。据我所知，大部分法科刊物

---

〔1〕 陈兴良："转型与变革：刑法学的一种知识论考察"，载《华东政法学院学报》2006 年第 3 期，第 3 页。

是充分重视刊外专家的审稿意见，即一篇法科来稿如果通过专家审稿，基本上就能够被刊用。但也有极少数法科刊物，编辑部成员的"集体议决"或"圆桌会审"使得专家的"审稿通过意见"只构成了一篇法科来稿能够被录用的"必要条件"而非"充分条件"，这便使得专家审稿意见被予以不当的"低估"，从而使"匿名审稿"打了很大的折扣。据说某个较有影响的法科刊物，其编辑部成员在"集体议决"或"圆桌会审"时，只要有个别人挑出一个不轻不重的"毛病"，则通过专家评审的，甚至得到专家充分肯定的一篇文章也就被判了"死刑"。其实，挑毛病的编辑部成员有时竟是跨专业的人士。殊不知，评价一篇文章正如评价一个人，说好听的不太容易，而挑毛病则太容易了，因为任何一个评价者都有一种"自以为是"的心理倾向或心理本能，只不过不同的人的这种心理倾向或心理本能的强弱程度有别罢了。

为体现对法科来稿中的"片面深刻"的尊重，法科刊物似乎应运作一种特殊的答辩机制。在现行的法科刊物的运作中，审稿专家或正副主编甚或责任编辑对一篇法科来稿所指出的任何一个"缺陷"或"不足"，似乎指出者的认识或想法就是无可置疑的正确，而被指出者即来稿的作者必错无疑。其实，指出者包括审稿专家未必就是正确的，而被指出者即来稿的作者未必就是错误的。因此，对于指出者和被指出者之间那些似是而非的分歧，应允许被指出者即来稿作者作出必要的、充分的答辩。这种答辩目的在于求得指出者特别是审稿人与来稿作者之间的一种共识，而这种共识可以再用来充实文章的论述，即便是采用注释的方式。有的学术刊物会将作者与编者的意见分歧交代在注释中。而它们对来稿，无论是否最终刊用，只要是审稿方有不同认识或看法的，他们都会详尽而中肯地列出来以供作者斟酌，这样就让作者与审稿方有了进一步的沟通与交流，同时也是作者可以进行"答辩"乃至"申辩"的机会。这比大陆有的法科刊物来那么一句"审稿未获通过"，要让作者心理温暖得多和安慰得多。在我看来，所谓"来稿太多"不是"含糊拒稿"的理由。当然，若双方之间达不成共识，指出方仍然享有拒刊来稿的"权力"。至于答辩的进行，可以是双方采取电话或电子邮件等切实可行的方式，也可以以责任编辑为媒介"中转"双方的认识或想法。不过，这里要交代的是，就审稿意见的"答辩制"并不与"匿名审稿"相冲突，因为初审意见已经形成。

我有过得不到"答辩"或"申辩"的经历和感受。下面就是一例。国人整体上没有信仰，是我们自认的事实。有感于我们的刑罚执行即行刑长期以来停留于政治说教，从预防再犯的宗旨出发，我在多年前就思考一个甚至是让人感到滑稽的问题即"行刑的宗教介入"，最后形成《论行刑的宗教介入》一文。此文的主题思想如下：行刑的宗教介入是指在行刑过程中对罪犯施以宗教教化，通过对其犯罪人格进行救赎和培养伦理自律以预防其再犯；行刑的宗教介入通过谦卑和大爱来对罪犯进行着灵魂救赎与伦理自律的培养；行刑的宗教介入以神职人员与罪犯之间进行宗教信条的"交通"为现实体现；行刑的宗教介入促进着罪犯的自我实现并修复着罪犯的道德判断能力，最终助推着法治文明和整个社会文明的发展进步；行刑的宗教介入最终所走向的是正义行刑。在此文向某较有影响的法科刊物投稿后，该法科刊物不予刊用的理由即审稿人的意见是：行刑的宗教介入与法律从宗教中分离出来的历史发展正好相悖。如果说真是一种相悖，则"行刑的宗教介入"，不谦虚地说，也算是一种"片面深刻"吧。遗憾的是，该法科刊物没有给予我一个"答辩"甚或"申辩"的机会，而我已经准备好的答辩或申辩是：行刑的宗教介入将开启行刑事业发展的一个新方向。但是，我们首先要遇到并力争要克服的是观念问题，因为在我们的主流意识中，宗教是麻痹乃至愚弄人的东西，而行刑则是积极意义上的"改造"人的事业。但是，宗教与人类社会发展相始终的事实，说明着宗教之于人类社会发展有其可资利用的一面。但要强调的两点是：首先，行刑的宗教介入并非整个刑事法治的宗教化；再者，法律与宗教的分离可以看成是"形"的分离，但就"神"而言，两者在某些方面或领域还会超越历史地存在着"一丝一缕"的联系，毕竟宗教曾经是法律的母体。我们的社会问题之所以越来越多，是否与"分离"越来越多有关，包括分离历史、分离传统和分离"母体"？我已经准备好的"答辩"或"申辩"内容后来又充实到最后稿中。《论行刑的宗教介入》最终得以在国内一个法科普刊上与读者见面。当然心有不甘，我后来又将该文发表在境外的一个刊物即《文化中国》上。这篇文章让我产生很深感慨的不是"发表难"，而是我们对宗教信仰问题的"本能性"反应。正如伯尔曼认为："整体性危机"的两个征兆是法律信任的丧失和宗教信仰的丧失。[1]正如陈伟教授指出："虽然伯氏所指向的对象是'西方人'，但是从其论述中，印证到我们'东方人'

---

〔1〕 ［美］伯尔曼：《法律与宗教》，梁治平译，中国政法大学出版社2003年版，第38页。

身上，处处都能感同身受。欠缺了西方社会浓郁的宗教信仰的支撑，我们'东方人'所处的现实危机不是更弱而是更强。遗憾的是，我们以社会性质的对比而悄悄地把这种'危机'给'优越'掉了。从另一个层面来说，这是不是潜伏的最大'危机'？"[1]在我看来，"专家"的"专"本来意味着有"片面深刻"的学术能力，但审稿人中的"专家不专"应该是真正讲究学术影响的学术刊物包括法科刊物予以关注的现象或问题了，即其应该谨慎挑选审稿专家。

基于遇到"专家不专"的感受，我曾经在一篇文章中提出法科刊物审录稿的"答辩制"，以保障达到刊发水准的文章能够得到刊发。提出法科刊物运作中用稿方与投稿方的"答辩制"似乎滑稽可笑，但其实不然，因为投稿方需要文章被发，而用稿方需要有好文章可发，故双方之间可以看成是一种特殊的买卖关系，即用稿方是"买方市场"而投稿方是"卖方市场"，只不过此买卖关系围绕的是文章的质量而已。由此，用稿方与投稿方之间的答辩或申辩权且看成是一种"讨价还价"，是公平合理的"学术交易"。公平合理可以看成是法科的学术理念，故如果法科刊物觉得用稿方与投稿方的"答辩制"滑稽可笑，则只能意味着法科刊物在一种"盛气凌人"之中而将公平合理的法科学术市场变成了"买方市场"。更为甚者，如果我们承认确实存在着"专家不专"的现象，则不仅实行法科文章投稿"答辩制"具有合理性，甚至实行两名以上最好是三名专家匿名审稿制也具有合理性，而特别是三名专家匿名审稿制，其能够发挥几近于"诉讼合议制"的功效。可以这么认为，答辩制与多名专家匿名审稿制相结合，能够更好地实现法科文章发表的"程序正义"与"实体正义"。答辩制与多名专家审稿制相结合的发表机制，意味着法科刊物能够尽量是法科创作者的发声平台，而尽量避免法科刊物就是审稿人与刊物主办者包括或特别是正副主编的学术垄断。

正如我们所知，《法学》在中国人民大学书报资料中心的转载率在法学类刊物中连续多年位居榜首，与其办刊思路与办刊方向是密不可分的。而在我看来，其办刊思路与办刊方向隐含着对法科学术"片面深刻"的较大的宽容胸怀。这就是为何有不少学者当觉得自己的文稿观点"偏激"，其首先想到的投稿刊物便是《法学》，或有同行建议其首先投稿到《法学》。在宽容"片面

---

[1] 陈伟：《人身危险性研究》，法律出版社2010年版，第112页脚注。

深刻"方面,《法学》堪称一个楷模。

法科刊物对"片面深刻"的宽容,对有真知灼见的法科研究生同学也不失为一个"学术利好"。

三、法科刊物应宽容来稿文风的"民主自由"

在社会交往中,听到一位法学同仁告知这么一件事:他的法学投稿仅因某法科刊物的主编觉得文字"花哨"而被拒用,而事后他通过某种途径得知审稿人和责任编辑对他的法学投稿中的观点及论证予以很大肯定。于是,这里便牵扯法科刊物在录用法科文章时如何对待法科文章的表达风格即文风问题。法科文章可以看成是用法学概念演绎而成的一种作品。法科文章的论述应是专业语言的地道表达和准确表达,这应该是我们的共识。但一篇法科文章是一本正经的法言法语的通篇连贯,还是可有特定风格的个性展现?或曰可否允许一种文风上的"民主自由"?

当下的中国法科研究可谓阵营庞大,而在此庞大的阵营中,可以说每个"参与者"即每个从事法科研究的人都会有着自己的文风,特别是那些非法科本科背景的"参与者"即法科研究者。这样,原来是中文背景的人,其法科文章可能就会禁不住呈现出诗意化的文风色彩,或曰禁不住散发出一股文学味;原来是哲学背景的人,其法科文章可能就会禁不住呈现出思辨性的文风色彩,或曰禁不住散发出一股哲学味;而原来是历史学背景的人,其法科文章可能就禁不住呈现出近乎老态龙钟的文风色彩,或曰禁不住散发出一股史学味。可见,在不影响准确达意且简练流畅的前提下,法科刊物应宽容特定学科背景的人在法科文章中的特定文风。而如果是某种"学科味道"太浓以至于影响别人特别是审稿人和编辑们对来稿的法科嗅觉,则某种"学科味道"就要收敛或予以"稀释"。否则,对此类法学来稿不予录用也是合情合理的,因为文章毕竟要让人看懂,且首先要让编辑们和审稿人看懂。在当下的法科文章投稿中,因文风不合法科刊物的口味而被拒稿的情况是有的,但法科刊物不应因法科文章的文风个性而拒稿,以使得确实有创建的法科文章能够在法学研究的百花园中绽放其彩,悦传其声。

如果更进一步地看问题,当一篇法科文章从头至尾都是法言法语在一种"庄重严肃"之中纷至沓来,那种阅读的沉闷感或许多少会影响阅读者对文章内容的接纳程度。有人在评价张五常的经济学著作时指出:"张五常教授善于把深奥的经济学原理和方法，用散文般优美的语言进行表述，而且社会生活中的例子也是信手拈来，往往能够通过大家司空见惯的现象揭示出一个深刻的经济学原理。"[1]而其对费孝通的《乡土中国》的评价则是："在这本书中，给我印象最深的是他提出的'差序格局'这一概念，极为深刻地解释了中国社会一盘散沙的文化原因，尽管费老在文中对'差序格局'并没有进行多少学理上的论证，而更多的是一种散文性质的描述，但我们却能够发现这个概念背后天才般的想象力。"[2]而在我看来，即便是专业类的著述包括法学论文，只要是有利于其表述更容易被理解和接受，则作者采取一种轻松、活泼、自然的文风便是未尝不可的，甚至是应该或必要的。而如果是这样看问题，则法科文章在语言风格上有着些许诗意，或散发出些许散文般的气息，不仅是可以的，甚至是应该或必要的。易言之，法科文章的文风的文学化不仅是可以的，甚至是应该或必要的，只要其不过度，甚或只要其不变成一篇关于文学方面的论文。而如果我们的法科刊物能够甚或应该接受适度的文风文学化的法科文章，则采用比喻、排比等修辞，甚至巧用大家熟知的古今诗词也在情理之中，因为前述"手法"或许将使得一篇法科文章不是在自言自语，而是娓娓道来。国内法学界，诸如苏力等学者的法科著述包括法科文章，大家都觉得具有相当的"可读性"，甚至是"享受性"，这与其轻松、活泼、自然的文风是直接相关的。而如果我们回眸历史，则孟德斯鸠的《论法的精神》和贝卡里亚的《论犯罪与刑罚》，其充满诗意的，甚至是带有"革命激情"的文风不仅丝毫未损其关于法的思想观念的"本真表达"，而且让当时和后世的读者们产生一种"喜闻乐见"的感受。法布尔是法国的昆虫学家和作家，他之所以被达尔文赞扬为"难以效法的观察家"，乃是因为他的《昆虫世界》被视为"科学与诗的完美结合"。我们是否也可以从中获得对待法科文章的文风问题的启发呢？即法科文章可否有一点"诗意"乃至一点"激情"呢？毕竟沉闷的笔调终究会让人感到"腻味"。

我们总是说，好的内容要有好的形式为之服务。文风可以看成是法科文章的一种形式，而思想观点可以看成是法科文章的内容。而只要有益于法科文章的内容的表达，即只要有益于法科文章的内容能够更容易被理解和接受，

---

〔1〕　陈瑞华：《论法学研究方法——法学研究的第三条道路》，北京大学出版社 2009 年版，第 80 页。

〔2〕　陈瑞华：《论法学研究方法——法学研究的第三条道路》，北京大学出版社 2009 年版，第 80~81 页。

并且首先是被责任编辑和审稿人理解和接受，作为形式的法科文章的文风可以各放异彩，甚至包括文学化的"手法"。于是，当我们是在一篇文章中讨论犯罪论体系问题，则作者在交代犯罪论体系的国内理论流变及当下态势时可不妨采用如下表述：从 20 世纪 50 年代一路走来，中国刑法学的犯罪论大致分为如下两个阶段：首先是对苏联的犯罪理论"情有独钟"阶段，其集中体现是在苏联的犯罪概念和犯罪构成理论的基本框架之下"同心同德"地缝缝补补；接着是对前苏联的犯罪论"依依不舍"和对他国犯罪论"移情别恋"的对峙阶段。其中，对他国犯罪论的"移情别恋"又分为对英美法系的犯罪论和对大陆法系犯罪论的"各有所爱"，且前者集中体现为对"双层式"犯罪论体系的简便易行具有相当好感，而后者则体现为对"三元递进式"犯罪成立理论体系"爱莫能耐"。于是，犯罪论体系的"三国鼎立"便构成了中国刑法学犯罪论的当下格局，且来自苏联的"四要件整合式体系"与来自大陆法系的"三元递进式体系"经常发生"边界冲突"，而来自英美法系的"犯罪本体与排除合法辩护双层式体系"则保持"低调的中立"。遥望"四要件整合式体系"当初的"独霸天下"，我们喜忧难辨地迎来了中国刑法理论的"大变天"。我觉得，前面的这段表述或许因恰到好处地使用"比喻"手法而使得问题显得形象可感的同时，又给人一种轻松愉悦的"阅读感"。由此，所谓"脍炙人口"，不仅是我们对文学作品的要求，而且也可以看成是我们对法科作品的要求。我的一位学界同仁曾经告诉我一件事：他的一篇文章被某一较有影响的法科刊物刊发了，但他的文章被该刊物行使"删改权"之后已经变得有点"面目全非"，而删改的理由则是关于文风方面的。该同仁痛心地告诉我：被删改的部分包括他自觉是最出彩的部分，而最出彩的部分又包括文字表达方面，且该部分的删改甚至损伤了他原本的观点，以至于该法科刊物本身在他论述的问题上已经不经意地走向了"自相矛盾"的境地。由于该法科刊物的"身份"即"二级权威"，删改之痛该同仁也只有忍了和认了。在我看来，如果因为文风或表述问题需要完善，最好是让作者本人删改，因为只有作者本人最清楚文章的"本意"。

实际上，一篇法科文章的文风相当于一种"调味"，或相当于一种"门面"，其能够激起包括责任编辑和审稿人在内的阅读者的阅读欲，或令其产生一种"先入为主"的心理效果，是符合常人心理的。这就难怪有的作者在将一篇法科文章投寄之前反复进行文字打磨，而其文字打磨包括文风方面即文字表达方面。我们有理由相信，即使禁不住"张扬"出作者本人的较强个性，但恰到好处的文风只会增加法科投稿被采用的概率，但前提是法科刊物本身对待法科来稿的文风问题要有一个稳妥乃至有点"克制"的态度，一切都应服从于有见地的法科文章应该早点与广大读者们见面，以引起学术共鸣和争鸣，从而助益于法科学术即法学的向前发展。

本章小结

法科刊物的宽容性问题不是一个凭空捏造的问题。具言之，法的宽容性，特别是刑法的宽容性，早已成为法科理论所关注的一个重要命题，即法的宽容性早已成为一个重要的法科命题，特别是刑法的宽容性。既然法本身应具有宽容性，则法科也应该具有宽容性，即我们应该建构一种宽容性的法科学术。当法科刊物构成法科学术的极其重要的活动平台即学术平台，则法科学术的宽容性问题便转换成了法科刊物的宽容性问题。

宽容作者的身份、宽容学术的"片面深刻"、宽容作品文风的"民主自由"，都是法科刊物宽容性的切实体现。在问题的实质上，法科刊物的宽容性就是法科刊物对法科学术发展的责任性，而其责任性又体现为克服学术心胸的狭隘性与其他方面的自私自利性。当把法科刊物能够决定一篇文章发与不发看成是一种"权力"，则作者所享有的仅仅是一种希望文章得到发表的"权利"。如此，则法科刊物的宽容性便意味着"权力"对"权利"的谦让，意味着法科作品拥有更多的发表机会。而只有提倡宽容性，法科刊物才能营造一种生动活泼的学术局面，才能使得法科园地更加"百家争鸣，百花齐放"。由法科刊物在法科活动中的地位所决定，我们可以说：没有法科刊物的宽容性，便没有法科学术本身的宽容性；而没有法科学术本身的宽容性，则法本身的宽容性以及法治的宽容性将受到"抑郁"。而反过来，法科刊物的宽容性是对法本身的宽容性经由学术的宽容性的一种传承。我们也可这样看问题：法科刊物的宽容性是法科刊物对法科创作者学术劳动的一种尊重。在这种尊重中，法科学者们容易怀揣一种"荣耀感"和"成就感"，而此"荣耀感"和"成就感"会更加激励其投身到法科事业中，从而带来法科学术的发展与繁荣。可见，法科刊物的宽容性对于法学创新无疑有着极其重要的作用。

当然，提倡法科刊物的宽容性与法科刊物从各个方面提高用稿要求并不矛盾，因为法科刊物不断提高用稿要求是法科学术不断发展的一种标志或征象。易言之，提倡法科刊物的宽容性与提高法科刊物的用稿要求有着共同的目标，那就是促进法科学术的不断发展与繁荣。在我曾经就职高校的法学院的资料室里，偶见同仁手捧一法科刊物一边摇头一边感慨："怎么会发这样的滥文章？"与之交流后，我方得知：除了文章确实有点滥，还因为该法科刊物较有影响。由此，"办刊特色"或"用稿口味"不是法科刊物丢掉宽容性的理由，而"投我所好"应当受到一定的节制。可见，提倡宽容性又并不意味着法科刊物要降低用稿质量。

法科刊物是传播法科学术和法科思想的正规阵地和主阵地，其在法科和法治发展中的作用、地位和贡献无需多费口舌。但是，法科刊物本身的品质直接影响着法科学术的发展与繁荣，而这里所说的影响包括正面影响与负面影响。既然是一种阵地，那就存在着一个"容量"问题，而将此"容量"问题予以转换，便是法科刊物的宽容性问题即品质问题。法科刊物最起码的宽容性，可以避免法科刊物变成法科责任编辑、正副主编和审稿人的个人"学术领地"甚至"私利空间"的情况。所谓"有容乃大"，法科刊物也是如此，而对于法科学术的发展与繁荣，法科刊物更应如此，因为只有做到"有容乃大"，法科的学术园地方能"百家争鸣，百花齐放"。

那就让法科刊物的宽容性也来助长一下法科研究生的学术成长与进步，因为他们更加需要学术平台。

后　记

　　《法科生教培之探》是我教研生涯中讨论法科教学问题的一个集中性成果，且其汇聚了已经在《学位与研究生教育》《研究生教育研究》《法学教育研究》和《教育探索》等刊物上发表的相关论文。记得在发表第一篇关于法科教学的论文时，我便有将来要就法科教学问题而专门出书的想法，且一直等到现在。

　　《法科生教培之探》，虽然是将法科本科生和法科研究生的专业知识学习和科研能力问题作为思考与探索、概括与总结的对象，但同时亦为我本人始于法律专业自学考试如何研习法律和始于高校教职如何传授法律知识与指导研究生做科研的多年感受积累和经验概括。于是，《法科生教培之探》所指向的法科生也包括我，而《法科生教培之探》也是在"教学相长"和"教研相长"中得以成书。详言之，本书所提倡的对法科生的教学思维也正是我作为一个学生如何领会和掌握相关法律知识所采用的方法，而本书所提倡的法科生科研能力的提升也正是我作为一个研究生如何提升自己的科研能力所采用的做法。易言之，直到今天，我教同学们的，就是我从法学起步直至今天如何学和如何做的。由此，若说《法科生教培之探》是一部经验之谈，则首先是我作为一名初学者，后来也是一名研究生（包括硕士研究生和博士研究生）如何治学法律的努力尝试之谈。因此，该书的出版也是对我自己的一个交代。

　　《法科生教培之探》的成书过程中，是一个"温馨"的过程，因为如何向法科本科生传授法科知识和如何提升法科研究生的科研能力的回顾，又将我带回教研生涯的过去，而同学们的那些亲切可爱的面孔和与他们热烈互动的情景又浮现在我的脑海之中。由此，我也由衷感激那些同学们，因为与他们的交流互动让我长了教学科研的见识，从而增强了我的教学科研能力。于是，我不仅深深地祝福那些同学们，也由衷地感激那些同学们，因为"青出于蓝而胜于蓝"首先"肯定"的是"蓝"。

《法科生教培之探》是一部叙述"教学相长"的从教回忆录，集中呈现了我从教近二十载的点点滴滴。从学生到教师、从知识接受方到知识传授方的身份转变所加深的是"回乡偶书"般的情感积淀，故本书是我与法科本科生同学朝夕相处的情感结晶。

《法科生教培之探》是一席倡导"教研相长"的工作经验谈。大学不但是传播知识的平台，更是从教者提升科研的学术殿堂。于是，对研究生的尽心尽责，让我在"教研相长"中不断提升自己的学术。

《法科生教培之探》是一部承载"师徒情谊"的教育道德经。我始终将研究生师生关系视为"师徒关系"，而"师徒如父子"，但让"师徒关系"有着"父子"般的"名实"的，最终是老师对学生在"做人"与"做学问"两个方面的爱心。

《法科生教培之探》是一册呼唤"宽容正义"的在野万言书。法科学术伦理遵从所有人文社会科学的共性，即都需要给予原作者特别是年轻学子以最大的尊重与包容。因此，我呼唤学术环境的宽松、自由、和谐、公平，更期盼学术平台的大度与宽容。纵使"内卷实然"较为严峻，但心怀理想而朝着预定好的"应然"状态鼓与呼，在当今时代也弥足珍贵。

本书的执笔正是基于我作为曾经的"法科学习者"与现在的"法科研究者与教育者"的双重身份，并立足法科专业执教过程中与同学们互动交流的真情实感。因此，她不是"无病呻吟"，而是"本色出演"，因为每当在课堂上看到那一张张渴求知识的脸庞和一双双对法科知识饶有兴致的眼睛，我便看到了当年的自己。正所谓"长大后，我就成了你"，人总是喜欢怀念自己曾经年轻时的模样，因为那里珍藏着自己涉世未深的好奇心、无所畏惧的进取心。正如本书题记所言，"教育的根须是苦的，而教育的果实是甜的"，当苦尽甘来，便是"桃李不言，下自成蹊"的春色满园。最终，我为今生能够成为一名高校法科从教者而倍感幸运！

马荣春

2023 年 8 月 6 日